에듀윌과 함께 시작하면,
당신도 합격할 수 있습니다!

대학 진학 후 진로를 고민하다 1년 만에
서울시 행정직 9급, 7급에 모두 합격한 대학생

용기를 내 계리직공무원에 도전해
4개월 만에 합격한 40대 주부

직장생활과 병행하며 7개월간 공부해
국가공무원 세무직에 당당히 합격한 51세 직장인까지

누구나 합격할 수 있습니다.
시작하겠다는 '다짐' 하나면 충분합니다.

마지막 페이지를 덮으면,

에듀윌과 함께
공무원 합격이 시작됩니다.

누적판매량 258만 부 돌파!
66개월 베스트셀러 1위 공무원 교재

7·9급공무원 교재

기본서
(국어/영어/한국사)

기본서
(행정학/행정법총론)

단원별 기출&예상 문제집
(국어/영어/한국사)

단원별 기출&예상 문제집
(행정학/행정법총론)

9급공무원 교재

기출문제집
(국어/영어/한국사)

기출문제집
(행정학/행정법총론/사회복지학개론)

기출PACK
공통과목(국어+영어+한국사)

실전동형 모의고사
(국어/영어/한국사)

7급공무원 교재

민경채 PSAT 기출문제집

7급 PSAT 기출문제집

국어 집중 교재

매일 기출한자(빈출순)

국어 문법 단권화 요약노트

영어 집중 교재

빈출 VOCA

매일 3문 독해(4주 완성)

빈출 문법(4주 완성)

한국사 집중 교재

한국사 흐름노트

계리직공무원 교재

기본서
(우편일반/예금일반/보험일반)

기본서
(컴퓨터일반·기초영어)

단원별 기출&예상 문제집
(우편일반/예금일반/보험일반)

단원별 기출&예상 문제집
(컴퓨터일반·기초영어)

군무원 교재

기출문제집
(국어/행정법/행정학)

파이널 적중 모의고사
(국어+행정법+행정학)

더 많은
공무원 교재

1초 합격예측 모바일 성적분석표

1초 안에 '클릭' 한 번으로 성적을 확인하실 수 있습니다!

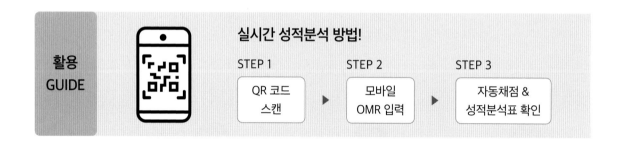

활용 GUIDE

실시간 성적분석 방법!

STEP 1	STEP 2	STEP 3
QR 코드 스캔	모바일 OMR 입력	자동채점 & 성적분석표 확인

STEP 1

QR 코드 스캔

- 교재의 QR 코드를 모바일로 스캔 후 에듀윌 회원 로그인
- QR 코드 하단의 바로가기 주소로도 접속 가능

STEP 2

모바일 OMR 입력

- 회차 확인 후 '응시하기' 클릭
- 모바일 OMR에 답안 입력
- 문제풀이 시간까지 측정 가능

STEP 3

자동채점 & 성적분석표 확인

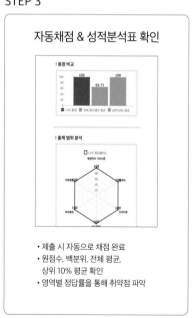

- 제출 시 자동으로 채점 완료
- 원점수, 백분위, 전체 평균, 상위 10% 평균 확인
- 영역별 정답률을 통해 취약점 파악

※ 본 서비스는 에듀윌 공무원 교재(연도별, 회차별 문항이 수록된 교재)를 구입하는 분에게 제공됨.

공무원,
에듀윌을 선택해야 하는 이유

합격자 수 수직 상승
2,100%

2017년

2022년

명품 강의 만족도
99%

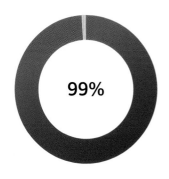

99%

공무원

베스트셀러 1위
66개월(5년 6개월)

5년 연속 공무원 교육
1위

eduwill

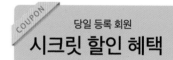

회독플래너

실패율 Zero! 따라만 해도 5회독 가능!

구분	PART	CHAPTER	1회독	2회독	3회독	4회독	5회독
독해	신유형	실용문의 이해	1	1	1	1	1
	Contents Reading	통념 제시	2	2			
		인용에 의한 주장					
		질문에 의한 도입	3	3	2		
		예시와 열거	4	4		2	
		비교와 대조	5	5	3		
		나열 및 분류	6	6			2
		원인과 결과	7	7	4	3	
		묘사와 에피소드를 통한 도입	8	8			
	Macro Reading	요지	9	9	5	4	
		주장	10	10			
		제목	11-12	11-12	6	5	
		주제	13-14	13-14	7		
	Micro Reading	내용일치/불일치	15	15	8	6	
	Logical Reading	삽입	16	16	9	7	3
		배열	17-18	17	10		
		삭제	19-20	18	11		
		연결사	21-22	19	12	8	
		문맥상 다양한 추론	23	20	13		
	Reading for Writing	빈칸 구 완성	24	21	14	9	
		빈칸 절 완성	25-26	22	15		4
		요약	27-28	23	16	10	
	생활영어	필수 생활영어 표현	29-30	24-25	17		
			30일 완성	**25일 완성**	**17일 완성**	**10일 완성**	**4일 완성**

승자는 시간을 관리하며 살고, 패자는 시간에 쫓기며 산다.
— J. 하비스 —

회독플래너

본문의 회독체크표를 한눈에!

구분	PART	CHAPTER	1회독	2회독	3회독	4회독	5회독
독해	신유형	실용문의 이해					
	Contents Reading	통념 제시					
		인용에 의한 주장					
		질문에 의한 도입					
		예시와 열거					
		비교와 대조					
		나열 및 분류					
		원인과 결과					
		묘사와 에피소드를 통한 도입					
	Macro Reading	요지					
		주장					
		제목					
		주제					
	Micro Reading	내용일치/불일치					
	Logical Reading	삽입					
		배열					
		삭제					
		연결사					
		문맥상 다양한 추론					
	Reading for Writing	빈칸 구 완성					
		빈칸 절 완성					
		요약					
	생활영어	필수 생활영어 표현					

승자는 시간을 관리하며 살고, 패자는 시간에 쫓기며 산다.
— J. 하비스 —

___일 완성	___일 완성	___일 완성	___일 완성	___일 완성

시작하는 방법은
말을 멈추고
즉시 행동하는 것이다.

– 월트 디즈니(Walt Disney)

2025

에듀윌 9급공무원
기본서

영어 독해

2025년,
공무원 시험이 달라집니다.

9급 공무원 시험,
국어·영어 과목의 대대적 개편

국어·영어 과목 출제기조,
지식암기 위주에서 **현장 직무 중심으로**

민간 채용과의 호환성 강화하여
시험 준비 부담 감소

인사혁신처 설명 영상
바로 가기 ▶

지식암기형 문제
출제 지양

민간 채용 시험과
호환성 강화

종합적 사고력과
실용적 능력 평가

국어

"기본적인 국어 능력과 사고력 검증에 초점"

- 배경지식 없이도 지문 속의 정부를 활용해 풀 수 있는 문제

- 지식을 암기해야 풀 수 있는 문제 출제 지양

- 추론력, 비판력, 논리 추론형 문제로 사고력 검증

- 민간기업 직무적성검사, 직업기초능력평가(NCS), 수능과 유사한 유형

영어

"실제 업무수행에 필요한 실용적인 영어 능력 검증"

- 실제 활용도가 높은 어휘와 어법 위주의 출제

- 문제 유형 및 영역별 출제 비율 변화로 암기와 문법에 대한 부담 감소

- 이메일, 동료 간 메신저 대화 형태의 생활영어 문항 출제

- 안내문, 민원 제기 등 업무와 관련된 소재를 활용

- 텝스(TEPS), 토익(TOEIC) 등 민간 어학시험, 수능과 유사한 유형

암기 부담⬇, 시험 준비 부담⬇
공무원 시험이 쉬워집니다.

달라지는 **영어 시험,**
이렇게 준비하면 쉬워집니다.

어휘 · 표현

이렇게 달라집니다.
유의어를 묻는 암기형 문제에서 탈피해서, 문맥상 추론을 통한 적절한 단어를 정답으로 선택하는 유형으로 제시되었습니다.

이렇게 학습하세요.
선택지에 제시되는 필수어휘를 중심으로 학습하며, 문장 단위 구문연습을 통한 정확한 분석을 기반으로 단어 추론 연습이 반드시 필요합니다.

인사혁신처 예시문제

밑줄 친 부분에 들어갈 말로 가장 적절한 것을 고르시오.

> Recently, increasingly _____ weather patterns, often referred to as "abnormal climate," have been observed around the world.

① irregular   ② consistent   ③ predictable   ④ ineffective

해설 ① 해당 문장에서 밑줄과 같은 특징을 가진 날씨 양상이 'abnormal climate(비정상적인 날씨)'라고 불린다고 말하고 있으며, 이는 부정적인 뉘앙스이다. 보기 중 '비정상적인 날씨'와 문맥상 가장 어울리는 것은 ① 'irregular(불규칙적인)'이다.

해석 최근, 종종 '비정상적인 기후'로 불리는 점점 더 불규칙적인 날씨 양상이 전 세계에서 목격되고 있다.

정답 ①

문법

이렇게 달라집니다.
영작형과 문장형 문항이 사라지고, 밑줄형과 빈칸형 어법문제로 제시되었습니다. 이에 따라 지식형 암기의 비중이 줄고, 구문 분석 능력을 기반으로 정답이 도출되는 문항의 비중이 높아졌습니다.

이렇게 학습하세요.
'긴 문장'의 구조를 다루는 구문 분석 능력을 높일 수 있는 훈련과정이 필수적입니다.

인사혁신처 예시문제

밑줄 친 부분 중 어법상 옳지 않은 것을 고르시오.

> You may conclude that knowledge of the sound systems, word patterns, and sentence structures ① are sufficient to help a student ② become competent in a language. Yet we have ③ all worked with language learners who understand English structurally but still have difficulty ④ communicating.

생활영어

이렇게 달라집니다.

기존에 암기형의 생활영어 관용표현에서 직무 관련된 상황별 대화 중심으로 출제되었습니다.

이렇게 학습하세요.

생활영어에서 발생할 수 있는 각 상황별 표현을 익히며, 대화 참여자의 입장에서의 질문 또는 응답에 대한 다양한 연습이 필수적입니다.

인사혁신처 예시문제

밑줄 친 부분에 들어갈 말로 가장 적절한 것을 고르시오.

Kate Anderson

Are you coming to the workshop next Friday?

10:42

Jim Hanson

I'm not sure. I have a doctor's appointment that day.

10:42

Kate Anderson

You should come! The workshop is about A.I. tools that can improve our work efficiency.

10:43

Jim Hanson

Wow, the topic sounds really interesting!

10:44

Kate Anderson

Exactly. But don't forget to reserve a seat if you want to attend the workshop.

10:45

Jim Hanson

How do I do that?

10:45

Kate Anderson

_____

10:46

Aa

① You need to bring your own laptop.
② I already have a reservation.
③ Follow the instructions on the bulletin board.
④ You should call the doctor's office for an appointment.

독해

이렇게 달라집니다.
기존의 문제유형에 더해 직무와 관련된 소재와 주제 중심의 독해지문으로 실제 업무 환경을 제시하는 유형이 도입되었습니다.

이렇게 학습하세요.
❶ 공무원이 접할 수 있는 다양한 소재와 관련된 지문을 학습합니다.
❷ 각 독해유형별 문제풀이 전략을 통해 '정확하고 빠른 정답'을 찾는 연습이 필수적입니다.

인사혁신처 예시문제

[1-2] 다음 글을 읽고 물음에 답하시오.

New message				×	+		_ □ ×
To	Clifton District Office						
From	Rachael Beasley						
Date	June 7						
Subject	Excessive Noise in the Neighborhood						

To whom it may concern,

I hope this email finds you well. I am writing to express my concern and frustration regarding the excessive noise levels in our neighborhood, specifically coming from the new sports field.

As a resident of Clifton district, I have always appreciated the peace of our community. However, the ongoing noise disturbances have significantly impacted my family's well-being and our overall quality of life. The sources of the noise include crowds cheering, players shouting, whistles, and ball impacts.

I kindly request that you look into this matter and take appropriate <u>steps</u> to address the noise disturbances. Thank you for your attention to this matter, and I appreciate your prompt response to help restore the tranquility in our neighborhood.

Sincerely,
Rachael Beasley

SEND   A ☺ ⭳ 📎 🖼 🔗 ☆   🗑 ≡

01 윗글의 목적으로 가장 적절한 것은?

① 체육대회 소음에 대해 주민들의 양해를 구하려고   ② 새로 이사 온 이웃 주민의 소음에 대해 항의하려고
③ 인근 스포츠 시설의 소음에 대한 조치를 요청하려고   ④ 밤시간 악기 연주와 같은 소음의 차단을 부탁하려고

02 밑줄 친 "steps"의 의미와 가장 가까운 것은?

① movements   ② actions   ③ levels   ④ stairs

해설 01 본문은 지역 관할 담당자에게 불만을 제기하고 시정을 요청하는 이메일이다. 본문 전반부(I am writing ~ from new sports field)에서 이메일을 발송하는 목적을 밝히고 있다. 따라서 정답은 ③이다.

02 'step'은 다양한 의미를 지니고 있으나 'take steps'라고 표현한다면 '조치를 취하다'라는 의미가 된다. 보기 중 '조치'라는 뜻을 가진 단어는 '② actions'이므로 정답은 ②이다.

해석 관계 당사자 앞, 이 이메일이 귀하에게 잘 도착하길 바랍니다. 저는 저희 인근, 구체적으로는 새로운 스포츠 경기장에서 발생하는 과도한 소음 정도에 대한 우려와 불만을 표현하기 위해 쓰고 있습니다. / Clifton 지구의 거주자로서, 저는 우리 지역 사회의 평화를 항상 감사해 왔습니다. 그러나 계속되는 소음으로 인한 방해로 인해 제 가족은 안녕과 전반적인 삶의 질이 크게 영향을 받고 있습니다. 소음의 원인으로는 관중의 환호, 선수들의 외침, 호각 소리, 그리고 공의 충격음이 포함됩니다. / 이 문제에 대해 살펴보시고 소음으로 인한 방해를 해소하기 위한 적절한 조치를 취해주시기를 정중히 요청합니다. 이 문제에 대한 주의에 감사드리고, 인근에서의 평화를 되찾는 데 도움을 주신 신속한 대응에 감사하겠습니다.

정답 01 ③ 02 ②

출제기조 개편,
빠른 합격의 기회입니다.

공시 영어 교과서의 기준입니다.
반드시 시험에 나오는 것을 담습니다.

공시 영어가 바뀌고 있습니다. 당신의 영어는 더욱 빠르게 바뀔 것입니다.

'공시 영어가 변하고 있습니다' 그동안 이 머리말 공간을 채우고 있던 우리의 캐치프레이즈가 현실화되었습니다. 출제기조를 직무 능력 중심으로 개편하겠다는 인사혁신처의 발표는 앞으로의 시험 방향성에 대한 발표이지만, 그간 '조용히' 진행되었던 시험의 기조 변화와 같은 선상에 있습니다. 최근 몇 년 간 실제 언어 학습의 기본인 '읽고 이해하는' 능력을 묻는 문제 유형이 증가하고 직무 연관성을 높인 소재의 지문들이 도입되고 있었습니다.

이런 변화만큼 중요한 것은 당신의 영어입니다. 변화하고 있는 시험에 맞게 당신의 영어도 바뀌어야 합니다. 본 교재는 시험의 본질에 맞게 '지문을 정확하게 읽고 빠르게 분석할 수 있는 능력'을 높이기 위한 첫 단계를 함께 할 수 있도록 설계되었습니다. 수험영어를 준비하는 데 필수적인 내용을 단계별로 담았으며, 이러한 과정을 통해 당신의 영어는 빠르게 성장할 것입니다.

우리의 목적은 연구가 아니라 수험입니다.

언어학의 일부인 '영어' 과목을 공부하다 보면, 자칫 과목에 대한 '연구'로 빠져들기 쉽습니다. 2025 에듀윌 기본서는 우리가 공부하는 목적이 학문에 대한 '연구'가 아니라, '수험'임을 정확히 인지하고 구성하였습니다. 문항에 직접적으로 연결되는 필수 개념뿐만 아니라, 변별력을 평가하는 문항에 근간이 되는 심화 개념까지 정밀하고 철저하게 배치하였으며, 수험에 꼭 필요한 정보를 시험에 맞게 가공하여 '수험'이라는 본질에 충실하게 고안·설계하였습니다.

지금 당신의 '막연함'이 '확신'이 될 수 있는 과정을 담았습니다.

수험생들은 말합니다. "수업을 들을 때는 알겠는데 혼자 하면 모르겠어요." 수업 중에 알고 있다고 느끼는 것과 실제 적용하는 것 사이의 차이 때문에 생기는 문제입니다. 이 문제를 해결하기 위해서는 공시 영어 교과서인 에듀윌 기본서를 이용하여 먼저 개념을 잡는 과정이 필요합니다. 또한 그 개념을 이해하기 위해서는 '적용', 즉 '문제풀이' 과정이 필수입니다.

에듀윌 기본서는 그 과정을 올곧게 담고 있습니다. 이해해야 할 영역, 암기해야 할 영역, 그리고 적용해야 할 영역까지 수험생들이 적시적기에 사용할 수 있도록 구성하였고, 문제가 저절로 풀리는 경험을 할 수 있도록 체계적으로 구성하였습니다. 막연함이 아닌 확신으로 OMR 카드에 마킹하는 여러분을 그리며 설계하였습니다. 명확한 개념과 군더더기 없는 깔끔한 문제풀이로 흔들림 없는 합격을 만듭니다.

수험생 여러분께 경의를 표합니다.

교재를 집필하고 강의를 준비하기 위해서 수험생분들과 함께 시험장에 직접 입실합니다. 시험장이라는 공간의 긴장감을 그대로 느끼며 데이터를 수집하고 분석합니다. 그 과정을 통해서 더욱이 드는 생각은 '수험생분들에 대한 경의'입니다. 수험장의 긴장감보다 더 큰 수험기간의 불확실성을 깨고 매일 성실하게 임했던 시간을 통해서 불확신을 확신으로 만들어 나간 그 노력과 의지에 대한 경의입니다. 막연한 기대를 현실로 만들어 나간 수험생에 대한 존경입니다.

이 마음을 담아 고민하고 연구하는 교재로 뵙겠습니다. 반드시 수험생에게 힘이 되는 콘텐츠를 만들겠습니다.

2024년 6월
영어 강사 *성정혜*

이 책의 구성

유형별 구성

독해

2025 출제기조 전환 분석
2025년부터 영어 과목의 출제기조가 어떻게 바뀌는지, 어떻게 학습하고 대처해야 하는지 빠르게 파악할 수 있도록 교재 앞쪽에 코너를 구성하였다.

신유형 실용문의 이해
2025년부터 새롭게 출제될 신유형인 '실용문'을 확실히 이해할 수 있도록 별도 코너를 마련하였다. 인사혁신처에서 발표한 예시문제뿐만 아니라 예상문제도 수록하여 새로운 유형을 학습하고 바로 적용해볼 수 있도록 구성하였다.

> 인사혁신처 예시문제 > 신유형 예상문제

독해
'독해'는 먼저 글의 전개 방식에 따른 Contents Reading 영역을 통해 무작정 읽기가 아니라 출제자의 의도를 정확하게 파악하는 거시적인 읽기를 체계적으로 훈련할 수 있도록 하였다.
이후, 유형별로 접근하여 실제 문제를 푸는 데 필요한 개념과 기술들을 습득할 수 있도록 구성하였다.
세부적으로 수험생들은 【STEP 2 유형 적용하기】의 대표 기출문제를 통해 유형에 대한 접근법을 확실히 익히고, 【STEP 3 적용 연습하기】의 다양한 기출문제와 실전문제를 통해 이를 연습할 수 있도록 하였다.

> 유형 접근하기 > 유형 적용하기 > 적용 연습하기

어휘

필수 어휘 & 숙어 PDF
'어휘'는 최근 변화하는 공시 영어의 방향성에 맞게 꼭 필요한 필수 어휘와 숙어를 PDF로 제공하였다. 어휘 문항에 대한 대비 및 독해 등의 영역에 있어서 꼭 필요한 어휘를 선별하여 전략적으로 점수를 확보할 수 있게 구성하였다. 숙어의 경우, 함께 수록된 예문을 통해서 학습 효과를 높일 수 있도록 하였다.

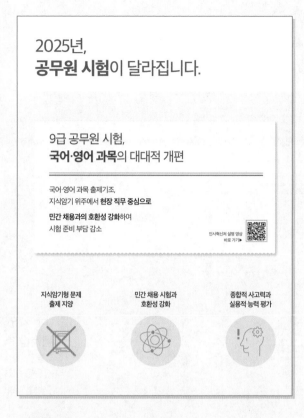

2025 출제기조 전환 분석

2025년부터 변경되는 출제기조 방향을 소개하고, 영어 과목의 출제기조가 세부적으로 어떻게 변경되는지, 어떻게 학습하고 대처해야 하는지 빠르게 파악할 수 있도록 교재 앞쪽에 코너를 구성하였다.

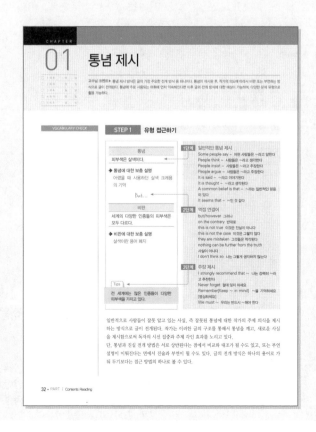

STEP 1 유형 접근하기
최신 출제경향을 반영한 개념

학습효과를 높일 수 있도록 개념 및 유형을 체계적으로 배열하였고, 개념 및 유형을 더 쉽게 이해할 수 있도록 도식화하였다. 또한 유형별 지문 구조를 제시하여 적절한 접근 방식을 학습할 수 있다.

▶ Daily 회독체크표: 챕터마다 회독체크와 공부한 날을 기입할 수 있다.

단계별 문제풀이

STEP 2 유형 적용하기

개념학습 후 예제 확인!

챕터별【유형 적용하기】를 통해 앞에서 학습한 유형을 대표 기출문제에서 바로 확인하며 접근법을 익히도록 하였다.

STEP 3 적용 연습하기

챕터별 문제풀이로 문제 적용력 향상!

챕터별 최신 공무원 기출문제와 실전문제를 수록하여 개념이 어떻게 출제되는지, 유형은 어떠한지 파악할 수 있도록 하였다.

회독플래너,
필수 어휘 & 숙어
PDF

회독플래너
회독 실패율 ZERO!

실패율 없이 회독을 할 수 있도록 회독플래너를 제공한다. 앞면에는 회독의 방향성을 잡을 수 있도록 가이드라인을 제시하였고, 뒷면에는 직접 공부한 날짜를 매일 기록하여 누적된 회독 횟수를 확인할 수 있도록 하였다.

▶ [앞] 회독플래너
▶ [뒤] 직접 체크하는 회독플래너

필수 어휘 & 숙어 PDF
새로운 출제기조를 반영한 어휘·숙어!

2025년부터 전환되는 출제기조에 따른 필수 어휘와 숙어를 선별하여 효율적으로 암기할 수 있도록 구성하였다.

※ 다운로드 방법: 에듀윌 도서몰(book.eduwill.net) 접속 → 도서자료실 → 부가학습자료에서 다운로드 또는 좌측 QR코드를 통해 바로 접속

CONTENTS

이 책의 차례

신유형

실용문의
이해

01 이메일

☐ 1 회 독   월   일
☐ 2 회 독   월   일
☐ 3 회 독   월   일
☐ 4 회 독   월   일
☐ 5 회 독   월   일

교수님 코멘트▶ 해당은 인사혁신처 발표 2025년 대비 출제 전환 문항 중 신유형 독해 문항에 해당된다. 1개의 지문에 2개의 문항이 배치된 문제 유형이다. 글의 소재는 이미 'subject'를 통해서 확인할 수 있다. 그러나 출제자가 'subject'의 소재만으로 정답을 찾을 수 없도록 더욱 구체적인 상황을 파악해서 정답을 선택하도록 유도하는 문항이다. 또한 문제의 유형이 '목적파악'과 '문맥상 의미추론'으로 거시적인 부분과 세부사항을 파악하는 미시적인 부분을 문항으로 제시해 수험생의 독해능력과 사고 능력을 동시에 묻고 있다. 따라서 해당 영역은 '소재'를 빠르게 파악한 후 글의 목적을 구체적으로 명시하는 부분을 정확하게 해석한 후, 밑줄 친 어휘의 앞뒤내용을 통한 문맥을 유추하는 과정을 집중적으로 훈련하는 것이 관건이다.

VOCABULARY CHECK

STEP 1 인사혁신처 예시문제

[1-2] 다음 글을 읽고 물음에 답하시오.

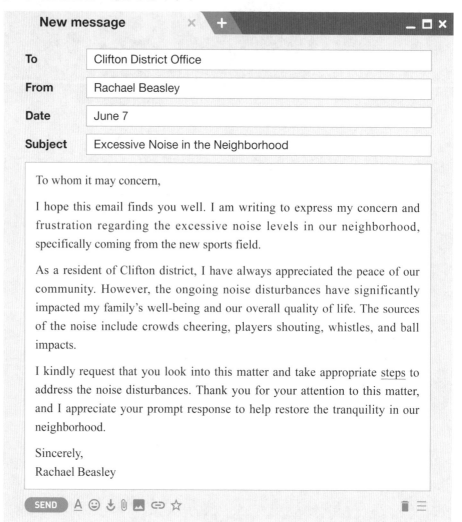

To whom it may concern,

I hope this email finds you well. I am writing to express my concern and frustration regarding the excessive noise levels in our neighborhood, specifically coming from the new sports field.

As a resident of Clifton district, I have always appreciated the peace of our community. However, the ongoing noise disturbances have significantly impacted my family's well-being and our overall quality of life. The sources of the noise include crowds cheering, players shouting, whistles, and ball impacts.

I kindly request that you look into this matter and take appropriate steps to address the noise disturbances. Thank you for your attention to this matter, and I appreciate your prompt response to help restore the tranquility in our neighborhood.

Sincerely,
Rachael Beasley

Q1. 윗글의 목적으로 가장 적절한 것은?

① 체육대회 소음에 대해 주민들의 양해를 구하려고
② 새로 이사 온 이웃 주민의 소음에 대해 항의하려고
③ 인근 스포츠 시설의 소음에 대한 조치를 요청하려고
④ 밤시간 악기 연주와 같은 소음의 차단을 부탁하려고

Q2. 밑줄 친 "steps"의 의미와 가장 가까운 것은?   📖 PART Ⅳ > CHAPTER 05 문맥상 다양한 추론

① movements
② actions
③ levels
④ stairs

문제 해결하기

| 해석 |

수신자: Clifton 지구 사무실
발신자: Rachael Beasley
날짜: 6월 7일
제목: 인근의 과도한 소음

관계 당사자 앞,

저는 이 이메일이 귀하에게 잘 도착하길 바랍니다. 저는 저희 인근의 구체적으로 새로운 스포츠 경기장에서 발생하는 과도한 소음 정도에 대한 우려와 불만을 표현하기 위해 쓰고 있습니다.

Clifton 지구의 거주자로서, 저는 우리 지역 사회의 평화를 항상 감사해 왔습니다. 그러나, 계속되는 소음으로 인한 방해는 제 가족의 안녕과 전반적인 삶의 질에 크게 영향을 주고 있습니다. 소음의 원인은 관중의 환호, 선수들의 외침, 호각 소리, 그리고 공의 충격음을 포함합니다.

나는 이 문제에 대해 살펴보시고 소음으로 인한 방해를 해소하기 위한 적절한 조치를 취해주시기를 정중히 요청합니다. 이 문제에 대해 주목해 주셔서 감사드리고, 인근에서의 평화를 되찾는 데 도움을 주신 신속한 대응에 감사합니다.

진심을 담아.
Rachael Beasley

Q2.
① 운동, 움직임
② 조치, 행동
③ 정도, 수준, 단계
④ 계단

| 정답해설 |

Q1.
③ 본문은 지역 관할 담당자에게 불만에 대한 항의와 시정을 정중히 요청하는 이메일이다. 본문 전반부에서 "I am writing to express my concern and frustration regarding the excessive noise levels in our neighborhood, specifically coming from the new sports field(저는 저희 인근, 구체적으로는 새로운 스포츠 경기장에서 발생하는 과도한 소음 정도에 대한 우려와 불만을 표현하기 위해 쓰고 있습니다)."라고 언급하며, 이메일을 발송하는 목적을 밝히고 있다. 따라서 정답은 ③이다.

Q2.
② 'step'은 다양한 의미를 지니고 있으나, 'take steps'라고 표현한다면 '조치를 취하다'라는 의미가 되므로, 본문에서 'steps'는 '조치'라는 의미로 쓰였다. 보기 중 '조치'라는 뜻을 가진 단어는 '② actions'이므로 정답은 ②이다. 여기에서 action도 step처럼 여러 가지 의미를 지닌 다의어임에 유의해야 한다.
*step: 걸음, 보폭, 계단, 단계, 처치, 조치 등
*action: 행위, 행동, 조치, 효과 등

| 오답해설 |

Q1.
① 발신자 본인이 소음에 대한 항의를 하고 있으므로 오답이다.
② 소음에 관한 항의는 맞지만, 이웃 주민이 아니라 인근에 새로 생긴 스포츠 경기장의 소음에 대한 항의이므로 오답이다.
④ 본문에서는 악기 연주와 같은 소음에 대한 내용은 언급되지 않는다.

Q2.
① movement는 '(사람들이 조직적으로 벌이는) 운동'의 의미를 지니고 있으므로, 관계 당국에서 취해야할 조치를 의미하지는 않는다.
③ step이 '단계'라는 의미를 지니고 있어 'level'과 유의어가 될 수는 있으나, 문맥에는 어울리지 않는다.
④ step이 '계단'이라는 의미를 지니고 있어 'stair'와 유의어가 될 수는 있으나, 문맥에는 어울리지 않는다.

| 정답 | Q1 ③   Q2 ②

| 어휘 |

excessive 과도한, 지나친
neighborhood 이웃, 인근, 주변
To whom it may concern 관계 당사자 앞, 관계자 제위
express 표현하다
concern 우려, 걱정
frustration 불만, 좌절
regarding ~에 관하여
specifically 구체적으로, 분명히
resident 거주자
district 구역, 지구
appreciate 감사하다, 고마워하다
community 지역 공동체, 지역 사회
ongoing 계속적인, 진행하고 있는
disturbance 방해, 교란, 장애
significantly 상당히, 크게
well-being 안녕, 행복
overall 전반적인
crowd 관중
whistle 호각
impact 영향(을 미치다), 충격(을 주다)
look into 살펴보다, 조사하다
appropriate 적절한
step 조치
address 해결하다, 해소하다
attention 주의, 주목
prompt 신속한
response 대응, 응답
restore 회복하다, 되찾다
tranquility 평화, 고요
sincerely 진심으로
movement 운동, 움직임
action 행위, 행동, 조치, 효과
level 정도, 수준, 단계
stair (한 개의) 계단

지문 분석

❶ To whom   it may concern,
목적격 관계대명사   주어   동사

관계 당사자 앞,

❷ I hope/ (that) this email finds you well.
주어 동사   접속사   주어   동사   목적어

저는 바랍니다/ 이 이메일이 귀하에게 잘 도착하길

❸ I am writing/ to express my concern and frustration/ regarding the excessive noise
주어 동사   to 부정사(부사적용법)   전명구

levels in our neighborhood,/ specifically coming from the new sports field.
     전명구   현재분사

저는 쓰고 있습니다/ 우려와 불만을 표현하기 위해/ 저희 인근의 과도한 소음 정도에 대한./ 구체적으로 새로운 스포츠 경기장에서 발생하는

❹ As a resident of Clifton district,/ I have always appreciated the peace of our
전명구   주어   동사   목적어

community.
전명구

Clifton 지구의 거주자로서,/ 저는 우리 지역 사회의 평화를 항상 감사해 왔습니다.

❺ However,/ the ongoing noise disturbances/ have significantly impacted/ my family's
접속부사   주어   동사   목적어

well-being and our overall quality of life.

그러나,/ 계속되는 소음으로 인한 방해는/ 크게 영향을 주고 있습니다/ 제 가족의 안녕과 전반적인 삶의 질에

❻ The sources of the noise/ include/ crowds cheering, players shouting, whistles,
주어   동사   목적어

and ball impacts.

소음의 원인은/ 포함합니다/ 관중의 환호, 선수들의 외침, 호각 소리, 그리고 공의 충격음을

❼ I kindly request/ that you look into this matter and take appropriate steps/
주어   동사   접속사 주어 동사1 전명구   접속사 동사2 목적어

to address the noise disturbances.
to 부정사(형용사적 용법)

나는 정중히 요청합니다/ 문제에 대해 살펴보시고 적절한 <u>조치</u>를 취해주시기를/ 소음으로 인한 방해를 해소하기 위한

❽ Thank you/ for your attention to this matter,/ and I appreciate your prompt
동사   목적어 전명구   전명구   접속사 주어 동사

response/ to help restore the tranquility in our neighborhood.
목적어[to 부정사(형용사적 용법)] 전명구

감사합니다/ 이 문제에 대해 주목해 주셔서/ 그리고 나는 신속한 대응에 감사합니다/ 인근에서의 평화를 되찾는 데 도움을 주신

❾ Sincerely, Rachael Beasley

진심을 담아, Rachael Beasley

STEP 2　신유형 예상문제

[1-2] 다음 글을 읽고 물음에 답하시오.

New message		
To	Hampshire District Office	
From	Julia Garner	
Date	July 8	
Subject	Construction Noise in the Neighborhood	

To whom it may concern,

I am writing this letter to <u>file</u> a complaint about the unbearable noise from the ongoing road construction work in the areas neighboring my house. The road construction work I am referring to has been ongoing for almost a week with heavy vehicles and tools, sometimes from morning to late night.

Naturally, the continuous noise is causing a lot of trouble for many residents in our neighborhood, including school-going children. Not to mention, sleeping problems have also become a major concern for many residents in our locality.

I request that you employ an additional workforce to finish construction as soon as possible and save us from this unbearable noise.

Sincerely,
Julia Garner

SEND

---

1. 윗글의 목적으로 가장 적절한 것은?

① 주택 건설 소음을 방지할 수 있는 조치를 요청하려고
② 소음 발생이 예상되는 도로 공사 계획의 중단을 요청하려고
③ 소음을 야기하는 도로 공사를 빨리 끝내달라는 요청을 하려고
④ 도로 공사 건설 소음을 줄일 수 있는 방음판 설치를 요청하려고

2. 밑줄 친 "file"의 의미와 가장 가까운 것은?

① arrange
② present
③ subscribe
④ document

문제 해결하기

| 해석 |

수신자: Hampshire 지구 사무실
발신자: Julia Garner
날짜: 7월 8일
제목: 인근의 건설 소음

관계자분께,

저는 저의 집 주변 지역에서 계속 진행 중인 도로 건설 작업에서 나오는 참을 수 없는 소음에 대해 항의서를 제출하려고 이 편지를 씁니다. 제가 말하고 있는 도로 건설 작업은 중장비와 장비로, 때로는 아침부터 늦은 밤까지, 거의 1주일 동안 지속되어오고 있습니다.

당연히, 이 계속되는 소리가 학교 가는 아이들을 포함하여, 우리 이웃에 사는 많은 주민들에게 많은 골칫거리를 야기하고 있습니다. 말할 것도 없이, 우리 지역의 많은 거주자들에게 수면 문제가 또한 큰 걱정거리가 되어왔습니다.

저는 당신이 건설 작업을 가능한 한 빨리 끝내도록 추가적인 직원을 고용하고 이 참을 수 없는 소음에서 저희를 구조해 주시기를 요청합니다.

진심을 담아서,
Julia Garner

2.
① 정리하다
② 제출하다
③ 구독하다
④ 기록하다, 서류로 입증하다

| 정답해설 |

1.
본문은 도로 공사로 인해 야기되는 소음 문제에 대해 항의하고 이에 대한 해결책으로 추가 인원을 투입하여 공사를 빨리 끝내줄 것을 요구하는 이메일이다. 본문 후반부의 'I request ~(~을 요청합니다)'를 통해 알 수 있듯이, 이 글의 목적은 도로 공사를 빨리 끝내달라는 요청을 하기 위한 것이므로, ③번 '소음을 야기하는 도로 공사를 빨리 끝내달라는 요청을 하려고'가 이 글의 목적으로 가장 적절하다.

2.
밑줄 친 'file'은 'to file a complaint'의 형태로 보아 동사로 쓰인 것이다. 이 글의 내용이 도로 공사로 인한 소음에 대해 항의를 하는 것이므로, 공식적인 항의서나 의견서를 '제출하다'의 의미로 사용된 것으로 이해할 수 있다. 따라서, ②번 'present(제출하다)'가 밑줄 친 'file'과 가장 가까운 의미의 단어라고 볼 수 있다.

| 오답해설 |

1.
① 본문의 소재는 도로 공사로 인한 소음 문제이므로, ①번 '주택 건설 소음을 방지할 수 있는 조치를 요청하려고'는 본문과 상이한 소재에 대해 언급하고 있어, 이 글의 목적으로 적절하지 않다.
② 본문이 도로 공사로 인한 소음에 대해 항의하기 위한 이메일이나, 본문의 후반부에 이에 대한 해결책으로 공사를 빨리 끝내달라는 요청사항이 언급되어 있다. 따라서, ②번 '소음 발생이 예상되는 도로 공사 계획의 중단을 요청하려고'는 본문의 요청사항과 상이하여 이 글의 목적으로 적절하지 않다.
④ 본문이 도로 공사로 인한 소음에 대해 항의하기 위한 이메일이나, 본문의 후반부에 이에 대한 해결책으로 공사를 빨리 끝내달라는 요청사항이 언급되어 있다. 따라서, ④번 '도로 공사 건설 소음을 줄일 수 있는 방음판 설치를 요청하려고'는 본문의 요청사항과 상이하여 이 글의 목적으로 적절하지 않다.

2.
① ③ 뒤에 나온 목적어 'complaint(항의서)'로 보아, 밑줄 친 'file'은 '(항의서를) 제출하다'의 의미이다. ①번 'arrange(정리하다)', ③번 'subscribe(구독하다)'는 이 목적어와 어울리는 의미가 아니므로, 밑줄 친 'file'과 같은 의미로 볼 수 없다.
④ 본문은 도로 공사로 인한 소음에 대해 항의하기 위한 메일이다. 따라서, 'file'은 '(항의서를) 제출하다'의 의미이다. ④번 'document'는 '기록하다, 서류로 입증하다'는 의미로 본문의 목적을 표현한 문장의 의미와 관련이 없으므로, 오답이다.

| 정답 | 1 ③   2 ②

| 어휘 |

file (소송 등을) 제출하다
complaint 항의(서)
unbearable 참을 수 없는
ongoing 계속 진행 중인
construction 건설
resident 주민
not to mention 말할 것도 없이
locality 지역
request 요청하다
workforce 직원, 노동력
save 구조하다, (힘들거나 불쾌한 일을) 피하게 하다

1 To whom it may concern,
관계자분께,

2 I am writing this letter/ to file a complaint about the unbearable noise/ from the ongoing road construction work/ in the areas neighboring my house.
저는 이 편지를 씁니다/ 참을 수 없는 소음에 대해 항의서를 제출하려고/ 계속 진행 중인 도로 건설 작업에서 나오는/ 저의 집 주변 지역에서

3 The road construction work I am referring to/ has been ongoing for almost a week/ with heavy vehicles and tools,/ sometimes from morning to late night.
제가 말하고 있는 도로 건설 작업은/ 거의 1주일 동안 지속되어오고 있습니다/ 중장비와 장비로,/ 때로는 아침부터 늦은 밤까지

4 Naturally,/ the continuous noise/ is causing a lot of trouble/ for many residents in our neighborhood,/ including school-going children.
당연히,/ 이 계속되는 소리가/ 많은 골칫거리를 야기하고 있습니다/ 우리 이웃에 사는 많은 주민들에게/ 학교 가는 아이들을 포함하여

5 Not to mention,/ sleeping problems/ have also become a major concern/ for many residents in our locality.
말할 것도 없이,/ 수면 문제가 / 또한 큰 걱정거리가 되어왔습니다/ 우리 지역의 많은 거주자들에게

6 I request/ that you employ an additional workforce/ to finish construction as soon as possible/ and save us from this unbearable noise.
저는 요청합니다/ 당신이 추가적인 직원을 고용하는 것을/ 건설 작업을 가능한 한 빨리 끝내도록/ 그리고 이 참을 수 없는 소음에서 저희를 구조해 주시기를

7 Sincerely, Julia Garner
진심을 담아서, Julia Garner

[3-4] 다음 글을 읽고 물음에 답하시오.

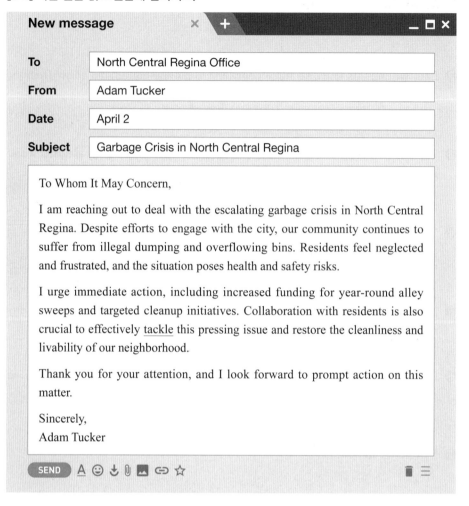

New message

To	North Central Regina Office
From	Adam Tucker
Date	April 2
Subject	Garbage Crisis in North Central Regina

To Whom It May Concern,

I am reaching out to deal with the escalating garbage crisis in North Central Regina. Despite efforts to engage with the city, our community continues to suffer from illegal dumping and overflowing bins. Residents feel neglected and frustrated, and the situation poses health and safety risks.

I urge immediate action, including increased funding for year-round alley sweeps and targeted cleanup initiatives. Collaboration with residents is also crucial to effectively tackle this pressing issue and restore the cleanliness and livability of our neighborhood.

Thank you for your attention, and I look forward to prompt action on this matter.

Sincerely,
Adam Tucker

SEND

3. 윗글의 목적으로 가장 적절한 것은?

① 쓰레기를 줄이는 친환경 정책 개발을 요청하려고
② 쓰레기 불법 투기에 대한 더 강력한 처벌을 요청하려고
③ 청소와 자금 마련 등 쓰레기 처리 대책의 시행을 요청하려고
④ 쓰레기를 줄이려는 주민들의 노력에 시 당국의 참여를 요청하려고

4. 밑줄 친 "tackle"의 의미와 가장 가까운 것은?

① offense
② remove
③ address
④ promote

| 해석 |

관계자분께,

저는 North Central Regina에서 증가하고 있는 쓰레기 위기를 다루기 위해 연락을 취하고 있습니다. 시와 관계를 유지하려는 노력에도 불구하고, 우리 공동체는 불법 (쓰레기) 투기와 넘치는 쓰레기통들로 계속해서 고통받고 있습니다. 주민들은 무시당하고 좌절한 기분을 느끼며, 이 상황은 건강과 안전 위험을 제기합니다.

저는 연중 골목 쓸기와 목표를 정한 대청소 계획을 위한 증가된 자금을 포함한 즉각적인 조치를 촉구합니다. 이 긴급한 문제를 효과적으로 다루고 우리 이웃의 깨끗함과 거주 적합성을 회복하기 위해 주민들과의 협력이 또한 중요합니다.

관심 가져 주셔서 감사하며 이 문제에 대한 신속한 조치를 고대합니다.

진심을 담아서,
Adam Tucker

4.
① 위반하다
② 제거하다
③ 처리하다, 다루다
④ 촉진하다

| 정답해설 |

3.
본문은 쓰레기 문제를 다루기 위한 즉각적인 조치를 촉구하는 이메일이다. 본문의 첫 문장 'I am reaching out to address the escalating garbage crisis ~'와 두 번째 단락의 첫 문장 'I urge immediate action, including ~'을 통해 이 글의 목적이 쓰레기 문제 해결을 위해 대청소 계획과 자금 조달을 포함한 즉각적인 조치를 요구하는 것임을 알 수 있다. 따라서, 이 글의 목적은 ③번이 가장 적절하다.

4.
밑줄 친 "tackle"은 뒤이어 나오는 목적어 'this pressing issue(이 긴급한 문제)'와 이 글의 목적이 '쓰레기 처리 대책의 시행 요청'임으로 보아 '처리하다, 다루다'의 의미임을 알 수 있다. 따라서, ③ address (처리하다, 다루다)가 밑줄 친 "tackle"의 의미와 가장 가깝다.

| 오답해설 |

3.
두 번째 단락의 첫 문장에서 명시하고 있듯이, 이 글의 목적은 시 당국에 자금 조달과 대청소 계획 마련을 촉구하는 것이다. ①번의 '친환경 정책 개발 요청', ②번의 '강력한 처벌', ④번의 '주민들의 노력에 시 당국의 참여 요청'은 모두 본문의 소재와 상이하여 이 글의 목적으로 적절하지 않다.

4.
밑줄 친 'tackle' 이후에 나온 목적어 'this pressing issue'는 쓰레기 문제를 가리키며 이 글의 목적은 이 문제에 대한 해결을 촉구하는 것이다. ①번 'offense(위반하다)', ②번 'remove(제거하다)', ④번 'promote(촉진하다)'는 이 목적어의 의미와 글 전체의 목적과 어울리지 않으므로 오답이다.

| 정답 | 3 ③　　4 ③

| 어휘 |

reach out 연락을 취하다
deal with 다루다, 대처하다
escalate 증가하다
engage with 관계를 유지하다
suffer from ~로 고통받다
illegal 불법의
dump 버리다
neglect 무시하다
frustrate 좌절시키다
pose 제기하다
urge 촉구하다
alley 골목
sweep 쓸기, 청소
cleanup 대청소
initiative 계획
collaboration 협력
crucial 중요한
pressing 긴급한
livability 거주 적합성, 살기 좋음
look forward to 고대하다
prompt 신속한

지문 분석

① To Whom It May Concern,
관계자분께.

② I am reaching out/ to address the escalating garbage crisis/ in North Central Regina.
저는 연락을 취하고 있습니다/ 증가하고 있는 쓰레기 위기를 다루기 위해/ North Central Regina에서

③ Despite efforts to engage with the city,/ our community/ continues to suffer/ from illegal dumping and overflowing bins.
시와 관계를 유지하려는 노력에도 불구하고,/ 우리 공동체는/ 계속해서 고통받고 있습니다/ 불법 (쓰레기) 투기와 넘치는 쓰레기통들로

④ Residents/ feel/ neglected and frustrated,/ and the situation/ poses/ health and safety risks.
주민들은/ ~한 기분을 느낍니다/ 무시당하고 좌절한/ 그리고 이 상황은/ 제기합니다/ 건강과 안전 위험을

⑤ I/ urge/ immediate action,/ including increased funding/ for year-round alley sweeps and targeted cleanup initiatives.
저는/ 촉구합니다/ 즉각적인 조치/ 증가된 자금을 포함한/ 연중 골목 쓸기와 목표를 정한 대청소 계획을 위한

⑥ Collaboration with residents/ is also crucial/ to effectively <u>tackle</u> this pressing issue/ and restore the cleanliness and livability of our neighborhood.
주민들과의 협력이/ 또한 중요합니다/ 이 긴급한 문제를 효과적으로 <u>다루다</u>/ 그리고 우리 이웃의 깨끗함과 거주 적합성을 회복하기 위해

⑦ Thank you for your attention,/ and I look forward to prompt action/ on this matter.
관심 가져 주셔서 감사합니다./ 그리고 신속한 조치를 고대합니다/ 이 문제에 대한

⑧ Sincerely, Adam Tucker
진심을 담아서, Adam Tucker

[5-6] 다음 글을 읽고 물음에 답하시오.

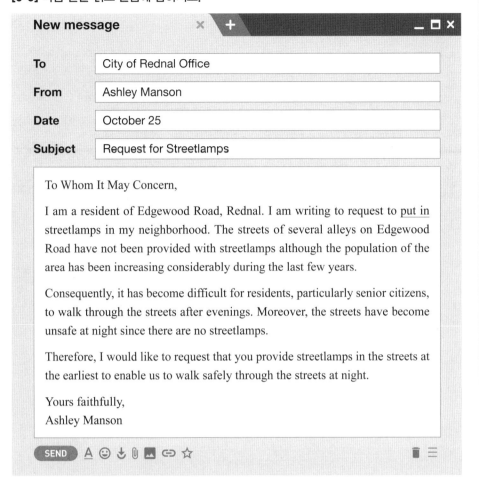

New message

To	City of Rednal Office
From	Ashley Manson
Date	October 25
Subject	Request for Streetlamps

To Whom It May Concern,

I am a resident of Edgewood Road, Rednal. I am writing to request to put in streetlamps in my neighborhood. The streets of several alleys on Edgewood Road have not been provided with streetlamps although the population of the area has been increasing considerably during the last few years.

Consequently, it has become difficult for residents, particularly senior citizens, to walk through the streets after evenings. Moreover, the streets have become unsafe at night since there are no streetlamps.

Therefore, I would like to request that you provide streetlamps in the streets at the earliest to enable us to walk safely through the streets at night.

Yours faithfully,
Ashley Manson

SEND

5. 윗글의 목적으로 가장 적절한 것은?

① 손상된 가로등의 수리를 요청하려고
② 가로등이 없는 거리에 가로등 설치를 요청하려고
③ 가로등이 부족한 거리에 가로등 추가 설치를 요청하려고
④ 노인 인구가 많은 거리에 가로등 추가 설치를 요청하려고

6. 밑줄 친 "put in"의 의미와 가장 가까운 것은?

① load
② spend
③ install
④ amend

문제 해결하기

| 해석 |

관계자분께,

저는 Rednal시 Edgewood Road의 주민입니다. 저는 제 동네에 가로등 설치하는 것을 요청하기 위해 이 편지를 씁니다. 이 지역의 인구가 지난 몇 년 동안 상당히 증가해 왔음에도 불구하고, Edgewood Road에 있는 몇몇 골목의 거리들이 가로등을 제공받지 못해왔습니다.

결과적으로, 주민들, 특히 노인들이 저녁 이후에 거리를 걸어 다니는 것이 어려워졌습니다. 더구나, 가로등이 없기 때문에 이 거리들은 밤에 안전하지 않게 되어왔습니다.

그러므로, 저는 우리가 밤에 거리를 안전하게 걸어 다닐 수 있도록 최대한 빨리 이 거리에 가로등을 제공해 주기를 요청하고 싶습니다.

진심을 담아서,
Ashley Manson

6.
① 심다
② 소비하다
③ 설치하다
④ 수리하다

| 정답해설 |

5.
② 본문은 가로등이 없는 거리에 가로등 설치를 요청하는 이 메일이다. 본문의 두 번째 문장 'I am writing to request to put in streetlamps ～'와 본문의 마지막 문장 'Therefore, I would like to request that you provide streetlamps ～'로 보아 ②번이 이 글의 목적으로 가장 적절하다.

6.
③ 이 글은 가로등이 설치되어 있지 않은 거리에 가로등 설치를 요청하는 글이므로, 밑줄 친 "put in"은 가로등을 '설치하다'의 의미가 되는 것이 흐름상 가장 자연스럽다. 따라서, ③ install (설치하다)가 밑줄 친 "put in"의 의미와 가장 가깝다

| 오답해설 |

5.
본문은 가로등이 설치되어 있지 않은 거리에 가로등 설치를 요청하는 글이다. ①, ③, ④번의 '가로등 추가 설치'는 모두 본문의 소재와 상이하므로 이 글의 목적으로 적절하지 않다.

6.
①, ② 뒤에 오는 목적어인 '가로등'과 의미상 어울리지 않아 오답이다.
④ 이 글의 목적이 '가로등의 설치'이므로, ④번 'amend(수리하다)'는 이 글의 목적과 관련이 없어 오답이다.

| 정답 | 5 ②   6 ③

| 어휘 |

request 요청
resident 주민
streetlamp 가로등
alley 골목
considerably 상당히
consequently 결과적으로
senior citizen 노인
enable 가능하게 하다

① To Whom It May Concern,
관계자분께,

② I am a resident/ of Edgewood Road, Rednal.
저는 주민입니다/ Rednal시 Edgewood Road의

③ I am writing/ to request to <u>put in</u> streetlamps/ in my neighborhood.
저는 이 편지를 씁니다/ 가로등 <u>설치를</u> 요청하기 위해/ 제 동네에

④ The streets of several alleys on Edgewood Road/ have not been provided with streetlamps/ although the population of the area has been increasing considerably/ during the last few years.
Edgewood Road에 있는 몇몇 골목의 거리들이/ 가로등을 제공받지 못해왔습니다/ 이 지역의 인구가 상당히 증가해 왔음에도 불구하고/ 지난 몇 년 동안

⑤ Consequently,/ it has become difficult for residents,/ particularly senior citizens,/ to walk through the streets after evenings.
결과적으로,/ 주민들이 어려워졌습니다./ 특히 노인들이,/ 저녁 이후에 거리를 걸어 다니는 것이

⑥ Moreover,/ the streets have become unsafe at night/ since there are no streetlamps.
더구나,/ 이 거리들은 밤에 안전하지 않게 되어왔습니다/ 가로등이 없기 때문에

⑦ Therefore,/ I would like to request/ that you provide streetlamps in the streets/ at the earliest/ to enable us to walk safely through the streets at night.
그러므로,/ 저는 요청하고 싶습니다/ 이 거리에 가로등을 제공해 주기를/ 최대한 빨리/ 우리가 밤에 거리를 안전하게 걸어 다닐 수 있도록

⑧ Yours faithfully, Ashley Manson
진심을 담아서, Ashley Manson

02 공문

교수님 코멘트 ▶ 해당은 인사혁신처 발표 2025년 대비 출제 전환 문항 중 신유형 독해 문항에 해당된다. 1개의 지문에 2개의 문항이 배치된 문제 유형이나, 해당 문제 유형은 기존의 문항인 '제목찾기'와 '내용일치/불일치'에 해당된다. 거시적 정보인 '제목'과 미시적 정보인 '내용일치/불일치'를 동시에 묻는 문제인만큼 문항의 의도를 먼저 파악하고 정답과 관련된 정보를 정확하고 빠르게 잡아내는 것이 핵심인 유형이다.

STEP 1   인사혁신처 예시문제

[1-2] 다음 글을 읽고 물음에 답하시오.

(A)

We're pleased to announce the upcoming City Harbour Festival, an annual event that brings our diverse community together to celebrate our shared heritage, culture, and local talent. Mark your calendars and join us for an exciting weekend!

Details
- **Dates:** Friday, June 16 — Sunday, June 18
- **Times:** 10:00 a.m. — 8:00 p.m. (Friday & Saturday)
          10:00 a.m. — 6:00 p.m. (Sunday)
- **Location:** City Harbour Park, Main Street, and surrounding areas

Highlights
- **Live performances**

Enjoy a variety of live music, dance and theatrical performances on multiple stages throughout the festival grounds.

- **Food Trucks**

Have a feast with a wide selection of food trucks offering diverse and delicious cuisines, as well as free sample tastings.

For the full schedule of events and activities, please visit our website at www.cityharbourfestival.org or contact the Festival Office at (552) 234-5678.

Q1. (A)에 들어갈 윗글의 제목으로 가장 적절한 것은?

📖 PART Ⅱ > CHAPTER 03 제목

① Make Safety Regulations for Your Community
② Celebrate Our Vibrant Community Events
③ Plan Your Exciting Maritime Experience
④ Recreate Our City's Heritage

Q2. City Harbour Festival에 관한 윗글의 내용과 일치하지 <u>않는</u> 것은?

📖 PART Ⅲ > CHAPTER 01 내용일치/불일치

① 일 년에 한 번 개최된다.
② 일요일에는 오후 6시까지 열린다.
③ 주요 행사로 무료 요리 강습이 진행된다.
④ 웹사이트나 전화 문의를 통해 행사 일정을 알 수 있다.

문제 해결하기

| 해석 |

(A) 우리의 활기찬 지역 공동체 행사를 기념합시다

세부사항
- **날짜:** 6월 16일, 금요일 – 6월 18일, 일요일
- **시간:** 오전 10:00 – 오후 8:00 (금요일과 토요일)
  오전 10:00 – 오후 6:00 (일요일)
- **장소:** City Harbour 공원, Main Street, 그리고 주변 지역

하이라이트
- **라이브 공연**
  축제 장소 곳곳에 있는 다수의 무대에서 다양한 라이브 음악, 춤, 그리고 연극을 즐기세요.
- **푸드트럭**
  무료 맛보기 샘플뿐만 아니라 여러 가지 맛좋은 음식을 제공하는 다양한 푸드트럭에서 만찬을 가지세요.

행사와 활동들의 전체 일정을 원하신다면, 우리의 웹사이트 www.cityharbourfestival.org에 방문해주시거나, 축제 사무실 (552) 234-5678로 연락주세요.

Q1. (A)에 들어갈 윗글의 제목으로 가장 적절한 것은?
① 당신의 지역 공동체를 위한 안전 규정을 만드세요
② 우리의 활기찬 지역 공동체 행사를 기념합시다
③ 당신의 신나는 해양 경험을 계획하세요
④ 우리 도시의 유산을 되살립시다

| 정답해설 |

Q1.
② 지역 축제 개최를 알리고 구체적인 정보를 제공하는 정보문이다. 본문 전반적인 내용이 다가올 축제인 City Harbour Festival에 관한 정보를 제공하고 있으므로, 글의 제목은 축

제 참여 독려를 위한 내용이 들어가는 것이 적절하다. 따라서 '② Celebrate Our Vibrant Community Events(우리의 활기찬 지역 공동체 행사를 기념합시다)'이 (A)에 가장 적절하다.

Q2.
주어진 지문에서 축제의 하이라이트로 라이브 공연과 푸드트럭이 언급되어 있지만, 무료 요리 강습에 대한 정보는 제공되지 않는다. 따라서 선택지 ③이 글의 내용과 일치하지 않는 언급되지 않은 내용이다.

| 오답해설 |

Q1.
①, ③ 본문과 관련 없는 내용이다.
④ 본문 초반에서 축제의 목적이 도시의 유산을 함께 기념하기 위한 것이라고 했으나, 이를 되살리거나 재건하자는 내용은 본문에 언급되지 않으므로 오답이다.

Q2.
① 본문 첫 번째 줄 마지막 'an annual event ~'를 통해 일 년에 한 번 개최되는 연간 행사임을 알 수 있다.
② 본문 중반 Times(시간) 정보의 두 번째 줄을 통해 일요일에는 행사가 오후 6시까지인 것을 알 수 있다.
④ 본문 마지막 줄 "For the full schedule of events and activities, please visit our website at www.cityharbourfestival.org or contact the Festival Office at (552) 234-5678(행사와 활동들의 전체 일정을 원하신다면, 우리의 웹사이트 www.cityharbourfestival.org에 방문하시거나, 축제 사무실 (552) 234-5678로 연락주세요)."을 통해 전체 일정 정보는 웹사이트 방문 혹은 전화 문의를 통해 획득할 수 있음을 알 수 있다.

| 정답 | **Q1** ② **Q2** ③

| 어휘 |

announce 발표하다
upcoming 다가오는
annual 연간의, 1년에 한 번
diverse 다양한
community 지역 공동체, 지역 사회
celebrate 축하하다, 기념하다
shared 공유의
heritage 유산
surrounding 인근의, 주변의
a variety of 다양한
theatrical performance 연극
multiple 다수의
ground 장소
feast 연회, 만찬
a wide selection of 다양한
cuisine 요리, 음식
as well as ~뿐만 아니라 ...도
tasting 시음, 맛보기
regulation 규정, 규율
vibrant 활기찬
maritime 해양의
recreate 되살리다

❶ Celebrate/ Our Vibrant Community Events

동사 　　　 목적어

기념합시다/ 우리의 활기찬 지역 공동체 행사를

❷ We're pleased to announce the upcoming City Harbour Festival,/ an annual event/

주어 동사 　　　 보어[to부정사(부사적용법)] 　　　　　　　　　　　　 동격명사

that 　　　 brings our diverse community together/ to celebrate our shared heritage,

주격 관계대명사 동사 　 목적어 　　　　　　　　　　 to부정사(부사적 용법)

culture, and local talent.

우리가 다가오는 City Harbour Festival을 발표하게 되어 기쁘게 생각합니다,/ 연간 행사인/ 우리의 다양한 지역 공동체를 화합하게 해주는/ 공유하는 유산, 문화, 그리고 지역의 재능을 기념하고자

❸ Mark your calendars/ and join us for an exciting weekend!

동사1 목적어 　　　　　　 동사2 목적어 전명구

달력에 표시하시고/ 신나는 주말을 저희와 함께 해주세요!

Details

세부사항

■ **Dates:** Friday, June 16 − Sunday, June 18

■날짜: 6월 16일, 금요일 − 6월 18일, 일요일

■ **Times:** 10 : 00 a.m. − 8 : 00 p.m. (Friday & Saturday)

　　　　　　10 : 00 a.m. − 6 : 00 p.m. (Sunday)

■시간: 오전 10:00 − 오후 8:00 (금요일과 토요일)

　　　　 오전 10:00 − 오후 6:00 (일요일)

■ **Location:** City Harbour Park, Main Street, and surrounding areas

■장소: City Harbour 공원, Main Street, 그리고 주변 지역

Highlights

하이라이트

■ **Live Performances**

■라이브 공연

❹ Enjoy a variety of live music, dance, and theatrical performances/ on multiple stages

동사 　 목적어 　　　　　　　　　　　　　　　　　　　　　　　 전명구

throughout the festival grounds.

전명구

다양한 라이브 음악, 춤, 그리고 연극을 즐기세요/ 축제 장소 곳곳에 있는 다수의 무대에서

■ **Food Trucks**

■푸드트럭

❺ Have a feast with a wide selection of food trucks/ offering diverse and delicious

동사 　 목적어 　 전명구 　　　　　 전명구 　　　 현재분사

cuisines,/ as well as free sample tastings.

　　　　　 접속사

다양한 푸드트럭에서 만찬을 가지세요/ 여러 가지 맛좋은 음식을 제공하는,/ 무료 맛보기 샘플뿐만 아니라

❻ For the full schedule of events and activities,/ please visit our website

전명구 　　　　　　　　 전명구 　　　　　　　　　　 동사1 목적어

at www.cityharbourfestival.org/ or contact the Festival Office at (552) 234-5678.

　　　　　　　　　　　　　　　　 접속사 동사2 　 목적어 　　　　 전명구

행사와 활동들의 전체 일정을 원하신다면,/ 우리의 웹사이트 www.cityharbourfestival.org에 방문해주세요/ 또는 축제 사무실 (552) 234–5678로 연락주세요.

[1-2] 다음 글을 읽고 물음에 답하시오.

(A)

Nests for Children was the creation of two extraordinary individuals who believed every child had the right to grow up in a loving family. Today, the organization that Jake and Nicole White started at their kitchen table in Wiltshire, England, in 2010 is at the forefront of a growing global movement to eliminate the institutional care of children.

You are about to do something amazing. The money you donate will transform the lives of children worldwide and bring us closer to a day when every child grows up in a loving, stable family.

We are proud to hold our fourth annual charity event and raise money for children in need.

Please join us for a charity event.

* **Dates:** Monday, June 3rd, 2024
* **Location:** Opera Ballroom in Williamsburg
* **Entrance fee:** $100

For further information, please visit our website at www.nestforchildren.org.

---

1. (A)에 들어갈 윗글의 제목으로 가장 적절한 것은?

① Be the Family for Children in Need

② Adopt Is Another Way to Be Parents

③ Become Parents for Abandoned Children

④ Help Us Give Children in Need Sweet Homes

2. Nests for Children에 관한 윗글의 내용과 일치하지 <u>않는</u> 것은?

① Jake와 Nicole에 의해 처음 만들어졌다.

② 네 번째 자선 행사의 입장료는 100달러이다.

③ 2024년 6월에 네 번째 자선 행사를 개최한다.

④ 2010년 이후 매년 연례 자선 행사를 개최해왔다.

문제 해결하기

| 해석 |

(A) 도움이 필요한 아이들에게 즐거운 가정을 줄 수 있도록 우리를 도와주세요

Nests for Children은 모든 아이가 사랑스러운 가족 안에서 자랄 권리가 있다고 믿었던 두 명의 대단한 사람들의 창작입니다. 오늘날, Jake와 Nicole White가 2010년에 Wiltshire에 있는 그들의 부엌 테이블에서 시작했던 이 단체가 보호 시설의 아동 관리를 없애는 점점 커져가는 전 세계적인 움직임의 선두에 있습니다.

당신은 대단한 무언가를 하려고 합니다. 당신이 기부하는 돈은 전 세계에서 아이들의 삶을 완전히 바꿀 것이고 우리를 모든 아이가 사랑하는 안정적인 가족 안에서 자라는 날에 더 가까이 데려갈 것입니다.

우리는 그것의 네 번째 연례 자선 행사를 개최하고 도움이 필요한 아이들을 위해 돈을 모금하게 되어 자랑스럽습니다. 자선 행사에 동참해주세요.

* 날짜: 2024년 6월 3일, 목요일
* 장소: Williamsburg의 Opera Ballroom
* 입장료: 100달러

더 많은 정보를 원하시면, 저희 웹사이트 www.nestforchildren.org.에 방문해주세요.

1.
① 도움이 필요한 아이들에게 가족이 되어주세요
② 입양은 부모가 되는 또 다른 방법입니다
③ 버려진 아이들에게 부모가 되어주세요
④ 도움이 필요한 아이들에게 즐거운 가정을 줄 수 있도록 도와주세요

|정답해설|

1.
본문은 모든 아이들이 안정적인 가정에서 자라는 것을 목표로 하는 단체인 Nests for Children의 연례 자선 행사를 알리는 안내문이다. 본문의 초반부에서 이 단체가 모든 아이가 사랑스러운 가족 안에서 자랄 권리가 있다고 믿었던 두 사람에 의해 만들어졌으며, 보호 시설 아동 관리를 없애는 움직임의 선두에 있다고 서술하고 있다. 본문의 중반부에서도, 당신의 기부로 모든 아이가 사랑하는 가족 안에서 자랄 날이 가까워질 것이라고 설명하고 있다. 또한, 본문의 후반부에서, 이러한 이 단체의 목적을 위해 행사를 개최하고 있음을 알리고 있다. 즉, 이 단체는 아이들이 가정에서 자라도록 돕는 일을 하고 있으며, 이 목적을 달성하기 위한 기금을 모금하고 있음을 알 수 있다. 이 내용을 함축적으로 표현한 제목으로는 ④번 'Help Us Give Children in Need Sweet Homes(도움이 필요한 아이들에게 즐거운 가정을 줄 수 있도록 도와주세요)'가 가장 적절하다.

2.
본문의 초반부에, 이 단체가 2010년에 시작되었다고 설명하였고, 본문의 후반부에서는 2024년에 개최되는 연례 자선 행사가 네 번째라고 언급하였다. 연례 자선 행사가 언제부터 시작되었는지에 대한 언급은 없으나, 2010년 이후 매년 연례 자선 행사를 개최하였다면, 2024년에는 열다섯 번째가 되어야 한다. 따라서, ④번 '2010년 이후 매년 연례 자선 행사를 개최해왔다.'는 2010년 이후 매년이라고 서술한 부분이 본문의 내용과 일치하지 않는다.

|오답해설|

1.
①, ②, ③ Nests for Children의 목적이 도움이 필요한 아이들이 시설이 아닌 가정에서 자랄 수 있도록 하는 것이기는 하지만, 이 글은 이러한 목적 달성을 위한 기금 모금 행사를 안내하는 것이다. 즉, 이 글의 제목은 기금 모금과 관련된 것이어야 한다. 따라서, ①번 'Be the Family for Children in Need(도움이 필요한 아이들에게 가족이 되어주세요)', ②번 'Adopt Is Another Way to Be Parents(입양은 부모가 되는 또 다른 방법입니다)', ③번 'Become Parents for Abandoned Children(버려진 아이들에게 부모가 되어주세요)'은 이 글의 제목으로 적절하지 않다.

2.
① 본문의 초반부에서 Nests for Children은 2010년에 Jake와 Nicole White가 처음 시작했다고 서술하고 있다. 따라서, ①번 'Jake와 Nicole에 의해 처음 만들어졌다.'는 이 글의 내용과 일치한다.
② 본문의 후반부에서 이번 자선 행사가 네 번째이며, 입장료는 100달러라고 언급하고 있다. 따라서, ②번 '네 번째 자선 행사의 입장료는 100달러이다.'는 이 글의 내용과 일치한다.
③ 본문의 후반부에서 이번 자선 행사가 네 번째이며, 날짜는 2024년 6월 3일이라고 언급하고 있다. 따라서, ③번 '2024년 6월에 네 번째 자선 행사를 개최한다.'는 이 글의 내용과 일치한다.

|정답| 1 ④   2 ④

| 어휘 |

nest 가정; 보금자리, 집
extraordinary 대단한; 놀라운
forefront 선두
eliminate 없애다
institutional 보호 시설의
donate 기부하다
transform 완전히 바꿔 놓다
stable 안정적인
annual 연례의
charity 자선
raise 모금하다
entrance 입장
fee 요금

❶ Help/ Us/ Give/ Children in Need/ Sweet Homes

도와주세요/ 우리를/ 줄 수 있도록/ 도움이 필요한 아이들에게/ 즐거운 가정을

❷ Nests for Children/ was the creation of two extraordinary individuals/ who believed every child had the right/ to grow up in a loving family.

Nests for Children은/ 두 명의 대단한 사람들의 창작입니다/ 모든 아이가 권리가 있다고 믿었던/ 사랑스러운 가족 안에서 자랄

❸ Today,/ the organization that Jake and Nicole White started at their kitchen table in Wiltshire, England, in 2010/ is at the forefront of a growing global movement/ to eliminate the institutional care of children.

오늘날,/ Jake와 Nicole White가 2010년에 Wiltshire에 있는 그들의 부엌 테이블에서 시작했던 이 단체가/ 점점 커져가는 전 세계적인 움직임의 선두에 있습니다/ 보호 시설의 아동 관리를 없애는

❹ You/ are about to do something amazing.

당신은/ 대단한 무언가를 하려고 합니다.

❺ The money you donate/ will transform the lives of children worldwide/ and bring us closer/ to a day when every child grows up/ in a loving, stable family.

당신이 기부하는 돈은/ 전 세계에서 아이들의 삶을 완전히 바꿀 것입니다/ 그리고 우리를 더 가까이 데려갈 것입니다/ 모든 아이가 자라는 날에/ 사랑하는 안정적인 가족 안에서

❻ We/ are proud to/ hold our fourth annual charity event/ and raise money for children in need.

우리는/ ~하게 되어 자랑스럽습니다/ 그것의 네 번째 연례 자선 행사를 개최하다/ 그리고 도움이 필요한 아이들을 위해 돈을 모금하다

❼ Please join us/ for a charity event.

동참해주세요/ 자선 행사에

　　* **Dates:** Monday, June 3rd, 2024

　　* 날짜: 2024년 6월 3일, 목요일

　　* **Location:** Opera Ballroom in Williamsburg

　　* 장소: Williamsburg의 Opera Ballroom

　　* **Entrance fee:** $100

　　* 입장료: 100달러

❽ For further information,/ please visit our website/ at www.nestforchildren.org.

더 많은 정보를 원하시면,/ 저희 웹사이트를 방문해주세요/ www.nestforchildren.org.에

[3-4] 다음 글을 읽고 물음에 답하시오.

<table>
<tr><td>(A)</td></tr>
</table>

Hundreds of people gathered today to watch two teams of professional chefs compete in the third annual cooking competition.

Chef Jennifer O'Brien and sous chef Nia Nyamweya won the competition. Chef Jacob Mosbrucker and sous chef Sophia Maroon came in second place.

Each team created two courses using 'ugly' produce that were to be thrown away, if they had not been rescued. These incredible chefs turned 'unsellable' vegetables and other rescued food into such beautiful and delicious dishes. The competitors demonstrated great skills and made a fun show today. Still, even more importantly, they helped spotlight the critical role that restaurants, service industry institutions, food companies, and farmers can play to address hunger and food waste.

3. (A)에 들어갈 윗글의 제목으로 가장 적절한 것은?

① Raw Talent: What Turns Nothing Into Something
② Ugly Food Competition: Don't Taste It With Your Eyes
③ Food Rescue Competition: Who Rescued the Most Wins
④ No Waste, Big Taste: A Rescued Food Cooking Competition

4. 윗글의 내용과 일치하지 <u>않는</u> 것은?

① 두 팀 모두 구해진 농산물로 멋진 요리를 만들어냈다.
② 이 대회는 기아와 음식 쓰레기 문제에 세간의 이목을 집중시켰다.
③ 주방장 Jennifer O'Brien과 부주방장 Nia Nyamweya가 우승했다.
④ 이 대회는 음식의 매력적인 겉모습에 세간의 이목을 집중시키기 위한 것이었다.

| 해석 |

(A) 버려지는 것은 없고 맛은 좋아요: 구해진 음식 요리 대회

전문 요리사 두 팀이 세 번째 연례 요리 대회에서 경쟁하는 것을 보려고 수백 명의 사람들이 오늘 모였습니다.

주방장 Jennifer O'Brien과 부주방장 Nia Nyamweya가 대회에서 우승했습니다. 주방장 Jacob Mosbrucker과 부주방장 Sophia Maroon은 2등을 차지했습니다.

각 팀은 구해지지 않았더라면 버려질 예정이었던 '못생긴' 농산물을 이용하여 두 가지 요리들을 만들어냈습니다. 이 놀라운 요리사들은 '팔 수 없는' 야채들과 다른 구해진 음식들을 매우 아름답고 맛있는 요리들로 바꾸었습니다. 오늘 이 경쟁자들은 훌륭한 기술을 발휘했고 재미있는 쇼를 만들어냈습니다. 하지만, 더 중요하게, 그들은 식당, 서비스 산업 기관들, 식품 회사들, 그리고 농부들이 기아와 음식 쓰레기 해결을 위해 할 수 있는 중요한 역할에 세간의 이목을 집중시키는 것을 도왔습니다.

3.
① 타고난 재능: 아무것도 아닌 것을 무언가로 바꾸는 것
② 못생긴 음식 대회: 그것을 당신의 눈으로 맛보지 마세요
③ 음식 구하기 대회: 가장 많이 구한 사람이 이깁니다
④ 버려지는 것은 없고 맛은 좋아요: 구해진 음식 요리 대회

| 정답해설 |

3.

본문은 팔 수 없는 못생긴 농산물과 구해진 재료들로 맛있는 요리를 만드는 요리 대회의 결과를 알리는 글이다. 본문의 초반부는 요리 대회의 결과를 알리고 있고, 중반부는 이 대회의 특징이 구해진 재료로 요리하기라는 점을 설명하고 있다. 마지막으로, 후반부에서는 이 대회의 의미가 기아와 음식 쓰레기 문제를 다루는 것임을 설명하고 있다. 즉, 본문은

기아와 음식 쓰레기 문제를 해결하기 위해 구해진 음식 재료로 맛있는 요리를 만드는 대회를 소개하고 있음을 알 수 있으므로, 이 내용을 함축적으로 표현한 제목으로는 ④번이 가장 적절하다.

4.

④ 본문의 마지막 두 문장에서, 이 요리 대회의 목적은 못생겨서 팔 수 없는 재료들로 아름답고 맛있는 요리를 만드는 것이며, 이를 통해 기아와 음식 쓰레기 문제를 다루는 것임을 알 수 있다. ④은 음식의 매력적인 겉모습에 이목을 집중시키는 것이 이 대회의 목적이라고 서술한 점이 못생긴 재료를 버리지 않고 사용하여 요리를 만든다는 이 대회의 목적과 상반된다. 따라서, ④번은 이 글의 내용과 일치하지 않는다.

| 오답해설 |

3.

이 글은 팔 수 없는 재료를 버리지 않고 사용하여 기아와 음식 쓰레기 문제를 해결하자는 의도를 가진 요리 대회에 대한 소개이다. ①, ②, ③번의 '음식 구하기'는 모두 본문과 소재가 상이하여 이 글의 제목으로 적절하지 않다.

4.

① 본문의 세 번째 단락의 첫 번째와 두 번째 문장에서 각 팀이 구해진 음식들을 아름답고 맛있는 요리들로 바꾸었다고 서술하고 있다. 따라서, ①번은 이 글의 내용과 일치한다.
② 본문의 마지막 문장에서 이 대회의 참가자들이 기아와 음식 쓰레기 해결을 위한 식품 관련 당사자들의 역할에 세간의 이목을 집중시키는 것을 도왔다고 서술하고 있다. 따라서, ②번은 이 글의 내용과 일치한다.
③ 본문의 두 번째 문장에서 우승팀을 명시하고 있다. 따라서, ③번은 이 글의 내용과 일치한다.

| 정답 | 3 ④ 4 ④

| 어휘 |

gather 모이다
annual 연례의
sous chef 부주방장
course (식사의 개별) 요리
produce 농산물
demonstrate 발휘하다, 보여주다
spotlight 세간의 이목을 집중시키다, 집중 조명하다
critical 중요한
address 다루다

❶ No Waste, Big Taste:/ A Rescued Food Cooking Competition
버려지는 것은 없고 맛은 좋아요:/ 구해진 음식 요리 대회

❷ Hundreds of people/ gathered today/ to watch two teams of professional chefs compete/ in the third annual cooking competition.
수백 명의 사람들이/ 오늘 모였습니다/ 전문 요리사 두 팀이 경쟁하는 것을 보려고/ 세 번째 연례 요리 대회에서

❸ Chef Jennifer O'Brien and sous chef Nia Nyamweya/ won/ the competition.
주방장 Jennifer O'Brien과 부주방장 Nia Nyamweya가/ 우승했습니다/ 대회에서

❹ Chef Jacob Mosbrucker and sous chef Sophia Maroon/ came in second place.
주방장 Jacob Mosbrucker과 부주방장 Sophia Maroon은/ 2등을 차지했습니다

❺ Each team/ created two courses/ using 'ugly' produce/ that were to be thrown away,/ if they had not been rescued.
각 팀은/ 두 가지 요리들을 만들어냈습니다/ '못생긴' 농산물을 이용하여/ 버려질 예정이었던/ 구해지지 않았더라면

❻ These incredible chefs/ turned 'unsellable' vegetables and other rescued food/ into such beautiful and delicious dishes.
이 놀라운 요리사들은/ '팔 수 없는' 야채들과 다른 구해진 음식들을 바꾸었습니다/ 매우 아름답고 맛있는 요리들로

❼ The competitors/ demonstrated great skills/ and made a fun show/ today.
이 경쟁자들은/ 훌륭한 기술을 발휘했습니다/ 그리고 재미있는 쇼를 만들어냈습니다/ 오늘

❽ Still,/ even more importantly,/ they/ helped/ spotlight the critical role/ that restaurants, service industry institutions, food companies, and farmers/ can play/ to address hunger and food waste.
하지만,/ 더 중요하게,/ 그들은/ 도왔습니다/ 중요한 역할에 세간의 이목을 집중시키는 것을/ 식당, 서비스 산업 기관들, 식품 회사들, 그리고 농부들이/ 할 수 있는/ 기아와 음식 쓰레기 해결을 위해

[5-6] 다음 글을 읽고 물음에 답하시오.

> (A)
>
> September 1-20, 2023
>
> This year's Pet Fair has ended after a month dedicated to pet adoption, rescue work, and community.
>
> This year's Pet Fair helped 8,443 animals find their new forever homes.
> Pet Food Express donated $25 to partnering shelters and rescues for every eligible adoption, totaling $211,075.
> 145 shelters and rescues joined us in making this year's Pet Fair a success.
>
> Thank you to everyone who opened their hearts and homes to a new pet and those who participated in our events and giveaways.
>
> Regarding pet adoptions, our philosophy is always "how can we do more?" With weekly events, in-store cat adoption centers, and our annual pet fair, we aim to find a forever home for every rescue pet.

5. (A)에 들어갈 윗글의 제목으로 가장 적절한 것은?

① Give Help for Abandoned Animals!
② Looking Back at the 2023 Pet Fair!
③ The 2023 Pet Fair Ended with Regret!
④ What Is Needed for a Successful Pet Fair?

6. 윗글의 내용과 일치하지 <u>않는</u> 것은?

① 이 조직은 동물 입양을 위해 매년 Pet Fair를 개최한다.
② 8,443마리의 동물들이 2023년 Pet Fair를 통해 입양되었다.
③ 이 단체는 애완동물 입양을 위해 더 많은 것을 하려고 노력한다.
④ 이 조직은 동물 입양을 위해 145개의 보호소와 구조활동을 운영한다.

문제 해결하기

| 해석 |

(A) 2023년 Pet Fair를 돌아보며!

2023년 9월 1일에서 20일

애완동물 입양, 구조 작업과 공동체에 전념한 한 달이 지나고 올해의 Pet Fair가 끝났습니다.

올해의 Pet Fair는 8,443마리의 동물들이 그들의 새로운 영원한 집을 찾는 것을 도왔습니다.

Pet Food Express는 조건이 맞는 입양 각각에 대해서 보호소와 구조활동에 파트너가 되는 것에 25달러를 기부하여 총 211,075달러가 되었습니다.

145개의 보호소와 구조활동이 올해의 Pet Fair를 성공하도록 만드는 데 동참했습니다.

새로운 애완동물에게 마음과 집을 열어 주신 모든 분들과 우리 행사와 증정품에 참여해 주신 모든 분들께 감사드립니다.

애완동물 입양에 있어, 우리의 철학은 항상 "어떻게 우리가 더 많은 것을 할 수 있을까?"입니다. 주간 행사, 매장 내의 고양이 입양 센터, 그리고 우리의 연례 애완동물 박람회와 함께, 우리는 모든 구조 애완동물을 위해 영구적인 집을 찾는 것을 목표로 합니다.

5.
① 버려진 동물들에게 도움을 주세요!
② 2023년 Pet Fair를 돌아보며!
③ 2023년 Pet Fair가 유감을 남기고 끝났습니다!
④ 성공적인 애완동물 박람회를 위해서 필요한 것이 무엇일까요?

| 정답해설 |

5.
② 본문은 한 달간 진행된 2023 Pet Fair의 내용과 성공을 알리며 동참한 사람들에게 감사를 전하는 내용이다. 첫 문장 'This year's Pet Fair has ended ~'와 두 번째 단락의 마지막 문장 '145 shelters and rescues joined ~'를 통해 이 글의 이미 끝난 박람회 결과에 관한 것이며, 이 박람회를 성공적이라고 생각하고 있음을 알 수 있다. 따라서, 이 글의 제목으로는 ②번이 가장 적절하다.

6.
④ 두 번째 단락의 마지막 문장에서 145개의 보호소와 구조활동이 2023 Pet Fair에 참여했음을 알 수 있다. 따라서, ④번은 이 조직이 145개의 보호소와 구조활동을 운영한다고 서술한 점이 본문에서 145개의 보호소와 구조활동이 참여했다고 서술한 부분과 상이하여 이 글의 내용과 일치하지 않는다.

| 오답해설 |

5.
① 이 글이 동물 입양을 위한 박람회와 관련된 것이나, ①번은 본문 내용에 비해 광범위한 주제를 다루고 있어, 이 글의 제목으로 적절하지 않다.

③, ④ 2023 Pet Fair가 성공적으로 끝났다는 본문의 사실과 상반된 내용을 다루고 있어, 이 글의 제목으로 적절하지 않다.

6.
① 본문의 마지막 문장에서, 이 단체가 동물 입양을 위해 주간 행사, 매장 내의 고양이 입양 센터, 연례 애완동물 박람회를 개최한다고 서술하고 있으므로, ①번은 본문의 내용과 일치한다.

② 두 번째 단락의 첫 문장에서 올해의 Pet Fair가 8,443마리의 동물이 새로운 영원한 집을 찾도록 도왔다고 서술하고 있으므로, ②번은 본문의 내용과 일치한다.

③ 본문의 마지막 단락에서, 이 단체의 철학이 애완동물의 입양을 위해 더 많은 것을 하는 것이라고 서술하고 있으므로, ③번은 이 글의 내용과 일치한다.

| 정답 | 5 ②　　6 ④

| 어휘 |

dedicated 전념하는, 전용의
adoption 입양
rescue 구조
eligible 조건이 맞는, 자격이 있는
total 총 ~이 되다
giveaway 증정품, 경품
in-store 매장 내의
annual 연례의

❶ Looking Back at the 2023 Pet Fair!

2023년 Pet Fair를 돌아보며!

❷ September 1-20, 2023

2023년 9월 1일에서 20일

❸ This year's Pet Fair/ has ended/ after a month/ dedicated to pet adoption, rescue work, and community.

올해의 Pet Fair가/ 끝났습니다/ 한 달이 지나고/ 애완동물 입양, 구조 작업과 공동체에 전념한

❹ This year's Pet Fair/ helped/ 8,443 animals/ find their new forever homes.

올해의 Pet Fair는/ 도왔습니다/ 8,443마리의 동물들이/ 그들의 새로운 영원한 집을 찾는 것을

❺ Pet Food Express/ donated $25/ to partnering shelters and rescues/ for every eligible adoption,/ totaling $211,075.

Pet Food Express는/ 25달러를 기부했습니다/ 보호소와 구조활동에 파트너가 되는 것에/ 조건이 맞는 입양 각각에 대해서/ 총 211,075달러가 된

❻ 145 shelters and rescues/ joined us/ in making this year's Pet Fair a success.

145개의 보호소와 구조활동이/ 동참했습니다/ 올해의 Pet Fair를 성공하도록 만드는 데

❼ Thank you to everyone/ who opened their hearts and homes to a new pet/ and those who participated in our events and giveaways.

모든 분들께 감사드립니다/ 새로운 애완동물에게 마음과 집을 열어 주신/ 그리고 우리 행사와 증정품에 참여해 주신

❽ Regarding pet adoptions,/ our philosophy/ is always "how can we do more?"

애완동물 입양에 있어,/ 우리의 철학은/ 항상 "어떻게 우리가 더 많은 것을 할 수 있을까?"입니다

❾ With weekly events, in-store cat adoption centers, and our annual pet fair,/ we/ aim to find a forever home/ for every rescue pet.

주간 행사, 매장 내의 고양이 입양 센터, 그리고 우리의 연례 애완동물 박람회와 함께,/ 우리는/ 영구적인 집을 찾는 것을 목표로 합니다/ 모든 구조 애완동물을 위해

인생은 끊임없는 반복.
반복에 지치지 않는 자가 성취한다.

– 윤태호 「미생」 중

PART

0

독해의 기초기술

01 문장독해의 원리

교수님 코멘트▶ 독해는 결국 문장 단위에서 시작한다고 볼 수 있다. 문장이 다양한 수식어 구조로 복합문의 형태를 띠고 있으므로 구문 분석이 반드시 선행되어야 한다. 이에 구문 분석과 문장의 확장 원리에 대한 이해가 먼저 필요하다.

VOCABULARY CHECK

1 독해의 최소 단위_문장 구조의 모든 것

주어	동사	목적어	보어	수식어
명사 명사구 명사절 대명사 동명사 to부정사	(조동사 +) be동사 (조동사 +) 일반동사	명사 명사구 명사절 대명사 동명사 to부정사	명사 명사구, 명사절 형용사 동명사 to부정사 현재분사 과거분사 「전치사 + 명사」	부사적 수식어 (부사, 부사구, 부사절, 「전치사 + 명사」) 형용사적 수식어 (형용사, 형용사구, 형용사절, 「전치사 + 명사」)

아무리 복잡하고 길어 보이는 문장도 문장의 주요 성분은 주어, 동사, 목적어, 보어 네 가지 뿐이다. 여기에 수식어가 자유롭게 수식하면서 문장은 끝없이 길어진다. 수식어를 제한 없이 사용한다면 1km 이상의 문장도 나올 수 있다. 아래는 간단한 문장의 뼈대에 다양한 수식어를 이용하여 문장이 길어지는 과정을 보여준다.

▌한눈에 보이는 문장의 발달 과정

기본적인 문장의 구조는 아래의 예시 문장처럼 끝없이 발달, 진화할 수 있다.

> Dr. D is a teacher.

> **Dr. D** making an awesome theory of 'Visual English' for her students who are poor at English grammar **is a** good **teacher** having mastered English at Harvard in Boston for 6 years as an assistant professor while she is not a good wife to her husband that always loves her.

다소 황당하게 길어진 문장에 넋을 놓고 있을 수 있지만, 실제로 우리가 시험에서 접하는 문장은 위 문장보다는 주로 아래에 있는 문장이다. 문장이 문법적인 구조에 맞춰서 다양한 수식어를 이용하여 계속해서 확장(expansion)될 수 있는 것을 아래의 단계별 표를 통해 확인할 수 있다. 이는 문법이 단지 독립적인 존재가 아니라 독해를 하기에 앞서 문장의 구조적인 측면을 이해하는 것을 돕는다는 점을 알리기 위함이다.

1단계	Dr. D is a teacher. 주어 동사 보어 고유명사 be동사 명사 Dr. D는 선생님이다.
2단계	Dr. D is a good teacher. teacher라는 보어를 형용사가 수식 Dr. D는 좋은 선생님이다.
3단계	Dr. D is a good teacher having mastered English. 현재분사를 이용해서 앞의 teacher를 후치 수식 Dr. D는 영어를 마스터한 좋은 선생님이다.
4단계	Dr. D is a good teacher having mastered English at Harvard. 전명구를 이용해서 영어를 공부한 장소에 대한 추가 정보 제공 Dr. D는 Harvard에서 영어를 마스터한 좋은 선생님이다.
5단계	Dr. D is a good teacher having mastered English at Harvard in Boston. 전명구를 이용해서 Harvard라는 장소에 대한 추가 정보 제공 Dr. D는 Boston에 있는 Harvard에서 영어를 마스터한 좋은 선생님이다.
6단계	Dr. D is a good teacher having mastered English at Harvard in Boston for 6 years. 전명구를 이용해서 얼마 동안 공부했는지에 대한 추가 정보 제공 Dr. D는 Boston에 있는 Harvard에서 6년 동안 영어를 마스터한 좋은 선생님이다.
7단계	Dr. D is a good teacher having mastered English at Harvard in Boston for 6 years as an assistant professor. 전명구를 이용해서 어떤 신분으로 공부했는지에 대한 추가 정보 제공 Dr. D는 Boston에 있는 Harvard에서 6년 동안 조교수로서 영어를 마스터한 좋은 선생님이다.
8단계	Dr. D making a theory of 'Visual English' is a good teacher having mastered 분사를 이용해서 Dr. D에 대한 추가 정보 제공 English at Harvard in Boston for 6 years as an assistant professor. '보이는 영어' 이론을 만든 Dr. D는 Boston에 있는 Harvard에서 6년 동안 조교수로서 영어를 마스터한 좋은 선생님이다.
9단계	Dr. D making an awesome theory of 'Visual English' is a good teacher 형용사를 이용해서 theory를 수식함 having mastered English at Harvard in Boston for 6 years as an assistant professor. 획기적인 '보이는 영어' 이론을 만든 Dr. D는 Boston에 있는 Harvard에서 6년 동안 조교수로서 영어를 마스터한 좋은 선생님이다.

10단계	Dr. D making an awesome theory of 'Visual English' for her students is 전명구를 이용해서 theory가 누구를 위함인지 추가 정보 제공 a good teacher having mastered English at Harvard in Boston for 6 years as an assistant professor.
	그녀의 학생들을 위한 획기적인 '보이는 영어' 이론을 만든 Dr. D는 Boston에 있는 Harvard에서 6년 동안 조교수로서 영어를 마스터한 좋은 선생님이다.
11단계	Dr. D making an awesome theory of 'Visual English' for her students who are poor at English grammar is a good teacher having mastered English 관계사절을 이용해서 앞의 students가 어떤 학생들인지 추가 정보 제공 at Harvard in Boston for 6 years as an assistant professor.
	영어 문법을 못하는 그녀의 학생들을 위한 획기적인 '보이는 영어' 이론을 만든 Dr. D는 Boston에 있는 Harvard에서 6년 동안 조교수로서 영어를 마스터한 좋은 선생님이다.
12단계	Dr. D making an awesome theory of 'Visual English' for her students who are poor at English grammar is a good teacher having mastered English at Harvard in Boston for 6 years as an assistant professor while she is not a good wife. 접속사를 이용해서 Dr. D에 대한 서술을 절로 덧붙임
	영어 문법을 못하는 그녀의 학생들을 위한 획기적인 '보이는 영어' 이론을 만든 Dr. D는 Boston에 있는 Harvard에서 6년 동안 조교수로서 영어를 마스터한 좋은 선생님이지만, 그녀는 좋은 아내는 아니다.
13단계	Dr. D making an awesome theory of 'Visual English' for her students who are poor at English grammar is a good teacher having mastered English at Harvard in Boston for 6 years as an assistant professor while she is not a good wife to her husband. 전명구를 이용해서 어떤 상태의 아내인지 추가 정보를 제공
	영어 문법을 못하는 그녀의 학생들을 위한 획기적인 '보이는 영어' 이론을 만든 Dr. D는 Boston에 있는 Harvard에서 6년 동안 조교수로서 영어를 마스터한 좋은 선생님이지만, 그녀의 남편에게 그녀는 좋은 아내는 아니다.
14단계	Dr. D making an awesome theory of 'Visual English' for her students who are poor at English grammar is a good teacher having mastered English at Harvard in Boston for 6 years as an assistant professor while she is not a good wife to her husband that always loves her. 관계사절을 이용해서 앞의 husband가 어떤 상태인지 추가 정보 제공
	영어 문법을 못하는 그녀의 학생들을 위한 획기적인 '보이는 영어' 이론을 만든 Dr. D는 Boston에 있는 Harvard에서 6년 동안 조교수로서 영어를 마스터한 좋은 선생님이지만, 항상 그녀를 사랑해 주는 그녀의 남편에게 그녀는 좋은 아내는 아니다.

다시 한번 확인해 보자. 수식어가 존재하는 한 문장은 끊임없이 진화할 수 있다.

> **Dr. D is a teacher.**

> **Dr. D** making an awesome theory of 'Visual English'/ for her students/
> 획기적인 '보이는 영어' 이론을 만든 Dr. D는/ 그녀의 학생들을 위한/
>
> who are poor at English grammar/ **is a** good **teacher**/ having mastered English/
> 영어 문법을 못하는/ 좋은 선생님이다/ 영어를 마스터한/
>
> at Harvard/ in Boston/ for 6 years/ as an assistant professor,/
> Harvard에서/ Boston에 있는/ 6년 동안/ 조교수로서/
>
> while she is not a good wife/ to her husband/ that always loves her.
> 반면에 그녀는 좋은 아내가 아니다/ 그녀의 남편에게/ 항상 그녀를 사랑해 주는

02 지문 전개의 원리

☐ 1 회 독   월   일
☐ 2 회 독   월   일
☐ 3 회 독   월   일
☐ 4 회 독   월   일
☐ 5 회 독   월   일

교수님 코멘트▶ 글의 전개 방식은 일반화 진술, 구체화 진술, 그리고 재진술의 원리로 크게 나뉜다. 해당 챕터는 이를 시각화하여 표현하였으므로 수험생들은 지문에 대한 입체적 분석이 가능할 것이다.

1 일반화 진술(General Statement)의 원리

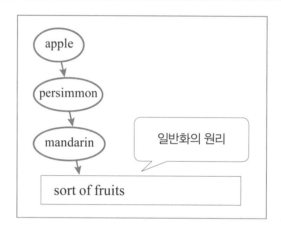

진술을 할 때 구체적인 개념을 제시하고 그것을 하나의 개념으로 '일반화'를 시도하는 것을 일반화 진술이라고 한다. 이러한 일반화된 진술은 글에서 주제나 요지에 해당되며 그에 앞서서 언급한 구체적인 진술들은 뒷받침 문장(supporting sentence)에 해당된다. 비교적 까다로운 문항에 해당하는 빈칸 완성 유형에서 빈칸의 위치가 이 일반화 진술의 주제문에 해당하는 경우가 많다.

2 구체화 진술(Specific Statement)의 원리

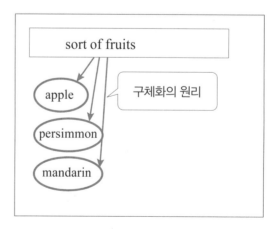

하나의 개념에 대해 그 개념의 종류나 부분과 같은 구체적인 하위 개념을 나열하는 것을 '구체화'라고 한다. 과일의 종류로 예를 들어 보자. 과일이라는 주제를 던져 놓고 이후에 하위 개념인 사과, 감, 귤 등을 언급하는 것이 구체화 진술에 해당된다. 구체화 진술 시 유의할 사항은 일반화 개념에서 벗어난 범주의 개념을 언급해서는 안 된다는 점이다.

3   재진술(Paraphrasing Statement)의 원리

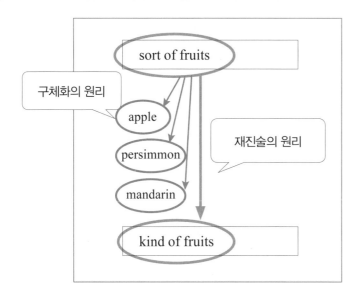

일반화 및 구체화의 원리와 더불어 글의 전개 방식 중에 가장 많이 채택되는 원리가 재진술의 원리이다. 일반적인 영어 지문에서는 반복을 매우 싫어하기 때문에 대명사, 대부정사, 대동사 등이 자주 쓰이는데, 재진술 역시 동어 반복을 피하기 위한 하나의 방식이다. 이때 가장 중요한 것은 지문에서 단어를 하나씩 개별적으로 이해하는 것이 아니라, 문맥상 단어가 가진 의미를 파악해서 앞에 언급한 어떤 단어를 '재진술하는지'를 확인하는 것이다. 또한 영어의 대부분은 다의어이기 때문에, 문맥에 꼭 맞는 섬세한 해석을 하기 위해서는 반드시 어휘의 다양한 의미의 가능성을 열어 두고 해석해야 한다.

실패가 두려워서
새로운 시도를 거부해서는 안 된다.

서글픈 인생은
"할 수 있었는데"
"할 뻔 했는데"
"해야 했는데"
라는 세 마디로 요약된다.

– 루이스 E. 분(Louis E. Boone)

Contents
Reading

01 통념 제시

교수님 코멘트▶ 통념 제시 방식은 글의 가장 주요한 전개 방식 중 하나이다. 통념이 제시된 후, 작가의 의도에 따라서 비판 또는 부연하는 방식으로 글이 전개된다. 통념에 주로 사용되는 어휘에 먼저 익숙해진다면 이후 글의 전개 방식에 대한 예상이 가능하며, 다양한 문제 유형으로 활용 가능하다.

VOCABULARY CHECK

| STEP 1 | 유형 접근하기 |

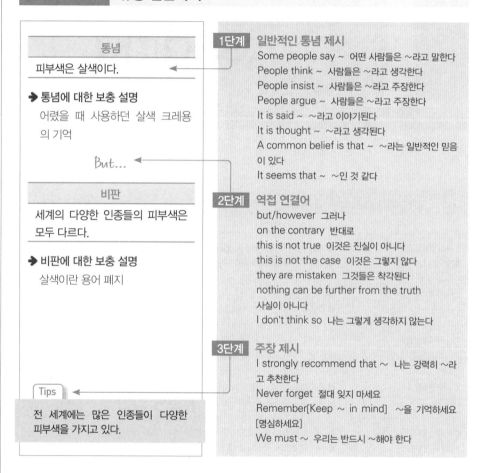

통념

피부색은 살색이다.

➜ **통념에 대한 보충 설명**
어렸을 때 사용하던 살색 크레용의 기억

But...

비판

세계의 다양한 인종들의 피부색은 모두 다르다.

➜ **비판에 대한 보충 설명**
살색이란 용어 폐지

Tips
전 세계에는 많은 인종들이 다양한 피부색을 가지고 있다.

1단계 일반적인 통념 제시
Some people say ~ 어떤 사람들은 ~라고 말한다
People think ~ 사람들은 ~라고 생각한다
People insist ~ 사람들은 ~라고 주장한다
People argue ~ 사람들은 ~라고 주장한다
It is said ~ ~라고 이야기된다
It is thought ~ ~라고 생각된다
A common belief is that ~ ~라는 일반적인 믿음이 있다
It seems that ~ ~인 것 같다

2단계 역접 연결어
but/however 그러나
on the contrary 반대로
this is not true 이것은 진실이 아니다
this is not the case 이것은 그렇지 않다
they are mistaken 그것들은 착각된다
nothing can be further from the truth
사실이 아니다
I don't think so 나는 그렇게 생각하지 않는다

3단계 주장 제시
I strongly recommend that ~ 나는 강력히 ~라고 추천한다
Never forget 절대 잊지 마세요
Remember[Keep ~ in mind] ~을 기억하세요
[명심하세요]
We must ~ 우리는 반드시 ~해야 한다

일반적으로 사람들이 잘못 알고 있는 사실, 즉 잘못된 통념에 대한 작가의 주제 의식을 제시하는 방식으로 글이 전개된다. 작가는 이러한 글의 구조를 통해서 통념을 깨고, 새로운 사실을 제시함으로써 독자의 시선 집중과 주제 각인 효과를 노리고 있다.

단, 통념과 진실 전개 방법은 서로 상반된다는 점에서 비교와 대조가 될 수도 있고, 또는 부연 설명이 이뤄진다는 면에서 진술과 부연이 될 수도 있다. 글의 전개 방식은 하나의 용어로 가둬 두기보다는 접근 방법의 하나로 볼 수 있다.

대표 기출문제

Q. 다음 글의 요지로 가장 적절한 것은? 2018 지방직 9급(사회복지직 9급)

My students often believe that if they simply meet more important people, their work will improve. But it's remarkably hard to engage with those people unless you've already put something valuable out into the world. That's what piques the curiosity of advisers and sponsors. Achievements show you have something to give, not just something to take. In life, it certainly helps to know the right people. But how hard they go to bat for you, how far they stick their necks out for you, depends on what you have to offer. Building a powerful network doesn't require you to be an expert at networking. It just requires you to be an expert at something. If you make great connections, they might advance your career. If you do great work, those connections will be easier to make. Let your insights and your outputs—not your business cards—do the talking.

① Sponsorship is necessary for a successful career.
② Building a good network starts from your accomplishments.
③ A powerful network is a prerequisite for your achievement.
④ Your insights and outputs grow as you become an expert at networking.

문제 해결하기

| 해석 |
나의 학생들은 종종 그들이 단지 중요한 인물들을 더 많이 만나면, 그들의 성과가 향상될 것이라고 믿는다. 그러나 만일 당신이 이미 그 세계에 가치 있는 어떤 것들을 내어놓지 않는 이상 그러한 사람들과 어울리는 것은 굉장히 어렵다. 그것은 조언자들과 후원자들의 호기심을 자극하는 것이다. 성과는 당신이 취하는 것만이 아니라, 무언가 줄 수 있다는 것을 보여준다. 인생에서, 적절한 사람들을 아는 것은 확실히 도움이 된다. 그러나 그들이 당신을 얼마나 열심히 돕는지, 그들이 당신을 위해 어디까지 위험을 감수하는지는 당신이 제공해야 하는 것에 달려 있다. 강력한 인맥을 구축한다는 것은 당신이 인맥 전문가가 될 것을 요구하지 않는다. 그것은 단지 당신이 어떤 것의 전문가가 되기만을 요구할 뿐이다. 만약 당신이 훌륭한 관계들을 만들어낸다면, 그것들은 당신의 커리어를 향상시킬지도 모른다. 만약 당신이 대단한 일을 해내면, 그러한 관계들은 더 쉽게 형성될 것이다. 당신의 명함이 아니라, 당신의 통찰력과 결과물들이 대변하게 하라.

① 성공적인 커리어를 위해서 후원은 필수적이다.
② 좋은 네트워크를 형성하는 것은 당신의 성과로부터 시작된다.
③ 강력한 인맥은 당신의 성공을 위한 전제조건이다.
④ 당신이 인맥의 전문가가 됨에 따라 당신의 통찰력과 결과물들은 성장한다.

| 정답해설 |
학생들은 단순히 중요한 인물들을 만나기만 하면 그들의 성과가 향상될 것이라고 믿지만, 이어지는 글을 통해 필자는 그러한 중요한 사람들과의 인맥을 형성하기 위해서는 '개인의 성과가 중요함'을 서술하고 있다. 즉, '성과가 당신이 기여할 수 있는 바'를 보여주기 때문이며, '일을 더 잘 해낼수록 그러한 관계들을 만들어내기 쉽다'고 언급하고 있다. 따라서 글의 요지로 가장 적절한 것은 ②이다. | 정답 | ②

remarkably 두드러지게, 현저하게
engage 관계를 맺다
valuable 소중한, 귀중한
pique (흥미·호기심 등을) 자극하다
achievement 업적, 성취한 것, 성취, 달성
go to bat for somebody ~을 도와주다
stick one's neck out 위험을 자초하다, 무모한 짓을 하다
require 필요하다, 요구하다
connection 관련성, 연관성, 연결, 관계, 연고
advance 향상시키다, 진전시키다
insight 통찰력
prerequisite 전제조건

지문 분석

❶ My students often believe/ that if they simply meet more important people,/
주어　　　　　　　동사　　　접속사(명사절)

their work will improve.
주어　　　조동사 동사

나의 학생들은 종종 믿는다/ 만약 그들이 단지 더 많은 중요한 인물들을 만난다면/ 그들의 성과가 향상
될 것이라고

❷ But/ it's remarkably hard/ to engage with those people/ unless you've already put
접속사 가주어　　　보어　　　진주어(to부정사)　　　　　　접속사　주어 동사

something valuable out/ into the world.
목적어　　　　　　　전명구

그러나/ 현저히 어렵다/ 그러한 사람들과 어울리는 것은/ 만일 당신이 이미 어떤 가치 있는 것들을 내
어놓지 않는 이상/ 그 세계에

❸ That's/ what piques/ the curiosity of advisers and sponsors.
주어 동사 주격 관계대명사　목적어

그것은 ~이다/ 자극하는 것/ 조언자들과 후원자들의 호기심을

❹ Achievements show/ you have something to give,/ not just something to take.
주어　　　　　동사 접속사(생략)　　목적어1　　to부정사(형용사적 용법) 목적어2　　to부정사
　　　　　　　　　　　　　　　　　　　　　　　　　　　　　　　　　　　　　　(형용사적 용법)

성과는 보여준다/ 당신이 무언가 줄 것이 있음을/ 오로지 취하는 것만이 아니라

❺ In life,/ it certainly helps/ to know the right people.
전명구　가주어　　동사　　　진주어

인생에서/ 확실히 도움이 된다/ 적절한 사람들을 아는 것은

❻ But/ how hard they go to bat for you,/ how far they stick their necks out for you,/
접속사 주어　　　　　　　　　　　　　　동격

depends/ on what you have to offer.
동사　　　전치사 목·관·대

그러나/ 그들이 당신을 얼마나 열심히 돕는지/ 그들이 당신을 위해 어디까지 위험을 감수하는지는/ 달
려 있다/ 당신이 제공해야 하는 것에

❼ Building a powerful network/ doesn't require/ you to be an expert at networking.
주어　　　　　　　　　　　　　동사　　　　　목적어 목적격 보어　　　전명구

강력한 인맥을 구축하는 것은/ 요구하지 않는다/ 당신이 인맥 전문가가 되기를

❽ It just requires/ you to be an expert at something.
주어　　동사　　목적어 목적격 보어　　　전명구

그것은 단지 요구할 뿐이다/ 당신이 어떤 것의 전문가가 되기를

❾ If you make great connections,/ they might advance/ your career.
접속사 주어 동사　　목적어　　　　주어　동사　　　　목적어

만약 당신이 훌륭한 관계들을 만들어낸다면/ 그것들은 향상시킬지도 모른다/ 당신의 커리어를

❿ If you do great work,/ those connections/ will be easier to make.
접속사 주어 동사 목적어　　　주어　　　　동사　보어　to부정사(부사적 용법)

만약 당신이 대단한 일을 해낸다면/ 그러한 관계들은/ 만들어내기 더 쉬워질 것이다

⓫ Let/ your insights and your outputs/ —not your business cards—/ do the talking.
동사　목적어　　　　　　　　　　　　　　　　　　　　　　목적격 보어(동사원형)

~하게 하라/ 당신의 통찰력과 당신의 결과물들이/ 당신의 명함이 아닌/ 대변하도록

STEP 3 적용 연습하기

01 글의 요지로 가장 적절한 것은?

2015 지방직 7급

The ad hominem fallacy is one of the most common mistakes in reasoning. The fallacy rests on a confusion between the qualities of the person making a claim and the qualities of the claim itself. Let's say my friend, Parker, is an ingenious fellow. It follows that Parker's opinion on some subject, whatever it is, is the opinion of an ingenious person. But it does not follow that Parker's opinion itself is ingenious. To think that it is would be to confuse the content of Parker's claim with Parker himself. Or let's suppose you are listening to your teacher whom you regard as a bit strange or maybe even weird. Would it follow that the car your teacher drives is strange or weird? Obviously not. Similarly, it would not follow that some specific proposal that the teacher has put forth is strange or weird. A proposal made by an oddball is an oddball's proposal, but it does not follow that it is an oddball proposal.

① It is ingenious to suppose that a teacher who owns a strange car also does weird things.

② We must accept the reasoning that the qualities of a person determine the qualities of the claim he makes.

③ It is odd to claim that common mistakes we make result from confusion between truth and fallacy.

④ We must not confuse the qualities of the person making a claim with the qualities of the claim itself.

문제 해결하기

| 해석 |

인신공격의 오류는 추론에 있어서 가장 흔한 실수들 중 하나이다. 그 오류는 주장을 하는 사람의 특성과 그 주장 자체의 특성 사이의 혼동에서 비롯된다. 나의 친구인 Parker가 영리한 친구라고 해 보자. 그렇기 때문에 어떤 주제에 관한 Parker의 의견은, 그것이 무엇이든 간에, 영리한 사람의 의견이다. 그러나 이것이 Parker의 의견 자체가 영리하다는 결론에 이르는 것은 아니다. 그렇게(Parker의 의견도 영리하다고) 생각하는 것은 Parker가 주장하는 내용과 Parker라는 사람 자체를 혼동하게 되는 것이다. 또는 당신이 조금 이상하거나 심지어는 괴상하다고 생각하는 선생님의 말씀을 듣고 있다고 가정해 보자. 당신의 선생님이 모는 차가 이상하거나 괴상할까? 결코 그렇지 않다. 마찬가지로, 그 선생님이 제시한 어떤 특정한 제안이 이상하거나 괴상하다는 것도 아닐 것이다. 괴짜에 의해 만들어진 제안은 괴짜의 제안이지, 그 제안이 괴짜인 것은 아니다.

① 괴상한 차를 소유한 선생님이 또한 괴상한 짓을 할 것이라고 생각하는 것은 기발하다.

② 한 사람의 특성이 그 사람이 만드는 그 주장의 특성을 결정짓는다는 추론을 우리는 받아들여야만 한다.

③ 우리가 하는 흔한 실수는 진실과 오류 사이의 혼동으로부터 기인한다고 주장하는 것은 이상하다.

④ 우리는 주장을 하는 사람의 특성과 그 주장 자체의 특성을 혼동하지 말아야 한다.

| 정답해설 |

ad hominem fallacy는 인신공격의 오류라는 것인데, 이와 관련하여 '이상한 선생님'에 관한 예시를 들면서 선생님 자체는 이상하지만 선생님이 모는 차 또는 선생님이 제시한 제안까지도 이상하다고 볼 수는 없다고 했다. 즉, '사람 자체의 특성'과 '사람이 주장한 의견(예시에서는 차도 포함)의 특성'을 서로 분리하여야 한다는 것이다. 따라서 정답은 ④이다.

| 정답 | ④

| 어휘 |

ad hominem fallacy 인신공격의 오류

reasoning 추리, 추론, 증명

rest on (주장이나 이론에) 기초하다, ～에 달려 있다

quality 특성, 자질, 양질

ingenious 영리한, 기발한

follow (논리적) 결과가 나오다, 결론적으로 ～이다

regard as ～로 여기다, ～로 간주하다

put forth ～을 제시하다

oddball 괴짜; 괴짜의

지문 분석

❶ The ad hominem fallacy/ is one of the most common mistakes/ in reasoning.
인신공격의 오류는/ 가장 흔한 실수들 중 하나이다/ 추론에 있어서

❷ The fallacy/ rests on a confusion/ between the qualities of the person making a claim/ and the qualities of the claim itself.
그 오류는/ 혼동에 기초한다/ 주장을 하는 사람의 특성과/ 그 주장 자체의 특성 사이의

❸ Let's say/ my friend, Parker,/ is an ingenious fellow.
~라고 해 보자/ 내 친구 Parker는/ 영리한 친구이다

❹ It follows/ that Parker's opinion on some subject,/ whatever it is,/ is the opinion of an ingenious person.
이것은 다음과 같다/ 어떤 주제에 관한 Parker의 의견은/ 그것이 무엇이든 간에/ 영리한 사람의 의견이다

❺ But it does not follow/ that Parker's opinion itself is ingenious.
그러나 이것이 결론에 이르는 것은 아니다/ Parker의 의견 자체가 영리하다는

❻ To think that it is/ would be to confuse/ the content of Parker's claim/ with Parker himself.
그것이 그렇다고 생각하는 것은/ 혼동하게 되는 것이다/ Parker가 한 주장의 내용과/ Parker라는 사람 자체를

❼ Or let's suppose/ you are listening to your teacher/ whom you regard/ as a bit strange or maybe even weird.
또는 다음과 같이 가정해 보자/ 당신은 당신의 선생님의 말씀을 듣고 있다고/ 당신이 생각하는/ 조금 이상하거나 심지어는 괴상하다고

❽ Would it follow/ that the car your teacher drives/ is strange or weird?
다음과 같을까/ 당신의 선생님이 모는 그 차가/ 이상하거나 괴상하다고

❾ Obviously not.
분명히 아니다

❿ Similarly,/ it would not follow/ that some specific proposal that the teacher has put forth/ is strange or weird.
마찬가지로/ 그렇지 않을 것이다/ 그 선생님이 제시한 어떤 특정한 제안이/ 이상하거나 괴상하다는 것은

⓫ A proposal made by an oddball/ is an oddball's proposal,/ but it does not follow/ that it is an oddball proposal.
괴짜에 의해 만들어진 하나의 제안은/ 괴짜의 제안이다/ 그렇지만 다음과 같지 않다/ 그 제안이 괴짜라 는 것

02 다음 글의 내용과 일치하는 것은?

If you look around, there are probably many coffeehouses near you. Coffee is big, big business. According to the International Coffee Organization, the world drinks about $70 billion coffee in each year. Although coffee is one of the world's most popular drinks, many people believe it isn't healthy. It has been blamed for high heart rates, high blood pressure, and stomach problems. Coffee can make you feel more stress and it can result in sleep problems. Medical research, however, has started suggesting that coffee might actually be good for us. In addition to giving us energy and keeping us alert, coffee is thought to be helpful for headaches. As coffee also contains antioxidants, it can protect our bodies against harmful substances in things like smoke and pollution. Recent studies have found that coffee helps to prevent certain types of cancer. One study in Tokyo, for example, discovered that coffee drinkers were half as likely as nondrinkers to have liver cancer. Overall, the research shows that coffee is far more healthful than it is harmful.

① Coffee drinkers are less likely to have sleeping problems.
② Antioxidants in coffee give rise to some diseases in our bodies.
③ According to recent studies, coffee is effective in the prevention of some types of cancer.
④ A study from Japan shows that coffee causes liver cancer.

문제 해결하기

| 해석 |

주위를 둘러보면, 당신 주변에는 아마 많은 커피숍들이 있을 것이다. 커피는 거대한 사업이다. 국제 커피 기구에 따르면, 전 세계는 매년 대략 700억 달러치의 커피를 마신다. 커피는 세계에서 가장 인기 있는 음료들 중 하나이지만, 많은 사람들은 그것이 건강에 좋지 않다고 믿는다. 그것은 높은 심장 박동, 고혈압, 그리고 위장 문제 때문에 비난 받아왔다. 커피는 당신이 스트레스를 더 느끼게 만들고 수면 문제를 발생시킬 수 있다. 그러나 의학 연구는 커피가 사실은 우리에게 좋을지도 모른다는 것을 보여주기 시작했다. 우리에게 에너지를 주고 우리를 기민하게 유지시켜주는 것 이외에도, 커피는 두통에 도움이 된다고 여겨진다. 또한 커피가 항산화제를 포함하고 있기 때문에, 그것은 우리의 신체를 흡연과 오염 같은 것들 안에 있는 해로운 물질들로부터 보호해 줄 수 있다. 최근 연구들은 커피가 특정한 종류의 암들을 예방하는 것을 돕는다는 것을 발견했다. 예를 들면, 도쿄의 한 연구는 커피를 마시는 사람들은 그렇지 않은 사람들보다 간암에 걸릴 가능성이 절반이라는 것을 발견했다. 전반적으로, 그 연구는 커피가 해로운 것보다는 훨씬 더 건강에 좋다는 것을 보여준다.

① 커피를 마시는 사람들은 수면 문제를 가질 가능성이 더 낮다.
② 커피의 항산화제는 우리 신체에 어떤 질병들을 발생시킨다.
③ 최근 연구에 따르면, 커피는 어떤 종류의 암 예방에 효과가 있다.
④ 일본의 한 연구는 커피가 간암을 발생시킨다는 것을 보여준다.

| 정답해설 |

본문의 Recent studies have found that coffee helps to prevent certain types of cancer.(최근 연구들은 커피가 특정한 종류의 암들을 예방하는 것을 돕는다는 것을 발견했다.)에서 커피가 몇 가지 종류의 암 예방에 효과가 있다는 것을 알 수 있다. 따라서 정답은 ③이다. **| 정답 | ③**

| 어휘 |

blame 비난하다
stomach 위장
result in 초래하다, 야기하다
alert 기민한
antioxidant 항산화제
likely 있음직한
liver 간
give rise to 낳다, 일으키다

지문 분석

❶ If you look around,/ there are probably many coffeehouses near you.
주위를 둘러보면/ 당신 주변에는 아마 많은 커피숍들이 있을 것이다

❷ Coffee is big, big business.
커피는 거대한 사업이다

❸ According to the International Coffee Organization,/ the world drinks about $70 billion coffee in each year.
국제 커피 기구에 따르면/ 전 세계는 매년 대략 700억 달러치의 커피를 마신다

❹ Although coffee is one of the world's most popular drinks,/ many people believe/ it isn't healthy.
커피는 세계에서 가장 인기 있는 음료들 중 하나이지만/ 많은 사람들은 믿는다/ 그것이 건강에 좋지 않다고

❺ It has been blamed/ for high heart rates, high blood pressure, and stomach problems.
그것은 비난 받아왔다/ 높은 심장박동, 고혈압, 그리고 위장 문제 때문에

❻ Coffee can make you feel more stress/ and it can result in sleep problems.
커피는 당신이 더 스트레스를 느끼게 만들고/ 수면 문제를 발생시킬 수 있다

❼ Medical research,/ however,/ has started suggesting/ that coffee might actually be good for us.
의학 연구는/ 그러나/ 보여주기 시작했다/ 커피가 사실은 우리에게 좋을지도 모른다는 것을

❽ In addition to giving us energy and keeping us alert,/ coffee is thought to be helpful for headaches.
우리에게 에너지를 주고 우리를 기민하게 유지시켜주는 것 이외에도/ 커피는 두통에 도움이 된다고 여겨진다

❾ As coffee also contains antioxidants,/ it can protect our bodies against harmful substances/ in things like smoke and pollution.
또한 커피가 항산화제를 포함하고 있기 때문에/ 그것은 우리의 신체를 해로운 물질들로부터 보호해 줄 수 있다/ 흡연과 오염과 같은 것들 안에 있는

❿ Recent studies have found/ that coffee helps to prevent certain types of cancer.
최근 연구들은 발견했다/ 커피가 특정한 종류의 암들을 예방하는 것을 돕는다는 것을

⓫ One study in Tokyo,/ for example,/ discovered that coffee drinkers were half as likely as nondrinkers to have liver cancer.
도쿄의 한 연구는/ 예를 들면/ 커피를 마시는 사람들은 그렇지 않은 사람들보다 간암에 걸릴 가능성이 절반이라는 것을 발견했다

⓬ Overall,/ the research shows/ that coffee is far more healthful than it is harmful.
전반적으로/ 그 연구는 보여준다/ 커피가 해로운 것보다는 훨씬 더 건강에 좋다는 것을

03 다음 글의 밑줄 친 부분 중 문맥상 단어의 쓰임이 적절하지 <u>않은</u> 것은?

During difficult times, we hope that everyone will pull together and keep calm. Unfortunately, this is not always the case – as is particularly ① <u>evident</u> right now. One man in Tennessee bought 17,000 bottles of hand sanitizer, hoping to sell them for a fat profit. Toilet paper has run out. Videos of supermarket brawls populate the Internet. In the UK, we are increasingly seeing bare shelves in stores. Social psychology research suggests that there are two main motives for such ② <u>"selfish"</u> behavior like panic buying – greed and fear. When greedy, individuals are simply unconcerned with others and take what they want to benefit themselves. Fear is more ③ <u>straightforward</u>. In this case, individuals may wish to act in a socially-responsible fashion, but are concerned that others will not. If they shop ④ <u>less</u> and others hoard, they will be left with the worst outcome – the so-called "sucker's payoff." The belief that others are acting inconsiderately can often exacerbate those tendencies in others.

문제 해결하기

| 해석 |
어려운 시기에, 우리는 모든 이들이 협력하고 침착하기를 바란다. 안타깝게도, 이것이 항상 사실은 아니다 – 특히 지금 당장 ① 명백한 것과 같다. Tennessee의 한 남성은 많은 수익을 목적으로 판매하고자 17,000병의 손 소독제를 구매했다. 화장지는 고갈되었다. 슈퍼마켓 싸움 영상은 인터넷에 만연하다. 영국에서, 우리는 상점에서 빈 선반들을 점점 더 많이 보고 있다. 사회 심리학 연구는 사재기와 같은 이러한 ② "이기적인" 행동에는 두 가지 주요 동기가 있다고 말한다 – 탐욕과 공포이다. 탐욕적일 때, 개인은 단순히 타인에 무관심하고 자신의 이익을 도모하기 위해 원하는 것을 가져간다. 공포는 더 ③ <u>단순하다(→ 복잡하다)</u>. 이 경우에, 개인은 사회적으로 책임 있는 방식으로 행동하길 바랄지도 모르지만, 다른 사람들은 그렇지 않을 것이라고 걱정한다. 만일 그들이 ④ 더 적게 물건을 구매하고 다른 이들은 비축한다면,

그들에게는 최악의 결과가 남을 것이다 – 소위 "바보의 결말"이라는 것이다. 타인들이 분별없이 행동한다는 믿음이 종종 다른 사람들의 그러한 성향을 악화시킨다.

| 정답해설 |
본문은 '사재기(panic buying)와 같은 이기적인 행동의 동기'에 대한 글이다. 본문에 따르면, 이기적인 행동의 주된 동기에는 두 가지가 있는데, 첫째는 탐욕(greed), 둘째는 공포(fear)이다. 탐욕의 경우 단순히 타인을 배려하지 않는 마음에서 하는 행동이라면, 공포의 경우에는 타인의 이기적인 행동으로 인해 자신이 손해를 입을까 봐 두려운 마음에서 하는 행동이므로, 후자의 심리적 프로세스가 전자보다 더 복잡하다. 따라서 "Fear is more ③ straightforward.(공포는 더 단순하다)"는 문맥상 적절하지 않다. 'straightforward(단순한, 간단한)'를 'complicated(복잡한)' 또는 'complex(복잡한)'로 바꾸어야 문맥상 자연스러울 것이다. | 정답 | ③

| 어휘 |

pull together 협력하다, 함께 일하다
case (특정한 상황의) 경우, 사실
evident 분명한, 명백한
sanitizer 소독제, 살균제
fat profit 많은 이익[이득]
run out (공급품이) 다 떨어지다
brawl (보통 공공장소에서의) 싸움, 소동
populate (장소를) 차지하다, 거주하다
bare 텅 빈
panic buying 사재기
greed 탐욕
unconcerned with ～에 무관심한
concerned 염려하는, 걱정하는
hoard 비축하다, 저장하다
sucker 바보, 잘 속는 사람
payoff 결말
inconsiderately 분별없이, 경솔하게
exacerbate 악화시키다
tendency 성향, 기질

지문 분석

❶ During difficult times,/ we hope/ that everyone will pull together and keep calm.
어려운 시기에/ 우리는 바란다/ 모든 이들이 협력하고 침착하기를

❷ Unfortunately,/ this is not always the case/ – as is particularly ① evident right now.
안타깝게도/ 이것이 항상 사실은 아니다/ 특히 지금 당장 ① 명백한 것과 같다

❸ One man in Tennessee bought 17,000 bottles of hand sanitizer,/ hoping to sell them for a fat profit.
Tennessee의 한 남자는 17,000병의 손 소독제를 구매했다/ 많은 수익을 목적으로 그것들을 판매하고자

❹ Toilet paper has run out.
화장지는 고갈되었다

❺ Videos of supermarket brawls/ populate the Internet.
슈퍼마켓 싸움 영상은/ 인터넷에 만연하다

❻ In the UK,/ we are increasingly seeing bare shelves in stores.
영국에서/ 우리는 상점에서 빈 선반들을 점점 더 많이 보고 있다

❼ Social psychology research suggests/ that there are two main motives/ for such ② "selfish" behavior like panic buying/ – greed and fear.
사회 심리학 연구는 말한다/ 두 가지 주요 동기가 있다고/ 사재기와 같은 이러한 ② "이기적인" 행동에는/ 탐욕과 공포이다

❽ When greedy,/ individuals are simply unconcerned with others/ and take what they want to benefit themselves.
탐욕적일 때/ 개인은 단순히 타인에 무관심하고/ 자신의 이익을 도모하기 위해 그들이 원하는 것을 가져간다

❾ Fear is more ③ straightforward(→ complicated).
공포는 더 ③ 단순하다(→ 복잡하다)

❿ In this case,/ individuals may wish to act in a socially-responsible fashion,/ but are concerned/ that others will not.
이 경우에/ 개인은 사회적으로 책임 있는 방식으로 행동하길 바랄지도 모르지만/ 걱정한다/ 다른 사람들은 그렇지 않을 것이라고

⓫ If they shop ④ less and others hoard,/ they will be left with the worst outcome/ – the so-called "sucker's payoff."
만일 그들이 ④ 더 적게 물건을 구매하고 다른 이들은 비축한다면/ 그들에게는 최악의 결과가 남을 것이다/ 소위 "바보의 결말"이라는 것이다

⓬ The belief/ that others are acting inconsiderately/ can often exacerbate those tendencies in others.
믿음이/ 타인들이 분별없이 행동한다는/ 종종 다른 사람들의 그러한 성향을 악화시킨다

02 인용에 의한 주장

교수님 코멘트▶ 인용에 의한 주장은 인용에 대한 대상의 신뢰를 기반으로 한다. 이후 구체적인 부연설명이나 예시를 통해 주장을 공고히 하는 과정의 전개 방식이라고 할 수 있다. 특히, 글의 후반부에 주로 등장하는 주장을 제시하는 표현에 유의해야 한다.

STEP 1   유형 접근하기

VOCABULARY CHECK

주제 또는 소재 제시 ◄─	**1단계** 주제 또는 소재를 나타내주는 도입
차량 운전 중 통화	**2단계** 인용을 불러오는 표현

1단계 주제 또는 소재를 나타내주는 도입

특정 대학, 학자, 연구, 통계, 논문 등 고유명사 등장 ◄─
작년 한 해 운전 중 사망 통계 인용

➜ 인용하는 내용에 대한 상세화
   운전 중 통화는 음주운전보다 사망률
   이 높음

작가의 의견을 제시
운전 중 통화는 위험함

2단계 인용을 불러오는 표현
university 대학
research 연구
anthropologist 인류학자
sociologist 사회학자
expert 전문가
doctor insists that ~ 의사가 ~ 라고 주장한다
study shows that ~ 연구는 ~을 보여준다
recent research suggests[shows] that ~
최근 연구는 ~을 시사한다[보여준다]

3단계 주장을 제시하는 표현
I strongly recommend that ~ 나는 강력히
~라고 추천한다
I urge you to ~ 나는 당신이 ~하는 것을 권
고한다
It's good to ~하는 것이 좋다
It is necessary[required] 그것은 필수적이다
Never forget 절대 잊지 마세요
Remember[Keep ~ in mind] ~을 기억하
세요[명심하세요]
You have to ~ 당신은 ~해야 한다
We must ~ 우리는 반드시 ~해야 한다
~ have to be banished[eliminated/
removed/got rid of] ~는 제거되어야 한다
The most important ~ 가장 중요한 ~

Tips ◄─
운전 중 전화 통화를 금지하는 법을 만들자.

남을 설득하기 위해 주장하는 글을 논설문이라고 한다. 논설문의 경우에는 설득의 과정이 필요한데, 그 설득의 과정으로서 공신력 있는 권위자의 말 또는 연구 내용을 인용하여 주장을 뒷받침한다. 미괄식 구조의 글이 대부분이다.

STEP 2　유형 적용하기

대표 기출문제

Q. 글의 흐름상 빈칸에 들어갈 말로 가장 적절한 것은?　　　　　　2019 서울시 9급

> "Highly conscientious employees do a series of things better than the rest of us," says University of Illinois psychologist Brent Roberts, who studies conscientiousness. Roberts owes their success to "hygiene" factors. Conscientious people have a tendency to organize their lives well. A disorganized, unconscientious person might lose 20 or 30 minutes rooting through their files to find the right document, an inefficient experience conscientious folks tend to avoid. Basically, by being conscientious, people ＿＿＿＿＿＿＿＿＿ they'd otherwise create for themselves.

① deal with setbacks

② do thorough work

③ follow norms

④ sidestep stress

문제 해결하기

| 해석 |

"매우 성실한 직원들은 나머지 우리보다 일련의 일을 더 잘 합니다."라고 일리노이 대학에서 성실성을 연구하는 심리학 자인 Brent Roberts는 말한다. Roberts는 그들의 성공을 "위생" 요인에 돌린다. 성실한 사람들은 자신의 삶을 잘 정리하는 경향이 있다. 체계적이지 못하고 성실하지 못한 사람은 올바른 문서를 찾기 위해 자신의 파일을 찾아 헤매면서 20분 혹은 30분을 낭비할지도 모른다. 성실한 사람들은 피하는 경향이 있는 비효율적인 경험 말이다. 기본적으로, 성실해짐으로써, 사람들은 그렇지 않았다면 그들 스스로 만들었을지<u>도 모르는 ④ 스트레스를 회피한다.</u>
① 좌절을 극복한다
② 철저한 일을 한다
③ 표준을 따른다
④ 스트레스를 회피한다

| 정답해설 |

성실한 직원과 성실하지 못한 직원을 대비하여, 일의 효율성과 연관해서 비교하여 서술하는 지문이다. 'hygiene(위생)'에 대한 관념을 생물학적으로 접근한 것이 아니라, disorganized(체계적이지 못한)한 상태를 '비위생'으로 함의하고 있다는 점에 주의해야 한다. 빈칸 앞에 성실한 사람들은 '비효율적인 경험을 피하려 하는 경향'이 있다고 서술하고, 빈칸 이후에 '성실함으로써', '그들이 스스로 만들어 내는 스트레스'를 회피할 수 있음을 문맥상 추론해야 한다. 빈칸에 적절한 표현은 'sidestep stress(스트레스를 회피하다)'이다. 따라서 정답은 ④이다. ① 본문에서 좌절(setbacks)의 예를 언급하고 있지 않으므로 'deal with setbacks'는 적절하지 않다. 빈칸 다음에 'otherwise(그렇지 않았다면)'가 나오므로, 성실한 사람들이 성실하지 않았다면 만들어냈을지도 모르는 것이 빈칸에 와야 적절하다. ② 'do thorough work(철저한 일을 하다)'와 ③ 'follow norms(표준을 따르다)'는 체계적이지 못한 사람들이 하는 행동들이 아니므로 정답으로 적절하지 않다.

| 정답 | ④

| 어휘 |

conscientious 성실한, 양심적인
conscientiousness 성실, 양심
hygiene 위생
factor 요인
tendency 경향
disorganized 체계적이지 못한
unconscientious 성실하지 못한, 비양심적인
root through 찾아 헤매다
inefficient 비효율적인
folk (pl.) 사람들
setback 좌절
thorough 철저한
norm 표준, 기준
sidestep 회피하다

❶ "Highly conscientious employees do a series of things better than the rest of us,"/
　　　　　　　　　　　　　주어　　　　　　동사　목적어　　전명구　　부사　　전명구

says University of Illinois psychologist Brent Roberts,/ who studies
동사　　　　　　　　　　　　　　　　　　　　　　주어　　　　　　주격 관계대명사

conscientiousness.

"매우 성실한 직원들은 우리 나머지보다 일련의 일을 더 잘합니다."/ 일리노이 대학의 심리학자인 Brent Roberts는 말한다/ 성실성을 연구하는

❷ Roberts owes their success to "hygiene" factors.
　　　주어　　　　동사　　목적어　　　　전명구

Roberts는 그들의 성공을 "위생" 요인에 돌린다

❸ Conscientious people have a tendency/ to organize their lives well.
　　　　　　　　주어　　　　　동사　　목적어　　　　to부정사(형용사적 용법)

성실한 사람들은 경향이 있다/ 자신의 삶을 잘 정리하는

❹ A disorganized, unconscientious person/ might lose 20 or 30 minutes rooting
　　　　　　　　　　　주어　　　　　　　　동사　　　　목적어　　　　　　현재분사

through their files/ to find the right document,/ an inefficient experience
전명구　　　　　　to부정사(부사적 용법)

conscientious folks tend to avoid.
(목적격 관계대명사 which 또는 that 생략)

체계적이지 못하고 성실하지 못한 사람은/ 자신의 파일을 찾아 헤매면서 20분 혹은 30분을 낭비할지도 모른다/ 올바른 문서를 찾기 위해/ 성실한 사람들은 피하는 경향이 있는 비효율적인 경험 말이다

❺ Basically,/ by being conscientious,/ people ④ sidestep stress/ they'd otherwise
　　　부사　　　　　전명구　　　　　　　주어　　　　동사　　　목적어 (목적격 관계대명사 which 또는 that 생략)

create for themselves.

기본적으로/ 성실함으로써/ 사람들은 ④ 스트레스를 회피한다/ 그렇지 않았다면 그들이 스스로 만들었을지 모르는

STEP 3　적용 연습하기

01　글의 내용과 일치하는 것은?

A new study reports that the cleaner air has been accompanied by a significant decrease in childhood lung problems. The study used data on ozone, nitrogen dioxide and particulate matter for each year. Parents also provided regular updates about symptoms like coughing and phlegm production in their children. Among children with asthma, air-pollution reduction was consistently associated with reductions in respiratory symptoms. For example, in children with asthma, reductions in fine particulate matter were associated with a 32-percent reduction in symptoms, while lower levels of ozone were linked to a 21-percent reduction. The associations were weaker, but still significant, in children without asthma. "Clearly, the reduction in air pollution levels has translated into improvements in respiratory health," said Kiros Berhane, a professor of preventive medicine at the University of Southern California. "Especially for parents of children with asthma, this is very good news, but we see significant improvement in children without asthma as well."

① A high level of fine particulate matter contributed to the reduction in respiratory symptoms.

② Children with asthma were more influenced by the clean air than children without asthma.

③ The study showed that regular updates on asthma patients decreased lung problems.

④ Data about children with respiratory disease were excluded in the study.

문제 해결하기

| 해석 |

새로운 연구는 더 깨끗한 공기가 아이들의 폐 관련 문제에 있어서 상당한 감소를 가져왔다고 보고한다. 그 연구는 매해의 오존, 이산화질소 그리고 미립자 물질에 대한 데이터를 사용했다. 부모들 또한 그들 자녀의 기침과 가래 분비와 같은 증상에 대한 정기적인 업데이트를 제공했다. 천식이 있는 아이들 중에서 공기 오염 감소는 호흡 관련 증상의 감소와 지속적으로 관련이 있었다. 예를 들면, 천식이 있는 아이들 중에서 낮은 오존 수치가 21퍼센트의 증상 감소와 관련이 있었던 반면에, 미세 미립자 물질의 감소는 증상에 있어서 32퍼센트의 감소와 관련이 있었다. 천식이 없는 아이들에 있어서 그 관련성들은 더 약했지만, 여전히 의미가 있었다. "분명히, 공기 오염 수치의 감소는 호흡기 건강에서의 향상으로 해석됐다."라고 Southern California 대학의 예방 의학 교수인 Kiros Berhane이 말했다. "특히 천식이 있는 자녀의 부모들에게 이것은 매우 좋은 소식이다. 그러나 우리는 천식이 없는 아이들에게도 역시 상당한 향상을 예상한다."

① 높은 수준의 미세 미립자 물질은 호흡기 증상의 감소에 기여했다.

② 천식이 있는 아이들은 천식이 없는 아이들보다 깨끗한 공기에 더 영향을 받았다.

③ 그 연구는 천식 환자들에 대한 정기적인 업데이트가 폐 관련 문제를 감소시켰음을 보여줬다.

④ 호흡기 질환을 지닌 아이들에 대한 데이터는 이 연구에서 배제되었다.

| 정답해설 |

❻ 문장인 '천식이 없는 아이들에게 있어서 그 관련성들은 더 약했지만, 여전히 의미가 있었다'와 ❽ 문장인 '특히 천식이 있는 자녀의 부모들에게 이것은 매우 좋은 소식이다. 그러나 우리는 천식이 없는 아이들에게도 역시 상당한 향상을 예상한다'로 보아 ②가 본문과 일치한다는 것을 알 수 있다. 본문 ❼ 문장의 'has translated'는 기출에서 'have translated'로 출제되었으나, 주어와 수일치하여 'has translated'로 수정하였다.

| 정답 | ②

| 어휘 |

accompany 동반하다
significant 상당한, 의미가 있는
nitrogen dioxide 이산화질소
phlegm 가래, 담
asthma 천식
respiratory 호흡기의

❶ A new study reports/ that the cleaner air has been accompanied/ by a significant decrease/ in childhood lung problems.
새로운 연구는 보고한다/ 더 깨끗한 공기가 동반해 왔다고/ 상당한 감소를/ 아이들의 폐 관련 문제에 있어서

❷ The study used data/ on ozone, nitrogen dioxide and particulate matter/ for each year.
그 연구는 데이터를 사용했다/ 오존, 이산화질소 그리고 미립자 물질에 대한/ 매년의

❸ Parents also provided regular updates/ about symptoms like coughing and phlegm production/ in their children.
부모들 또한 정기적인 업데이트를 제공했다/ 기침과 가래 분비와 같은 증상에 대한/ 그들 자녀의

❹ Among children with asthma,/ air-pollution reduction was consistently associated/ with reductions in respiratory symptoms.
천식이 있는 아이들 중에서/ 공기 오염 감소는 지속적으로 관련이 있었다/ 호흡 관련 증상의 감소와

❺ For example,/ in children with asthma,/ reductions in fine particulate matter/ were associated with a 32-percent reduction in symptoms,/ while/ lower levels of ozone/ were linked to a 21-percent reduction.
예를 들면/ 천식이 있는 아이들 중에서/ 미세 미립자 물질의 감소는/ 증상에 있어서 32퍼센트의 감소와 관련이 있었다/ 반면에/ 낮은 오존 수치는/ 21퍼센트의 감소와 관련이 있었다

❻ The associations were weaker,/ but still significant,/ in children without asthma.
그 관련성들은 더 약했다/ 그러나 여전히 의미가 있었다/ 천식이 없는 아이들에 있어서

❼ "Clearly,/ the reduction in air pollution levels/ has translated into improvements in respiratory health,"/ said Kiros Berhane, a professor of preventive medicine at the University of Southern California.
"분명히/ 공기 오염 수치의 감소는/ 호흡기 건강에서의 향상으로 해석됐다"/ Southern California 대학의 예방 의학 교수인 Kiros Berhane이 말했다

❽ "Especially for parents of children with asthma,/ this is very good news,/ but we see significant improvement/ in children without asthma as well."
"특히 천식이 있는 자녀의 부모들에게/ 이것은 매우 좋은 소식이다/ 그러나 우리는 상당한 향상을 예상한다/ 천식이 없는 아이들에게도 역시"

02 밑줄 친 부분에 가장 적절한 것은?

2015 국가직 9급

Language is saturated with implicit metaphors like "Events are objects and time is space." Indeed, space turns out to be a conceptual vehicle not just for time but for many kinds of states and circumstances. Just as a meeting can be moved from 3:00 to 4:00, a traffic light can go from green to red, a person can go from flipping burgers to running a corporation, and the economy can go from bad to worse. Metaphor is so widespread in language that it's hard to find expressions for abstract ideas that are not metaphorical. Does it imply that even our wispiest concepts are represented in the mind as hunks of matter that we move around on a mental stage? Does it say that rival claims about the world can never be true or false but can only be _____? Few things in life cannot be characterized in terms of variables and the causation of changes in them.

① proven to be always true in all circumstances
② irreversible and established truths that cannot be disputed
③ subject to scientific testings for their authenticity and clarity
④ alternative metaphors that frame a situation in different ways

| 어휘 |

be saturated with ～으로 가득 차 있다

implicit 함축적인, 암시된, 내포된

metaphor 은유, 비유

turn out to be ～로 판명나다, ～로 밝혀지다

conceptual 개념의

vehicle 수단, 매개체, 탈것

state 상태

circumstance (pl.) 상황, 환경

traffic light 신호등

flip 뒤집다, 획획 넘기다

widespread 널리 퍼진

abstract 추상적인

metaphorical 은유적인

wispy 희미한, 성긴

hunk 덩어리, 덩이

variable 변수

causation 인과관계

irreversible 돌이킬 수 없는

dispute 반박하다, 이의를 제기하다

subject to ～하에 놓여진, ～의 적용을 받는, ～을 당하는

authenticity 진실성

clarity 명확성

alternative 대안적인

frame 표현하다, 나타내다

문제 해결하기

| 해석 |

언어는 "사건은 물체이고 시간은 공간이다."처럼 함축적인 은유들로 가득하다. 실제로, 공간은 시간뿐 아니라 다양한 종류의 상태와 상황에 대한 개념적인 매개로 판명난다. 회의가 3시에서 4시로 옮겨질 수 있는 것처럼, 교통 신호는 녹색에서 빨간색으로 바뀔 수 있고, 사람은 햄버거 패티를 뒤집는 것에서 기업을 경영하는 것으로 바뀔 수 있고, 경제는 나쁜 상태에서 더 나쁜 상태로 변할 수 있다. 은유는 언어에서 매우 넓게 퍼져 있어서 추상적 관념에 대해 은유적이지 않은 표현을 찾기는 어렵다. 이것은 우리의 가장 희미한 생각들조차도 우리가 정신적 무대에서 여기저기로 이동시키는 물체의 덩어리로 표현된다는 의미인가? 이것은 세상에 대한 경쟁적인 주장은 결코 진실이나 거짓일 수 없고, 단지 ④ 한 상황을 여러 가지 방법으로 표현하는 대안적인 은유가 될 수 있을 뿐이라고 말하는 것인가? 변수와 그 변수들 안의 변화의 인과관계라는 관점으로 특징지어지지 않을 수 있는 것은 인생에서 거의 없다.

① 모든 상황에서 항상 진실이라고 증명된
② 돌이킬 수 없고 절대 이견을 제기할 수 없는 확립된 진실들
③ 그들의 진실성과 명확성을 위해 과학적 검증을 받아야 하는
④ 한 상황을 여러 가지 방법으로 표현하는 대안적인 은유

|정답해설|

key sentence로 정답을 찾을 수 있는 빈칸 문제이다. ❶ 문장인 '언어는 함축적인 은유들로 가득하다'와 ❹ 문장인 '은유는 언어 분야에서 매우 넓게 퍼져 있어서 추상적인 생각에 대한 은유적이지 않은 표현을 찾기 힘들다'가 그 문장들이다. rival claims about the world can never be true or false but can only be _____?에서 '세상에 대한 경쟁적인 주장들이 진실이나 거짓이 될 수 없고 단지 _____?' 라고 했으므로 '다른 여러 방식으로 한 상황을 표현하는 대안적인 은유들이 될 수 있을 뿐인가?'라는 흐름이 가장 적절하다. 즉, 정리해보면 언어는 은유적인 표현들로 가득 차 있고 이런 은유적인 표현들이 진실이나 거짓으로 구별 지을 수 있는 것들이 아니라 상황에 따라 여러 가지 대안 표현들이 가능하다는 것이다.

| 정답 | ④

❶ Language/ is saturated/ with implicit metaphors/ like/ "Events are objects/ and time is space."

언어는/ 가득하다/ 함축적인 은유들로/ ~처럼/ "사건은 물체이다/ 그리고 시간은 공간이다"

❷ Indeed,/ space turns out/ to be a conceptual vehicle/ not just for time/ but for many kinds of states and circumstances.

실제로/ 공간은 판명난다/ 개념적인 매개로/ 시간뿐 아니라/ 여러 종류의 상태와 상황에 대한

❸ Just as a meeting can be moved from 3:00 to 4:00,/ a traffic light/ can go from green to red,/ a person can go/ from flipping burgers/ to running a corporation,/ and the economy can go/ from bad to worse.

회의가 3시에서 4시로 옮겨질 수 있는 것처럼/ 교통 신호등이/ 초록색에서 빨간색으로 바뀔 수도 있고/ 한 사람이 바뀔 수도 있다/ 햄버거 패티를 뒤집는 것에서/ 회사를 경영하는 것으로/ 그리고 경제는 변할 수 있다/ 나쁜 상태에서 더 나쁜 상태로

❹ Metaphor is so widespread/ in language/ that it's hard/ to find expressions/ for abstract ideas/ that are not metaphorical.

은유는 너무 널리 퍼져 있어서/ 언어에서/ 어렵다/ 표현을 찾기가/ 추상적 관념에 대해/ 은유적이지 않은

❺ Does it imply/ that even our wispiest concepts/ are represented/ in the mind/ as hunks of matter/ that we move around/ on a mental stage?

그것은 의미하는가?/ 심지어 우리의 가장 희미한 생각들이/ ~라고 표현된다/ 정신 속에서/ 물체의 덩어리로/ 우리가 여기저기로 이동시키는/ 정신적 무대에서

❻ Does it say/ that rival claims about the world/ can never be true or false/ but can only be ④ alternative metaphors/ that frame a situation in different ways?

그것은 말하는 것인가?/ 세상에 대한 경쟁적인 주장들이/ 결코 진실이나 거짓이 될 수 없다고/ 그러나 단지 ④ 대안적인 은유가 될 수 있다고/ 한 상황을 여러 가지 방법으로 표현하는

❼ Few things in life/ cannot be characterized/ in terms of variables and the causation of changes in them.

인생에서 거의 없다/ 특징지어지지 않을 수 있는 것은/ 변수들과 그 변수들 안의 변화의 인과관계라는 관점으로

03 밑줄 친 부분에 들어갈 말로 가장 적절한 것은?

> In an early demonstration of the mere exposure effect, participants in an experiment were exposed to a set of alphabets from the Japanese language. As most people know, Japanese alphabets look like drawings and are called ideograms. In the experiment, the duration of exposure to each ideogram was deliberately kept as short as 30 milliseconds. At such short durations of exposure — known as subliminal exposure — people cannot register the stimuli and hence, participants in the experiment were not expected to recall seeing the ideograms. Nevertheless, when participants were shown two sets of alphabets, one to which they had been previously exposed and another to which they hadn't, participants reported greater liking for the former even though they couldn't recall seeing them! These results have been replicated numerous times and across a variety of types of stimuli, so they are robust. What the mere exposure results show is that _____.

① we can learn the Japanese language with extensive exposure
② duration is responsible for the robust results across studies
③ it is impossible to register the stimuli at short durations
④ people develop a liking towards stimuli that are familiar

문제 해결하기

| 해석 |

단순 노출 효과의 초기 증명에서, 실험에 참가한 사람들은 한 세트의 일본어 문자들에 노출이 됐다. 대부분의 사람들이 아는 것처럼, 일본어 문자들은 그림처럼 보이고 표의문자라고 불려진다. 그 실험에서 각각의 표의문자에의 노출 지속 기간은 의도적으로 30밀리초로 짧게 유지됐다. 잠재적인(알지 못하는 사이에 영향을 미치는) 노출이라고 알려진 그 짧은 노출 지속 시간에 사람들은 그 자극을 인지할 수 없고, 그렇기 때문에 실험 참가자들은 그 표의문자들을 본 것을 기억해낼 것으로 기대되지 않았다. 그럼에도 불구하고 그들에게 이전에 노출되었던 것과 노출되지 않았던 다른 것의 두 세트의 문자가 참가자들에게 보여졌을 때, 그들은 전자에 대한 더 큰 호감이 있다고 응답했다. 그들이 그것들(전자의 문자들)을 (이전에) 본 것을 기억해내지 못했는데도 말이다! 이러한 결과들은 수차례 그리고 다양한 종류의 자극에 걸쳐 되풀이되어 왔으므로, 그것들은 확실하다. 단순 노출 결과들이 보여주는 것은 ④ 사람들이 친숙한 자극에 호감을 발달시킨다는 것이다.

① 우리는 광범위한 노출을 통해 일본어를 배울 수 있다
② (노출) 지속 기간은 연구 전반에 걸친 확실한 결과들의 원인이 된다
③ 짧은 (노출) 지속 기간에 자극을 인지하는 것은 불가능하다
④ 사람들이 친숙한 자극에 호감을 발달시킨다

| 정답해설 |

이 글은 선호에 관한 실험이다. 인지하지 못할 정도의 짧은 순간에 어떤 문자들을 보여주고, 두 번째 실험에서 이전에 이미 보여주었던 (그러나 인지하지는 못했을) 문자와 처음 노출되는 문자를 함께 보여준다면, 사람들은 이전에 노출되었던 문자를 선호하는 결과가 계속 나온다는 내용이다. 따라서 정답은 ④ '사람들이 친숙한 자극에 호감을 발달시킨다'가 된다.

| 정답 | ④

| 어휘 |

be exposed to ～에 노출되다
ideogram 표의문자, 기호
duration 지속 기간
deliberately 의도적으로
subliminal 알지 못하는 사이에 영향을 미치는
stimuli 자극(stimulus의 복수형)
replicate 되풀이하다
robust 확실한, 강한

❶ In an early demonstration/ of the mere exposure effect,/ participants in an experiment/ were exposed/ to a set of alphabets from the Japanese language.
초기 증명에서/ 단순 노출 효과의/ 실험에 참가한 사람들은/ 노출이 됐다/ 한 세트의 일본어 문자들에

❷ As most people know,/ Japanese alphabets/ look like drawings/ and are called ideograms.
대부분의 사람들이 아는 것처럼/ 일본어 문자들은/ 그림들처럼 보이고/ 표의문자라고 불려진다

❸ In the experiment,/ the duration of exposure to each ideogram/ was deliberately kept/ as short as 30 milliseconds.
그 실험에서/ 각각의 표의문자에의 노출 지속 기간은/ 의도적으로 유지됐다/ 30밀리초만큼 짧도록

❹ At such short durations of exposure/ — known as subliminal exposure —/ people cannot register the stimuli/ and hence,/ participants in the experiment/ were not expected to recall seeing the ideograms.
그런 짧은 노출 지속 기간에/ 잠재적인(알지 못하는 사이에 영향을 미치는) 노출이라고 알려진/ 사람들은 그 자극을 인지할 수 없다/ 그리고 그렇기 때문에/ 실험 참가자들은/ 그 표의문자들을 본 것을 기억해낼 것으로 기대되지 않았다

❺ Nevertheless,/ when participants were shown two sets of alphabets,/ one to which they had been previously exposed/ and another to which they hadn't,/ participants reported greater liking/ for the former/ even though they couldn't recall seeing them!
그럼에도 불구하고/ 참가자들에게 두 세트의 문자가 보여졌을 때/ 하나는 그들에게 이전에 노출되었던 것/ 그리고 다른 하나는 그들에게 노출되지 않았던 것인/ 참가자들은 더 큰 호감이 있다고 알렸다/ 전자에 대한/ 그들이 그것들(전자의 문자들)을 보았던 것을 기억해내지 못했는데도 말이다!

❻ These results have been replicated/ numerous times/ and across a variety of types of stimuli,/ so they are robust.
이러한 결과들은 되풀이되어 왔다/ 수차례/ 그리고 다양한 종류의 자극에 걸쳐/ 그래서 그것들은 확실하다

❼ What the mere exposure results show/ is that ④ people develop a liking/ towards stimuli that are familiar.
단순 노출 결과들이 보여주는 것은/ ④ 사람들이 호감을 발달시킨다는 것이다/ 친숙한 자극에

03 질문에 의한 도입

교수님 코멘트▶ 질문에 의한 도입은 질문이 소재를 포함하고 있어 독자의 주의를 먼저 환기시킨 후 본격적인 필자의 주제를 전개하는 방식으로 진행된다. 의문문으로 질문한다면 이후 글의 전개 방식에 대해 예상하고 문제에 접근하는 것이 유리하다. 주어진 문제들을 통해 이 점에 유의해서 연습한다면 분명 독해력 향상에 도움이 될 것이다.

VOCABULARY CHECK

STEP 1　유형 접근하기

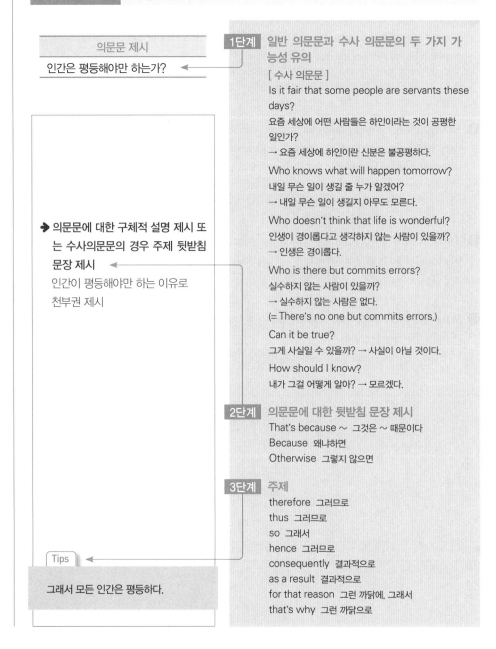

의문문 제시

인간은 평등해야만 하는가?

➔ **의문문에 대한 구체적 설명 제시 또는 수사의문문의 경우 주제 뒷받침 문장 제시**
인간이 평등해야만 하는 이유로 천부권 제시

Tips

그래서 모든 인간은 평등하다.

1단계 일반 의문문과 수사 의문문의 두 가지 가능성 유의

[수사 의문문]
Is it fair that some people are servants these days?
요즘 세상에 어떤 사람들은 하인이라는 것이 공평한 일인가?
→ 요즘 세상에 하인이란 신분은 불공평하다.

Who knows what will happen tomorrow?
내일 무슨 일이 생길 줄 누가 알겠어?
→ 내일 무슨 일이 생길지 아무도 모른다.

Who doesn't think that life is wonderful?
인생이 경이롭다고 생각하지 않는 사람이 있을까?
→ 인생은 경이롭다.

Who is there but commits errors?
실수하지 않는 사람이 있을까?
→ 실수하지 않는 사람은 없다.
(= There's no one but commits errors.)

Can it be true?
그게 사실일 수 있을까? → 사실이 아닐 것이다.

How should I know?
내가 그걸 어떻게 알아? → 모르겠다.

2단계 의문문에 대한 뒷받침 문장 제시
That's because ~ 그것은 ~ 때문이다
Because 왜냐하면
Otherwise 그렇지 않으면

3단계 주제
therefore 그러므로
thus 그러므로
so 그래서
hence 그러므로
consequently 결과적으로
as a result 결과적으로
for that reason 그런 까닭에, 그래서
that's why 그런 까닭으로

현대를 살아가는 우리는 경제, 교통, 복지, 환경, 건강 등의 수많은 문제점들을 가지고 있다. 이런 시사성 있는 문제점을 우선 제시하고 그것을 해결해 나가는 과정이 글의 요지에 해당된다. 이렇게 글의 전면부에 질문이 나오는 또 한 가지의 경우는 수사 의문문(Rhetorical Question)이다. 지문의 첫 문장이나 마지막 문장의 의문문에 주의해야 한다. 수사 의문문의 경우 첫 문장에 위치했을 때 반드시 주제 제시의 기능을 하며, 대개 마지막 문장의 수사 의문문은 요지의 확인을 위해 주어진다.

STEP 2 유형 적용하기

대표 기출문제

Q. 빈칸에 들어갈 가장 적절한 것은?   2019 서울시 7급 제1회

When is high blood pressure dangerous? Medical associations offer widely differing answers. In the USA, for example, patients are seen as hypertensive much sooner than in Germany. A team working with Prof. Karl-Heinz Ladwig of the Technical University of Munich and the Helmholtz Zentrum Müchen has concluded that treating patients sooner does not reduce the risk of deadly heart disease. It could even _____.

① quickly present patients with a diagnosis
② negatively affect their mental health
③ positively encourage them to adopt a healthier lifestyle
④ significantly help patients with normal blood pressure

문제 해결하기

| 해석 |
고혈압은 언제 위험한가? 의학 협회는 대단히 다른 대답을 제공한다. 예를 들어, 미국에서 환자들은 독일보다 훨씬 빨리 고혈압으로 간주된다. 뮌헨 공과 대학과 뮌헨 헬름홀츠 젠트룸 연구소의 Karl-Heinz Ladwig 교수와 함께 연구하는 팀은 환자를 더 빨리 치료하는 것은 치명적인 심장병의 위험을 줄이지 않는다고 결론지었다. 그것은 심지어 ② 그들의 정신 건강에 부정적인 영향을 미칠 수도 있다.

① 빠르게 환자들에게 진단을 제공한다
② 그들의 정신 건강에 부정적인 영향을 미칠 수도 있다
③ 그들이 더 건강한 생활 방식을 채택하도록 긍정적으로 격려한다
④ 정상적인 혈압을 가진 환자들을 상당히 돕는다

| 정답해설 |
빈칸 전에 '환자를 더 빨리 치료하는 것은 치명적인 심장병의 위험을 줄이지 않는다'라는 내용을 통해 빠른 치료가 오히려 환자들에게 해로운 영향을 끼칠 수도 있다는 것을 알수 있다. 따라서 빈칸에 들어갈 적절한 내용은 부정적인 내용인 ②이다. | 정답 | ②

| 어휘 |
blood pressure 혈압
association 협회
hypertensive 고혈압의
deadly 치명적인
diagnosis 진단
negatively 부정적으로
affect 영향을 미치다
positively 긍정적으로
adopt 채택하다
significantly 상당히, 중대하게

지문 분석

① When/ is high blood pressure dangerous?
의문부사 동사 주어 보어

언제/ 고혈압은 위험한가?

② Medical associations/ offer/ widely differing answers.
주어 동사 목적어

의학 협회는/ 제공한다/ 대단히 다른 대답을

③ In the USA,/ for example,/ patients are seen/ as hypertensive much sooner than
전명구 접속부사 주어 동사 과거분사 보어

in Germany.
전명구

미국에서/ 예를 들어/ 환자들은 간주된다/ 독일보다 훨씬 빨리 고혈압으로

④ A team/ working with Prof. Karl-Heinz Ladwig of the Technical University of
주어 현재분사 전명구 전명구

Munich and the Helmholtz Zentrum Müchen/ has concluded/ that treating patients
동사 접속사(명사절) 주어

sooner/ does not reduce the risk of deadly heart disease.
동사 목적어 전명구

한 팀은/ 뮌헨 공과 대학과 뮌헨 헬름홀츠 젠트룸 연구소의 Karl-Heinz Ladwig 교수가 함께 연구하는/
결론지었다/ 환자를 더 빨리 치료하는 것은/ 치명적인 심장병의 위험을 줄이지 않는다고

⑤ It could even ② negatively affect their mental health.
주어 동사 목적어

그것은 심지어 ② 그들의 정신 건강에 부정적인 영향을 미칠 수도 있다

STEP 3 적용 연습하기

01 다음 글의 주제로 가장 적절한 것은?

Are you aware of the striking similarities between two of the most popular U.S. presidents, Abraham Lincoln and John F. Kennedy? A minor point is that the names Lincoln and Kennedy both have seven letters. Both men had their elections legally challenged. Lincoln and Kennedy are both remembered for their sense of humor, as well as for their interest in civil rights. Lincoln became president in 1860; Kennedy, in 1960. Lincoln's secretary was Mrs. Kennedy; Kennedy's secretary was Mrs. Lincoln. Neither man took the advice of his secretary not to make a public appearance on the day on which he was assassinated. Lincoln and Kennedy were both killed on a Friday in the presence of their wives. Both assassins, John Wilkes Booth and Lee Harvey Oswald, have fifteen letters in their names, and both were murdered before they could be brought to trial. Just as Lincoln was succeeded by a Southern Democrat named Johnson, so was Kennedy. Andrew Johnson (Lincoln's successor) was born in 1808; Lyndon Johnson (Kennedy's successor) was born in 1908. And finally, the same caisson carried the bodies of both men in their funeral ceremonies.

① Lincoln's superiority to Kennedy

② Differences between Abraham Lincoln and John F. Kennedy

③ Similarities between Abraham Lincoln and John F. Kennedy

④ Two of the most popular U.S. presidents

⑤ Why Abraham Lincoln and John F. Kennedy were murdered

문제 해결하기

| 해석 |

당신은 Abraham Lincoln과 John F. Kennedy라는 두 명의 가장 인기 있는 미국 대통령들 사이의 놀랄만한 유사점들을 알고 있는가? 사소한 한 가지는 Lincoln과 Kennedy의 이름이 둘 다 일곱 글자로 되어 있다는 것이다. 두 명 모두 자신들의 선거에 법적인 이의를 제기받았다. Lincoln과 Kennedy 두 사람은 시민의 권리에 대한 그들의 관심뿐만 아니라 그들의 유머 감각으로도 기억된다. Lincoln은 1860년에 대통령이 되었고 Kennedy는 1960년에 대통령이 되었다. Lincoln의 비서는 Kennedy 씨였고 Kennedy의 비서는 Lincoln 씨였다. 둘 다 암살을 당하던 날에 대중 앞에 나서지 말라는 자신의 비서의 조언을 듣지 않았다. Lincoln과 Kennedy는 둘 다 부인과 함께한 자리에서 금요일에 살해당했다. 암살자인 John Wilkes Booth와 Lee Harvey Oswald는 둘 다 이름의 철자가 15글자이다. 그리고 둘 다 법정에 서기 전에 살해당했다. Lincoln이 Johnson이라는 남부 민주당원에 의해 승계된 것과 마찬가지로 Kennedy도 그러했다. Lincoln의 후임자인 Andrew Johnson은 1808년에 출생했고 Kennedy의 후임자인 Lyndon Johnson은 1908년에 출생했다. 또한 마지막으로 그들의 장례식에서 같은 (탄약) 운반차가 두 사람의 시신을 운반했다.

① Kennedy에 대한 Lincoln의 우월성(Kennedy에 비해 Lincoln이 우월한 점)

② Abraham Lincoln과 John F. Kennedy의 차이점

③ Abraham Lincoln과 John F. Kennedy의 유사점

④ 미국의 가장 인기 있는 두 명의 대통령

⑤ Abraham Lincoln과 John F. Kennedy가 살해된 이유

|정답해설|

글 전반적으로 Lincoln과 Kennedy의 유사점을 다루고 있다. ①의 우월성과 ⑤의 살해 이유에 대한 내용은 지문에 언급되어 있지 않으며, ④의 '미국의 가장 인기 있는 두 명의 대통령'이라는 내용은 지문 서두에 잠깐 언급되었을 뿐이므로 글 전체의 주제로 보기에는 적절하지 않다. 따라서 정답은 ③이다. |정답| ③

| 어휘 |

similarity 유사점

letter 글자, 편지

secretary 비서

assassinate 암살하다

murder 살해하다

successor 후임자

caisson 탄약차, 탄약 상자

지문 분석

❶ Are you aware of the striking similarities/ between two of the most popular U.S. presidents,/ Abraham Lincoln and John F. Kennedy?
당신은 놀랄만한 유사점들을 알고 있는가/ 두 명의 가장 인기 있는 미국 대통령들 사이의/ Abraham Lincoln과 John F. Kennedy라는

❷ A minor point is/ that the names Lincoln and Kennedy both have seven letters.
사소한 한 가지는 ~이다/ Lincoln과 Kennedy의 이름이 둘 다 일곱 글자로 되어 있다는 것

❸ Both men/ had their elections legally challenged.
두 명 모두/ 자신들의 선거에 법적인 이의를 제기받았다

❹ Lincoln and Kennedy are both remembered/ for their sense of humor,/ as well as/ for their interest in civil rights.
Lincoln과 Kennedy는 둘 다 기억된다/ 그들의 유머 감각으로도/ 뿐만 아니라/ 시민의 권리에 대한 그들의 관심으로

❺ Lincoln became president in 1860;/ Kennedy, in 1960.
Lincoln은 1860년에 대통령이 되었고/ Kennedy는 1960년에 (대통령이 되었다)

❻ Lincoln's secretary was Mrs. Kennedy;/ Kennedy's secretary was Mrs. Lincoln.
Lincoln의 비서는 Kennedy 씨였고/ Kennedy의 비서는 Lincoln 씨였다

❼ Neither man took the advice of his secretary/ not to make a public appearance on the day/ on which he was assassinated.
어느 누구도 자신의 비서의 조언을 듣지 않았다/ 그날에 대중 앞에 나서지 말라는/ 그가 암살을 당하던

❽ Lincoln and Kennedy were both killed on a Friday/ in the presence of their wives.
Lincoln과 Kennedy는 둘 다 금요일에 살해당했다/ 그들의 부인들과 함께한 자리에서

❾ Both assassins, John Wilkes Booth and Lee Harvey Oswald,/ have fifteen letters in their names,/ and both were murdered/ before they could be brought to trial.
암살자인 John Wilkes Booth와 Lee Harvey Oswald 둘 다/ 그들의 이름의 철자가 15글자이다/ 그리고 둘 다 살해당했다/ 법정에 서기 전에

❿ Just as Lincoln was succeeded by a Southern Democrat named Johnson,/ so was Kennedy.
Lincoln이 Johnson이라는 남부 민주당원에 의해 승계된 것과 마찬가지로/ Kennedy도 그러했다

⓫ Andrew Johnson (Lincoln's successor) was born in 1808;/ Lyndon Johnson (Kennedy's successor) was born in 1908.
Lincoln의 후임자인 Andrew Johnson은 1808년에 출생했다/ Kennedy의 후임자인 Lyndon Johnson은 1908년에 출생했다

⓬ And finally,/ the same caisson carried/ the bodies of both men/ in their funeral ceremonies.
또한 마지막으로/ 같은 (탄약) 운반차가 운반했다/ 두 사람의 시신을/ 그들의 장례식에서

02 다음 글의 내용과 일치하는 것은?

On June 23, 2016, a historic referendum took place in the United Kingdom (UK). The referendum question was: "Should the United Kingdom remain a member of the European Union or leave the European Union?" The possibility of Britain leaving the EU became known as Brexit. Over 30 million people voted in the referendum. The turnout was higher than Britain's last general election. Eligible voters were British, Irish, and Commonwealth citizens (18 and over) living in the UK. On June 23, 52% of voters chose "Leave the European Union." This shocked the world. Within hours, the value of the British pound (£) had fallen to a historic low and Prime Minister Cameron had stepped down. In the weeks following the referendum, millions of people signed a petition asking for a second referendum. The new prime minister, Theresa May, told citizens that "Brexit is Brexit." Negotiating the exit will take approximately two years. The status and rights of British nationals living in the EU and of EU nationals living in the UK are a primary concern.

① Britain joining the EU is called Brexit.
② All people in Britain participated in the vote.
③ 52% of voters wanted the UK to leave the EU.
④ The value of the Euro had risen after the vote.

문제 해결하기

| 해석 |
2016년 6월 23일, 영국(UK)에서 역사적인 국민 투표가 실시되었다. 국민 투표의 질문은 다음과 같았다. "영국(UK)은 유럽 연합(EU)의 회원국으로 남아야 하나? 아니면, 유럽 연합을 떠나야 하나?" 영국이 유럽 연합을 떠날 가능성은 Brexit로 알려지게 되었다. 3천만 명이 넘는 사람들이 그 국민 투표에서 투표했다. 투표율은 가장 최근의 영국 총선보다 높았다. 유권자는 영국에 거주하는 영국인, 아일랜드인 및 영연방 시민권자(18세 이상)였다. 6월 23일, 투표자의 52%가 "유럽 연합을 떠나는 것"을 선택했다. 이것은 세상에 충격을 주었다. 몇 시간 만에, 영국 파운드(£)의 가치는 역대 최저로 떨어졌고 Cameron 총리는 사임했다. 국민 투표를 거친 후 몇 주 동안, 수백만 명의 사람들이 두 번째 국민 투표를 요청하는 탄원서에 서명했다. 새로운 총리인 Theresa May는 시민들에게 "Brexit는 Brexit다."라고 말했다. 그 탈퇴(Brexit)를 협상하는 것은 약 2년이 소요될 것이다. 유럽 연합에 거주하는 영국 국민의 지위와 권리 및 영국에 거주하는 유럽 연합 국민의 지위와 권리가 주요 관심사이다.

① 영국이 유럽 연합에 가입하는 것을 Brexit라고 한다.
② 영국의 모든 사람들이 투표에 참여했다.
③ 유권자의 52%가 영국이 유럽 연합을 떠나기를 원했다.
④ 투표 이후에 유로화 가치가 상승했다.

|정답해설|
지문 중반부에 '유권자의 52%가 유럽 연합을 떠나는 것을 선택했다'고 하였으므로 ③이 글의 내용과 일치한다. ①은 유럽 연합을 '떠나는 것'이 아니라 '가입하는 것'이라고 했으므로 틀리고, ② 또한 투표율이 최근의 영국 총선보다 높았다고는 했지만, 유권자의 연령이 18세 이상이기 때문에 '영국의 모든 사람들'이 투표에 참여할 수 있는 것은 아니므로 정답이 아니다. ④ 또한 유로화 가치에 대해서는 언급하지 않았고, 영국 파운드(£)의 가치가 떨어졌다고 했을 뿐이므로 일치하지 않는다.

| 정답 | ③

| 어휘 |
referendum 국민 투표, 총선지
Brexit 브렉시트, 영국의 유럽 연합 탈퇴
turnout 투표율, 참가자의 수
eligible ～할 수 있는
Commonwealth 영연방
Prime Minister 수상, 총리

지문 분석

① On June 23, 2016,/ a historic referendum took place/ in the United Kingdom (UK).
2016년 6월 23일/ 역사적인 국민 투표가 실시되었다/ 영국(UK)에서

② The referendum question was:/ "Should the United Kingdom remain a member of the European Union/ or leave the European Union?"
국민 투표의 질문은 다음과 같았다/ "영국(UK)은 유럽 연합(EU)의 회원국으로 남아야 하나/ 아니면, 유럽 연합을 떠나야 하나?"

③ The possibility of Britain leaving the EU/ became known as Brexit.
영국이 유럽 연합을 떠날 가능성은/ Brexit로 알려지게 되었다

④ Over 30 million people voted/ in the referendum.
3천만 명이 넘는 사람들이 투표했다/ 그 국민 투표에서

⑤ The turnout was higher/ than Britain's last general election.
투표율은 더 높았다/ 가장 최근의 영국 총선보다

⑥ Eligible voters were British, Irish, and Commonwealth citizens (18 and over)/ living in the UK.
유권자는 영국인, 아일랜드인 및 영연방 시민권자(18세 이상)였다/ 영국에 거주하는

⑦ On June 23,/ 52% of voters/ chose "Leave the European Union."
6월 23일/ 투표자의 52%가/ "유럽 연합을 떠나는 것"을 선택했다

⑧ This shocked the world.
이것은 세상에 충격을 주었다

⑨ Within hours,/ the value of the British pound (£)/ had fallen to a historic low/ and Prime Minister Cameron had stepped down.
몇 시간 만에/ 영국 파운드(£)의 가치는/ 역대 최저로 떨어졌고/ Cameron 총리는 사임했다

⑩ In the weeks following the referendum,/ millions of people signed a petition/ asking for a second referendum.
국민 투표를 거친 후 몇 주 동안/ 수백만 명의 사람들이 탄원서에 서명했다/ 두 번째 국민 투표를 요청하는

⑪ The new prime minister, Theresa May,/ told citizens/ that "Brexit is Brexit."
새로운 총리인 Theresa May는/ 시민들에게 말했다/ "Brexit는 Brexit다."라고

⑫ Negotiating the exit/ will take approximately two years.
그 탈퇴(Brexit)를 협상하는 것은/ 약 2년이 소요될 것이다

⑬ The status and rights/ of British nationals living in the EU/ and of EU nationals living in the UK/ are a primary concern.
지위와 권리가/ 유럽 연합에 거주하는 영국 국민의/ 그리고 영국에 거주하는 유럽 연합 국민의 (지위와 권리가)/ 주요 관심사이다

03 다음 글의 요지로 가장 적절한 것은?

2017 국가직 9급(사회복지직 9급)

How on earth will it help the poor if governments try to strangle globalization by stemming the flow of trade, information, and capital—the three components of the global economy? That disparities between rich and poor are still too great is undeniable. But it is just not true that economic growth benefits only the rich and leaves out the poor, as the opponents of globalization and the market economy would have us believe. A recent World Bank study entitled "Growth Is Good for the Poor" reveals a one-for-one relationship between income of the bottom fifth of the population and per capita GDP. In other words, incomes of all sectors grow proportionately at the same rate. The study notes that openness to foreign trade benefits the poor to the same extent that it benefits the whole economy.

① Globalization deepens conflicts between rich and poor.
② The global economy grows at the expense of the poor.
③ Globalization can be beneficial regardless of one's economic status.
④ Governments must control the flow of trade to revive the economy.

문제 해결하기

| 해석 |

정부가 세계 경제의 세 가지 요소인 무역, 정보 및 자본의 흐름을 막음으로써 세계화를 억압하는 시도를 한다면 도대체 어떻게 가난한 자들을 도울 것인가? 부자와 가난한 사람 사이의 격차가 여전히 너무 크다는 것은 부인할 수 없다. 그러나 세계화와 시장 경제를 반대하는 사람들이 우리로 하여금 믿게 만든, 경제성장이 부유층에게만 이익을 주고 가난한 사람들은 제외시킨다는 것은 사실이 아니다. 최근 세계은행(World Bank)의 "성장은 가난한 사람들에게 좋음"이라는 제목의 연구는 인구의 하위 20% 소득과 1인당 GDP간의 일대일 관계를 보여준다. 즉, 모든 부문의 소득은 동일한 비율로 비례하여 증가한다는 것이다. 그 연구는 외국 무역에 대한 개방성이 전체 경제에 혜택을 주는 만큼 빈곤층에게 혜택을 준다고 지적한다.

① 세계화는 빈부 갈등을 심화시킨다.
② 세계 경제는 빈곤층을 희생시켜 성장한다.
③ 세계화는 경제적 지위와 관계없이 유익할 수 있다.
④ 정부는 경제를 회복시키기 위해 무역의 흐름을 통제해야 한다.

| 정답해설 |

글의 전반부에서 빈부 격차를 인정하고 있지만, 곧바로 경제성장을 통한 이익이 부유층뿐만 아니라 빈곤층에게도 돌아간다고 역설하며 그 이유를 들고 있다. 마지막으로 글의 후반부에서는 주장을 뒷받침할 만한 연구를 제시하며, '외국 무역에 대한 개방성이 경제 성장에 도움을 주며 이러한 혜택은 빈곤층에게도 돌아간다'고 했다. 그러므로 요지로 가장 적절한 것은 ③이다. | 정답 | ③

| 어휘 |

strangle 목을 조이다, 옥죄다
stem 저지하다, 막다
disparity 차이, 격차
undeniable 부인할 수 없는
opponent 반대자
proportionately 비례하게
revive 회복시키다, 활력을 불어넣다
the bottom fifth 하위 20%

지문 분석

❶ How on earth/ will it help the poor/ if governments try to strangle globalization/ by stemming the flow of trade, information, and capital/ —the three components of the global economy?

도대체 어떻게/ 가난한 자들을 도울 것인가/ 만일 정부가 세계화를 억압하는 시도를 한다면/ 무역, 정보 및 자본의 흐름을 막음으로써/ 세계 경제의 세 가지 요소인

❷ That disparities/ between rich and poor/ are still too great/ is undeniable.

그 격차가/ 부자와 가난한 사람 사이의/ 여전히 너무 크다는 것은/ 부인할 수 없는 일이다

❸ But/ it is just not true/ that economic growth benefits only the rich/ and leaves out the poor,/ as the opponents of globalization and the market economy/ would have us believe.

그러나/ 이것은 사실이 아니다/ 경제 성장이 부유층에게만 이익을 준다는 것은/ 그리고 가난한 사람들을 배제한다는 것은/ 세계화와 시장 경제에 반대하는 사람들이 ~하는 대로/ 우리를 (그렇게) 믿게 만들었다

❹ A recent World Bank study/ entitled "Growth Is Good for the Poor"/ reveals/ a one-for-one relationship/ between income of the bottom fifth of the population and per capita GDP.

최근 세계은행(World Bank)의 연구는/ "성장은 가난한 사람들에게 좋음"이라는 제목의/ 보여준다/ 일대 일 관계를/ 인구의 하위 20% 소득과 1인당 GDP 간의

❺ In other words,/ incomes of all sectors/ grow proportionately/ at the same rate.

즉/ 모든 부문의 소득은/ 비례하여 증가한다는 것이다/ 동일한 비율로

❻ The study notes/ that openness to foreign trade benefits the poor/ to the same extent that it benefits the whole economy.

그 연구는 지적한다/ 외국 무역에 대한 개방성이 빈곤층에게 혜택을 준다고/ 이것이 전체 경제에 혜택을 주는 만큼

04 예시와 열거

교수님 코멘트▶ 예시와 열거는 열거된 예시들의 공통 분모를 먼저 파악하여, 해당 소재에 대한 필자의 의도를 파악하는 것이 가장 중요하다. 대표 기출문제의 경우 이 점을 충실히 이행하고 있으므로 분석용으로 활용하기에 좋을 것이다.

STEP 1　유형 접근하기

VOCABULARY CHECK

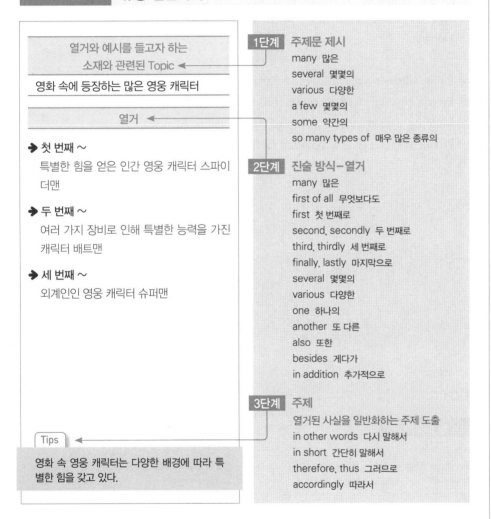

1단계　주제문 제시
many 많은
several 몇몇의
various 다양한
a few 몇몇의
some 약간의
so many types of 매우 많은 종류의

2단계　진술 방식-열거
many 많은
first of all 무엇보다도
first 첫 번째로
second, secondly 두 번째로
third, thirdly 세 번째로
finally, lastly 마지막으로
several 몇몇의
various 다양한
one 하나의
another 또 다른
also 또한
besides 게다가
in addition 추가적으로

3단계　주제
열거된 사실을 일반화하는 주제 도출
in other words 다시 말해서
in short 간단히 말해서
therefore, thus 그러므로
accordingly 따라서

열거와 예시를 들고자 하는
소재와 관련된 Topic ◀

영화 속에 등장하는 많은 영웅 캐릭터

열거 ◀

➜ 첫 번째 ~
특별한 힘을 얻은 인간 영웅 캐릭터 스파이더맨

➜ 두 번째 ~
여러 가지 장비로 인해 특별한 능력을 가진 캐릭터 배트맨

➜ 세 번째 ~
외계인인 영웅 캐릭터 슈퍼맨

Tips ◀

영화 속 영웅 캐릭터는 다양한 배경에 따라 특별한 힘을 갖고 있다.

글의 구성 방식에서 가장 기본적인 것은 여러 가지 항목들을 주제를 뒷받침할 수 있도록 나열하는 것이다. 항목은 중요도, 순서, 시간과 공간 등 다양한 기준에 따라 나열할 수 있다. 대개 서수나 기수를 사용하여 분명하게 항목들의 순서를 정하는 경우가 많고, 때로는 암시되어 있는 경우도 있다. 빈칸을 묻는 문제로 출제될 시에는 보통 주제를 빈칸으로 제시하는 만큼, 예시와 열거된 사례들을 꼼꼼히 확인해서 일반화시키는 작업을 해야 한다.

STEP 2　유형 적용하기

Q. 글의 내용과 일치하는 것은?　　　　　　　　　　　　2018 서울시 9급

> A family hoping to adopt a child must first select an adoption agency. In the United States, there are two kinds of agencies that assist with adoption. Public agencies generally handle older children, children with mental or physical disabilities, or children who may have been abused or neglected. Prospective parents are not usually expected to pay fees when adopting a child from a public agency. Fostering, or a form of temporary adoption, is also possible through public agencies. Private agencies can be found on the Internet. They handle domestic and international adoption.

① Public adoption agencies are better than private ones.

② Parents pay huge fees to adopt a child from a foster home.

③ Children in need cannot be adopted through public agencies.

④ Private agencies can be contacted for international adoption.

adopt 입양하다

select 선택하다

adoption agency 입양 기관

assist 도와주다

disability 장애

abuse 학대하다

neglect 무시하다, 방임하다

prospective 장래의

fee 수수료, 요금

foster 아이를 맡아 기르다, 위탁 양육하다

domestic 국내의

문제 해결하기

| 해석 |

아이를 입양하기를 원하는 가정은 우선 입양 기관을 선택해야 한다. 미국에는 입양을 도와주는 두 가지 종류의 기관이 있다. 공공 기관들은 보통 어느 정도 나이가 있는 아이들, 정신적 또는 신체적 장애가 있는 아이들, 혹은 학대를 당하거나 방치되었던 아이들을 다룬다. 장래의 부모들은 공공 기관에서 아이를 입양할 때 보통 수수료를 지불하지 않는다. 위탁 양육, 즉 일시적인 형태의 입양도 공공 기관을 통해 가능하다. 사설 기관들은 인터넷에서 찾을 수 있다. 그 기관들은 국내외 입양을 다룬다.

① 공공 입양 기관들이 사설 기관들보다 더 낫다.

② 부모들은 위탁 양육 가정으로부터 아이를 입양하는 데 큰 비용을 지불한다.

③ 도움이 필요한 아이들은 공공 기관을 통해 입양이 불가능하다.

④ 사설 기관들은 국제 입양을 위해 연락 가능하다.

|정답해설|

본문 후반부 Private agencies can be found on the Internet. They handle domestic and international adoption.(사설 기관들은 인터넷에서 찾을 수 있다. 그 기관들은 국내외 입양을 다룬다.)과 선택지 ④가 일치하는 내용인 것을 알 수 있다. 따라서 정답은 ④이다.　　　　　|정답| ④

지문 분석

❶ A family hoping to adopt a child/ must first select/ an adoption agency.
주어　　　현재분사　to부정사(명사적 용법)　동사　　　　목적어

아이를 입양하기를 원하는 가정은/ 우선 선택해야 한다/ 입양 기관을

❷ In the United States,/ there are/ two kinds of agencies/ that assist with adoption.
전명구　　　　　　유도부사 동사 주어　　　　주격 관계대명사

미국에는/ ～이 있다/ 두 가지 종류의 기관이/ 입양을 도와주는

❸ Public agencies/ generally handle/ older children,/ children with mental or physical
주어　　　　　　　동사　　목적어1　　　목적어2　전명구

disabilities,/ or children who may have been abused or neglected.
　　　　　접속사 목적어3 주격 관계대명사

공공 기관들은/ 일반적으로 다룬다/ 어느 정도 나이가 있는 아이들,/ 정신적 또는 신체적 장애가 있는
아이들,/ 혹은 학대를 당하거나 방치되었던 아이들을

❹ Prospective parents/ are not usually expected to pay fees/ when adopting a child/
주어　　　　　동사　　　　　　　　접속사 현재분사　목적어

from a public agency.
전명구

장래의 부모들은/ 보통 수수료를 지불할 것으로 기대되지 않는다/ 아이를 입양할 때/ 공공 기관에서

❺ Fostering, or a form of temporary adoption,/ is also possible/ through public agencies.
주어　　　　　　　　　　　　　　동사　보어　전명구

위탁 양육, 즉 일시적인 형태의 입양은/ 또한 가능하다/ 공공 기관을 통해

❻ Private agencies/ can be found/ on the Internet.
주어　　　　　동사　　　전명구

사설 기관들은/ 찾을 수 있다/ 인터넷에서

❼ They handle/ domestic and international adoption.
주어　동사　　목적어

그들은 다룬다/ 국내와 국외 입양을

CHAPTER 04 예시와 열거 • 83

STEP 3 적용 연습하기

01 다음 글의 흐름상 적절하지 <u>않은</u> 문장은?

2021 지방직 9급

There was no divide between science, philosophy, and magic in the 15th century. All three came under the general heading of 'natural philosophy'. ① <u>Central to the development of natural philosophy was the recovery of classical authors, most importantly the work of Aristotle.</u> ② <u>Humanists quickly realized the power of the printing press for spreading their knowledge.</u> ③ <u>At the beginning of the 15th century Aristotle remained the basis for all scholastic speculation on philosophy and science.</u> ④ <u>Kept alive in the Arabic translations and commentaries of Averroes and Avicenna, Aristotle provided a systematic perspective on mankind's relationship with the natural world.</u> Surviving texts like his *Physics*, *Metaphysics*, and *Meteorology* provided scholars with the logical tools to understand the forces that created the natural world.

문제 해결하기

| 해석 |
15세기에는 과학, 철학, 그리고 마술에 구분이 없었다. 세 가지 모두는 '자연 철학'이라는 공통 주제하에 포함되어 있었다. 고전 작가들의 회복, 가장 중요하게는 아리스토텔레스의 작품이 자연 철학 발전의 중심에 있었다. ② 인문주의자들은 그들의 지식을 확산시키기 위한 인쇄기의 힘을 재빨리 깨달았다. 15세기 초에 아리스토텔레스는 철학과 과학에 대한 모든 학문적 사색의 기초로 남아 있었다. Averroes와 Avicenna의 아랍어 번역본과 논평에 생생히 살아있는 아리스토텔레스는 자연 세계와 인류의 관계에 대한 체계적 시각을 제공했다. 그의 Physics, Metaphysics, 그리고 Meteorology와 같은 남아 있는 원전들은 학자들에게 자연 세계를 창조한 힘을 이해할 수 있는 논리적인 도구를 제공했다.

| 정답해설 |
15세기 아리스토텔레스의 작품이 철학과 과학적 인식에 미친 영향에 대해 설명하는 글인데, 인쇄기의 힘을 깨달은 인문 주의자들에 대해 언급하는 ②는 흐름상 알맞지 않다.

| 정답 | ②

| 어휘 |

printing press 인쇄기
speculation 사색, 추측, 견해, 관점
commentary 주석, 주해
perspective 시각, 관점

❶ There was no divide/ between science, philosophy, and magic/ in the 15th century.
구분이 없었다/ 과학, 철학, 그리고 마술에/ 15세기에

❷ All three/ came under the general heading of 'natural philosophy'.
세 가지 모두는/ '자연 철학'이라는 공통 주제하에 포함되어 있었다

❸ Central to the development of natural philosophy/ was/ the recovery of classical authors, most importantly the work of Aristotle.
자연 철학 발전의 중심에/ 있었다/ 고전 작가들의 회복, 가장 중요하게는 아리스토텔레스의 작품이

❹ ② Humanists/ quickly realized/ the power of the printing press/ for spreading their knowledge.
② 인문주의자들은/ 재빨리 깨달았다/ 인쇄기의 힘을/ 그들의 지식을 확산시키기 위한

❺ At the beginning of the 15th century/ Aristotle/ remained/ the basis for all scholastic speculation on philosophy and science.
15세기 초에/ 아리스토텔레스는/ 남아 있었다/ 철학과 과학에 대한 모든 학문적 사색의 기초로

❻ Kept alive/ in the Arabic translations and commentaries of Averroes and Avicenna,/ Aristotle/ provided/ a systematic perspective/ on mankind's relationship with the natural world.
생생히 살아있는/ Averroes와 Avicenna의 아랍어 번역본과 논평에/ 아리스토텔레스는/ 제공했다/ 체계적 시각을/ 자연 세계와 인류의 관계에 대한

❼ Surviving texts like his *Physics*, *Metaphysics*, and *Meteorology*/ provided/ scholars/ with the logical tools/ to understand the forces that created the natural world.
그의 Physics, Metaphysics, 그리고 Meteorology와 같은 남아 있는 원전들은/ 제공했다/ 학자들에게/ 논리적인 도구를/ 자연 세계를 창조한 힘을 이해할 수 있는

02 글의 내용과 일치하지 <u>않는</u> 것은?

Most writers lead double lives. They earn good money at legitimate professions, and carve out time for their writing as best they can: early in the morning, late at night, weekends, vacations. William Carlos Williams and Louis-Ferdinand Céline were doctors. Wallace Stevens worked for an insurance company. T.S. Elliot was a banker, then a publisher. Don DeLilo, Peter Carey, Salman Rushdie, and Elmore Leonard all worked for long stretches in advertising. Other writers teach. That is probably the most common solution today, and with every major university and college offering so-called creative writing courses, novelists and poets are continually scratching and scrambling to land themselves a spot. Who can blame them? The salaries might not be big, but the work is steady and the hours are good.

① Some writers struggle for teaching positions to teach creative writing courses.

② As a doctor, William Carlos Williams tried to find the time to write.

③ Teaching is a common way for writers to make a living today.

④ Salman Rushdie worked briefly in advertising with great triumph.

| 어휘 |

legitimate 적당한, 합법적인
profession 직업
carve out 베어 내다, 잘라 내다
stretch 일련의 기간, (연속된) 길, 거리, 넓이, 범위, 한도
so-called 소위, 이른바
course 수업, 과정, 코스
scratch 긁다, 할퀴다
scramble 서로 가지려 하다, 앞을 다투다, 고생하며 나아가다

문제 해결하기

| 해석 |
대부분의 작가들은 두 개의 삶을 산다. 그들은 적당한 직업에서 좋은 수입을 얻고, 이른 아침, 밤 늦게, 주말, 방학과 같이 그들이 할 수 있는 최선으로 시간을 쪼개어 글을 쓴다. William Carlos Williams와 Louis-Ferdinand Céline은 의사였다. Wallace Stevens는 보험 회사에서 일했다. T.S. Elliot은 은행원이었다가 후에는 출판업자가 되었다. Don DeLilo, Peter Carey, Salman Rushdie, 그리고 Elmore Leonard는 모두 오랫동안 광고업에서 일했다. 다른 작가들은 가르치는 일을 한다. 오늘날 그것(교직에 종사하는 것)은 아마도 가장 흔한 해결법일 것이다. 그리고 소위 창작 작문 강좌라 부르는 것을 모든 주요 대학이 제공하기 때문에, 소설가들과 시인들은 이들 강좌 중 한 자리를 차지하기 위해 계속적으로 앞다투고 있다. 누가 그들을 비난할 수 있겠는가? 월급은 많지 않을 수 있지만, 그 일은 안정적이고 시간도 적절하다.

① 일부 작가들은 창작 작문 강좌를 가르치는 교직을 위해 고군분투한다.

② 의사로서, William Carlos Williams는 작문할 시간을 내기 위해 노력했다.

③ 가르치는 일은 작가들에게 오늘날 생계를 유지하기 위한 흔한 방법이다.

④ Salman Rushdie는 광고업에서 큰 성공을 거두며 잠시 일했었다.

| 정답해설 |
❻ 문장에서 Don DeLilo, Peter Carey, Salman Rushdie, 그리고 Elmore Leonard는 모두 오랫동안 광고업에서 일했다고 말했으므로 선택지 ④의 Salman Rushdie가 광고업에서 잠시 일했었다는 내용은 본문과 일치하지 않는다.

| 정답 | ④

① Most writers/ lead double lives.

대부분의 작가들은/ 두 개의 삶을 산다

② They earn good money at legitimate professions,/ and carve out time for their writing/ as best they can:/ early in the morning, late at night, weekends, vacations.

그들은 적당한 직업에서 좋은 수입을 번다/ 그리고 글을 쓰기 위해 시간을 쪼갠다/ 그들이 할 수 있는 최선으로/ 이른 아침에, 밤 늦게, 주말에, 방학에

③ William Carlos Williams and Louis-Ferdinand Céline/ were doctors.

William Carlos Williams와 Louis-Ferdinand Céine은/ 의사였다

④ Wallace Stevens/ worked for an insurance company.

Wallace Stevens는/ 보험 회사에서 일했다

⑤ T.S. Elliot was a banker,/ then a publisher.

T.S. Elliot은 은행원이었다/ 후에는 출판업자가 되었다

⑥ Don DeLilo, Peter Carey, Salman Rushdie, and Elmore Leonard/ all worked for long stretches/ in advertising.

Don DeLilo, Peter Carey, Salman Rushdie, 그리고 Elmore Leonard는/ 모두 오랫동안 일했다/ 광고업에서

⑦ Other writers teach.

다른 작가들은 가르치는 일을 한다

⑧ That is probably the most common solution today,/ and with every major university and college offering so-called creative writing courses,/ novelists and poets are continually scratching and scrambling/ to land themselves a spot.

오늘날 그것은 아마도 가장 흔한 해결법일 것이다/ 그리고 소위 창작 작문 강좌라 부르는 것을 모든 주요 대학이 제공하기 때문에/ 소설가들과 시인들은 계속적으로 앞다투고 있다/ 한 자리에 자신들을 정착시키기 위해(강좌 중 한 자리를 차지하기 위해)

⑨ Who can blame them?

누가 그들을 비난할 수 있겠는가?

⑩ The salaries might not be big,/ but the work is steady/ and the hours are good.

월급은 많지 않을 수 있다/ 그러나 그 일은 안정적이다/ 그리고 시간도 적절하다

03 밑줄 친 부분에 들어갈 가장 적절한 것을 고르시오.

In recent decades women's participation in waged labour has risen in virtually every country in the world as capitalist industrialization has pushed more women to join the workforce. There are still, however, considerable _____ in the proportion of women who are in the labour force, as comparative statistics collected by the International Labour Organization reveal. Although the bases of comparison are not always entirely compatible and the years of collection vary somewhat, in the early to mid 1990s, women's labour market participation in Western countries varied from a high of 78% for women of working age in Denmark to only 43% in Spain. Participation rates in the 'rest' of the world are even more varied. Extremely low rates are still common in parts of Africa.

① geographical variations

② waged employment

③ empirical case studies

④ shared risks and hardship at work

문제 해결하기

| 해석 |

최근 수십 년 동안, 자본주의적 산업화가 더 많은 여성들에게 노동 인구에 참여하도록 강요하면서, 여성의 임금 노동의 참여는 사실상 세계 모든 지역에서 증가했다. 그러나, 국제 노동 기구에 의해 수집된 비교 통계가 밝히듯 노동력에 포함된 여성의 비율에 있어서 여전히 상당한 ① 지리적 다양성[차이]이 존재한다. 비록 비교의 기초가 항상 전체적으로 모순이 없지는 않고, 수집 연도가 1990년대 초에서 중반으로 다소 다양하지만, 서방 국가들에서 여성의 노동 시장 참여는 덴마크의 노동 연령에 있는 여성의 78%라는 높은 수치에서부터 스페인의 겨우 43%까지 다양했다. 세계의 '나머지' 국가들에 있어서 참여율은 훨씬 더 다양하다. 아프리카의 지역들에서 극도로 낮은 비율은 여전히 흔하다.

① 지리적 다양성[차이]
② 임금이 지급되는 고용
③ 경험적 사례 연구
④ 직장에서 공유된 위기와 어려움

| 정답해설 |

빈칸 뒤에서 노동력에 포함된 여성의 비율이 다양하다고 하면서 덴마크, 스페인과 일부 아프리카 지역에 있어서 그 비율의 차이를 열거하고 있다. 따라서 빈칸에는 ①의 '지리적 다양성[차이]'이 적절하다.

| 정답 | ①

| 어휘 |

waged 임금을 받는
labour force 노동력
comparative statistics 비교 통계
compatible 모순이 없는

❶ In recent decades/ women's participation in waged labour/ has risen in virtually every country in the world/ as capitalist industrialization has pushed more women/ to join the workforce.

최근 수십 년 동안/ 여성의 임금 노동에의 참여는/ 사실상 세계 모든 국가에서 증가했다/ 자본주의적 산업화가 더 많은 여성들에게 강요하면서/ 노동 인구에 참여하도록

❷ There are still, however, considerable ① geographical variations/ in the proportion of women who are in the labour force,/ as comparative statistics/ collected by the International Labour Organization/ reveal.

그러나, 여전히 상당한 ① 지리적 다양성[차이]이 존재한다/ 노동력에 포함된 여성의 비율에 있어서/ 비교 통계가 ~한 것처럼/ 국제 노동 기구에 의해 수집된/ 드러내는

❸ Although the bases of comparison are not always entirely compatible/ and the years of collection vary somewhat,/ in the early to mid 1990s,/ women's labour market participation in Western countries/ varied/ from a high of 78% for women of working age in Denmark/ to only 43% in Spain.

비록 비교의 기초가 항상 전체적으로 모순이 없지는 않다/ 그리고 수집 연도가 다소 다양하다/ 1990년대 초에서 중반으로/ 서방 국가들에서 여성의 노동 시장 참여는/ 다양했다/ 덴마크의 노동 연령에 있는 여성의 78%라는 높은 수치에서부터/ 스페인은 겨우 43%까지

❹ Participation rates in the 'rest' of the world/ are even more varied.

세계의 '나머지' 국가들에 있어서 참여율은/ 훨씬 더 다양하다

❺ Extremely low rates are still common/ in parts of Africa.

극도로 낮은 비율은 여전히 흔하다/ 아프리카의 지역들에서

05 비교와 대조

교수님 코멘트▶ 비교나 대조 유형은 가장 압도적인 비율을 차지하는 글의 전개 방식으로, 대비가 되는 연결어에 집중해야 한다. 다양한 실전 문제로 응용이 가능하므로 STEP 3의 적용 연습하기를 통해 글의 전개 방식에 익숙해진다면 독해의 경쟁력 확보에 가장 유효한 영역이라고 할 수 있다.

VOCABULARY CHECK

STEP 1   유형 접근하기

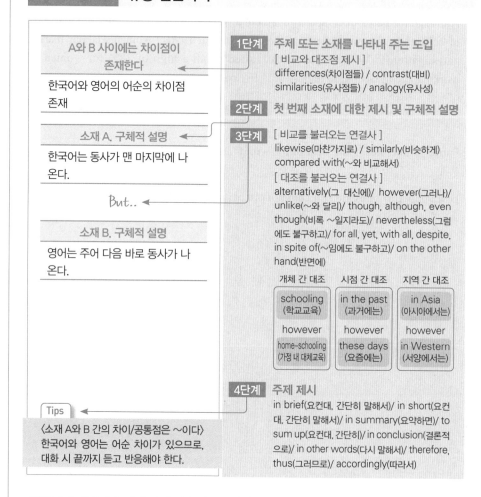

글의 전개 방식에서 가장 많이 사용되는 방법이 비교와 대조이다. 비교는 두 가지 소재 사이에 공통점을 찾는 것이고, 대조는 차이점을 찾는 것이다. 보통 비교보다 대조 유형이 주로 출제된다. 대조의 글의 구성 방식 중 하나는 대립 양식(opposition pattern)인데, 이것은 비교되는 항목들을 항목별(item-by-item)로 비교·대립시키는 방식이다. 다른 하나는 교차 양식(alternating pattern)으로 비교 대상 중 하나를 전부 설명하고 나머지를 요점별(point-by-point)로 비교·대립하는 방식이다. 이런 유형의 글은 반드시 '연결사'를 사용해 내용을 전개한다.

STEP 2 유형 적용하기

대표 기출문제

Q. 밑줄 친 부분에 들어갈 말로 적절한 것을 고르시오.   2024 국가직 9급

> It is important to note that for adults, social interaction mainly occurs through the medium of language. Few native-speaker adults are willing to devote time to interacting with someone who does not speak the language, with the result that the adult foreigner will have little opportunity to engage in meaningful and extended language exchanges. In contrast, the young child is often readily accepted by other children, and even adults. For young children, language is not as essential to social interaction. So-called 'parallel play', for example, is common among young children. They can be content just to sit in each other's company speaking only occasionally and playing on their own. Adults rarely find themselves in situations where _____.

① language does not play a crucial role in social interaction
② their opinions are readily accepted by their colleagues
③ they are asked to speak another language
④ communication skills are highly required

문제 해결하기

| 해석 |

성인들에게, 사회적 상호작용은 주로 언어 매개를 통해 발생한다는 점에 주목하는 것은 중요하다. 자신의 언어를 말할 줄 모르는 누군가와 상호작용하는 데 기꺼이 시간을 할애할 원어민 성인은 거의 없어서, 그 결과로 성인 외국인은 의미 있고 장기적인 언어 교환에 참여할 기회가 거의 없다. 그에 반해, 어린아이들은 종종 다른 아이들에 의해, 그리고 심지어 성인에 의해서도 쉽게 받아들여진다. 어린아이들에게 언어는 사회적 상호작용에 있어서 그렇게 필수적이지는 않다. 예를 들어, 이른바 '평행놀이'는 어린아이들 사이에서 흔하다. 그들은 가끔만 말을 하고 혼자 놀며 기꺼이 서로의 곁에서 단지 앉아있을 수 있다. 성인들은 <u>사회적 상호작용에서 언어가 중요한 역할을 하지 않는</u> 상황에 거의 처하지 않는다.
① 사회적 상호작용에서 언어가 중요한 역할을 하지 않는
② 그들의 의견이 동료들에 의해 쉽게 받아들여지는
③ 그들이 다른 언어를 말하도록 요청받는
④ 의사소통 능력이 대단히 요구되는

| 정답해설 |

① 본문은 사회적 상호작용에서 언어가 얼마나 중요한지를 성인과 아이의 상황을 비교하여 설명하고 있다. 글 초반에서는 성인의 경우 사회적 상호작용은 언어적 소통을 통해 주로 이루어지며, 언어가 매우 중요한 역할을 한다는 점을 설명하고 있다. 이어서 본문 중반 이후, 아이의 경우 사회적 상호작용에서 언어는 그렇게 중요하지 않다고 이야기하며, 예시로 '평행놀이(parallel play)'를 들고 있다. 평행놀이란 '다른 아동들 틈에서 놀기는 하지만 서로 접촉하거나 간섭하지 않고 혼자서 노는 놀이'를 말하는데, 이 경우 언어가 중요한 역할을 하지 않는다. 마지막 문장에서는 이와 비교하여 어른의 경우를 이야기하고 있으므로, 빈칸에서는 이렇게 언어가 중요하지 않은 상황(situations)을 설명하는 표현이 들어가야 한다. 따라서, 가장 적절한 것은 '① language does not play a crucial role in social interaction(사회적 상호작용에서 언어가 중요한 역할을 하지 않는)'이다.

| 정답 | ①

| 어휘 |

medium 매개, 매체, 수단, 방법
devote 바치다, 쏟다, 헌신하다
with the result that 그 결과로
engage in 참여하다, 관련하다
extended 장기의, 연장한, 확장된
so-called 이른바, 소위
parallel 평행의
be content to V 기꺼이 ~하다
in one's company ~와 함께, 곁에서, 같이

지문 분석

❶ It   is   important/ to note/   that for adults, social interaction/ mainly occurs/
　가주어　동사　주격보어　진주어(to부정사)　접속사(명사절)　　　주어　　　　　동사

through the medium of language.
전명구

그것은 중요하다/ ~에 주목하는 것은/ 성인들에게, 사회적 상호작용은/ 주로 발생한다/ 언어 매개를 통해

❷ Few native-speaker adults/ are willing to devote time/ to interacting with someone/
　　　주어　　　　　　　　　동사　　　　　　　　　　　전명구

who does not speak the language,/ with the result that   the adult foreigner/ will
주격관계대명사　　　　　　　　　　전명구　　　　　동격that　주어

have little opportunity/ to engage in meaningful and extended language exchanges.
동사　　목적어　　　　to부정사(형용사적 용법)

거의 없는 원어민 성인은/ 기꺼이 시간을 할애한다/ 누군가와 상호작용하는 데/ 자신의 언어를 말할 줄
모르는/ 그 결과로 성인 외국인은/ 기회가 거의 없다/ 의미 있고 장기적인 언어 교환에 참여할

❸ In contrast,/ the young child/ is often readily accepted/ by other children, and even
　전명구　　　　주어　　　　　　　동사　　　　　　　　　　전명구

adults.

그에 반해,/ 어린아이들은/ 종종 쉽게 받아들여진다/ 다른 아이들에 의해, 그리고 심지어 성인에 의해서도

❹ For young children,/ language/ is not as essential/ to social interaction.
　전명구　　　　　　　주어　　　동사　　　　　　　전명구

어린아이들에게/ 언어는/ 그렇게 필수적이지는 않다/ 사회적 상호작용에 있어서

❺ So-called 'parallel play',/ for example,/ is   common/ among young children.
　　　　주어　　　　　　　전명구　　　　　동사　주격보어　　전명구

이른바 '평행놀이'는,/ 예를 들어,/ 흔하다/ 어린아이들 사이에서

❻ They/ can be content just to sit/ in each other's company/ speaking only occasionally
　주어　　　동사　　　　　　　　전명구　　　　　　　　　현재분사1

and   playing on their own.
접속사　현재분사2

그들은/ 단지 앉아있을 수 있다/ 기꺼이 서로의 곁에서/ 가끔씩만 말을 하고 혼자 놀며

❼ Adults/ rarely find themselves/ in situations/ where ① language does not play a
　주어　　　동사　　목적어　　　전명구　　　관계부사

crucial role/ in social interaction.
　　　　전명구

성인들은/ 거의 처하지 않는다/ 상황에/ ① 언어가 중요한 역할을 하지 않는/ 사회적 상호작용에서

STEP 3 적용 연습하기

01 아래 글 바로 다음에 이어질 문장으로 가장 적절한 것을 고르면?

2016 서울시 9급

> The moon is different from the earth in many respects. First of all, there is no known life on the moon. And in terms of size, it is much smaller than the earth. You may think both of them have the same spherical shape. But strictly speaking, they are not the same. The moon is almost a perfect sphere; its diameter differs by no more than 1% in any direction. The faster an astronomical object spins, the more it becomes bulged at the equator and flattened at the poles. _____

① So spinning objects undergo some changes of their shape, except for the moon and the earth.

② Since the moon rotates more slowly than the earth, it is more nearly spherical.

③ Moreover, the moon's diameter has been varied for the last hundred years.

④ In fact, the moon's spherical shape is rather unexpected, considering its density and gravity.

문제 해결하기

| 해석 |

달은 많은 면에서 지구와 다르다. 우선, 달에는 알려진 생물체가 없다. 그리고 크기 면에서, 그것은 지구보다 훨씬 더 작다. 당신은 그 둘 다 똑같이 둥근 모양을 가지고 있다고 생각할지도 모른다. 그러나 엄격히 말하면, 그들은 똑같지 않다. 달은 거의 완벽한 구이다. 그것의 직경은 어떠한 방향에서나 불과 1% 정도만 다르다. 천체가 더 빨리 돌면 돌수록, 그것은 적도에서 더 툭 튀어 나오게 되며 양극 부분에서 더 납작해진다. ② 달이 지구보다 더 느리게 돌기 때문에 그것이 거의 더 구이다.

① 그래서 달과 지구를 제외하고 회전하는 물체는 그들의 모양에 일부 변화를 겪는다.

② 달이 지구보다 더 느리게 돌기 때문에 그것이 거의 더 구이다.

③ 게다가, 지난 100년 동안 달의 직경은 변해 왔다.

④ 사실, 달의 구 모양은 밀도와 중력을 고려했을 때에 다소 뜻밖이다.

| 정답해설 |

천체가 빨리 돌면 돌수록 적도에서 더 툭 튀어나오고 양극에서 더 납작해진다고 하였으므로 구 모양에서 멀어진다. 달은 지구보다 느리게 돌기 때문에 지구보다 더 구 모양에 가까운 것이다. 따라서 정답은 ②이다. | 정답 | ②

| 어휘 |

spherical 구형의, 둥근
strictly speaking 엄격히 말하면
bulge ~을 부풀리다
equator 적도
flatten 납작해지다
diameter 직경, 지름

지문 분석

❶ The moon is different from the earth/ in many respects.
달은 지구와 다르다/ 많은 면에서

❷ First of all,/ there is no known life/ on the moon.
우선/ 알려진 생물체가 없다/ 달에는

❸ And/ in terms of size,/ it is much smaller than the earth.
그리고/ 크기 면에서/ 그것은 지구보다 훨씬 더 작다

❹ You may think/ both of them have the same spherical shape.
당신은 생각할지도 모른다/ 그 둘 다 같은 둥근 모양을 가지고 있다고

❺ But/ strictly speaking,/ they are not the same.
그러나/ 엄격히 말하면/ 그들은 똑같지 않다

❻ The moon is almost a perfect sphere;/ its diameter differs by no more than 1%/ in any direction.
달은 거의 완벽한 구이다/ 그것의 직경은 불과 1% 정도만 다르다/ 어떠한 방향에서나

❼ The faster an astronomical object spins,/ the more it becomes bulged at the equator/ and flattened at the poles.
천체가 더 빨리 돌면 돌수록/ 그것은 적도에서 더 툭 튀어 나오게 된다/ 그리고 양극 부분에서 납작해 진다

❽ ② Since the moon rotates more slowly than the earth,/ it is more nearly spherical.
② 달이 지구보다 더 느리게 돌기 때문에/ 그것이 거의 더 구이다

02 글의 제목으로 가장 적절한 것은?

2016 국가직 7급

If you're faced with a complicated problem, it is very tempting to chop it up into a lot of simple problems, and then knock them off one by one. It is sometimes claimed that if you have solved all the simple problems you've solved the whole thing. That's reductionism in a nutshell. And as a methodology it works extremely well. In my discipline, which is physics, it's had some amazing successes. Look at the world about us, just see how complicated it is, the richness and diversity of nature. How are we ever to come to understand it? Well, a good way to start is by breaking it up into small bite-sized pieces. One example is atomism. The belief that the entire universe is made up of atoms, or some sort of fundamental particles, and that everything that happens in nature is just the rearrangement of these particles, has proved extraordinarily fruitful. Once you focus down to the level of individual atoms you can work out all the laws and principles that govern them. You can figure out in detail what they are doing. It's then tempting to believe that if you understand individual atoms and the way they interact, you understand everything.

① Application of Reductionism to Problem Solving

② Cooperative Relationships between Reductionism and Atomism

③ Importance of Taking a Comprehensive Approach to Problems

④ Superiority of Physics over Other Science Disciplines

문제 해결하기

| 해석 |

만약 당신이 복잡한 문제에 직면했다면, 그것을 간단한 문제들로 잘게 나눠서 하나씩 그것들을 해치우고 싶을 것이다. 만약 당신이 간단한 모든 문제들을 해결했다면, 당신은 전체를 해결한 것이라고 종종 주장된다. 그것은 간단히 말하면, 환원주의이다. 그리고 방법론으로서 그것은 꽤 잘 먹힌다. 내 분야인 물리학에 있어서, 그것은 다소 놀라운 성공을 거둬왔다. 우리 주변의 세상을 보아라. 자연의 풍요로움과 다양성이 얼마나 복잡한지 보아라. 우리가 대체 그것을 어떻게 이해할 수 있게 되는가? 글쎄. 시작하기에 좋은 방법은 그것을 적당한 작은 조각들로 나누는 것이다. 하나의 예는 원자론이다. 모든 우주가 원자 또는 기본적인 입자의 종류로 구성되었고 자연에서 일어나는 모든 것들이 그저 이러한 입자의 재배열이라는 믿음은 엄청나게 유익하다고 증명되어 왔다. 일단 당신이 개개의 원자 수준에 집중한다면, 당신은 그것들을 지배하는 모든 규칙과 법칙들을 해결할 수 있다. 당신은 그것들이 무엇을 하는지 상세히 알아낼 수 있다. 당신이 개개의 원자와 그들이 상호작용하는 방법을 이해한다면, 그러면 당신이 모든 것을 이해한다고 믿고 싶어질 것이다.

① 문제 해결을 위한 환원주의의 적용
② 환원주의와 원자론 사이의 상호 관계
③ 문제에 광범위한 접근을 취하는 것의 중요성
④ 다른 과학 분야들보다 물리학의 우수성

| 정답해설 |

복잡한 문제를 간단한 문제들로 나누어서 해결하는 것처럼 세상의 다양성과 풍요로움을 원자 수준에 집중한다면 모든 것을 이해할 수 있다고 말하고 있다. 따라서 정답은 ①이다. ②는 환원주의와 원자론이라는 지문에서 나온 소재를 언급하며 혼란을 주고 있다. 그러나 이들 둘의 상호작용을 이야기하는 것이 아니라, 환원주의의 한 예시로 원자론을 언급한 것일 뿐이므로 정답이 될 수 없다. | 정답 | ①

| 어휘 |

chop up 잘게 썰다
knock off 마무리하다, 중지하다
in a nutshell 간단히 말해서
methodology 방법론, 순서, 절차
discipline 지식 분야, 학과목
atomism 원자론
extraordinarily 몹시, 엄청나게

지문 분석

❶ If you're faced with a complicated problem,/ it is very tempting to chop it up/ into a lot of simple problems,/ and then knock them off/ one by one.
만약 당신이 복잡한 문제에 직면했다면/ 그것을 매우 잘게 자르고 싶을 것이다/ 많은 간단한 문제들로/ 그런 다음 그것들을 해치우고 싶을 것이다/ 하나씩

❷ It is sometimes claimed/ that if you have solved all the simple problems/ you've solved the whole thing.
종종 주장된다/ 만약 당신이 간단한 모든 문제들을 해결했다면/ 당신은 전체를 해결한 것이라고

❸ That's reductionism/ in a nutshell.
그것은 환원주의이다/ 간단히 말하면

❹ And/ as a methodology/ it works extremely well.
그리고/ 방법론으로서/ 그것은 꽤 잘 먹힌다

❺ In my discipline, which is physics,/ it's had some amazing successes.
내 분야인 물리학에 있어서/ 그것은 다소 놀라운 성공을 거둬왔다

❻ Look at the world about us,/ just see how complicated it is,/ the richness and diversity of nature.
우리 주변의 세상을 보아라/ 그것이 얼마나 복잡한지 보아라/ 자연의 풍요로움과 다양성이

❼ How are we ever to come to understand it?
우리가 대체 그것을 어떻게 이해하게 되는가?

❽ Well,/ a good way to start/ is by breaking it up into small bite-sized pieces.
글쎄,/ 시작하기에 좋은 방법은/ 그것을 적당한 작은 조각들로 나누는 것이다

❾ One example/ is atomism.
하나의 예는/ 원자론이다

❿ The belief/ that the entire universe is made up of atoms, or some sort of fundamental particles,/ and that everything that happens in nature/ is just the rearrangement of these particles,/ has proved extraordinarily fruitful.
그 믿음은/ 모든 우주가 원자 또는 기본적인 입자의 종류로 구성되었다는/ 그리고 자연에서 일어나는 모든 것들이/ 그저 이러한 입자의 재배열이라는/ 엄청나게 유익하다고 증명되어 왔다

⓫ Once you focus down/ to the level of individual atoms/ you can work out/ all the laws and principles/ that govern them.
일단 당신이 집중한다면/ 개개의 원자 수준에/ 당신은 해결할 수 있다/ 모든 규칙과 법칙들을/ 그것들을 지배하는

⓬ You can figure out/ in detail/ what they are doing.
당신은 알아낼 수 있다/ 상세히/ 그것들이 무엇을 하는지

⓭ It's then tempting to believe/ that if you understand individual atoms and the way they interact,/ you understand everything.
그러면 믿고 싶어질 것이다/ 만약 당신이 개개의 원자와 그들이 상호작용하는 방법을 이해한다면/ 당신이 모든 것을 이해한다고

03 다음 문장이 들어갈 위치로 가장 적절한 것은?

2015 국가직 9급

> We can in consequence establish relations with almost all sorts of them.

Reptiles and fish may no doubt be found in swarms and shoals; they have been hatched in quantities and similar conditions have kept them together. In the case of social and gregarious mammals, the association arises not simply from a community of external forces but is sustained by an inner impulse. They are not merely like one another and so found in the same places at the same times; they like one another and so they keep together. This difference between the reptile world and the world of our human minds is one our sympathies seem unable to pass. (A) We cannot conceive in ourselves the swift uncomplicated urgency of a reptile's instinctive motives, its appetites, fears and hates. (B) We cannot understand them in their simplicity because all our motives are complicated; ours are balances and resultants and not simply urgencies. (C) But the mammals and birds have self-restraint and consideration for other individuals, a social appeal, a self-control that is, at its lower level, after our own fashion. (D) When they suffer, they utter cries and make movements that rouse our feelings. We can make pets of them with a mutual recognition. They can be tamed to self-restraint towards us, domesticated and taught.

① A   ② B   ③ C   ④ D

문제 해결하기

| 해석 |

파충류와 어류는 의심할 여지없이 떼로 발견된다. 그들은 다량으로 알에서 부화되어 왔고 비슷한 조건이 그들을 계속 같이 있게 해 왔다. 사회적이고 군집 습관이 있는 포유동물들의 경우에, 그 연관성은 단순히 외압의 사회로부터 발생한 것이 아니라 내부적 충동에 의해 유지된다. 그들은 단순히 서로 비슷하게 생겨서 같은 시간에 같은 장소에서 발견되는 것이 아니라 그들은 서로를 좋아해서 같이 지낸다. 이러한 파충류 세계와 인간 사고 세계 사이의 차이는 우리의 공감하는 마음들이 통과되지 못하는 것처럼 보이는 것이다. 우리는 파충류의 본능적인 동기, 식욕, 두려움, 그리고 증오심과 같은 빠르고 복잡하지 않은 긴급 상황을 우리 자신 안에서 상상할 수 없다. 우리는 그들의 단순함을 이해할 수 없다. 왜냐하면 모든 우리의 동기들은 복잡하기 때문이다. 우리의 동기들은 균형들과 결과들이지 단순히 긴급함이 아니다. 그러나 포유류들과 새들은 자제력과 다른 개체에 대한 배려, 사회적 호소, 그리고 낮은 수준에서 우리의 방법을 따르는 자기 조절 능력을 가지고 있다. (D) 그 결과, 우리는 그들의 거의 모든 종류와 관계를 형성할 수 있다. 그들은 고통을 느낄 때 울부짖고 우리의 감정을 선동하는 행동들을 만들어 낸다. 우리는 상호 인정으로 그들을 애완동물로 삼을 수 있다. 그들은 우리에게 맞추어 자제력을 기르도록 길들여질 수 있고 사육되고 교육될 수 있다.

| 정답해설 |

내용은 어렵지만 답은 쉽게 찾을 수 있는 문제이다. in consequence만으로도 주어진 문장이 앞부분에 나올 내용은 아니라는 것을 눈치챌 수 있다. 주어진 문장의 them은 (C) 뒤의 the mammals and birds를 지칭하며, 또한 establish relations를 통해 뒤에 나올 내용이 인간과 동물의 관계를 정립하는 내용임을 유추할 수 있다. 따라서 정답은 ④이다.

| 정답 | ④

| 어휘 |

establish relations with ~와 관계하다

reptile 파충류

swarm 무리, 떼

shoal (물고기의) 떼

hatch 부화시키다

in quantity 다량으로

gregarious 무리 짓는, 사교적인

mammal 포유류

sustain 유지하다

sympathy 동정, 공감

conceive 마음에 품다, 이해하다

swift 빠른

uncomplicated 복잡하지 않은, 단순한

urgency 긴급, 위급

instinctive 본능적인

appetite 식욕, 욕구, 취향

self-restraint 자제력

consideration 사려 깊음, 배려심

suffer 고통을 겪다

utter 소리를 내다

rouse 일으키다, 자극하다

mutual recognition 상호 인정

tamed 길들여진

domesticated 사육된

지문 분석

❶ Reptiles and fish/ may no doubt be found/ in swarms and shoals;/ they have been hatched/ in quantities/ and similar conditions have kept them together.
파충류와 어류는/ 의심할 여지없이 발견된다/ 떼로/ 그들은 알에서 부화되어 왔다/ 다량으로/ 그리고 비슷한 조건들이 그들을 계속 같이 있게 해 왔다

❷ In the case of social and gregarious mammals,/ the association arises/ not simply from a community of external forces/ but is sustained by an inner impulse.
사회적이고 군집 습관이 있는 포유동물들의 경우에/ 그 연관성은 발생한다/ 단순히 외압의 사회로부터가 아니라/ 내부적 충동에 의해 유지된다

❸ They are not merely like one another/ and so found in the same places at the same times;/ they like one another/ and so they keep together.
그들은 단순히 서로 비슷하게 생겨서가 아니다/ 그래서 같은 시간에 같은 장소에서 발견되는 것이 (아니라)/ 그들은 서로를 좋아한다/ 그래서 그들은 같이 지낸다

❹ This difference/ between the reptile world and the world of our human minds/ is one/ our sympathies seem unable to pass.
이러한 차이는/ 파충류 세계와 인간 사고 세계 사이의/ 어떤 하나이다/ 우리의 공감하는 마음이 통과하지 못하는 것처럼 보이는

❺ We cannot conceive/ in ourselves/ the swift uncomplicated urgency/ of a reptile's instinctive motives, its appetites, fears and hates.
우리는 상상할 수 없다/ 우리 자신 안에서/ 빠르고 복잡하지 않은 긴급 상황을/ 파충류의 본능적인 동기, 식욕, 두려움과 증오심과 같은

❻ We cannot understand them/ in their simplicity/ because all our motives are complicated;/ ours are balances and resultants/ and not simply urgencies.
우리는 그들을 이해할 수가 없다/ 그들의 단순함에 있어서/ 왜냐하면 우리 인간의 모든 동기들은 복잡하기 때문이다/ 우리의 것들은 균형들과 결과들이다/ 그리고 단순히 긴급함이 아니다

❼ But the mammals and birds/ have self-restraint/ and consideration for other individuals,/ a social appeal,/ a self-control that is,/ at its lower level,/ after our own fashion.
그러나 포유류들과 새들은/ 자제력을 가진다/ 그리고 다른 개체에 대한 배려심/ 사회적 호소/ ~하는 자기 조절 능력/ 낮은 수준에서/ 우리의 방식을 따르는

❽ (D) We can/ in consequence/ establish relations/ with almost all sorts of them.
(D) 우리는 ~할 수 있다/ 그 결과/ 관계를 형성하다/ 그들의 거의 모든 종류와

❾ When they suffer,/ they utter cries/ and make movements/ that rouse our feelings.
그들이 고통을 느낄 때/ 그들은 울부짖는다/ 그리고 행동들을 만들어 낸다/ 우리의 감정을 선동하는

❿ We can make pets of them/ with a mutual recognition.
우리는 그들을 애완동물로 삼을 수 있다/ 상호 인정으로

⓫ They can be tamed/ to self-restraint/ towards us,/ domesticated and taught.
그들은 길들여질 수 있다/ 자제력을 기르도록/ 우리에게 맞추어/ 사육되고 교육될 (수 있다)

06 나열 및 분류

☐ 1 회 독   월   일
☐ 2 회 독   월   일
☐ 3 회 독   월   일
☐ 4 회 독   월   일
☐ 5 회 독   월   일

교수님 코멘트▶ 나열 및 분류 유형은 하나의 주제에 대한 세부사항 등을 열거하는 방식으로 제시되며, 해당 소재들 사이의 공통점과 차이점을 분석하는 데 초점을 두고 문제에 접근해야 한다.

STEP 1   유형 접근하기

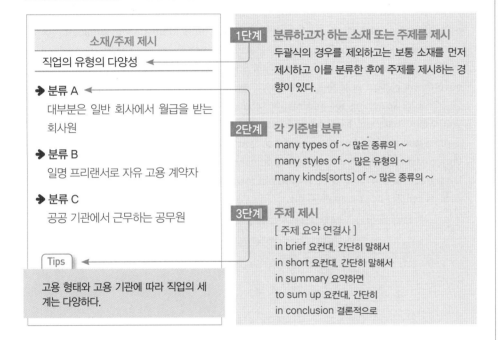

소재/주제 제시

직업의 유형의 다양성 ◀

➔ **분류 A**
대부분은 일반 회사에서 월급을 받는 회사원

➔ **분류 B**
일명 프리랜서로 자유 고용 계약자

➔ **분류 C**
공공 기관에서 근무하는 공무원

Tips

고용 형태와 고용 기관에 따라 직업의 세계는 다양하다.

1단계 **분류하고자 하는 소재 또는 주제를 제시**
두괄식의 경우를 제외하고는 보통 소재를 먼저 제시하고 이를 분류한 후에 주제를 제시하는 경향이 있다.

2단계 **각 기준별 분류**
many types of ~ 많은 종류의 ~
many styles of ~ 많은 유형의 ~
many kinds[sorts] of ~ 많은 종류의 ~

3단계 **주제 제시**
[주제 요약 연결사]
in brief 요컨대, 간단히 말해서
in short 요컨대, 간단히 말해서
in summary 요약하면
to sum up 요컨대, 간단히
in conclusion 결론적으로

어떤 것의 부분이나 특징 또는 이것의 범주 등의 문제를 다룰 경우 분류의 서술 방식을 사용한다. 분류는 사물을 설명하거나 사건을 전개할 때, 어떤 기준을 가지고 그 기준에 따라 서로 공통점이 있는 것들을 묶어 설명하는 것이다. 예를 들어, 직종은 회사원, 자유 계약 종사자, 공무원, 연예인 등 직업의 종류에 따라 분류할 수 있을 뿐만 아니라, 임금 수령 방식에 따라서 연봉, 월급, 주급, 일급 등으로 분류할 수 있으며, 이것이 분류에 의한 전개 방식이다.

STEP 2 유형 적용하기

대표 기출문제

Q. 주어진 문장이 들어갈 위치로 가장 적절한 것은? 2021 국가직 9급

> For example, the state archives of New Jersey hold more than 30,000 cubic feet of paper and 25,000 reels of microfilm.

Archives are a treasure trove of material: from audio to video to newspapers, magazines and printed material—which makes them indispensable to any History Detective investigation. While libraries and archives may appear the same, the differences are important. ① An archive collection is almost always made up of primary sources, while a library contains secondary sources. ② To learn more about the Korean War, you'd go to a library for a history book. If you wanted to read the government papers, or letters written by Korean War soldiers, you'd go to an archive. ③ If you're searching for information, chances are there's an archive out there for you. Many state and local archives store public records—which are an amazing, diverse resource. ④ An online search of your state's archives will quickly show you they contain much more than just the minutes of the legislature—there are detailed land grant information to be found, old town maps, criminal records and oddities such as peddler license applications.

* treasure trove: 귀중한 발굴물(수집물) * land grant: (대학 · 철도 등을 위해) 정부가 주는 땅

문제 해결하기

| 해석 |

기록 보관소는 오디오에서 비디오, 신문, 잡지, 그리고 인쇄물까지 자료의 보고이며, 이것은 그것들을 어떠한 역사 탐구 조사에 있어서도 필수적으로 만든다. 도서관과 기록 보관소가 같아 보일지도 모르지만, 차이는 중요하다. 기록 보관소 소장품은 거의 항상 주요 자료로 구성되어 있지만, 반면에 도서관은 부차적인 자료를 포함한다. 한국 전쟁에 대해 더 알고자 한다면, 당신은 역사책을 위해 도서관으로 갈 것이다. 당신이 정부 문서 혹은 한국 전쟁 군인들에 의해 쓰여진 서신을 읽길 원한다면, 당신은 기록 보관소에 갈 것이다. 만일 당신이 정보를 찾고 있다면, 아마 당신을 위한 기록 보관소가 있을 것이다. 많은 주 및 지역의 기록 보관소들이 공공 기록을 보관하는데, 이것들은 놀랍고 다양한 자료이다. ④ 예를 들어, New Jersey 주의 주립 기록 보관소는 3만 입방피트 이상의 문서와 2만 5천 릴 이상의 마이크로필름을 보유하고 있다. 당신이 사는 주의 기록 보관소에 대한 온라인 검색은 당신에게 그것들이 단지 입법부의 회의록보다 훨씬 많은 것을 포함한다는 것을 빠르게 보여줄 것이다. 거기에는 찾을 수 있는 상세한 무상 토지 정보, 예전의 도시 지도, 범죄 기록, 그리고 행상인 면허 신청서와 같은 특이한 것들이 있다.

|정답해설|

주어진 문장은 For example로 시작하여 다수의 자료를 보관하고 있는 New Jersey 주의 기록 보관소에 대해 구체적인 예시를 들고 있는데, ④ 이전 문장에서는 많은 주 및 지역 보관소들이 공공 기록을 보관한다고 언급하고 있으므로, 문맥상 ④에 주어진 문장이 들어가야 알맞다. |정답| ④

❶ Archives/ are a treasure trove of material:/ from audio to video to newspapers,
　　주어　　　동사　주격보어　　　　　　전명구　　　　　　　전명구

magazines and printed material/ — which makes them indispensable/
　　　　　　　　　　　　　　　　　주격관계대명사　동사　　목적어　목적격보어

to any History Detective investigation.
전명구

기록 보관소는/ 자료의 보고이다:/ 오디오에서 비디오, 신문, 잡지, 그리고 인쇄물까지/ 그리고 이것은 그것들을 필수적으로 만든다/ 어떠한 역사 탐구 조사에 있어서도

❷ While/ libraries and archives/ may appear the same,/ the differences/ are important.
　접속사　주어　　　　　　　동사　　　　주격보어　　주어　　　　　동사 주격보어

하지만/ 도서관과 기록 보관소가/ 같아 보일지도 모른다/ 차이는/ 중요하다

❸ An archive collection/ is almost always made up of primary sources,/
　　주어　　　　　　　동사　　　　　　　　　전명구

while a library/ contains/ secondary sources.
접속사　주어　　동사　　목적어

기록 보관소 소장품은/ 거의 항상 주요 자료로 구성되어 있다/ 반면에 도서관은/ 포함한다/ 부차적인 자료를

❹ To learn more/ about the Korean War,/ you'd go to a library/ for a history book.
to부정사(부사적 용법) 전명구　　　　　　　주어　동사 전명구　　　전명구

더 알고자 한다면/ 한국 전쟁에 대해,/ 당신은 도서관으로 갈 것이다/ 역사책을 위해

❺ If/ you/ wanted to read the government papers,/ or letters written by Korean War
접속사 주어 동사　　to부정사(명사적 용법)

soldiers,/ you'd go to an archive.
　　　주어　　동사 전명구

만일 ~한다면/ 당신이/ 정부 문서를 읽기를 원한다면,/ 혹은 한국 전쟁 군인들에 의해 쓰여진 서신을,/ 당신은 기록 보관소에 갈 것이다

❻ If/ you're searching for information,/ chances are there's an archive out there/ for you.
접속사 주어 동사　　　전명구　　　　* 아마 ~일 것이다 유도부사 동사 주어　　부사구　　전명구

만일 ~한다면/ 당신이 정보를 찾고 있다면,/ 아마 기록 보관소가 있을 것이다/ 당신을 위한

❼ Many state and local archives/ store/ public records/ — which are
　주어　　　　　　　　　　동사　목적어　　　주격관계대명사 동사

an amazing, diverse resource.
주격보어

많은 주 및 지역의 기록 보관소들이/ 보관한다/ 공공 기록을/ 그리고 이것들은 놀랍고 다양한 자료이다

❽ ④ For example,/ the state archives of New Jersey/ hold/ more than 30,000 cubic
　　접속부사　　　주어　　　　　　　전명구　　　　동사　　목적어

feet of paper and 25,000 reels of microfilm.

④ 예를 들어/ New Jersey 주의 주립 기록 보관소는/ 보유하고 있다/ 3만 입방피트 이상의 문서와 2만 5천 릴 이상의 마이크로필름을

❾ An online search of your state's archives/ will quickly show/ you/ they contain
_{주어} _{전명구} _{동사 간접목적어 (접속사 생략) 직접목적어}

much more than just the minutes of the legislature/ — there are/ detailed land
_{유도부사 동사 주어1}

grant information to be found,/ old town maps,/ criminal records/ and oddities/
_{to부정사(형용사적 용법) 주어2} _{주어3} _{접속사 주어4}

such as peddler license applications.
_{전명구}

당신이 사는 주의 기록 보관소에 대한 온라인 검색은/ 빠르게 보여줄 것이다/ 당신에게/ 그것들이 단지
입법부의 회의록보다 훨씬 많은 것을 포함한다는 것을/ 그곳에는 있다/ 찾을 수 있는 상세한 무상 토지
정보,/ 예전의 도시 지도,/ 범죄 기록,/ 그리고 특이한 것들이/ 행상인 면허 신청서와 같은

01 글의 내용과 일치하는 것은?

2018 서울시 7급 제2회

Biosphere 2 is a tightly sealed greenhouse made of glass and steel. It was created in 1991 to help scientists better understand planet Earth, which is referred to as Biosphere 1. Biosphere 2 covers 3.15 acres(1.28 hectares) and is 91 feet(23 meters) tall at its highest point. It is located in the desert north Tucson, Arizona. Biosphere 2 contains five ecosystems that are similar to those on Earth. An ecosystem is a self-sustaining community of living things. The ecosystems include a rain forest with its own tiny mountain, a million-gallon ocean with a coral reef, a desert like the one in Baja, California, a savanna planted with grasses from three continents, and a marsh imported from the Florida Everglades.

① Biosphere 2 is located near Baja, California.
② Biosphere 2 contains more than 5 ecosystems.
③ Biosphere 2 in Arizona helps scientists better understand our planet.
④ Biosphere 2 is a study of a rain forest with its tiny mountain.

문제 해결하기

| 해석 |
제2생물권은 유리와 강철로 만들어진 단단히 밀폐된 온실이다. 그것은 제1생물권이라고 지칭되는 지구 행성을 과학자들이 더 잘 이해하는 것을 돕기 위해 1991년에 만들어졌다. 제2생물권은 3.15 에이커(1.28 헥타르)를 차지하고 가장 높은 곳은 91피트(23미터) 높이이다. 그것은 애리조나 주 Tucson 북부 사막에 위치한다. 제2생물권은 지구의 것들과 유사한 5개의 생태계들을 포함하고 있다. 생태계는 생물체들의 자립적인 사회이다. 그 생태계는 작은 산이 있는 열대 우림, 산호초가 있는 100만 갤런의 해양, 캘리포니아 주의 Baja에 있는 것과 같은 사막, 3개의 대륙에서 온 풀들이 이식된 대평원, 그리고 플로리다 주 Everglades에서 들여온 습지를 포함하고 있다.

① 제2생물권은 캘리포니아 주 Baja 근처에 위치하고 있다.
② 제2생물권은 5개가 넘는 생태계를 가지고 있다.
③ 애리조나 주의 제2생물권은 과학자들이 우리 행성을 더 잘 이해하는 것을 돕는다.
④ 제2생물권은 작은 산을 가지고 있는 열대 우림에 대한 연구이다.

| 정답해설 |
본문의 전반부 '제2생물권은 유리와 강철로 만들어진 단단히 밀폐된 온실이다. 그것은 제1생물권이라고 지칭되는 지구 행성을 과학자들이 더 잘 이해하는 것을 돕기 위해 1991년에 만들어졌다'에서 제2생물권이 왜 만들어졌는지를 서술하고 있다. 지구를 더 잘 이해하는 것을 돕기 위해 제2생물권을 만들었으므로 ③이 본문의 내용과 일치한다.

| 정답 | ③

| 어휘 |
biosphere 생물권
seal 밀봉하다
greenhouse 온실
refer to 칭하다
locate 위치시키다
ecosystem 생태계
rain forest 우림
coral reef 산호초
savanna 대평원
marsh 습지
self-sustaining 자립적인

지문 분석

① Biosphere 2/ is a tightly sealed greenhouse/ made of glass and steel.
제2생물권은/ 완전히 밀폐된 온실이다/ 유리와 강철로 만들어진

② It was created/ in 1991/ to help scientists better understand planet Earth,/ which is referred to as Biosphere 1.
그것은 만들어졌다/ 1991년에/ 과학자들이 지구 행성을 더 잘 이해하는 것을 돕기 위해서/ 제1생물권이라고 지칭되는

③ Biosphere 2/ covers 3.15 acres(1.28 hectares)/ and is 91 feet(23 meters) tall/ at its highest point.
제2생물권은/ 3.15 에이커(1.28 헥타르)를 차지한다/ 그리고 91피트(23미터) 높이이다/ 가장 높은 곳에서

④ It is located/ in the desert north Tucson, Arizona.
그것은 위치한다/ 애리조나 주 Tucson 북부 사막에

⑤ Biosphere 2 contains five ecosystems/ that are similar to those on Earth.
제2생물권은 5개의 생태계들을 포함한다/ 지구의 것들과 유사한

⑥ An ecosystem/ is a self-sustaining community of living things.
생태계는/ 생물체들의 자립적인 사회이다

⑦ The ecosystems include/ a rain forest with its own tiny mountain,/ a million-gallon ocean with a coral reef,/ a desert like the one in Baja, California,/ a savanna planted with grasses from three continents,/ and a marsh imported from the Florida Everglades.
그 생태계는 포함한다/ 작은 산이 있는 열대 우림/ 산호초가 있는 100만 갤런의 해양/ 캘리포니아 주의 Baja에 있는 것과 같은 사막/ 3개의 대륙에서 온 풀들이 이식된 대평원/ 그리고 플로리다 주의 Everglades에서 들여온 습지를

02 다음 글의 빈칸에 들어갈 말로 가장 적절한 것은?

The physical and mental tension of anxiety is very similar to fear but with one important difference. With anxiety, there isn't usually anything actually happening right then and there to trigger the feeling. The feeling is coming from the anticipation of future danger or something bad that could happen, but there is no danger happening now. Everyone experiences anxiety from time to time. It can be mild or intense or somewhere in between. A little anxiety _____ us to do our best. For example, some anxiety about the possibility of doing poorly on a test can motivate you to study a little harder. A moderate amount of anxiety helps the body and mind get prepared to cope with something stressful or frightening. Sometimes anxiety can become too intense or too lasting, and it can interfere with a person's ability to do well.

① grieves   ② hampers

③ motivates   ④ exasperates

문제 해결하기

| 해석 |
불안감의 육체적, 정신적 긴장은 두려움과 매우 비슷하지만 한 가지 중요한 차이점이 있다. 불안감의 경우 대체로 그 느낌을 유발하는 그 어떤 것도 실제로 그 자리에서 바로 일어나지 않는다. 그 느낌은 미래의 위험이나 어떤 안 좋은 일이 일어날 수 있다는 예상으로부터 오지만, 지금 일어나는 어떠한 위험도 없다. 모든 사람은 때때로 불안을 경험한다. 그것은 가벼울 수도 심할 수도 있고 혹은 그 사이 어딘가일 수도 있다. 약간의 불안은 우리가 최선을 다하도록 우리에게 ③ 동기를 부여한다. 예를 들어, 시험을 잘 치르지 못할 수도 있다는 가능성에 대한 약간의 불안감은 당신이 조금 더 열심히 공부하도록 동기를 부여할 수 있다. 적절한 양의 불안감은 스트레스를 주거나 무서운 것에 대처할 준비가 되도록 몸과 마음을 돕는다. 때때로 불안감은 너무 강렬하거나 너무 오래 지속되어 한 사람의 잘 할 수 있는 능력을 방해할 수 있다.

① 몹시 슬프게 하다
② 방해하다
③ 동기를 부여하다
④ 몹시 화나게 하다

| 정답해설 |
빈칸에는 약간의 불안이 우리가 최선을 다하는 데 어떤 역할을 하는지에 해당하는 단어가 들어가야 한다. 빈칸 이후에는 그 예로, 시험을 잘 치르지 못할 수도 있다는 불안감이 조금 더 열심히 공부하도록 동기를 부여할 수 있고, 적절한 불안감은 몸과 마음이 스트레스를 주거나 무서운 것에 대처할 준비를 하는 데 도움이 된다고 서술하고 있다. 따라서 빈칸에는 적절한 불안감이 주는 장점에 해당하는 단어가 들어가야 하므로 ③이 가장 적절하다. | 정답 | ③

| 어휘 |
tension 긴장
anxiety 불안
right then and there 그 자리에서 바로
trigger 촉발시키다
anticipation 예상, 기대
motivate 동기를 부여하다
moderate 적당한
frightening 무서운

지문 분석

❶ The physical and mental tension of anxiety/ is very similar to fear/ but with one important difference.
불안감의 육체적, 정신적 긴장은/ 두려움과 매우 비슷하다/ 하지만 한 가지 중요한 차이점이 있다

❷ With anxiety,/ there isn't usually anything actually happening/ right then and there/ to trigger the feeling.
불안감의 경우/ 대체로 실제로 일어나는 어떤 것은 없다/ 그 자리에서 바로/ 그 느낌을 유발하는

❸ The feeling is coming/ from the anticipation of future danger or something bad that could happen,/ but there is no danger happening now.
그 느낌은 온다/ 미래의 위험이나 발생할 수 있는 어떤 안 좋은 일에 대한 예상으로부터/ 그러나 지금 일어나는 어떠한 위험도 없다

❹ Everyone experiences anxiety/ from time to time.
모든 사람은 불안을 경험한다/ 때때로

❺ It can be mild or intense/ or somewhere in between.
그것은 가볍거나 심할 수 있다/ 혹은 그 사이 어딘가일 수도

❻ A little anxiety ③ motivates us/ to do our best.
약간의 불안은 우리에게 ③ 동기를 부여한다/ 우리가 최선을 다하도록

❼ For example,/ some anxiety about the possibility of doing poorly on a test/ can motivate you/ to study a little harder.
예를 들어/ 시험을 잘 치르지 못할 수도 있다는 가능성에 대한 약간의 불안감은/ 당신에게 동기를 부여할 수 있다/ 조금 더 열심히 공부하도록

❽ A moderate amount of anxiety/ helps the body and mind/ get prepared to cope with something stressful or frightening.
적절한 양의 불안감은/ 몸과 마음을 돕는다/ 스트레스를 주거나 무서운 것에 대처할 준비가 되도록

❾ Sometimes/ anxiety can become too intense or too lasting,/ and it can interfere with a person's ability/ to do well.
때때로/ 불안감은 너무 강렬하거나 너무 오래 지속될 수 있다/ 그래서 그것은 한 사람의 능력을 방해할 수 있다/ 잘 할 수 있는

03 다음 글의 내용과 일치하는 것은?

2015 국가직 9급

The WAIS-R is made up of eleven subtests, or scales. The subtests of the WAIS-R are arranged by the type of ability or skill being tested. The subtests are organized into two categories. Six subtests define the verbal scale, and five subtests constitute a performance scale. We can compute three scores: a verbal score, a performance score, and a total (or full-scale) score. The total score can be taken as an approximation of general intellectual ability. To administer the WAIS-R, you present each of the eleven subtests to your subject. The items within each subtest are arranged in order of difficulty. You start with relatively easy items, and then you progress to more difficult ones. You stop administering any one subtest when your subject fails a specified number of items in a row. You alternate between verbal and performance subtests. The whole process takes up to an hour and a half.

① The WAIS-R has eleven subtests, each of which has two main parts.
② Several subtests with higher scores among the eleven ones should be presented.
③ The items of each subtest in the WAIS-R begin from easy and continue on to more difficult ones.
④ Subjects take all of the verbal subtests first and then all of the performance subtests.

문제 해결하기

| 해석 |

WAIS-R 시험은 11개의 하위 테스트, 또는 척도로 구성되어 있다. WAIS-R의 하위 테스트는 테스트되는 능력이나 기술의 종류에 따라 배열된다. 하위 테스트는 두 개의 범주로 분류된다. 여섯 개의 하위 테스트는 언어 척도를 정의하고 다섯 개의 하위 테스트는 수행 척도를 구성한다. 우리는 세 가지의 점수, 즉 언어 점수, 수행 점수, 그리고 총계(또는 전체 척도) 점수를 산출해 낼 수 있다. 총 점수는 일반적 지적 능력의 근사치로 간주될 수 있다. WAIS-R 시험을 수행하기 위해서는, 당신은 피실험자에게 11개의 하위 테스트 각각을 제시한다. 각각의 하위 테스트 안의 항목들은 난이도 순서대로 정렬되어 있다. 당신은 비교적 쉬운 것부터 시작해서 더 어려운 항목으로 진행한다. 피실험자가 연속으로 특정 개수의 항목을 틀렸을 경우 당신은 그 하위 테스트를 실행하는 것을 중단한다. 당신은 언어와 수행 하위 테스트를 번갈아 하면서 시행한다. 전체 절차는 최대 한 시간 반 정도 소요된다.

① WAIS-R 시험은 11개의 하위 테스트가 있는데, 각각의 하위 테스트는 두 개의 주요 파트가 있다.
② 11개의 하위 테스트 중에서 더 높은 점수를 받은 몇 개의 하위 테스트가 제시되어야 한다.
③ WAIS-R 시험의 각각의 하위 테스트 문제들은 쉬운 것에서부터 시작해서 좀 더 어려운 것으로 진행된다.
④ 피실험자들은 먼저 모든 언어 하위 테스트를 받은 후 그 다음에 모든 수행 하위 테스트를 받는다.

| 정답해설 |

지문 중반부의 The items within each ~ difficulty.와 You start with relatively ~ difficult ones.에서 ③과 일치한다는 것을 알 수 있다. 또한 WAIS-R은 11개의 하위 테스트로 이루어지고 하위 테스트는 여섯 개의 언어 테스트, 다섯 개의 수행 테스트로 나뉘고, 이 11개의 하위 테스트는 모두 피실험자에게 번갈아 제시된다고 했으므로 ①②④는 일치하지 않는다.

| 정답 | ③

| 어휘 |

be made up of ~로 구성되다
subtest 하위 테스트
scale 척도, 등급
define 정의하다, 명시하다
constitute 구성하다, 나타내다
compute 계산하다, 산출하다
approximation 근사치
administer 관리하다, 지배하다, 실시하다
present 제시하다, 제안하다
subject 피실험자
progress 진행하다, 나아가다
in a row 연속적으로
alternate 번갈아 하다

❶ The WAIS-R is made up/ of eleven subtests, or scales.
WAIS-R은 구성되어 있다/ 11개의 하위 테스트들 또는 척도들로

❷ The subtests of the WAIS-R/ are arranged/ by the type of ability or skill/ being tested.
WAIS-R의 하위 테스트들은/ 배열된다/ 능력이나 기술의 종류에 의해/ 테스트되는

❸ The subtests are organized/ into two categories.
하위 테스트들은 분류된다/ 두 개의 범주로

❹ Six subtests define the verbal scale,/ and five subtests constitute a performance scale.
여섯 개의 하위 테스트들은 언어 척도를 정의한다/ 그리고 다섯 개의 하위 테스트들은 수행 척도를 구성한다

❺ We can compute three scores:/ a verbal score, a performance score, and a total (or full-scale) score.
우리는 세 가지의 점수를 산출해 낼 수 있다/ 언어 점수, 수행 점수, 그리고 총계(또는 전체 척도) 점수

❻ The total score can be taken/ as an approximation/ of general intellectual ability.
총 점수는 간주될 수 있다/ 근사치로/ 일반적인 지적 능력의

❼ To administer the WAIS-R,/ you present each of the eleven subtests/ to your subject.
WAIS-R 시험을 수행하기 위해서는/ 당신은 11개의 하위 테스트 각각을 제시한다/ 당신의 피실험자에게

❽ The items within each subtest/ are arranged/ in order of difficulty.
각각의 하위 테스트들 안에 있는 그 항목들은/ 배열되어 있다/ 난이도의 순서로

❾ You start with relatively easy items,/ and then you progress/ to more difficult ones.
당신은 상대적으로 쉬운 항목들로 시작한다/ 그런 다음 당신은 진행한다/ 좀 더 어려운 것들로

❿ You stop administering/ any one subtest/ when your subject fails/ a specified number of items/ in a row.
당신은 실행하는 것을 그만둔다/ 어떠한 하나의 하위 테스트라도/ 당신의 피실험자가 틀렸을 때/ 특정 개수의 항목을/ 연속으로

⓫ You alternate/ between verbal and performance subtests.
당신은 번갈아 한다/ 언어와 수행의 하위 테스트들 사이에서

⓬ The whole process takes/ up to an hour and a half.
그 전체 절차는 소요된다/ 한 시간 반 정도까지

07 원인과 결과

교수님 코멘트▶ 원인과 결과는 글의 전개 방식 중에서 가장 명확하게 글의 순서가 정해질 수 있는 유형 중 하나이다. 그러므로 자주 사용되는 연결어 등을 미리 숙지하는 것이 가장 먼저 학습해야 하는 단계라고 할 수 있겠다.

STEP 1   유형 접근하기

VOCABULARY CHECK

현상 제시
백화점에는 창문과 시계가 없다.

➔ 현상을 구체적으로 서술
쇼핑객들은 시간이 얼마나 지났는지 알 수 없다.

현상의 원인 제시
이로 인해 쇼핑 시간을 지속해 준다.

➔ 현상 재진술
〈현상에 따른 결과의 일반화〉
백화점 내에 창문과 시계가 없는 것은 백화점 매출과 관련이 있다.

1단계 현상 도입 표현
There is such a(n) 그러한 ~이 있다

2단계 현상의 원인을 구체적으로 제시
[~ 때문에]
because of/ on account of/ owing to/ due to/ thanks to/ on the ground(s) of

[~하기 때문에]
because/ since/ now that

[너무 ~해서 결과적으로 …하다]
so ~ that …/ such ~ that …

3단계 원인과 결과 관계 진술
result in ~을 야기하다
bring about ~을 유발하다
create ~을 만들어 내다
result from ~에서 비롯되다
stem from, come from ~로부터 비롯되다. 기인하다
derive from ~로부터 파생되다

4단계 주제 제시
therefore 그러므로
thus 그래서
so 그래서
hence 따라서
consequently 결과적으로
as a result 결과적으로
for that reason 그러한 이유로, 그래서

Tips
〈원인과 결과 사이의 관계 진술(재진술)〉
소비자에게 시간 인지를 막는 방법으로 판매자는 매출을 높일 수 있다.

두 가지 이상의 상황이나 사건 사이에 존재하는 원인과 결과에 초점을 두고 글을 전개하는 방식이다. 보통 환경, 교통, 범죄 등 시사성 있는 문제와 관련된 글에서 많이 볼 수 있다. 이 원인을 밝혀 나가는 과정이 결국 해당 글의 요지를 찾는 길이다.

STEP 2 유형 적용하기

대표 기출문제

Q. 다음 글의 요지로 가장 적절한 것은?　　　　　　2020 국가직 9급

Listening to somebody else's ideas is the one way to know whether the story you believe about the world—as well as about yourself and your place in it—remains intact. We all need to examine our beliefs, air them out and let them breathe. Hearing what other people have to say, especially about concepts we regard as foundational, is like opening a window in our minds and in our hearts. Speaking up is important. Yet to speak up without listening is like banging pots and pans together: even if it gets you attention, it's not going to get you respect. There are three prerequisites for conversation to be meaningful: 1. You have to know what you're talking about, meaning that you have an original point and are not echoing a worn-out, hand-me-down or pre-fab argument; 2. You respect the people with whom you're speaking and are authentically willing to treat them courteously even if you disagree with their positions; 3. You have to be both smart and informed enough to listen to what the opposition says while handling your own perspective on the topic with uninterrupted good humor and discernment.

① We should be more determined to persuade others.
② We need to listen and speak up in order to communicate well.
③ We are reluctant to change our beliefs about the world we see.
④ We hear only what we choose and attempt to ignore different opinions.

| 어휘 |

intact 완전한, 온전한, 본래대로의
foundational 근본적인, 기초적인
prerequisite 전제조건
echo (그대로) 흉내 내다
worn-out 낡은, 진부한
hand-me-down 독창적이지 않은, 만들어 놓은
pre-fab 조립식의
authentically 확실하게, 확실히, 진정으로
courteously 예의 바르게, 공손하게
position (특정 주제에 대한) 입장 [태도]
informed 견문이 넓은, 잘 아는, 정통한
opposition 반대 측, 상대방
handle 다루다, 처리하다
perspective 관점, 견지, 시각
uninterrupted 끊임없는, 연속적인
discernment 안목
determined 단호한, 결의가 굳은
persuade 설득하다
be reluctant to ~을 주저하다, 망설이다, 꺼리다

문제 해결하기

| 해석 |

타인의 생각을 경청하는 것은 당신이 — 자기 자신과 그것 안에 있는 당신의 공간에 대해서뿐만 아니라 — 세상에 대해 믿는 이야기가 온전한지 아닌지를 알 수 있는 하나의 방법이다. 우리는 모두 우리의 신념을 검토하고, 그것들을 환기시키고 그것들이 숨 쉬도록 할 필요가 있다. 특히 우리가 본질적이라고 여기는 개념들에 대해 타인이 말해야 하는 것을 듣는 것은 우리의 정신과 우리의 마음의 창문을 여는 것과 같다. 말하는 것은 중요하다. 그러나 경청 없이 말하는 것은 냄비와 팬을 함께 두드리는 것과 같다: 비록 그것이 당신에게 주목을 이끌어줄지라도, 그것이 당신을 존중받게 해 주지는 않을 것이다. 의미 있는 대화를 위한 세 가지 전제조건이 있다: 1. 당신은 당신이 무엇을 말하는지 알아야 하는데, 이는 당신이 독창적인 논점을 지니고 있고 낡거나, 독창적이지 않거나 또는 조립식의 논쟁을 흉내 내지 않는다는 것을 의미한다; 2. 당신은 당신이 대화하고 있는 사람을 존중하고 비록 당신이 그들의 입장에 동의하지 않더라도 확실하게 기꺼이 그들을 예의 바르게 대우한다; 3. 당신은 연속된 훌륭한 유머와 안목을 가지고 주제에 대한 당신의 관점을 다루는 동시에 상대가 말하는 것을 경청할 정도로 충분히 현명하며 견문이 넓어야 한다.
① 우리는 타인을 설득하기 위해 더욱 단호해야 한다.
② 우리는 의사소통을 잘 하기 위해 경청하고 말해야 한다.
③ 우리는 우리가 보는 세상에 대한 우리의 신념을 변화시키기를 꺼린다.
④ 우리는 오직 우리가 택한 것만 듣고 다른 의견은 무시하려고 시도한다.

| 정답해설 |

본문은 '대화에 있어서 듣기와 말하기의 중요성'에 대해 설명하고 있다. 본문 초반에서 '듣기의 역할'에 대해 언급하고, 본문 중반 Yet to speak up without listening is like banging pots and pans together: even if it gets you attention, it's not going to get you respect.(그러나 경청 없이 말하는 것은 냄비와 팬을 함께 두드리는 것과 같다: 비록 그것이 당신에게 주목을 이끌어줄지라도, 그것이 당신을 존중받게 해 주지는 않을 것이다.)라고 설명하며, '듣기와 말하기의 조화가 중요함'을 시사하고 있다. 따라서 글의 요지로 가장 적절한 것은 ②이다. 본문에서는 '우리의 신념이 온전한지 확인하기 위해 타인의 의견을 듣는 것이 중요하다'고 언급하고 있으며, '우리가 신념을 바꾸는 것을 꺼린다'라는 내용은 본문에 언급되지 않았으므로 ③은 글의 요지로 적절하지 않다. ①④는 본문과 관련 없는 내용이므로 오답이다.

| 정답 | ②

지문 분석

❶ Listening to somebody else's ideas/ is the one way/ to know/ whether the story you
　주어　　　　전명구　　　　　　　　　　동사　　주격 보어　to부정사(형용사적용법)　접속사 주어 (목적격 관계대명사
　　which 또는 that 생략)

believe/ about the world—as well as about yourself and your place in it—/ remains/ intact.
　　　　　전명구1　　　　접속사　　　　　전명구2　　　　　　　　　　동사　　보어

타인의 생각을 경청하는 것은/ 하나의 방법이다/ 알 수 있는/ 당신이 믿는 이야기가 ~ 인지 아닌지를/
자기 자신과 그것 안에 있는 당신의 공간에 대해서 뿐만 아니라~ 세상에 대해/ 남아 있다/ 온전하게

❷ We all need/ to examine our beliefs,/ air them out/ and let them breathe.
　주어　동사　　목적어1　　　　　　　목적어2　　　접속사 목적어3

우리는 모두 ~할 필요가 있다/ 우리의 신념을 검토하고,/ 그것들을 환기시키고/ 그것들이 숨 쉬도록

❸ Hearing what other people have to say,/ especially about concepts we regard as
　주어　　　　　　　　　　　　　　　　부사　　　　전명구(목적격 관계대명사 which 또는 that 생략)

foundational,/ is like opening a window/ in our minds and in our hearts.
　　　　　　　동사　　보어　　　　　　　전명구　　　접속사 전명구

타인이 말해야 하는 것을 듣는 것은/ 특히 우리가 본질적이라고 여기는 개념들에 대해/ 창문을 여는 것과 같다/ 우리의 정신과 우리의 마음의

❹ Speaking up/ is important.
　주어　　　　동사　보어

말하는 것은/ 중요하다

❺ Yet/ to speak up without listening/ is like banging pots and pans together:/ even if
　접속사 주어　　　전명구　　　　　　동사　　보어　　　　　　　　　　　　　　　接속사

it gets you attention,/ it's not going to get you respect.
주어 동사 간접목적어 직접목적어 주어　　동사　　　간접목적어 직접목적어

그러나/ 경청 없이 말하는 것은/ 냄비와 팬을 함께 두드리는 것과 같다/ 비록 그것이 당신에게 주목을
이끌어줄지라도/ 그것이 당신을 존중받게 해 주지는 않을 것이다

❻ There/ are three prerequisites/ for conversation to be meaningful:
　유도부사　동사　주어　　　　　　　전명구　　　　　to부정사(형용사적 용법)

~이 있다/ 세 가지 전제조건이/ 의미 있는 대화를 위한:

❼ 1. You have to know/ what you're talking about,/ meaning that you have
　　　　 주어　동사　　　　　　목적어　　　　　　　　　　　　　현재분사　　 접속사 주어 동사1

an original point/ and are not echoing/ a worn-out, hand-me-down or pre-fab argument;
목적어　　　　　　 접속사 동사2　　　　　 목적어

1. 당신은 알아야 한다/ 당신이 무엇을 말하는지/ 이는 당신이 독창적인 논점을 지니고 있다는 것을 의미한다/ 그리고 흉내 내지 않는다(는 것을 의미한다)/ 낡거나, 독창적이지 않거나 또는 조립식의 논쟁을

❽ 2. You respect/ the people with whom you're speaking/ and are authentically
　　　　 주어　동사1　　　　목적어　　　　　 전치사 + 관계대명사　　　　　 접속사 동사2

willing to treat them courteously/ even if you disagree with their positions;
　　　　　　목적어 부사　　　　　 접속사　주어 동사　　 전명구

2. 당신은 존중한다/ 당신이 대화하고 있는 사람을/ 그리고 그들을 확실하게 기꺼이 예의 바르게 대한다/ 비록 당신이 그들의 입장에 동의하지 않더라도

❾ 3. You have to be both smart and informed enough/ to listen to what the opposition says/
　　　　 주어　동사　　 부사　보어1 접속사 보어2　　 부사　　 to부정사　　 전치사 + 목적격 관계대명사
　　　　　　　　　　　　　　　　　　　　　　　　　　　　　 (부사적 용법)　　　 (전치사의 목적어)

while handling your own perspective/ on the topic/ with uninterrupted good humor
접속사 현재분사　　　목적어　　　　　　　　 전명구　　　　　 전명구

and discernment.

3. 당신은 충분히 현명하며 견문이 넓어야 한다/ 상대가 말하는 것을 경청할 정도로/ 당신의 관점을 다루는 동시에/ 주제에 대한/ 연속된 훌륭한 유머와 안목을 가지고

01 글의 흐름상 빈칸에 들어갈 단어로 가장 옳은 것은?

2018 서울시 9급

Social learning theorists offer a different explanation for the counter-aggression exhibited by children who experience aggression in the home. An extensive research on aggressive behavior and the coercive family concludes that an aversive consequence may also elicit an aggressive reaction and accelerate ongoing coercive behavior. These victims of aggressive acts eventually learn via modeling to _____ aggressive interchanges. These events perpetuate the use of aggressive acts and train children how to behave as adults.

① stop　　　　② attenuate　　　　③ abhor　　　　④ initiate

문제 해결하기

| 해석 |

사회적 학습 이론가들은 가정에서 공격을 경험하는 아이들에게서 보이는 반격에 대한 다른 설명을 제공한다. 공격적인 행동과 강압적인 가정에 관한 광범위한 연구는 이를 회피하는 결과가 공격적인 반응 또한 이끌어내고 진행 중인 강압적인 행동을 가속시킬 수도 있다고 결론짓는다. 이 공격적인 행동의 희생자들은 결국 모델링을 통해서 공격적인 상호작용을 ④ 시작하는 것을 학습하게 된다. 이 사건들은 공격적인 행동들의 사용을 영속화하고 아이들에게 성인으로서 행동하는 방법을 훈련시킨다.

① 멈추다　　　　② 약화시키다
③ 혐오하다　　　　④ 시작하다

|정답해설|

주어진 지문은 사회적 학습 이론가들의 설명을 통해 가정폭력이 어떻게 아이들에게 영향을 미치는지를 제시하고 있다. 바로 앞 문장의 연구 결과에서, '가정에서의 폭력이 공격적인 반응을 이끌어내고 강압적인 행동을 가속시킨다'는 근거를 제시하고 있으므로 '공격적인 행동의 상호작용(aggressive interchanges)'을 시작하게 된다는 것이 문맥상 빈칸에 가장 알맞다. 따라서 정답은 ④이다.　　| 정답 | ④

| 어휘 |

counter-aggression 반격
extensive 광범위한
aggressive 공격적인
coercive 강압적인
aversive 회피적인, 혐오의
elicit 유도하다
accelerate 가속하다
via ∼를 통하여, 경유하여
interchange 상호작용, 교환
perpetuate 영속시키다
attenuate 약화시키다
abhor 혐오하다
initiate 시작하다

지문 분석

① Social learning theorists offer/ a different explanation/ for the counter-aggression/ exhibited by children/ who experience aggression in the home.

사회적 학습 이론가들은 제공한다/ 다른 설명을/ 반격에 대한/ 아이들에게서 보이는/ 가정에서 공격을 경험하는

② An extensive research/ on aggressive behavior and the coercive family/ concludes/ that an aversive consequence may also elicit an aggressive reaction/ and accelerate ongoing coercive behavior.

광범위한 연구는/ 공격적인 행동과 강압적인 가정에 관한/ 결론짓는다/ 회피하는 결과가 공격적인 반응 또한 이끌어낼지도 모른다고/ 그리고 진행 중인 강압적인 행동을 가속시킬 수도 있다고

③ These victims of aggressive acts/ eventually learn/ via modeling/ to ④ <u>initiate</u> aggressive interchanges.

이 공격적인 행동들의 희생자들은/ 결국 학습하게 된다/ 모델링을 통해서/ 공격적인 상호작용을 ④ 시작하는 것을

④ These events/ perpetuate the use of aggressive acts/ and train children how to behave as adults.

이 사건들은/ 공격적인 행동들의 사용을 영속화한다/ 그리고 아이들에게 성인으로서 행동하는 방법을 훈련시킨다

02 다음 글의 빈칸에 들어갈 말로 가장 적절한 것은?

Many difficulties and much stress today come from our thinking that there is not enough time. Time itself remains unchanged in the sense that it carries on in the same way as it has for millions of years. We need to see that it is circumstances that are different and that our increased workloads put too much pressure upon us. However, most of us try to adjust our attitudes and behaviors to a rapid pace of living and working. The secret lies not in finding smart ways to do more, but in how we manage the relationship between the things we have to do and _____.

① the ability to do them
② the strong desire we have
③ the time available to do them in
④ the way to avoid stress
⑤ the place we live in

문제 해결하기

| 해석 |
오늘날의 많은 어려움들과 스트레스는 우리가 충분한 시간이 없다고 생각하는 데서 기인한다. 시간 그 자체는 수백만 년 동안 그래 왔듯이 같은 방식으로 흘러간다는 점에서 변하지 않는다. 다른 것은 환경이며, 우리에게 주어진 증가된 업무량이 우리를 너무나 압박하고 있음을 깨달을 필요가 있다. 하지만 우리 대부분은 빠른 속도로 진행되는 삶과 일에 자신들의 태도와 행동을 적응시키려고 노력한다. 비결은 바로 우리가 더 많은 일을 할 수 있는 현명한 방법을 찾는 데 있는 것이 아니라, 우리가 해야만 하는 일과 ③ 그것들을 하는 데 이용 가능한 시간 사이의 관계를 어떻게 관리하느냐에 있다.

① 그것들을 할 수 있는 능력
② 우리가 갖고 있는 강력한 열망
③ 그것들을 하는 데 이용 가능한 시간
④ 스트레스를 피하는 방법
⑤ 우리가 살고 있는 장소

|정답해설|
이 글은 스트레스가 주어진 일을 하기에 충분한 시간이 없다고 느끼는 데서 기인한다고 설명하고 있다. 시간은 변하지 않는 점을 먼저 설명하고, 변한 것은 시간이 아니라 환경이라는 것을 지적한다. 빈칸이 있는 마지막 문장에서는 그런 스트레스에 관한 해결책을 제시하는 부분이어야 하므로 ③이 정답으로 가장 적합하다는 것을 알 수 있다. 일과 능력의 관계에 대한 내용이 아니므로 ①은 답이 될 수 없고 ②⑤는 관련 없는 내용이며 ④가 답이 되려면 빈칸에는 조금 더 구체적인 내용이 나와야 한다. |정답| ③

| 어휘 |
unchanged 변하지 않는
carry on 계속 가다
pressure 압박, 압력
adjust 적응하다, 조절하다
pace 속도
desire 열망
avoid 피하다

지문 분석

❶ Many difficulties and much stress today/ come from our thinking/ that there is not enough time.
오늘날의 많은 어려움들과 스트레스는/ 우리의 생각에서 기인한다/ 충분한 시간이 없다는

❷ Time itself remains unchanged/ in the sense/ that it carries on in the same way/ as it has for millions of years.
시간 그 자체는 변하지 않는다/ 이러한 점에서/ 그것은 같은 방식으로 흘러간다/ 수백만 년 동안 그래왔듯이

❸ We need to see/ that it is circumstances that are different/ and that our increased workloads/ put too much pressure upon us.
우리는 알아야 할 필요가 있다/ 다른 것은 바로 상황이라는 것을/ 그리고 증가된 우리의 업무량이/ 우리에게 너무 많은 압박을 준다는 것을

❹ However,/ most of us try to adjust our attitudes and behaviors/ to a rapid pace of living and working.
하지만/ 우리 대부분은 자신들의 태도와 행동을 적응시키려고 노력한다/ 삶과 일의 빠른 속도에

❺ The secret lies/ not in finding smart ways to do more,/ but in how we manage the relationship/ between the things we have to do/ and ③ the time available to do them in.
비결은 ~에 있다/ 더 많이 할 수 있는 현명한 방법을 찾는 것에서가 아니라/ 어떻게 우리가 관계를 관리하느냐에/ 우리가 해야만 하는 일 사이에/ 그리고 ③ 그것들을 하는 데 이용 가능한 시간 (사이에)

03 다음 글의 빈칸에 들어갈 말로 가장 적절한 것은?

2016 법원직 9급

Anthropologists believe wisdom teeth, or the third set of molars, were the evolutionary answer to our ancestor's early diet of coarse, rough food—like leaves, roots, nuts and meats—which required more chewing power and resulted in excessive wear of the teeth. The modern diet with its softer foods, along with the marvels of modern technologies such as forks, spoons, and knives, has made the need for wisdom teeth nonexistent. As a result, evolutionary biologists now classify wisdom teeth as vestigial organs, or body parts that have become functionless due to _____.

① dental decay

② evolution

③ hardness

④ their shape

문제 해결하기

| 해석 |

인류학자들은 사랑니, 즉 세 번째 어금니가, 씹는 힘을 더 필요로 했고 치아의 과도한 마모를 가져온 우리 조상들의 초기 식단인 잎, 뿌리, 견과류, 고기와 같은 단단하고 거친 음식에 대한 진화의 해답이었다고 믿는다. 더 부드러운 음식인 현대의 식단은, 포크, 수저, 그리고 칼과 같은 경이로운 현대 기술과 함께 사랑니를 필요하지 않게 만들어 버렸다. 결과적으로, 진화 생물학자들은 현재 사랑니를 ② 진화로 인하여 기능을 하지 못하게 된 흔적 기관이나 신체의 일부분으로 분류한다.

① 충치   ② 진화   ③ 단단함   ④ 그들의 모양

| 정답해설 |

이 문제에 나온 선택지 중에 정답의 가능성이 있는 것은 ②와 ③ 밖에 없다. 이 중에, ③ hardness가 만약 '단단한 것을 씹을 필요성이 없다'는 의미로 나왔다면 정답으로 적절할 수 있으나, '단단함' 자체만으로 사랑니가 기능하지 않는다는 의미는 부적절하다. 따라서, 정답은 ②이며, 진화 생물학자의 결론은 현대 기술의 발전으로 더 이상 거친 음식을 씹을 필요성이 없게 되었다는 '진화적' 원인 때문에 사랑니가 기능을 하지 않게 되었다는 내용이다.

| 정답 | ②

| 어휘 |

anthropologist 인류학자
wisdom teeth 사랑니
molar 어금니
coarse 거친
nonexistent 실재하지 않는
vestigial organ 흔적 기관, 퇴화한 기관
functionless 기능이 없는

지문 분석

❶ Anthropologists believe/ wisdom teeth, or the third set of molars,/ were the evolutionary answer/ to our ancestor's early diet/ of coarse, rough food/ — like leaves, roots, nuts and meats —/ which required more chewing power/ and resulted in excessive wear of the teeth.

인류학자들은 믿는다/ 사랑니, 즉 세 번째 어금니가/ 진화의 해답이었다/ 우리 조상의 초기 식단에 대한/ 단단하고 거친 음식이라는/ 잎, 뿌리, 견과류 그리고 고기와 같은/ 이러한 음식은 씹는 힘을 더 필요로 했다/ 그리고 치아의 과도한 마모라는 결과를 가져왔다

❷ The modern diet with its softer foods,/ along with the marvels of modern technologies/ such as forks, spoons, and knives,/ has made the need for wisdom teeth nonexistent.

그것의 더 부드러운 음식인 현대의 식단은/ 현대 기술의 경이로움과 함께/ 포크, 수저, 그리고 칼과 같은/ 사랑니의 필요를 존재하지 않게 만들어 버렸다

❸ As a result,/ evolutionary biologists now classify wisdom teeth/ as vestigial organs, or body parts/ that have become functionless/ due to ② evolution.

결과적으로,/ 진화 생물학자들은 현재 사랑니를 분류한다/ 흔적 기관 또는 신체의 일부분으로/ 기능이 없어진/ ② 진화로 인하여

08 묘사와 에피소드를 통한 도입

교수님 코멘트▶ 묘사와 에피소드를 통한 도입은 글의 전개 방식 중 가장 '문학' 영역에 가깝다고 볼 수 있겠다. 에피소드를 통해 '교훈' 등에 초점을 둔 다양한 소재의 지문들이 대표 기출문제부터 수록되어 있다. 소재를 통해 궁극적인 주제를 파악하는 것이 항상 관건이다.

STEP 1　유형 접근하기

VOCABULARY CHECK

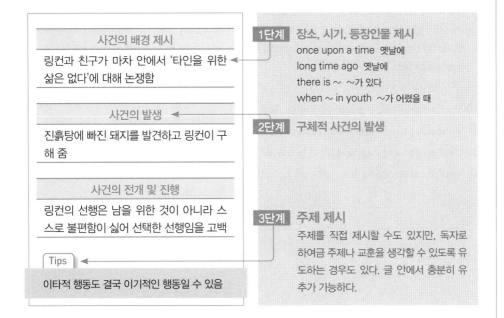

사건의 배경 제시

링컨과 친구가 마차 안에서 '타인을 위한 삶은 없다'에 대해 논쟁함

1단계　장소, 시기, 등장인물 제시
once upon a time　옛날에
long time ago　옛날에
there is ~　~가 있다
when ~ in youth　~가 어렸을 때

사건의 발생

진흙탕에 빠진 돼지를 발견하고 링컨이 구해 줌

2단계　구체적 사건의 발생

사건의 전개 및 진행

링컨의 선행은 남을 위한 것이 아니라 스스로 불편함이 싫어 선택한 선행임을 고백

3단계　주제 제시
주제를 직접 제시할 수도 있지만, 독자로 하여금 주제나 교훈을 생각할 수 있도록 유도하는 경우도 있다. 글 안에서 충분히 유추가 가능하다.

Tips

이타적 행동도 결국 이기적인 행동일 수 있음

묘사는 어떤 대상에 대한 논리적 전개가 아니라, 사건에 대해서 보고 느낀 것에 대해 감각적으로 기술하는 방식을 말한다. 사건을 통해서 필자가 느끼는 감정 또는 분위기를 묘사하는 글로 주제문에서는 그 사건을 통해서 겪게 된 교훈을 묻는 문제로 출제되거나, 그것을 다시 속담으로 비유해서 골라내는 문항이 출제되기도 한다. 글을 접할 때, 등장인물과 그들의 관계, 배경, 사건의 발생 등을 먼저 확인해야 한다. 분석하며 읽어 가기보다는 사건 중심으로 빠르게 읽어 내려가는 독해가 효율적이다. 이렇게 확보된 시간은 논리적 상관관계가 복잡한 다른 지문을 위한 시간으로 전략적으로 활용한다.

STEP 2　유형 적용하기

대표 기출문제

Q. 밑줄 친 부분에 들어갈 말로 가장 적절한 것은?　　2016 국가직 9급

There's a knock at your door. Standing in front of you is a young man who needs help. He's injured and is bleeding. You take him in and help him, make him feel comfortable and safe and phone for an ambulance. This is clearly the right thing to do. But if you help him just because you feel sorry for him, according to Immanuel Kant, ＿＿＿＿＿＿＿＿＿＿＿＿＿＿. Your sympathy is irrelevant to the morality of your action. That's part of your character, but nothing to do with right and wrong. Morality for Kant wasn't just about what you do, but about why you do it. Those who do the right thing don't do it simply because of how they feel: the decision has to be based on reason, reason that tells you what your duty is, regardless of how you happen to feel.

① that wouldn't be a moral action at all

② your action is founded on reason

③ then you're exhibiting ethical behavior

④ you're encouraging him to be an honest person

문제 해결하기

| 해석 |

당신의 문에 노크 소리가 들린다. 당신 앞에 도움을 필요로 하는 젊은 남성이 서 있다. 그는 부상을 입었고 피를 흘리고 있다. 당신은 그를 데려와서 그를 도와주고, 그를 편안하고 안전하게 느끼도록 해 준다. 그리고 앰뷸런스를 불러준다. 이것은 해야 할 옳은 일임이 분명하다. 그러나 Immanuel Kant에 의하면 만약 당신이 그에게 안타까운 기분이 들었기 때문에 그를 도왔다면, ① 그것은 도덕적인 행동이 전혀 아니다. 당신의 동정심은 당신의 행동의 도덕성과는 관련이 없다. 그것은 당신의 성격의 일부이지, 옳거나 그른 것과는 관계가 없다. Kant에게 도덕성은 그저 당신이 무엇을 하느냐에 대한 것이 아니라, 당신이 그것을 왜 하느냐에 대한 것이었다. 옳은 행동을 하는 사람들은 단순히 그들이 어떻게 느끼는지 때문에 그것을 하지 않는다. 그 결정은 당신이 어떻게 느끼는지와 관계없이 당신의 의무가 무엇인지 말해 주는 이성에 기반해야만 한다.

① 그것은 도덕적인 행동이 전혀 아니다

② 당신의 행동은 이성에서 비롯된다

③ 그렇다면 당신은 도덕적인 행동을 보여 주고 있다

④ 당신은 그를 정직한 사람이 되도록 격려하고 있다

| 정답해설 |

Kant가 생각하는 도덕적인 행동의 의미를 찾으면 된다. 빈칸 뒤에 자세히 설명이 되어 있는 것처럼 Kant는 도덕성은 행위에 대한 것이 아니라 행위의 이유에 대한 것이라고 하였다. 게다가 동정심을 느껴서 하는 것이 아니라 의무로 느껴서 행위를 해야 한다는 것이다. 따라서 당신이 도움을 필요로 하는 남자를 애석하게 여겨서 도움을 주었다면 Kant의 입장에서는 도덕적인 행동이 아닌 것이다.　　| 정답 | ①

| 어휘 |

injure 부상을 입히다, 부상을 입다
bleed 피를 흘리다
irrelevant 관련이 없는
morality 도덕성
character 성격, 특성
regardless of ～에 관계없이
ethical 윤리적인, 도덕적인

❶ There's a knock/ at your door.
유도부사 동사('s = is) 주어 전명구

노크 소리가 있다(들린다)/ 당신의 문에

❷ Standing in front of you/ is a young man/ who needs help.
보어 　　　　　　　동사 주어 　　　주·관·대 동사 목적어

당신 앞에 서 있는/ 젊은 남성이다/ 도움을 필요로 하는

❸ He's injured/ and is bleeding.
주어 동사 　　　접속사 동사(현재진행형)

그는 부상을 입었다/ 그리고 피를 흘리고 있다

❹ You take him in and help him,/ make him feel comfortable and safe/ and phone
주어 동사1 목적어1 접속사 동사2 목적어2 동사3 　목적어3 목적격 보어 목적격 보어의 보어 　　동사4

for an ambulance.
전명구

당신은 그를 데려와서 그를 도와준다/ 그를 편안하고 안전하게 느끼도록 해 준다/ 그리고 앰뷸런스를
불러 준다

❺ This is clearly the right thing/ to do.
주어 동사 　　보어 　　　　　　to부정사(형용사적 용법)

이것은 옳은 일임이 분명하다/ 해야 할

❻ But if you help him,/ just because you feel sorry for him,/ according to Immanuel
접속사 주어 동사 목적어 　접속사 　주어 동사 보어 　전명구 　　전명구

Kant,/ ① that wouldn't be a moral action at all.
　　　　　주어 조동사+부정어 동사 보어

그러나 만약 당신이 그를 돕는다면/ 단지 당신이 그에게 안타까운 기분이 들기 때문에/ Immanuel Kant
에 의하면/ ① 그것은 도덕적인 행동이 전혀 아니다

❼ Your sympathy is irrelevant/ to the morality of your action.
주어 　　　　　동사 보어 　　전명구

당신의 동정심은 관련이 없다/ 당신의 행동의 도덕성과는

❽ That's part of your character,/ but nothing to do with right and wrong.
주어 동사 　보어1 　　　　　접속사 보어2

그것은 당신의 성격의 일부이다/ 그러나 옳거나 그른 것과는 관계가 없다

❾ Morality for Kant/ wasn't just about what you do,/ but about why you do it.
주어 　　　전명구 　　동사 　　　　보어1(전명구) 　　　　　접속사 보어2(전명구)

Kant에게 도덕성은/ 그저 당신이 무엇을 하느냐에 대한 것이 아니라/ 당신이 그것을 왜 하느냐에 대한
것이었다

❿ Those who do the right thing/ don't do it/ simply because of how they feel:/
주어 　주·관·대 동사 목적어 　　　　동사 목적어 　　　전명구

the decision has to be based on reason,/ reason that tells you what your duty is,/
주어 　　　조동사 　　동사(수동형) 　　　　주·관·대 동사 간접목적어 직접목적어

regardless of how you happen to feel.
전명구

옳은 것을 하는 사람들은/ 그것을 하지 않는다/ 단순히 그들이 어떻게 느끼는지 때문에/ 그 결정은 이
성에 기반해야만 한다/ 당신의 의무가 무엇인지 말해 주는 이성/ 당신이 어떻게 느끼는지와 관계없이

STEP 3 적용 연습하기

01 글의 내용과 일치하지 <u>않는</u> 것은?

2016 지방직 7급

Mr. Harrison received notice from his company that he had to transfer to the branch office in Brussels. However, one of the issues now facing the Harrisons would be what to do about the children's schooling. Valerie, in particular, was at that point a junior in high school. She had, in fact, asked if she might stay behind in Washington D.C., so that she could complete her senior year and from there go about the business of applying to college. This proposal was greeted with an instantaneous response: Not on your life, we are a family and we will go on living as a family in Brussels. Valerie later expressed gratitude for her parents' refusal to countenance the idea that she remain behind in America, saying that the family's adventures in Europe had been not only a most enjoyable but an immensely important experience for her.

① The Harrisons relocated to Brussels.

② The Harrisons used to live in Washington D.C.

③ Valerie stayed in Washington D.C. during her senior year.

④ Valerie appreciated her parents' decision later on.

문제 해결하기

| 해석 |

Harrison 씨는 Brussels 지사로 전근을 가야 한다고 자신의 회사로부터 공지를 받았다. 그러나, Harrison 부부가 이제 직면한 문제들 중 하나는 자녀의 학교 교육을 어떻게 해야 하나는 것이었다. 특히, Valerie는 당시에 고등학교의 2학년이었다. 사실, 그녀는 고등학교 3학년 과정을 마치고 그곳에서 대학에 지원을 할 수 있도록 Washington D.C.에 남아 있을 수 있는지 물었다. 이러한 제안은 즉각적인 답변을 받았다. "절대 안 돼. 우리는 가족이고 Brussels에서 가족으로서 계속 살 거야."라고 말이다. Valerie는 후에 그녀의 부모님이 미국에 남겠다는 그녀의 생각을 지지하지 않았던 것에 감사함을 표현했다. 유럽에서의 가족의 모험은 매우 즐거웠을 뿐만 아니라 그녀에게 대단히 중요한 경험이었다고 말하면서 말이다.

① Harrison 부부는 Brussels로 이동했다.

② Harrison 부부는 Washington D.C.에 살았었다.

③ Valerie는 고등학교 3학년 과정 동안 Washington D.C.에서 지냈다.

④ 후에 Valerie는 부모님의 결정에 감사해했다.

| 정답해설 |

Valerie는 Harrison 씨의 자녀로 당시 고등학교 2학년 과정에 있었다. 그녀는 고등학교 3학년 과정까지 Washington D.C.에 머물러도 되는지 부모께 물었으나, 가족과 함께 Brussels에서 살아야 한다는 대답을 받았으므로, Valerie가 고등학교 3학년 과정 동안 Washington D.C.에서 지냈다는 ③은 글의 내용과 다르다.

| 정답 | ③

| 어휘 |

go about 계속 ~하다, ~을 시작하다

instantaneous 즉각적인

not on your life 자기 생전에는 안 되는(단호한 거절을 나타냄)

countenance 지지하다, 동의하다

immensely 대단히, 엄청나게

1 Mr. Harrison received notice from his company/ that he had to transfer to the branch office in Brussels.

Harrison 씨는 자신의 회사로부터 공지를 받았다/ Brussels의 지사로 전근을 가야 한다고

2 However,/ one of the issues now facing the Harrisons would be/ what to do about the children's schooling.

그러나/ Harrison 부부가 이제 직면한 문제들 중 하나는 ~였다/ 자녀의 학교 교육을 어떻게 해야 하는지

3 Valerie,/ in particular,/ was at that point a junior in high school.

Valerie는/ 특히/ 그때 고등학교 2학년이었다

4 She had, in fact, asked/ if she might stay behind in Washington D.C.,/ so that she could complete her senior year/ and from there go about the business of applying to college.

사실, 그녀는 물었다/ 자신이 Washington D.C.에 남아 있을 수 있는지/ 고등학교 3학년 과정을 마칠 수 있도록/ 그리고 그곳에서 대학에 지원을 할 수 있도록

5 This proposal was greeted with an instantaneous response:/ Not on your life,/ we are a family/ and we will go on living as a family in Brussels.

이러한 제안은 즉각적인 답변을 받았다/ 절대 안 된다/ 우리는 가족이다/ 그리고 우리는 Brussels에서 가족으로서 계속 살 것이다

6 Valerie later expressed gratitude for her parents' refusal/ to countenance the idea that she remain behind in America,/ saying that/ the family's adventures in Europe had been not only a most enjoyable/ but an immensely important experience for her.

Valerie는 후에 그녀의 부모님의 거절에 감사함을 표현했다/ 자신이 미국에 남겠다는 생각에 동의하는 것에 대한/ ~라고 말하면서/ 유럽에서의 가족의 모험은 매우 즐거웠을 뿐만 아니라/ 그녀에게 대단히 중요한 경험이었다고

02 다음 글의 내용과 일치하지 <u>않는</u> 것은?

Women are experts at gossiping, and they always talk about trivial things, or at least that's what men have always thought. However, some new research suggests that when women talk to women, their conversations are far from frivolous, and cover many more topics (up to 40 subjects) than when men talk to other men. Women's conversations range from health to their houses, from politics to fashion, from movies to family, from education to relationship problems, but sports are notably absent. Men tend to have a more limited range of subjects, the most popular being work, sports, jokes, cars, and women. According to Professor Petra Boynton, a psychologist who interviewed over 1,000 women, women also tend to move quickly from one subject to another in conversation, while men usually stick to one subject for longer periods of time. At work, this difference can be an advantage for men, as they can put other matters aside and concentrate fully on the topic being discussed. On the other hand, it also means that they sometimes find it hard to concentrate when several things have to be discussed at the same time in a meeting.

① 남성들은 여성들의 대화 주제가 항상 사소한 것들이라고 생각해 왔다.
② 여성들의 대화 주제는 건강에서 스포츠에 이르기까지 매우 다양하다.
③ 여성들은 대화하는 중에 주제의 변환을 빨리한다.
④ 남성들은 회의 중 여러 주제가 논의될 때 집중하기 어렵다.

문제 해결하기

| 해석 |

여성들은 수다의 전문가들이며 그들은 항상 사소한 것들에 관해 이야기한다. 적어도 남성들은 항상 그렇게 생각해 왔다. 그러나 일부 새로운 연구는 여성들이 여성들에게 말을 할 때, 그들의 대화는 시시한 것과는 거리가 멀고, 남성들이 다른 남성들과 말할 때보다 더 많은 주제들(최대 40가지의 주제들)을 다룬다고 말한다. 여성들의 대화는 건강에서부터 그들의 집, 정치에서부터 패션, 영화에서부터 가족, 교육에서부터 관계 문제까지의 범위에 이르지만 스포츠는 현저히 없다. 남성들은 더 제한된 범위의 주제를 갖는[이야기하는] 경향이 있는데, 가장 인기 있는 것들로는 일, 스포츠, 농담, 자동차, 그리고 여성이다. 1,000명 이상의 여성을 인터뷰한 심리학자인 Petra Boynton 교수에 따르면 여성들은 또한 대화에서 한 주제에서 다른 주제로 빨리 넘어가는 경향이 있는 반면, 남성은 대개 더 오랜 시간 동안 하나의 주제에 머물러 있다. 직장에서 이러한 차이는 남성들에게 장점이 될 수 있는데, 그들이 다른 일은 제쳐두고 논의되고 있는 주제에만 온전히 집중할

수 있기 때문이다. 반면에, 그것은 또한 회의에서 동시에 여러 가지 일들이 논의되어야 할 때 때때로 집중하기 어려워한다는 것을 의미하기도 한다.

|정답해설|

남녀 간의 대화 주제와 방식의 차이에 관한 글이다. 본문 중반의 Women's conversations range from ~, but sports are notably absent.에서 '여성들의 대화의 주제는 광범위하나 스포츠는 현저히 없다'라고 했으므로, ②는 글의 내용과 일치하지 않는다.

|오답해설|

①은 첫 번째 문장의 that's what men have always thought 와 일치한다. ③은 본문 중반 women also tend to move quickly from one subject to another in conversation에 언급된 내용이다. ④는 마지막 문장의 they sometimes find it hard to concentrate when several things have to be discussed at the same time의 내용과 일치한다.

|정답| ②

| 어휘 |

gossip 수다를 떨다, 험담[남 얘기]을 하다
trivial 사소한, 하찮은
frivolous 시시한, 하찮은
notably 현저히, 특히
absent 없는, 부재의
stick to ~을 굳게 지키다, 고수하다

❶ Women are experts at gossiping,/ and they always talk about trivial things,/ or at least that's what men have always thought.

여성들은 수다의 전문가들이다/ 그리고 그들은 항상 사소한 것들에 관해 이야기한다/ 적어도 남성들은 항상 그렇게 생각해 왔다

❷ However,/ some new research/ suggests that/ when women talk to women,/ their conversations are far from frivolous,/ and cover many more topics (up to 40 subjects)/ than when men talk to other men.

그러나/ 일부 새로운 연구는/ ~라고 말한다/ 여성들이 여성들에게 말을 할 때,/ 그들의 대화는 시시한 것과는 거리가 멀다고/ 그리고 더 많은 주제들(최대 40가지의 주제들)을 다룬다고/ 남성들이 다른 남성들과 말할 때보다

❸ Women's conversations/ range/ from health to their houses,/ from politics to fashion,/ from movies to family,/ from education to relationship problems,/ but sports are notably absent.

여성들의 대화는/ 범위에 이른다/ 건강에서부터 그들의 집,/ 정치에서부터 패션,/ 영화에서부터 가족,/ 교육에서부터 관계 문제까지/ 그러나 스포츠는 현저히 없다

❹ Men/ tend to have/ a more limited range of subjects,/ the most popular being/ work, sports, jokes, cars, and women.

남성들은/ 갖는[이야기하는] 경향이 있다/ 더 제한된 범위의 주제를/ 가장 인기 있는 것들로는/ 일, 스포츠, 농담, 자동차, 그리고 여성

❺ According to Professor Petra Boynton,/ a psychologist who interviewed over 1,000 women,/ women/ also tend to move quickly/ from one subject to another/ in conversation,/ while/ men/ usually stick to one subject/ for longer periods of time.

Petra Boynton 교수에 따르면/ 1,000명 이상의 여성을 인터뷰한 심리학자인/ 여성들은/ 또한 빨리 넘어가는 경향이 있다/ 한 주제에서 다른 주제로/ 대화에서/ 반면/ 남성은/ 대개 하나의 주제에 머물러 있다/ 더 오랜 시간 동안

❻ At work,/ this difference/ can be an advantage for men,/ as they can put other matters aside/ and concentrate fully/ on the topic being discussed.

직장에서/ 이러한 차이는/ 남성들에게 장점이 될 수 있다/ 왜냐하면 그들은 다른 일은 제쳐둔다/ 그리고 온전히 집중할 수 있기 때문이다/ 논의되고 있는 주제에만

❼ On the other hand,/ it also means that/ they sometimes find it hard to concentrate/ when several things have to be discussed/ at the same time/ in a meeting.

반면에,/ 그것은 또한 ~을 의미한다/ 그들이 때때로 집중하기 어려워한다는 것을/ 여러 가지 일들이 논의되어야 할 때/ 동시에/ 회의에서

03 다음 글의 주제로 가장 적절한 것은?

Physical gestures and body language have different meanings in different cultures, and misunderstanding these signals can sometimes be embarrassing. Although I had spent a lot of time among non-Americans, I had never really realized what this could mean in practical terms. I had an experience which taught me well, however. Some years ago, I organized and accompanied a small group of foreign students visiting New York for four days of sightseeing by bus. Because these students were rather young, and because New York is such an overwhelming city, I was constantly counting heads to be sure we hadn't lost anyone. In the U.S., it is very common to count people or things by pointing the index finger and, of course, I used this method. One young man became extremely quiet and pensive, and I thought that perhaps he wasn't enjoying himself. When I asked him what the matter was, he replied, "In my country, we count people with our eyes. We use our fingers to count the pigs."

① The embarrassment caused by misunderstanding sign language
② The counting of the people with the index finger
③ The difference between Americans and non-Americans
④ The sightseeing of New York

문제 해결하기

| 어휘 |

physical 육체의
signal 신호
embarrassing 당혹스러운
practical 현실적인
organize 조직하다, 준비하다
accompany 동행하다
overwhelming 압도적인, 굉장한
count 세다
common 흔한
index finger 집게손가락
pensive 생각에 잠긴, 수심 어린
reply 대답하다

| 해석 |

몸으로 나타내는 제스처와 보디랭귀지는 다양한 문화에서 다양한 의미를 가진다. 그리고 이러한 신호를 오해하는 것은 가끔 당황스러울 수 있다. 비록 내가 비미국인들 사이에서 많은 시간을 보내왔어도, 나는 실제적인 면에서 이것이 무엇을 의미할 수 있는지를 결코 인식해 본 적이 없다. 그러나 나는 나에게 이것을 잘 알려 주는 경험을 했다. 몇 년 전, 나는 4일 간의 버스 관광을 위해 뉴욕을 방문하는 외국인 학생들로 이루어진 소규모 그룹을 조직하고 동행했다. 이 학생들이 다소 어렸고 또 뉴욕이 압도적으로 큰 도시이기도 해서 나는 학생들이 모두 다 있는지 확인하기 위하여 계속해서 인원수를 셌다. 미국에서 집게손가락으로 가리키며 사람이나 사물을 세는 것은 매우 흔한 일이고, 나 또한 이 방법을 사용했다. 한 어린 학생이 극도로 조용하고 생각에 잠겨 있어서, 나는

아마 그가 즐기지 못하고 있다고 생각했다. 내가 그에게 무엇이 문제인지 물어보자, 그는 대답했다. "우리나라에서는 사람을 눈으로 세고 돼지를 셀 때 손가락을 사용해요."
① 손짓 언어의 오해로 인해 발생한 당황스러운 일
② 집게손가락으로 사람을 세기
③ 미국인과 비미국인의 차이
④ 뉴욕 관광

| 정답해설 |

이 글은 첫 문장을 통해, 보디랭귀지가 문화에 따라 다를 수 있고 그것이 오해를 불러일으킬 수 있다고 설명한다. 필자는 자신의 경험을 통하여 서로 다른 나라 사람들 간의 보디랭귀지의 오해를 묘사한다. 따라서 글에 나온 에피소드를 묘사하는 정답으로 ①이 가장 적합하다. | 정답 | ①

❶ Physical gestures and body language/ have different meanings/ in different cultures,/ and misunderstanding these signals/ can sometimes be embarrassing.

몸으로 나타내는 제스처와 보디랭귀지는/ 다양한 의미를 가진다/ 다양한 문화에서/ 그리고 이러한 신호를 잘못 이해하는 것은/ 가끔 당황스러울 수 있다

❷ Although I had spent a lot of time/ among non-Americans,/ I had never really realized/ what this could mean/ in practical terms.

비록 내가 많은 시간을 보내왔어도/ 비미국인들 사이에서/ 나는 정말로 결코 인식해 본 적이 없었다/ 이것이 무엇을 의미할 수 있는지를/ 실제적인 면에서

❸ I had an experience/ which taught me well,/ however.

나는 경험을 했다/ 나에게 잘 가르쳐 주었던/ 그러나

❹ Some years ago,/ I organized and accompanied/ a small group of foreign students/ visiting New York/ for four days of sightseeing by bus.

몇 년 전/ 나는 조직하고 동행했다/ 외국인 학생들로 이루어진 소규모 그룹을/ 뉴욕을 방문하는/ 4일 동안 버스 관광으로

❺ Because these students were rather young,/ and because New York is such an overwhelming city,/ I was constantly counting heads/ to be sure we hadn't lost anyone.

이 학생들이 다소 어렸기 때문에/ 그리고 뉴욕이 압도적으로 큰 도시이기도 하기 때문에/ 난 계속해서 학생들의 수를 셌다/ 한 명도 잃어버리지 않았는지를 확인하려고

❻ In the U.S.,/ it is very common/ to count people or things/ by pointing the index finger/ and, of course,/ I used this method.

미국에서/ 매우 흔한 일이다/ 사람이나 사물을 세는 것이/ 집게손가락으로 가리키며/ 그리고 물론/ 나도 이 방법을 사용했다

❼ One young man became extremely quiet and pensive,/ and I thought/ that perhaps he wasn't enjoying himself.

한 어린 학생이 극도로 조용하고 생각에 잠겨 있었다/ 그리고 나는 생각했다/ 아마 그는 즐기지 못하고 있다고

❽ When I asked him/ what the matter was,/ he replied,/ "In my country,/ we count people with our eyes./ We use our fingers to count the pigs."

내가 그에게 물어보았을 때/ 무엇이 문제인지/ 그는 대답했다/ "우리나라에서는/ 사람을 눈으로 세요/ 우리는 돼지를 세기 위해 손가락을 사용해요"

목표에 대한 신념이 투철하고
이에 상응한 노력만 쏟아 부으면
그 누구라도 무슨 일이든 다 할 수 있다.

– 정주영

II

Macro
Reading

학습목표

01 요지

교수님 코멘트▶ 요지는 거시적인 독해의 가장 첫 번째 유형으로 요지가 주로 배치되는 영역에 집중해서 정밀한 독해를 해야만 한다. 대표 기출문제와 실전문제들은 글의 요지가 지문 속에 다양하게 배치되어 있으므로 이를 통해 연습할 수 있도록 설계하였다.

VOCABULARY CHECK

STEP 1　유형 접근하기

요지란 필자의 생각과 의견이다. 따라서 요지 문제는 필자의 주장을 묻는 문제와도 맥을 같이 한다.

▌유형접근 Q&A

Q1: 요지가 주로 나타나는 위치가 있나요?

A1: 두 지점에 유의하세요.

① 지문의 처음 1~2문장

첫 문장에 요지가 나타날 때는 두 번째 문장이 그 요지를 보다 구체적으로 뒷받침해 주고, 두 번째 문장에 요지가 나타나는 경우에는 첫 문장이 글의 도입 부분이 됩니다.

② 지문의 마지막 문장

결론을 유도하는 연결사와 같이 등장합니다.

> so, therefore, hence, thus, accordingly, finally, in the end, consequently,
> as a consequence, as a result, lastly 등

Q2: 요지를 나타내는 특별한 단어가 있나요?

A2: important 계열의 형용사에 주의하세요.

important 계열의 형용사가 들어 있는 문장은 주제문일 수 있습니다. 선택지의 내용과 important 계열의 형용사가 들어 있는 문장의 내용이 일치하면 그것이 정답일 확률이 높습니다.

> important, significant, necessary, essential, vital, the best 등

Q3: 요지의 signal은 무엇인가요?

A3: must 계열의 조동사에 주의하세요.

must 계열의 조동사가 들어 있는 문장은 주제문일 수 있습니다. 선택지의 내용과 must 계열의 조동사가 들어 있는 문장의 내용이 일치하면 그것이 정답일 확률이 높습니다.

> must, have to, should, ought to, have got to 등

STEP 2 　유형 적용하기

대표 기출문제

Q. ⟨보기⟩ 글의 요지로 가장 적절한 것은? 　　　2018 서울시 9급 제2회

┤ 보기 ├

　Feelings of pain or pleasure or some quality in between are the bedrock of our minds. We often fail to notice this simple reality because the mental images of the objects and events that surround us, along with the images of the words and sentences that describe them, use up so much of our overburdened attention. But there they are, feelings of myriad emotions and related states, the continuous musical line of our minds, the unstoppable humming of the most universal of melodies that only dies down when we go to sleep, a humming that turns into all-out singing when we are occupied by joy, or a mournful requiem when sorrow takes over.

① Feelings are closely associated with music.

② Feelings are composed of pain and pleasure.

③ Feelings are ubiquitous in our minds.

④ Feelings are related to the mental images of objects and events.

문제 해결하기

| 해석 |

고통이나 기쁨 또는 그 사이의 어떤 특성에 관한 느낌들은 우리의 정신적 기반이다. 우리를 둘러싼 물체와 사건의 정신적인 이미지가 그것들을 묘사하는 말과 문장의 이미지와 함께 우리의 과도한 관심을 다 써버리기 때문에 우리는 종종 이 단순한 현실을 인지하지 못한다. 그러나 그것들은 거기에 있다. 수많은 감정들과 관련된 상태, 연속적인 마음의 악상, 우리가 잠이 들 때만 사라지는 가장 보편적인 멜로디의 멈추지 않는 콧노래이며, 우리가 기쁨에 사로잡혔을 때 완전한 노래로 변하거나, 또는 슬픔이 차올랐을 때 애절한 진혼곡으로 변하는 콧노래이다.

① 감정은 음악과 밀접하게 관련이 있다.
② 감정은 고통과 기쁨으로 구성된다.
③ 감정은 우리의 마음속 어디에서나 존재한다.
④ 감정은 물체와 사건에 대한 정신적인 이미지와 관련되어 있다.

|정답해설|

이 글은 고통이나 기쁨 혹은 그 사이의 감정들이 우리의 정신적 기반이라고 하고 있다. 다만, 우리를 둘러싼 물체와 사건의 이미지들이 과도한 관심을 다 써버려서 그러한 감정이 우리의 정신적 기반임을 눈치채지 못하고 있지만 그래도 그것들은 거기에 있다고 하고 있다. 그러므로 ③이 이 글의 요지로 가장 적절하다. ①은 우리의 마음이 음악적인 상태와 관련되어 있다고 서술한 하나의 예시에 불과하므로 전체적인 요지로 보기에는 무리가 있다. 　　　|정답| ③

| 어휘 |

in between 사이에
bedrock 기반
surround 둘러싸다
describe 묘사하다
overburden 과중한 부담을 주다
myriad 무수한, 수많은
unstoppable 막을 수 없는
humming 콧노래
all-out 전력을 다한, 전면적인
mournful 슬픔에 잠긴, 애처로운
requiem 진혼곡
take over 장악하다

지문 분석

❶ Feelings/ of pain or pleasure or some quality in between/ are the bedrock of our minds.
　　주어　　전치사 명사1　　명사2　　　　명사3　　　　　형용사구　　　동사 보어　　　전명구

느낌들은/ 고통이나 기쁨 또는 그 사이의 어떤 특성에 관한/ 우리의 정신적 기반이다

❷ We often fail/ to notice this simple reality/ because the mental images of the objects
　　주어　　동사　목적어　　　　　　　　　　　접속사　　　주어

and events that surround us,/ along with the images of the words and sentences that
　　　　주격 관계대명사　　　　전명구　　　　　　　　　　　　　　주격 관계대명사

describe them,/ use up so much of our overburdened attention.
　동사　　　　　동사　　　　전명구

우리는 종종 실패한다/ 이 단순한 현실을 인지하는 것을/ 왜냐하면 우리를 둘러싼 물체와 사건의 정신적인 이미지가/ 그것들을 묘사하는 말과 문장의 이미지와 함께/ 우리의 과도한 관심을 다 써버리기 때문이다

❸ But/ there they are,/ feelings of myriad emotions and related states,/ the continuous
　접속사　　주어　동사　동격 주어　　　　　　　　　　　　　　　동격 주어

musical line of our minds,/ the unstoppable humming of the most universal of
　　　　　동격 주어

melodies/ that only dies down when we go to sleep,/ a humming that turns into
　　　　　주격 관계대명사　　　　　　　　　　　　　　동격 주어

all-out singing when we are occupied by joy,/ or a mournful requiem when sorrow
　　　　　　　　　　　　　　　　　　　　　접속사

takes over.

그러나/ 그것들은 거기에 있다/ 수많은 감정들과 관련된 상태들의 느낌들/ 우리의 마음의 연속적인 악상/ 가장 보편적인 멜로디의 멈추지 않는 콧노래/ 우리가 잠이 들 때만 사라지는/ 우리가 기쁨에 사로잡혔을 때 완전한 노래로 변하는 콧노래/ 또는 슬픔이 차올랐을 때 애절한 진혼곡으로 변하는

01 다음 글의 요지로 가장 적절한 것은?

If someone makes you an offer and you're legitimately concerned about parts of it, you're usually better off proposing all your changes at once. Don't say, "The salary is a bit low. Could you do something about it?" and then, once she's worked on it, come back with "Thanks. Now here are two other things I'd like..." If you ask for only one thing initially, she may assume that getting it will make you ready to accept the offer (or at least to make a decision). If you keep saying "and one more thing...," she is unlikely to remain in a generous or understanding mood. Furthermore, if you have more than one request, don't simply mention all the things you want - A, B, C, and D; also signal the relative importance of each to you. Otherwise, she may pick the two things you value least, because they're pretty easy to give you, and feel she's met you halfway.

① Negotiate multiple issues simultaneously, not serially.
② Avoid sensitive topics for a successful negotiation.
③ Choose the right time for your negotiation.
④ Don't be too direct when negotiating salary.

문제 해결하기

| 해석 |

만일 누군가가 당신에게 제안을 하고 당신이 그것의 일부에 대해 정당하게 우려가 된다면, 보통 당신은 모든 당신의 변경점들을 동시에 제시하는 것이 더 낫다. "급여가 조금 낮네요. 이에 대해 무엇인가 해 주실 수 있나요?"라고 말하고, 그녀가 그것을 처리했을 때 다시 돌아와 "감사합니다. 이제 여기 제가 원하는 두 가지 다른 것들이 있는데..."라고 말하지 마라. 만일 당신이 처음에 오직 한 가지만을 요청한다면, 그녀는 그것을 들어주는 것이 당신이 제안을 받아들일 (아니면 적어도 결정을 내릴) 준비가 될 것이라고 생각할지도 모른다. 만일 당신이 계속 "그리고 한 가지 더..."라고 말한다면 그녀가 관대하거나 이해심 있는 기분으로 계속 있지는 않을 것이다. 게다가, 만일 당신에게 한 가지 이상의 요구사항이 있다면, 당신이 원하는 모든 것을 – A, B, C, 그리고 D라고 단순히 말하지 마라; 당신에게 있어서 각각의 상대적인 중요성에 대한 신호 또한 보내라. 그렇지 않으면, 당신에게 제공하기 상당히 쉽기 때문에 그녀는 당신이 가장 덜 중요하게 생각하는 두 가지를 선택하고 당신과 타협했다고 느낄지도 모른다.

① 다수의 사안을 연속적으로가 아니라 동시에 협상하라.
② 성공적인 협상을 위해 민감한 주제는 피하라.
③ 협상을 위한 알맞은 시점을 선택하라.
④ 급여 협상 시 너무 단도직입적으로 하지 말라.

| 정답해설 |

첫 번째 문장에서 'you're usually better off proposing all your changes at once.'라고 하며, 변경 사항에 대한 요청을 할 때 한꺼번에 요구사항을 제시할 것을 조언하고 있다. 이어서, 제안을 하나씩 차례로 말하는 상황을 예시로 들며, 그로 인해 부정적인 결과가 발생할 수 있음을 암시하고 있다. 따라서 글의 요지로 가장 적절한 것은 ①이다. | 정답 | ①

| 어휘 |

legitimately 정당하게, 합법적으로
concerned about ~을 염려하는
better off ~하는 것이 더 나은
at once 동시에, 한 번에
initially 초기에, 처음에
assume 추정하다, 가정하다
relative 상대적인
otherwise 그렇지 않으면
meet ~ halfway ~와 타협[절충]하다
negotiate 협상하다
simultaneously 동시에, 일제히
serially 연속으로

❶ If/ someone makes you an offer/ and you're legitimately concerned/ about parts of it,/ you're usually better off/ proposing all your changes/ at once.

만약 ~한다면/ 누군가 당신에게 제안을 한다/ 그리고 당신이 정당하게 우려가 된다/ 그것의 일부에 대해/ 보통 당신은 ~하는 것이 더 낫다/ 모든 당신의 변경점들을 제시하는 것/ 동시에

❷ Don't say,/ "The salary is a bit low./ Could you do something about it?"/ and then,/ once she's worked on it,/ come back with "Thanks. Now here are two other things I'd like..."

말하지 마라/ "급여가 조금 낮네요/ 이에 대해 무엇인가 해 주실 수 있나요?"/ 그런 다음/ 그녀가 그것을 처리했을 때/ 다시 돌아와 "감사합니다. 이제 여기 제가 원하는 두 가지 다른 것들이 있는데..."라고

❸ If/ you ask for only one thing initially,/ she may assume/ that getting it will make you ready to accept the offer/ (or at least to make a decision).

만약 ~한다면/ 당신이 처음에 오직 한 가지만을 요청한다/ 그녀는 ~라고 생각할지도 모른다/ 그것을 들어주는 것이 당신이 제안을 받아들일 준비가 될 것이라고/ (아니면 적어도 결정을 내릴)

❹ If/ you keep saying "and one more thing...,"/ she is unlikely to remain/ in a generous or understanding mood.

만일 ~한다면/ 당신이 계속 "그리고 한 가지 더..."라고 말한다/ 그녀가 계속 있지는 않을 것이다/ 관대하거나 이해심 있는 기분으로

❺ Furthermore,/ if/ you have more than one request,/ don't simply mention/ all the things you want/ - A, B, C, and D;/ also signal the relative importance of each to you.

게다가/ 만일 ~한다면/ 당신에게 한 가지 이상의 요구사항이 있다/ 단순히 말하지 마라/ 당신이 원하는 모든 것을/ A, B, C, 그리고 D라고/ 당신에게 있어서 각각의 상대적인 중요성에 대한 신호 또한 보내라

❻ Otherwise,/ she may pick the two things you value least,/ because they're pretty easy to give you,/ and feel she's met you halfway.

그렇지 않으면/ 그녀는 당신이 가장 덜 중요하게 생각하는 두 가지를 선택할지도 모른다/ 당신에게 제공하기 상당히 쉽기 때문에/ 그리고 당신과 타협했다고 느낄지도 모른다

02 다음 글의 요지로 가장 적절한 것은?

2016 지방교육행정직 9급

Similarity can consist of being part of the same group, even if the party in distress is a stranger. In one study, students were made to think about their favorite soccer team, thereby activating their identity as a fan of that team. Each participant was then made to walk to another building. On the way, he encountered a student who was injured and either wearing a shirt of the participant's favorite team, a shirt of a competitor, or a shirt with no team name. The injured student received more help when wearing a shirt of the participant's favorite team than when wearing either of the other kinds of shirts. People who are fans of the same soccer team form an ingroup, and generally speaking, we are more likely to help ingroup rather than outgroup members.

① Social identity is strongly related to people's hobbies.
② Outgroup members regard similarity as a key to friendship.
③ People are likely to mimic one another to get help.
④ Similarity plays a role in likelihood of being helped.

문제 해결하기

| 해석 |

유사성은 설사 곤경에 처한 사람이 낯선 사람일지라도 같은 집단의 일부가 되는 것으로 구성될 수 있다. 한 연구에서, 학생들에게 그들의 가장 선호하는 축구팀에 대해서 생각해 보도록 하였는데 그렇게 함으로써 그 팀의 팬으로서의 그들의 정체성을 활성화하면서 말이다. 그런 다음 각각의 참가자를 다른 건물로 걸어가게 했다. 가는 길에, 그는 가장 선호하는 팀의 셔츠, 또는 경쟁 팀의 셔츠, 또는 팀 이름이 없는 셔츠를 입은 한 학생이 부상을 입은 것을 발견했다. 그 부상 입은 학생은 다른 종류의 셔츠들 중 한 쪽을 입었을 때보다 실험 참가자가 가장 선호하는 팀의 셔츠를 입었을 때 도움을 더 받았다. 같은 축구팀의 팬인 사람들은 일반적으로 말하면, 내집단을 형성하며, 우리는 외집단의 구성원보다는 내집단을 더 쉽게 도와주는 경향이 있다.

① 사회 정체성은 사람의 취미와 매우 관련이 있다.
② 외집단 구성원은 유사점을 우정의 핵심으로 간주한다.
③ 사람들은 도움을 얻기 위해서 서로를 흉내 내는 경향이 있다.
④ 유사점은 도움을 받을 가능성에 있어서 역할을 한다.

| 정답해설 |

자신이 선호하는 축구팀의 셔츠를 입고 있다면, 그러한 유사점으로 인하여 상대방에게 도움을 주는 경향이 높다고 하였다. 따라서 '도움'에는 '유사점'이 중요한 역할을 하는 것이므로 요지는 ④가 가장 적절하다. | 정답 | ④

| 어휘 |

distress 곤경, 고통, 괴로움
participant 참가자
encounter 마주치다
competitor 경쟁자
ingroup 내집단
mimic 흉내를 내다
likelihood 가능성, 공산

지문 분석

① Similarity can consist of being part of the same group,/ even if the party in distress is a stranger.
유사성은 같은 집단의 일부가 되는 것으로 구성될 수 있다/ 설사 곤경에 처한 사람이 낯선 사람일지라도

② In one study,/ students were made to think about their favorite soccer team,/ thereby activating their identity/ as a fan of that team.
한 연구에서/ 학생들에게 그들의 가장 선호하는 축구팀에 대해서 생각해 보도록 하였다/ 그렇게 함으로써 그들의 정체성을 활성화하면서/ 그 팀의 팬으로서의

③ Each participant/ was then made to walk to another building.
각각의 참가자를/ 그런 다음 다른 건물로 걸어가게 했다

④ On the way,/ he encountered a student/ who was injured/ and either wearing a shirt of the participant's favorite team,/ a shirt of a competitor,/ or a shirt with no team name.
가는 길에/ 그는 한 학생을 만났다/ 부상을 입은/ 참가자가 가장 선호하는 팀의 셔츠를 입거나/ 경쟁 팀의 셔츠/ 또는 팀의 이름이 없는 셔츠를 (입은)

⑤ The injured student received more help/ when wearing a shirt of the participant's favorite team/ than when wearing either of the other kinds of shirts.
그 부상을 입은 학생은 도움을 더 받았다/ 참가자가 가장 선호하는 팀의 셔츠를 입었을 때/ 다른 종류의 셔츠들 중 어느 하나를 입었을 때보다

⑥ People who are fans of the same soccer team/ form an ingroup,/ and generally speaking,/ we are more likely to help ingroup/ rather than outgroup members.
같은 축구팀의 팬인 사람들은/ 내집단을 형성한다/ 그리고 일반적으로 말하면/ 우리는 내집단을 더 쉽게 도와주는 경향이 있다/ 외집단의 구성원보다는

03 다음 글의 요지로 가장 적절한 것은?

When giving performance feedback, you should consider the recipient's past performance and your estimate of his or her future potential in designing its frequency, amount, and content. For high performers with potential for growth, feedback should be frequent enough to prod them into taking corrective action, but not so frequent that it is experienced as controlling and saps their initiative. For adequate performers who have settled into their jobs and have limited potential for advancement, very little feedback is needed because they have displayed reliable and steady behavior in the past, knowing their tasks and realizing what needs to be done. For poor performers—that is, people who will need to be removed from their jobs if their performance doesn't improve—feedback should be frequent and very specific, and the connection between acting on the feedback and negative sanctions such as being laid off or fired should be made explicit.

① Time your feedback well.
② Customize negative feedback.
③ Tailor feedback to the person.
④ Avoid goal-oriented feedback.

문제 해결하기

| 해석 |
성과 피드백을 할 때, 그것(피드백)의 빈도, 양, 그리고 내용을 설계하는 데 있어서 당신은 (피드백을) 받는 사람의 과거 성과와 그 또는 그녀의 향후 잠재력에 대한 당신의 예상을 고려해야 한다. 성장할 수 있는 잠재력을 가지고 있는 고성과자의 경우, 피드백이 그들에게 시정조치를 취하도록 자극할 만큼 충분히 빈번해야 하지만 그것이 통제로 경험되어 그들의 진취성을 약화시킬 만큼 너무 빈번해서는 안 된다. 자신의 업무에 정착하여 발전 가능성이 제한되어 있는 적절한 성과자들에게는, 피드백이 거의 필요 없는데, 왜냐하면 그들은 자신들의 업무를 알고 무엇을 해야 하는지를 깨달아서 과거에 신뢰할 수 있고 안정된 행동을 보여왔기 때문이다. 저성과자의 경우, 즉 그들의 성과가 개선되지 않으면 직장에서 퇴출될 필요가 있는 사람들은 피드백이 빈번하고 매우 구체적이어야 하며, 피드백에 따라 행동하는 것과 임시 해고 또는 해고와 같은 부정적인 제재 사이의 연관성을 분명히 해야 한다.

① 당신의 피드백의 시간을 잘 맞춰라.
② 부정적인 피드백을 맞춰야 한다.
③ 사람마다 피드백을 조정해라.
④ 목적 지향적인 피드백을 피해라.

| 정답해설 |
고성과자, 적절한 성과자 그리고 저성과자에 대한 피드백이 각각 어떠해야 하는지 설명하고 있으므로 글의 요지로 적절한 것은 ③ Tailor feedback to the person.(사람마다 피드백을 조정해라.)이다. 시간을 맞추라기보다는 대상에 대해 피드백을 맞추라는 것이 본문의 내용이므로 ①은 정답이 될 수 없으며, ②④는 본문에서 언급된 내용이 아니다.

| 정답 | ③

| 어휘 |
recipient 수신자
past 지나간, 과거의
estimate 추정(치)
frequency 빈도
content 내용(물)
high performer 고성과자
prod 자극하다, 찌르다
corrective 교정의
sap 약화시키다
initiative 진취성, 계획
adequate 적절한, 중간의
settle into ~에 자리 잡다
advancement 발전, 진전
specific 구체적인
sanction 제재; 승인
lay off 해고하다
explicit 분명한
time 시간을 맞추다, 조절하다
customize 맞춰주다, 주문 제작하다
tailor 맞추다, 조정하다
goal-oriented 목표 지향적인

지문 분석

❶ When giving performance feedback,/ you should consider/ the recipient's past performance/ and your estimate of his or her future potential/ in designing its frequency, amount, and content.

성과 피드백을 할 때/ 당신은 고려해야만 한다/ 받는 사람의 과거 성과/ 그리고 그 혹은 그녀의 미래 잠재력에 대한 당신의 예상을/ 그것(피드백)의 빈도, 양 그리고 내용을 설계하는 데에 있어

❷ For high performers with potential for growth,/ feedback should be frequent enough to prod them into taking corrective action,/ but not so frequent that it is experienced as controlling and saps their initiative.

성장할 수 있는 잠재력을 가지고 있는 고성과자의 경우/ 피드백이 충분히 빈번하여 그들이 시정 조치를 취하도록 유도해야 한다/ 하지만 너무 빈번해서 그것이 통제로 경험되어 그들의 진취성을 약화시키면 안 된다

❸ For adequate performers/ who have settled into their jobs and have limited potential for advancement,/ very little feedback is needed/ because they have displayed reliable and steady behavior in the past,/ knowing their tasks and realizing what needs to be done.

적절한 성과자들에게는/ 자신의 업무에 정착하여 발전 가능성이 제한되어 있는/ 피드백은 거의 필요하지 않다/ 과거에 신뢰할 수 있고 안정된 행동을 보여 왔기 때문이다/ 그들의 일을 알고 무엇을 해야 할 필요가 있는지를 깨달아서

❹ For poor performers/ —that is, people who will need to be removed from their jobs/ if their performance doesn't improve—/ feedback should be frequent and very specific,/ and the connection between acting on the feedback and negative sanctions such as being laid off or fired should be made explicit.

저성과자의 경우/ 즉 직장에서 퇴출될 필요가 있는 사람들은/ 그들의 성과가 개선되지 않으면/ 피드백이 빈번하고 매우 구체적이어야 하며/ 피드백에 따라 행동하는 것과 임시 해고 또는 해고와 같은 부정적인 제재 사이의 연관성을 분명히 해야 한다

04 다음 글의 요지로 가장 적절한 것은?

2017 서울시 사회복지직 9급

On a bright spring morning 50 years ago, two young astronomers at Bell Laboratories were tuning a 20-foot, horn-shaped antenna pointed toward the sky over New Jersey. Their goal was to measure the Milky Way galaxy, home to planet Earth. To their puzzlement, Robert W. Wilson and Arno A. Penzias heard the insistent hiss of radio signals coming from every direction—and from beyond the Milky Way. It was cosmic microwave background radiation, a residue of the primordial explosion of energy and matter that suddenly gave rise to the universe some 13.8 billion years ago. The scientists had found evidence that would confirm the Big Bang Theory, first proposed by Georges Lemaître in 1931.

① The light helps rule the Big Bang Theory out.
② The mysterious signal means a steady state of the universe.
③ The universe was in a steady state without a singular beginning.
④ The radiation is a residual effect of the explosion which Lemaître theorized.

문제 해결하기

| 해석 |

50년 전의 밝은 봄날 아침에, Bell 연구소의 두 젊은 천문학자들은 New Jersey의 하늘을 향해 있는 20피트의 뿔 모양의 안테나를 조정하고 있었다. 그들의 목표는 행성 지구의 고향인 은하계를 측정하는 것이었다. 당황스럽게도, Robert W. Wilson과 Arno A. Penzias는 사방에서 그리고 은하계 너머에서 들리는 계속되는 무선 신호의 쉬익 하는 소리를 들었다. 그것은 우주의 극초단파 배경 복사선으로, 약 138억 년 전에 갑자기 우주를 탄생시킨 에너지와 물질의 원시 폭발의 잔재였다. 그 과학자들은 1931년에 Georges Lemaître가 처음으로 제안한 빅뱅 이론을 확인하는 증거를 발견했던 것이다.
① 빛은 빅뱅 이론을 배제하는 데에 도움을 준다.
② 신비한 신호는 우주의 안정된 상태를 의미한다.
③ 우주는 단 하나의 시작이 없는 안정된 상태에 있었다.
④ 그 복사선은 Lemaître가 이론화했던 폭발의 잔류 효과이다.

|정답해설|

해당 지문은 Georges Lemaître가 처음 제안한 '빅뱅 이론을 확인하는 증거'였던 에너지와 물질의 원시 폭발 잔재인 우주의 극초단파 배경 복사선을 발견하게 된 사건에 대한 묘사이다. 따라서 이 글의 요지는 ④이다. 여기서 the explosion which Lemaître theorized는 '빅뱅 이론'을 가리키며, 해당 문제는 요지 문제라기보다는 내용일치 유형에 가까운 문제라고 볼 수 있다. ①③은 본문에서 언급되지 않은 내용이고, ②는 the insistent hiss를 신비한 신호로 볼 수도 있으나 그것이 우주의 어떤 상태와 관련이 있는지는 확인할 수 없다.

|정답| ④

| 어휘 |

insistent 계속되는
hiss 쉬익 하는 소리
cosmic 우주의
residue 잔여물
primordial 원시적인
explosion 폭발
rule out 배제하다
singular 단 하나의, 특이한

❶ On a bright spring morning 50 years ago,/ two young astronomers at Bell Laboratories/ were tuning a 20-foot, horn-shaped antenna/ pointed toward the sky over New Jersey.

50년 전의 밝은 봄날 아침에/ Bell 연구소의 두 젊은 천문학자들은/ 20피트의 뿔 모양의 안테나를 조정하고 있었다/ New Jersey의 하늘을 향해 있는

❷ Their goal/ was to measure the Milky Way galaxy,/ home to planet Earth.

그들의 목표는/ 은하계를 측정하는 것이었다/ 행성 지구의 고향인

❸ To their puzzlement,/ Robert W. Wilson and Arno A. Penzias heard/ the insistent hiss of radio signals coming from every direction —/ and from beyond the Milky Way.

당황스럽게도/ Robert W. Wilson과 Arno A. Penzias는 들었다/ 사방에서 들리는 계속되는 무선 신호의 쉬익 하는 소리를/ 그리고 은하계 너머에서

❹ It was cosmic microwave background radiation,/ a residue of the primordial explosion of energy and matter/ that suddenly gave rise to the universe some 13.8 billion years ago.

그것은 우주의 극초단파 배경 복사선이었다/ 에너지와 물질의 원시 폭발의 잔재인/ 약 138억 년 전에 갑자기 우주를 탄생시킨

❺ The scientists had found evidence/ that would confirm the Big Bang Theory,/ first proposed/ by Georges Lemaître in 1931.

그 과학자들은 증거를 발견했던 것이다/ 빅뱅 이론을 확인하는/ 처음으로 제안된/ 1931년에 Georges Lemaître에 의해

05 다음 글의 요지로 가장 적절한 것은?

The increasing pace of globalization and how it affects the environment has been a major global concern. Although the research has been fraught with contrasting results, there are many who strongly believe that increased globalization has been harmful to the environment. However, an important question here is whether deglobalization would have the opposite impact on the environment. Put differently, if globalization is harmful, then should we expect that the current deglobalization trend will be less harmful for the environment? In fact, deglobalization may not necessarily translate into reduced emissions of harmful gases, but could actually worsen it. Through what's known as the technique effect, globalization can trigger environmentally friendly technological innovations that can be transferred from countries with strict environmental regulations to pollution havens. Multinational corporations with clean state-of-the-art technologies can transfer their green know-how to countries with low environmental standards. Deglobalization could mean these environmentally friendly technologies aren't passed on to countries that are trying to go green.

① More environmentally friendly technologies should be introduced worldwide.
② Deglobalization can help developing countries be more economically independent.
③ It is highly necessary to slow down the pace of globalization for environmental reasons.
④ Deglobalization may not be the answer to environmental problems globalization is causing.

문제 해결하기

| 해석 |

세계화의 증가하는 속도와 환경에 미치는 영향은 세계적인 주요 관심사이다. 연구는 많은 대조적인 결과투성이임에도 불구하고, 증가한 세계화가 환경에 해롭다고 강력하게 믿는 사람들이 많다. 그러나, 여기에서 중요한 질문 하나는 반세계화가 환경에 반대의 영향을 미칠 것인가 하는 것이다. 달리 말하면, 만약 세계화가 해롭다면, 우리는 현재의 반세계화 추세가 환경에 덜 해로울 것이라고 기대해야 하는가? 사실, 반세계화가 반드시 유해가스 배출의 감소로 바뀌는 것은 아니고, 실제로 그것을 더 악화시킬 수도 있다. 기술효과라고 알려진 것을 통해, 세계화는 환경 규제가 엄격한 국가로부터 오염피난처 국가로 이전될 수 있는 환경 친화적인 기술적 혁신을 촉발시킬 수 있다. 청정한 최첨단 기술을 보유한 다국적 기업은 그들의 환경보호 노하우를 환경 기준이 낮은 국가들로 이전시킬 수 있다. 반세계화는 이러한 환경 친화적 기술들이 친환경을 추구하고자 하는 국가들로 전해지지 않는다는 것을 의미할 수 있다.

① 전 세계적으로 환경 친화적인 기술이 더 도입되어야 한다.
② 반세계화는 개발도상국이 경제적으로 더 자립하도록 도울 수 있다.
③ 환경적인 이유로 세계화의 속도를 늦추는 것이 매우 필요하다.
④ 반세계화는 세계화가 야기하는 환경 문제를 풀 해결책이 아닐지도 모른다.

| 정답해설 |

해당 지문은 'globalization(세계화)'의 환경적인 문제점이 deglobalization(반세계화)으로 해결될 수 있는지'에 대해 논의하고 있다. 본문 중반에서 In fact, deglobalization may not necessarily translate into reduced emissions of harmful gases, but could actually worsen it.(사실, 반세계화가 반드시 유해가스 배출의 감소로 바뀌는 것은 아니고, 실제로 그것을 더 악화시킬 수도 있다.)라고 필자의 주장을 드러내고 있으며, '반세계화가 오히려 환경오염을 증가시킬 수 있다'고 언급한 후, 그에 따른 근거를 제시하며 드러나는 반세계화에 대한 부정적인 어조로 보아 ④가 글의 요지로 가장 적절하다.

| 정답 | ④

| 어휘 |

globalization 세계화
affect 영향을 미치다
concern 관심사; 우려, 걱정
fraught with ~ 투성이인
contrasting 대조적인, 대비를 이루는
deglobalization 반세계화
opposite 정반대의
necessarily 반드시, 필연적으로
translate 바뀌다
emission 배출
trigger 촉발시키다
innovation 혁신
transfer 옮기다, 이동하다
strict 엄한, 엄격한
regulation 규제, 규정
pollution haven 오염피난처(환경 규제가 낮은 국가)
state-of-the-art 최첨단의, 최신의
go green 친환경적이 되다

지문 분석

① The increasing pace of globalization and how it affects the environment/ has been a major global concern.

세계화의 증가하는 속도와 그것이 환경에 어떻게 영향을 미치는지는/ 세계적인 주요 관심사이다

② Although the research has been fraught with contrasting results,/ there are many/ who strongly believe/ that increased globalization has been harmful to the environment.

연구는 많은 대조적인 결과투성이임에도 불구하고/ 많은 사람들이 있다/ 강력하게 믿는/ 증가한 세계화가 환경에 해롭다는 것을

③ However,/ an important question here/ is whether deglobalization would have the opposite impact on the environment.

그러나/ 여기에서 중요한 질문 하나는/ 반세계화가 환경에 반대의 영향을 미칠 것인가 하는 것이다

④ Put differently,/ if globalization is harmful,/ then should we expect/ that the current deglobalization trend will be less harmful for the environment?

달리 말하면/ 만약 세계화가 해롭다면/ 우리는 기대해야 하는가/ 현재의 반세계화 추세가 환경에 덜 해로울 것이라고

⑤ In fact,/ deglobalization may not necessarily translate into reduced emissions of harmful gases,/ but could actually worsen it.

사실/ 반세계화가 반드시 유해가스 배출의 감소로 바뀌는 것은 아니고/ 실제로 그것을 더 악화시킬 수도 있다

⑥ Through what's known as the technique effect,/ globalization can trigger environmentally friendly technological innovations/ that can be transferred/ from countries with strict environmental regulations/ to pollution havens.

기술효과라고 알려진 것을 통해/ 세계화는 환경 친화적인 기술적 혁신을 촉발시킬 수 있다/ 이전될 수 있는/ 강력한 환경 규제를 채택한 국가로부터/ 오염피난처 국가로

⑦ Multinational corporations with clean state-of-the-art technologies/ can transfer their green know-how/ to countries with low environmental standards.

청정한 최첨단 기술을 보유한 다국적 기업은/ 그들의 환경보호 노하우를 이전시킬 수 있다/ 환경 기준이 낮은 국가들로

⑧ Deglobalization could mean/ these environmentally friendly technologies aren't passed on to countries/ that are trying to go green.

반세계화는 의미할 수 있다/ 이러한 환경 친화적 기술들이 국가들로 전해지지 않는다는 것을/ 친환경을 추구하고자 하는

02 주장

교수님 코멘트▶ 주장에 주로 사용되는 표현에 유의해야 한다. STEP 1에 주로 사용되는 표현과 속담 표현 등을 한눈에 볼 수 있도록 정리해 두었으므로 반드시 숙지해야 한다.

STEP 1   유형 접근하기

필자의 주장이 제시되어 있는 경우 지문 구성은 필자의 주장과 그 주장에 대한 근거로 이루어지며, 필자의 주장을 요약하면 요지가 되는 것이 일반적이다. 지식 및 정보를 제공하는 형태의 글은 결론도 중요하지만 과정 역시 중요하므로 글 전체를 요약하는 것에 초점을 맞추어야 한다.

▌유형접근 Q&A

Q1: 주장의 signal이 있나요?

A1: 네, 있습니다!

- I strongly recommend that 나는 강력하게 ~을 추천한다
- I urge you to ~ 나는 당신이 ~하기를 촉구한다
- suggest 제안하다
- insist 주장하다
- It is necessary[required] ~은 필수적이다
- Never forget 절대 ~을 잊지 마라
- Remember = Keep ~ in mind ~을 기억하라[명심하라]
- ~ should be prohibited ~은 금지되어야 한다
- Try 노력하라
- You have to[must] ~해야만 한다

① 필자의 주장

뒷받침하는 내용 제시

② 필자의 주장 반복 제시

Q2: 주장을 나타낼 때 지문 속에 항상 답이 있나요?

A2: 네, 대부분 그렇습니다만, 기출문항 중 속담으로 주장을 비유하기도 합니다. 아래의 필수 속담을 꼭 암기하세요!

▌필수 속담

☐ Look before you leap.	아는 길도 물어가라.
☐ Like father, like son.	부전자전(父傳子傳)
☐ No news is good news.	무소식이 희소식이다.
☐ Out of sight, out of mind.	눈에서 멀어지면, 마음에서도 멀어진다.
☐ Rome was not built in a day.	로마는 하루 아침에 이루어진 것이 아니다.
☐ Actions speak louder than words.	행동은 말보다 설득력이 있다.
☐ Don't put all your eggs in one basket.	하나의 일에 모든 것을 걸지 마라.

☐ One man's music is another man's noise.	갑의 약은 을의 독(사람마다 기호가 다르다.)
☐ Every man knows his own business best.	자기의 일은 자기가 제일 잘 안다.
☐ The whole is more than the sum of its parts.	전체는 부분의 합보다 낫다.
☐ Two heads are better than one.	두 사람의 지혜가 하나보다 낫다.
☐ Strike while the iron is hot.	쇠가 달았을 때 두드려라.(기회를 놓치지 마라.)
☐ There is no place like home.	내 집처럼 좋은 곳은 없다.
☐ Practice makes perfect.	연습이 완벽을 만든다.
☐ Easier said than done.	말하기는 쉬우나 행하기는 어렵다.
☐ A friend in need is a friend indeed.	어려울 때 친구가 진정한 친구이다.
☐ A picture is worth a thousand words.	백문이 불여일견이다.
☐ Blood is thicker than water.	피는 물보다 진하다.
☐ The pot calls the kettle black.	냄비가 솥 보고 검다고 한다.(제 잘못을 모르고 남 탓한다.)
☐ Slow and steady wins the race.	천천히 그리고 꾸준한 것이 경주에서 이긴다. (서두르면 일을 망친다.)
☐ Many drops make a shower.	티끌 모아 태산이다.
☐ Time and tide wait for no man.	세월은 사람을 기다려 주지 않는다.
☐ A sound mind in a sound body.	건강한 신체에 건강한 정신이 깃든다.
☐ Do to others as you would be done by.	대우받고 싶은 대로 다른 사람을 대우하라.
☐ Lend your money and lose your friend.	돈을 빌려주면 친구를 잃는다.
☐ Hunger is the best sauce.	시장이 반찬이다.
☐ Time flies like an arrow.	시간은 화살과 같다.
☐ A hungry man is an angry man.	배고픈 사람은 화내게 된다.
☐ To the hungry no bread is bad.	배고픈 사람에게 맛없는 빵은 없다.
☐ Don't cry before you are hurt.	일이 끝나기도 전에 걱정하지 말라.
☐ All that glitters is not gold.	반짝이는 모든 것이 다 금은 아니다.
☐ Better late than never.	늦어도 안 하느니보다 낫다.
☐ Never judge by appearances.	겉모습으로 판단하지 말라.

▌참고하면 좋을 속담

☐ A bad workman (always) blames his tools.	서툰 일꾼이 장비만 탓한다.
☐ A bird in the hand is worth two in the bush.	손 안에 든 새 한 마리가 숲 속에 있는 두 마리보다 낫다.
☐ A burnt child dreads the fire.	자라 보고 놀란 가슴 솥뚜껑 보고 놀란다.
☐ A drowning man will catch at a straw.	물에 빠진 사람은 지푸라기라도 잡는다.
☐ "After you" is good manners.	양보하는 것이 좋은 예절이다.
☐ A little learning is a dangerous thing.	조금 아는 것이 더 위험하다.(선무당이 사람 잡는다.)
☐ Actions should go hand in hand with words.	언행일치
☐ All is well that ends well.	끝이 좋으면 다 좋다.
☐ All work and no play makes Jack a dull boy.	공부[일]만 하고 놀지 않으면 바보가 된다.
☐ A man is known by the company he keeps.	사귀는 친구를 보면 그 사람을 알 수 있다.
☐ An apple a day keeps the doctor away.	하루에 사과 한 개씩만 먹으면 의사가 필요 없다.
☐ A new broom sweeps clean.	새 빗자루가 잘 쓸린다.(신임자는 폐단을 일소하는 데 열심인 법이다.)
☐ A penny saved is a penny earned.	한 푼을 절약하면 한 푼을 번다.(절약이 버는 것이다.)

□ A rolling stone gathers no moss.	구르는 돌에는 이끼가 끼지 않는다.
□ As long as there is life, there is hope.	삶이 이어지는 한, 희망도 계속된다.
□ A stitch in time saves nine.	제때의 한 바늘은 나중의 아홉 바늘의 수고를 던다.
□ As you sow, so shall you reap.	뿌린 대로 거둔다.
□ A watched pot never boils.	서두른다고 일이 되는 것은 아니다.
□ Barking dogs seldom bite.	짖는 개는 물지 않는다.
□ Beauty is in the eye of the beholder.	제 눈에 안경
□ Beggars can't be choosers.	찬밥 더운밥 가릴 때가 아니다.
□ Behind the clouds is the sun still shining.	고생 끝에 낙이 온다.
□ Better a live coward than a dead hero.	개똥밭에 굴러도 이승이 낫다.
□ Birds in their little nests agree.	작은 둥지에 사는 새들은 한 마음이다.(가재는 게 편)
□ Birds of a feather flock together.	깃이 같은 새는 끼리끼리 모인다.(유유상종)
□ Brevity is the soul of wit.	간결함은 지혜의 정수이다.
□ Care killed cat.	근심은 건강에 해롭다.
□ Constant dripping wears away the stone.	낙숫물이 바위를 뚫는다.
□ Cry and you cry alone.	운다고 다른 사람이 슬픔을 함께하는 것은 아니다.
□ Curiosity killed the cat.	지나친 호기심은 위험하다.
□ Cut off one's nose to spite one's face.	홧김에 자신에게 불리한 짓을 하다.
□ Doctors cure more than diet.	의사는 식이요법 이상의 것으로 치료한다.
□ Don't bite off more than you can chew.	능력 밖의 일을 하려고 하지 마라.(욕심부리지 마라.)
□ Don't bite the hand that feeds you.	은혜를 원수로 갚지 마라.
□ Don't count your chickens before they are hatched.	김칫국부터 마시지 마라.
□ Don't go near the water until you learn how to swim.	위험한 일은 하지 마라.
□ Don't judge a man until you're walked in his boots.	그 사람의 처지가 되기 전에 함부로 판단하지 마라.
□ Don't look a gift horse in the mouth.	남의 호의를 트집잡지 마라.
□ Don't put the cart before the horse.	본말을 전도하지 마라.
□ Easy come, easy go.	쉽게 얻은 것은 쉽게 잃는다.
□ Experience is the mother of wisdom.	경험은 지혜의 어머니이다.
□ Even Homer sometimes nods.	원숭이도 나무에서 떨어질 때가 있다.
□ Everybody's business is nobody's business.	공동책임은 무책임으로 끝난다.
□ Every cloud has a silver lining.	하늘이 무너져도 솟아날 구멍은 있다.
□ Every dog has his day.	쥐구멍에도 볕들 날이 있다.
□ Everyone has his taste.	각인각색
□ Everything has its seed.	작은 것부터 큰 것이 이루어진다.
□ Familiarity breeds contempt.	잘 알면 무례해지기[무시하기] 쉽다.
□ Fine feathers make fine birds.	옷이 날개다.
□ First come, first served.	선착순
□ Four eyes see more than two.	두 사람이 한 사람보다 낫다.
□ Gather roses while you may.	젊을 때 인생을 즐겨라.
□ Gain time, gain life.	시간을 아끼면 인생을 얻는다.
□ Garbage in, garbage out.	입력이 나쁘면 출력도 나쁘다.

☐ Good words cost nothing.	좋은 말을 하는 데 비용이 드는 것은 아니다.
☐ Haste makes waste.	급히 서두르면 일을 망친다.
☐ He that would have the fruit must climb the tree.	과일을 먹고 싶은 사람은 나무에 올라가야 한다.
☐ He who hesitates is lost.	망설이는 자는 모든 것을 잃는다.
☐ He who laughs last, laughs best.	최후에 웃는 자가 승자이다.
☐ He who runs after two hares will catch neither.	두 마리 토끼를 쫓는 사람은 한 마리도 잡지 못한다.
☐ Heaven helps those who help themselves.	하늘은 스스로 돕는 자를 돕는다.
☐ Hindsight is better than foresight.	선견지명보다 때늦은 지혜가 더 낫다.
☐ Honesty is the best policy.	정직이 최상의 방책이다.
☐ If a job's worth doing, it's worth doing well.	할 가치가 있는 일이면 잘 할 가치가 있다.
☐ Ignorance is bliss.	모르는 게 약이다.
☐ In unity there is strength.	뭉치면 힘이 생긴다.
☐ It is best to prepare for a rainy day.	유비무환
☐ It is more blessed to give than to receive.	받는 것보다 주는 것이 행복하다.
☐ It's never too late to learn.	배움에는 나이가 없다.
☐ It is no use crying over spilt milk.	이미 지나간 일은 후회해도 소용없다.
☐ It never rains but it pours.	불행은 겹친다.
☐ It takes two to tango.	혼자서는 탱고를 추지 못한다.
☐ It's the nature of water to run downhill.	물이 언덕 아래로 흐르는 것이 순리이다.
☐ Jack of all trades, and master of none.	무엇이나 잘하는 사람은 뛰어난 재주가 없다.
☐ Justice will assert itself.	정의는 반드시 밝혀지는 법이다.
☐ Kill not the goose that lays the golden eggs.	황금 알을 낳는 거위를 죽이지 마라.
☐ Kill two birds with one stone.	일석이조
☐ Knowledge is power.	아는 것이 힘이다.
☐ Let sleeping dogs lie.	긁어 부스럼 만들지 마라.
☐ Lightning never strikes twice in the same place.	똑같은 불행을 두 번 겪는 일은 없다.
☐ Little strokes fell great oaks.	열 번 찍어 안 넘어가는 나무 없다.
☐ Lock the stable door after the horse has been stolen.	소 잃고 외양간 고치기
☐ Look on the bright side.	좋은 점을 보려고 하라.
☐ Love conquers all.	사랑이 모든 것을 이긴다.
☐ Love me, love my dog.	나를 사랑하려면 내 개(단점)도 사랑하라.
☐ Make hay while the sun shines.	기회를 놓치지 마라.
☐ Man does not live by bread alone.	사람은 빵만으로 살 수 없다.
☐ Many a little makes a mickle.	티끌 모아 태산
☐ Many dishes make many diseases.	많이 먹으면 건강에 좋지 않다.
☐ Many hands make light work.	백지장도 맞들면 낫다.
☐ Might makes right.	힘이 곧 정의이다.
☐ Misery loves company.	동병상련
☐ Money does not grow on trees.	감나무 밑에서 홍시 떨어지기만 바란다.
☐ Much cry and little wool.	소문난 잔치에 먹을 것 없다.
☐ Nature does nothing in vain.	세상에 쓸모없는 것은 없다.

□ Necessity is the mother of invention.	필요는 발명의 어머니
□ New grief awakens the old.	새로운 슬픔이 옛날 것을 일깨운다.
□ Never put off till tomorrow what you can do today.	오늘 할 일을 내일로 미루지 마라.
□ Never too old to learn.	아무리 늙어도 배울 수 있다.
□ No pains, no gains.	수고 없이 소득 없다.
□ No root, no fruit.	시작이 없이는 결과도 없다.
□ None are so blind as those who will not see.	보이지 않는 사람만큼 눈먼 사람은 없다.
□ Nothing ventured, nothing gained.	호랑이 굴에 들어가야 호랑이를 잡는다.
□ Old habits die hard.	오랜 습관을 버리기는 쉽지 않다.
□ One good turn deserves another.	친절은 베풀면 돌아온다.
□ One hour today is worth two tomorrow.	오늘의 한 시간은 내일의 두 시간의 가치가 있다.
□ One man's meat is another man's poison.	갑의 약은 을의 독
□ One man's music is another man's noise.	어떤 사람에게 음악인 것이 다른 사람에겐 소음이다.
□ One of these days is none of these days.	차일피일 미루면 영원히 못한다.
□ One swallow does not make a summer.	속단은 금물
□ Penny wise, pound foolish.	되로 막으려다 말로 갚는다.
□ Relaxation is the best at table.	식사 중에는 가장 편안하게
□ Rivers need a spring.	모든 것에는 원인이 있다.
□ Seeing is believing.	백문이 불여일견
□ Six feet of earth makes all men equal.	죽음 앞에 모든 사람은 평등하다.
□ Small is the seed of every greatness.	작은 것은 모든 위대함의 씨앗이다.
□ So got, so gone.	손쉽게 얻은 것은 손쉽게 없어진다.
□ So many men, so many minds.	각인각색
□ Spare the rod, and spoil the child.	매를 아끼면 아이를 망친다.
□ Step after step, the ladder is ascended.	천리 길도 한 걸음씩
□ Still waters run deep.	생각이 깊은 사람은 말이 없다.(빈 수레가 요란한 법이다.)
□ Strike while the iron is hot.	쇠가 뜨거울 때 쳐라.
□ The apples in the neighbor's garden are sweetest.	남의 떡이 커 보인다.
□ The best fish swim near the bottom.	좋은 것을 얻으려면 많은 노력이 필요하다.
□ The best things are hard to come by.	좋은 것은 얻기 힘들다.
□ The bird loves her nest.	자기 집이 최고다.
□ The child is father of the man.	아이는 어른의 아버지
□ The early bird catches the worm.	일찍 일어나는 새가 벌레를 잡는다.
□ The grass is always greener on the other side of the fence.	남의 떡이 더 커 보인다.
□ The greatest wealth is contentment with a little.	가장 큰 부는 작은 일에 만족하는 것이다.
□ There is no accounting for tastes.	취미도 가지가지
□ There is no smoke without fire.	아니 땐 굴뚝에 연기 나랴.
□ There is no rose without a throne.	가시 없는 장미는 없다.(세상에 완전한 행복은 없다.)
□ There is no rule but has some exceptions.	예외 없는 규칙은 없다.
□ They are rich who have true friends.	진실한 친구가 있는 자는 부유하다.

☐ Things are not always what they seem.	외모는 진실을 감추기도 한다.
☐ Things past cannot be recalled.	한 번 지나간 일은 돌이킬 수 없다.
☐ Thrift is a good revenue.	아끼는 것이 버는 것이다.
☐ To build castles in the air.	사상누각
☐ Too many cooks spoil the broth.	사공이 많으면 배가 산으로 간다.
☐ Too much is as bad as too little.	너무 많은 것은 너무 없는 것만큼 나쁘다.
☐ Variety is the spice of life.	다양함이 인생의 묘미이다.
☐ Walls have ears.	낮말은 새가 듣고 밤말은 쥐가 듣는다.
☐ Want is the master of mankind.	욕망은 인류의 지배자이다.
☐ Water is a boon in the desert, but the drowning man curses it.	아무리 좋은 것이라도 악이 되는 수도 있다.
☐ Water will wear away stone.	낙숫물이 댓돌을 뚫는다.
☐ Well begun is half done.	시작이 반이다.
☐ What can't be cured must be endured.	고칠 수 없는 것은 참아야 한다.
☐ What's done cannot be undone.	일단 이루어진 것은 되돌릴 수 없다.
☐ When friends meet, hearts warm.	친구들이 만나면 마음이 훈훈해진다.
☐ When in Rome, do as the Romans do.	로마에 가면 로마의 풍습을 따르라.
☐ When the well's dry, we know the worth of water.	물이 메말라야 물의 가치를 안다.
☐ When one door shuts, another opens.	기회는 항상 있다.
☐ Where there is a will, there is a way.	뜻이 있는 곳에 길이 있다.
☐ While the cat's away, the mice will play.	호랑이 없는 골에 토끼가 스승 노릇 한다.
☐ Wisdom is better than strength.	지혜가 힘보다 낫다.
☐ Wisdom is more to be envied than riches.	지혜는 재산보다 가치가 있다.
☐ You can lead a horse to water, but you can't make him drink.	말을 물가로 끌고 갈 수는 있어도 억지로 물을 먹일 수는 없다.
☐ You can't eat your cake and have it.	양쪽 다 좋을 수는 없다.
☐ You can't have your cake and eat it too.	두 마리 토끼를 잡을 수는 없다.
☐ You can't teach an old dog new tricks.	새 술은 새 부대에 담아야 한다.
☐ You can't tell a book by its cover.	외모로 사람을 판단하지 마라.
☐ You never know what you can do till you try.	어떤 일을 해보기도 전에 포기하지 마라.
☐ You never miss the water till the well runs dry.	샘이 마르고 나서야 물 귀한 줄 안다.
☐ You reap what you sow.	뿌린 대로 거둔다.
☐ You win some, you lose some.	얻는 것이 있으면, 잃는 것도 있다.

STEP 2   유형 적용하기

대표 기출문제

Q. 다음 글에서 필자가 주장하는 바로 가장 적절한 것은?   2015 법원직 9급

> Parents have to be optimists. They have faith in the world and its future, or they can't expect their children to have it. Without faith, it's like an Army captain muttering, "We'll never take that hill," before the battle begins. If you really feel that the world is in a hopeless mess, hide it. Whatever you say should be honest, but don't confuse honesty with total confession; not everything must be said. Don't share your uncertainties about the future with your adolescent. Allow him to explore the future on his own, with your support.

① 부모는 자녀의 능력에 관해 확신을 가지고 있어야 한다.
② 부모는 자녀에게 앞으로 생길 일들을 숨김없이 알려 주어야 한다.
③ 부모는 자녀들이 자신의 미래를 스스로 개척하도록 도와주어야 한다.
④ 훌륭한 부모는 낙천적인 성격이고 미래에 대한 불안감이 전혀 없어야 한다.

문제 해결하기

| 해석 |
부모는 낙관주의자여야 한다. 그들은 세상과 세상의 미래에 대한 믿음을 가지고 있다. 그렇지 않으면 그들은 자신들의 자녀가 그러한 믿음을 가지도록 기대할 수 없다. 믿음이 없으면 군 대령이 전투 시작 전 "우린 절대 저 고지를 점령하지 못할 것이다."라고 중얼거리는 것과 같다. 만약 당신이 정말로 세상이 희망 없는 혼란 속에 있다고 느낀다면, 그것을 숨겨라. 당신이 말하는 것은 모두 정직해야 하지만, 고해성사와 정직을 혼동하지 마라. 모든 것을 얘기할 필요는 없는 것이다. 미래에 대한 당신의 불확실함을 당신의 십대 자녀와 공유하지 마라. 자녀 스스로 당신의 지지와 함께 미래를 개척해 나갈 수 있도록 두어라.

| 정답해설 |
①은 언급되지 않았고, 모든 것을 숨김없이 말할 필요는 없다고 했기 때문에 ②는 적절하지 않다. 부모가 세상과 그 미래에 대한 확신을 갖고 있어야 그 자녀가 그것을 물려받을 수 있다고는 하였지만 글 중반부에 부모가 불확실성이 있더라도 자녀에게 말을 하지 말고 자녀가 스스로 미래를 헤쳐 나갈 수 있게 도와주면 된다고 했기에 ④는 주장으로 적절치 않다. 마지막 문장이 본문의 내용을 가장 잘 요약하고 있으며 정답은 ③이 가장 적절하다. | 정답 | ③

| 어휘 |

optimist 낙관론자, 낙천주의자

mutter (특히 기분이 나빠서) 중얼거리다, (작은 소리로) 불평하다; 중얼거림

hopeless 가망 없는, 절망적인, 엉망인, (능력·기술이) 형편없는

confession (죄의) 자백, (수치스럽거나 당황스러운 사실의) 고백

uncertainty 불확실성, 반신반의

adolescent 청소년

① Parents have to be optimists.
　　주어　　동사　　　보어

부모는 낙관주의자여야 한다

② They have faith in the world and its future,/ or they can't expect their children
　　주어　동사　목적어　전명구　　　　　　　　　　　接속사 주어 동사　　　　목적어

to have it.
목적격 보어

그들은 세상과 세상의 미래에 대한 믿음을 가지고 있다/ 그렇지 않으면, 그들은 자신들의 자녀들이 그
것을 가지기를 기대할 수 없다

③ Without faith,/ it's like an Army captain muttering,/ "We'll never take that hill,"/
　　전명구　　　　　　주어+동사 전명구　　　　　　　　　주어+동사　　　　목적어

before the battle begins.

믿음이 없으면/ 군 대령이 ~라고 중얼거리는 것과 같다/ "우리는 절대 고지를 점령하지 못할 것이다"/
전투가 시작되기 전에

④ If you really feel/ that the world is in a hopeless mess,/ hide it.
　　접속사 주어　　　동사 접속사(명사절) 주어　동사　전명구　　　　　　　동사　목적어

만약 당신이 정말 느낀다면/ 세상이 희망이 없는 혼란 속에 있다고/ 그것을 숨겨라

⑤ Whatever you say/ should be honest,/ but don't confuse honesty/ with total confession;/
　　주어　　　　　　　　동사　　　주격 보어 접속사　　동사　　목적어　　　전명구

not everything must be said.
　　　　주어　　　　동사　　과거분사

당신이 말하는 무엇이든/ 정직해야만 한다/ 그러나 정직을 혼동하지 마라/ 고해성사와/ 모든 것을 이야
기할 필요는 없는 것이다

⑥ Don't share your uncertainties about the future/ with your adolescent.
　　동사　　　　목적어　　　　　　　전명구　　　　　　전명구

미래에 대한 당신의 불확실함을 공유하지 마라/ 당신의 십대 자녀와

⑦ Allow him to explore the future/ on his own,/ with your support.
　　동사　　목적어 목적격 보어　　　　　전명구　　　　전명구

그가 미래를 헤쳐 나가도록 두어라/ 그의 스스로/ 당신의 지원과 함께

STEP 3 적용 연습하기

01 다음 글에서 필자가 주장하는 바로 가장 적절한 것은?   2015 법원직 9급

> When you ask for what you want, you're basically placing an order, just like an Amazon.com. But you have to be clear in your mind what you want. To get clear on what you want, make a list. Take out a notepad and scribble down whatever it is you want to have, do or be. Whether that's perfect health, great relationships, and awesome career, travel, or peace on Earth and goodwill to all men. Whatever you're hanging out waiting for. Just be clear in your mind what it is you want, because a confused mind creates a confusing order. And a confusing order could see Amazon.com accidentally sending you Timbaland instead of Timberlake.

① 원하는 것이 무엇인지 분명히 해라.
② 주문하기 전에 리스트를 작성해라.
③ 원하는 것이 많을 때는 기록해라.
④ 혼란스러운 마음이 잘못된 주문으로 이어진다.

문제 해결하기

| 해석 |

당신이 원하는 것을 요청할 때, 당신은 기본적으로 Amazon. com과 같이 주문을 하고 있는 것이다. 하지만 당신이 무엇을 원하는지 확실히 해야 한다. 당신이 원하는 것을 분명히 하기 위해 목록을 만들어라. 메모지를 꺼내서 당신이 가지고 싶은 것, 하고 싶은 것, 되고 싶은 것은 무엇이든지 아무렇게나 적어라. 그것이 완벽한 건강이든, 좋은 관계이든, 멋진 직업, 여행 혹은 지구 평화, 모든 사람에 대한 선의이든지 말이다. 당신이 기다리면서 많은 시간을 보내는 무엇이든지 말이다. 혼란스러운 마음은 혼란스러운 주문을 만들기 때문에 당

신이 원하는 것이 무엇인지 확실히 해 놓아라. 그리고 혼란스러운 주문은 Amazon.com이 잘못해서 당신에게 Timberlake 대신에 Timbaland를 보내는 것을 보게 될 수도 있다.

| 정답해설 |

②는 주장에 대한 실천 방법이고 ④는 주장에 대한 근거 또는 원인이므로 주장으로 적절하지 않고 ③은 언급되지 않았다. ①은 두 번째 줄의 But you have to be clear in your mind what you want.를 통해 알 수 있으므로 주장으로 적절한 것은 ①이다. | 정답 | ①

| 어휘 |

basically 근본적으로
place an order 주문하다
take out ~을 꺼내다, 들어내다
scribble down 아무렇게나 갈겨 쓰다
goodwill 선의, 친선, 호의
confused (사람이) 혼란스러워하는
confusing (무엇이) 혼란스러운
clear wh-절 (~을) 확신[납득]한
hang out 많은 시간을 보내다(at, in); 어울리다, 놀다(with)
accidentally 우연히; 잘못하여

① When you ask for/ what you want,/ you're basically placing an order,/ just like an Amazon.com.

당신이 요청할 때/ 당신이 원하는 것을/ 당신은 기본적으로 주문을 하고 있다/ Amazon.com과 같이

② But you have to be clear/ in your mind/ what you want.

그러나 당신은 명확히 해야 한다/ 당신의 마음속에서/ 당신이 원하는 것을

③ To get clear/ on what you want,/ make a list.

분명히 하기 위해/ 당신이 원하는 것에 대해/ 목록을 만들어라

④ Take out a notepad/ and scribble down whatever it is/ you want to have, do or be.

메모지를 꺼내라/ 그리고 그것이 무엇이든 간에 아무렇게나 써 보아라/ 당신이 갖고 싶은 것, 하고 싶은 것 또는 되고 싶은 것을

⑤ Whether that's perfect health, great relationships,/ and awesome career, travel, or peace on Earth/ and goodwill to all men.

그것이 완벽한 건강이든, 좋은 관계이든/ 그리고 멋진 직업, 여행 또는 지구의 평화/ 그리고 모든 사람에 대한 선의이든지 간에

⑥ Whatever you're hanging out/ waiting for.

당신이 시간을 보내는 무엇이든지/ 기다리면서

⑦ Just be clear in your mind/ what it is you want,/ because a confused mind creates a confusing order.

마음속에서 확실히 해 두어라/ 당신이 원하는 것이 무엇인지를/ 혼란스러운 마음은 혼란스러운 주문을 만들어 내기 때문이다

⑧ And a confusing order could see/ Amazon.com accidentally sending you Timbaland/ instead of Timberlake.

그리고 혼란스러운 주문은 볼 수 있다/ Amazon.com이 잘못해서 당신에게 Timbaland를 보내는 것을/ Timberlake 대신에

02 다음 글의 저자가 주장하는 바로 가장 적절한 것은?

2015 법원직 9급

Recently I was consulting with a manufacturing company in direct competitive bid warfare with a lower-price opponent. My client was losing bid after bid. I said, "Something has to change here." They said, "It can't. We can't cut our prices any lower." I said, "If we can't come in with the lower bid, we might as well come in with an even higher bid—but let's change the rules of the game when we do it." They began changing the specifications for the bids, adding value, bundling goods and services together, extending warranties, and including delivery and completion guarantees. Then we built a "How to Compare Our Bid with Others Checklist." When it was all said and done, my client started getting projects the company had been losing to low bidders before.

① 설명서의 개선을 통하여 입찰 가격을 낮출 수 있다.
② 입찰 경쟁을 위해 프레젠테이션을 잘 준비해야 한다.
③ 입찰 경쟁에서 이기려면 단가를 최대한 낮춰야 한다.
④ 입찰 가격을 못 내리면 다른 부분의 질을 높여야 한다.

문제 해결하기

| 해석 |

최근에 나는 낮은 가격을 내세우는 경쟁 회사와 직접적인 경쟁적 입찰 전쟁의 상황에 있는 제조 회사를 상담하고 있었다. 나의 고객은 입찰 때마다 번번이 지고 있었다. 나는 "여기서 뭔가 바뀌어야 합니다."라고 말했다. 그들은 "그럴 수 없습니다. 가격을 더 낮게 내릴 수 없습니다."라고 말했다. 나는 말했다. "만약 우리가 더 낮은 가격 입찰에 참여할 수 없다면 훨씬 더 높은 가격 입찰에 참여하는 편이 낫습니다. 그러나 그렇게 할 때, 게임의 규칙을 바꾸어 봅시다." 그들은 입찰들에 대한 사양을 바꾸기 시작했는데 가치를 더하고, 상품과 서비스를 묶고, 보증기간을 늘리고, 배송과 완성 보증을 포함시키기 시작했다. 그런 다음 우리는 "경쟁사들과 우리의 입찰을 비교하는 방법 체크 리스트"라는 것을 만들었다. 그것이 모두 논의되고 처리되었을 때, 나의 고객은 이전에 낮은 가격을 제시했던 입찰자들에게 (고객의) 회사가 잃어오고 있던 프로젝트들을 따오기 시작했다.

| 정답해설 |

지문 초반부에 회사가 더 이상 가격을 낮출 수 없다고 하자 글쓴이는 높은 가격 입찰을 하면서 게임의 규칙을 바꾸어 보자고 했다. 바로 다음 문장부터는 가격을 낮추는 것을 제외한 다른 서비스 부분의 경쟁력을 높이는 내용이 나오므로 '입찰 가격을 못 내리면 다른 부분의 질을 높여야 한다.'는 ④가 정답이다.

| 정답 | ④

| 어휘 |

manufacturing 제조업
competitive 경쟁을 하는, 경쟁력 있는
bid 입찰 (가격), 경매 물건; (특히 경매에서) 값을 부르다, 입찰하다
warfare 전쟁 (상태), 교전, 전투
lower-price 염가
opponent 상대, 적수
cut (값을) 깎아 내리다, 베다, 자르다
come in with (그룹·사업 등)에 참가하다
specification (자세한) 설명서, 사양(仕樣)
extend 더 길게 만들다, 연장하다
warranty 품질 보증서
completion 완료, 완성, 달성, 성취
guarantee 약속, 보증 (계약), 보증물

지문 분석

❶ Recently/ I was consulting/ with a manufacturing company/ in direct competitive bid warfare/ with a lower-price opponent.

최근에/ 나는 상담하고 있었다/ 제조 회사와/ 직접적인 경쟁적 입찰 전쟁의 상황에 있는/ 낮은 가격을 내세우는 경쟁 회사와

❷ My client was losing/ bid after bid.

나의 고객은 지고 있었다/ 입찰의 꼬리를 물어(입찰 때마다 번번이)

❸ I said,/ "Something has to change here."

나는 말했다/ "여기서 뭔가 바뀌어야 합니다"

❹ They said,/ "It can't.

그들은 말했다/ "그럴 수 없습니다

❺ We can't cut our prices/ any lower."

우리는 우리의 가격을 내릴 수 없습니다/ 더 낮게"

❻ I said,/ "If we can't come in with/ the lower bid,/ we might as well come in with/ an even higher bid —/ but let's change the rules of the game/ when we do it."

나는 말했다/ "만약 우리가 참여할 수 없다면/ 더 낮은 가격 입찰에/ 우리는 참여하는 편이 낫습니다/ 훨씬 더 높은 가격 입찰에/ 그러나 게임의 규칙을 바꾸어 봅시다/ 우리가 그렇게 행할 때에"

❼ They began/ changing the specifications for the bids,/ adding value,/ bundling goods and services together,/ extending warranties,/ and including delivery and completion guarantees.

그들은 시작했다/ 입찰들에 대한 사양을 바꾸기를/ 가치를 얹고/ 상품과 서비스를 묶고/ 보증기간을 늘리고/ 그리고 배송과 완성 보증을 포함시키면서

❽ Then/ we built/ a "How to Compare Our Bid with Others Checklist."

그런 다음/ 우리는 만들었다/ "경쟁사들과 우리의 입찰을 비교하는 방법 체크 리스트"를

❾ When it was all said and done,/ my client started getting projects/ the company had been losing/ to low bidders before.

그것이 모두 말해지고 처리되었을 때/ 나의 고객은 프로젝트를 따는 것을 시작했다/ 그 회사가 잃어오고 있던/ 이전에 낮은 가격을 제시했던 입찰자들에게

다음 글에서 필자가 주장하는 바로 가장 적절한 것은?

2021 법원직 9급

The learned are neither apathetic nor indifferent regarding the world's problems. More books on these issues are being published than ever, though few capture the general public's attention. Likewise, new research discoveries are constantly being made at universities, and shared at conferences worldwide. Unfortunately, most of this activity is self-serving. With the exception of science — and here, too, only selectively — new insights are not trickling down to the public in ways to help improve our lives. Yet, these discoveries aren't simply the property of the elite, and should not remain in the possession of a select few professionals. Each person must make his and her own life's decisions, and make those choices in light of our current understanding of who we are and what is good for us. For that matter, we must find a way to somehow make new discoveries accessible to every person.

* apathetic: 냉담한, 무관심한 * trickle: 흐르다

① 학자들은 연구 논문을 작성할 때 주관성을 배제해야 한다.
② 새로운 연구 결과에 모든 사람이 접근할 수 있게 해야 한다.
③ 소수 엘리트 학자들의 폐쇄성을 극복할 계기를 마련해야 한다.
④ 학자들이 연구 과정에서 겪는 어려움을 극복하도록 도와야 한다.

문제 해결하기

| 해석 |
학자들은 세계의 문제에 대해 냉담하지도 않고 무관심하지도 않다. 그 어느 때보다 이러한 문제에 대한 더 많은 책들이 출판되고 있지만, 일반 대중의 관심을 사로잡는 것은 거의 없다. 마찬가지로, 새로운 연구 발견들이 대학에서 끊임없이 이어지고, 전 세계의 학회에서 공유되고 있다. 안타깝게도, 이러한 활동의 대부분은 이기적이다. 과학을 제외하고 그리고 여기에 마찬가지로 오직 선별적으로만, 새로운 식견들이 우리의 삶을 향상시키는 데 도움이 되는 방식으로 대중에게로 나아가지 않고 있다. 하지만, 이러한 발견들은 단순히 엘리트들의 자산이 아니며, 선택된 일부 전문가들의 소유로만 남아 있어서는 안 된다. 각각의 사람들은 그 또는 그녀 자신의 삶의 선택을 해야 하며, 우리가 누구이며 우리에게 좋은 것이 무엇인가에 대한 현재 우리의 이해를 고려하여 그러한 선택들을 해야 한다. 그러한 점에서, 우리는 어떻게든 모든 사람에게 새로운 발견들이 접근 가능하도록 하는 방법을 찾아내야만 한다.

| 정답해설 |
본문의 마지막 문장에 필자의 주장이 담겨 있다. 새로운 발견들이 대중에게 스며들지 않고 특정 전문가들에게만 접근 가능한 상황을 설명하며, 모두가 이 발견들에 접근 가능해야 한다고 주장하는 글이므로, '② 새로운 연구 결과에 모든 사람이 접근할 수 있게 해야 한다.'가 주장으로 알맞다.

| 정답 | ②

| 어휘 |

apathetic 무관심한, 심드렁한
indifferent 무관심한
self-serving 이기적인
selectively 선택적으로
insight 식견, 통찰
property 자산, 재산
possession 소유
select 선택된
somehow 어쨌든, 어떻게든
accessible 접근 가능한

지문 분석

❶ The learned/ are neither apathetic nor indifferent/ regarding the world's problems.
학자들은/ 냉담하지도 않고 무관심하지도 않다/ 세계의 문제에 대해

❷ More books on these issues/ are being published than ever,/ though few capture the general public's attention.
이러한 문제에 대한 더 많은 책들이/ 그 어느 때보다 출판되고 있다/ 그러나 일반 대중의 관심을 사로잡는 것은 거의 없다

❸ Likewise,/ new research discoveries/ are constantly being made/ at universities,/ and shared/ at conferences worldwide.
마찬가지로/ 새로운 연구 발견들이/ 끊임없이 이어진다/ 대학에서/ 그리고 공유되고 있다/ 전 세계의 학회에서

❹ Unfortunately,/ most of this activity/ is self-serving.
안타깝게도/ 이러한 활동의 대부분은/ 이기적이다

❺ With the exception of science/ — and here, too, only selectively —/ new insights/ are not trickling down to the public/ in ways to help improve our lives.
과학을 제외하고/ 그리고 여기에도, 마찬가지로 오직 선별적으로만/ 새로운 식견들이/ 대중에게로 나아가지 않고 있다/ 우리의 삶을 향상시키는 데 도움이 되는 방식으로

❻ Yet,/ these discoveries/ aren't simply the property of the elite,/ and should not remain/ in the possession of a select few professionals.
하지만/ 이러한 발견들은/ 단순히 엘리트들의 자산이 아니다/ 그리고 남아 있어서는 안 된다/ 선택된 일부 전문가들의 소유로

❼ Each person/ must make/ his and her own life's decisions,/ and make those choices/ in light of our current understanding/ of who we are and what is good for us.
각각의 사람들은/ 해야 한다/ 그 또는 그녀 자신의 삶의 선택을/ 그리고 그러한 선택들을 해야 한다/ 현재 우리의 이해를 고려하여/ 우리가 누구이며 우리에게 좋은 것이 무엇인가에 대한

❽ For that matter,/ we/ must find/ a way to somehow make new discoveries accessible/ to every person.
그러한 점에서/ 우리는/ 찾아내야만 한다/ 어떻게든 새로운 발견이 접근 가능하도록 하는 방법을/ 모든 사람들에게

03 제목

교수님 코멘트▶ 제목은 글의 부분적인 이해가 아니라 글의 전체를 이해하여 글 전체를 아우르는 선택지를 그 글의 제목으로 선택하는 것이 관건인 유형이다. 오답에 현혹되지 않도록 하기 위해 오답이 될만한 유형들을 정리해 두었다.

STEP 1 유형 접근하기

제목은 주제와 거의 비슷하지만 분명하게 다른 하나가 있다. 주제가 글을 읽고 난 후(after reading)에 찾는 한 마디의 축약형이라면, 제목은 글을 읽기 전(before reading)에 독자에게 호기심을 불러일으키고 소재에 대한 소개가 이뤄지는 영역이라는 점이다. 제목의 경우 너무 포괄적이거나 세부적이어서도 안 된다는 점에 유의해야 한다. 단, 주제와 요지 문항과는 다르게 선택지를 100% 영어로 출제하기 때문에 본문의 내용을 완벽하게 이해한다 할지라도, 선택지의 어휘를 모르거나 구두점을 잘 활용하지 못해서 마지막 선택의 기로에서 오답을 선택하는 경향이 적지 않다. 또한 제목은 책을 읽기 전 독자가 가장 먼저 접하게 되는 만큼 소재는 물론이거니와 호기심을 자극할 만한 매력적인 어휘의 조합임을 기억해야 한다.

▌유형접근 Q&A

Q1: 요지 vs. 주제 vs. 제목에 차이가 있나요?

A1: 네! 있습니다. 필자가 글을 통해 전달하고자 하는 중심 사상이나 주장을 요지(main idea)라고 한다면, 요지를 간략하게 정리한 것이 주제(topic)입니다. 제목(title)은 그 내용을 다시 소재를 포함하면서 함축적으로 나타낸 것입니다.

Q2: 제목에 꼭 포함되어야 하는 단어가 있나요?

A2: 네! 핵심어(key word)를 통해 소재를 분명히 밝혀 주어야 합니다.

[두괄식]	[미괄식]	[중괄식]
첫 번째·두 번째 문장: 핵심어	첫 번째·두 번째 문장: 도입문	첫 번째·두 번째 문장: 도입문
부연 및 보충	부연 및 보충	**중간 문장: 핵심어 반복**
	최종문: 핵심어 반복	부연 및 보충

Q3: 정답을 선택할 때, 마지막 선택지 두 개를 남겨놓고 고민하다가 자꾸 틀려요. 어떻게 해야 하나요?

A3: 선택지 선택 오류에 빠진 셈입니다. 정답뿐만 아니라, 오답의 출제원리도 알고 있다면 그러한 선택 오류를 잡을 수 있습니다.

[오답 출제의 4가지 원칙]

1. too specific or general
   너무 좁거나(구체적이거나) 너무 넓은 선택지를 삭제한다.
2. contrary
   정확하게 정답과 반대되는 문항을 삭제한다.
3. out of focus
   주제의 초점에서 벗어난 선택지를 삭제한다.
4. subjective
   객관적인 지문 내용이 아닌 주관이 개입된 선택지를 삭제한다.

점점 나빠지는 대기의
오염수치 제시

환경오염의 원인

환경오염의 결과 제시

Main Idea
환경오염은 순환되어 다시
인간의 삶에 나쁜 영향을 미친다.

① 환경오염이 원인인 질병 → 오답, too specific
② 자연 환경 → 오답, too general
③ 환경의 역습 → 정답
④ 녹색 환경 이대로 괜찮은가? → 신경향 정답

STEP 2 유형 적용하기

Q. 글의 제목으로 가장 적절한 것은?

2019 서울시 9급

Economists say that production of an information good involves high fixed costs but low marginal costs. The cost of producing the first copy of an information good may be substantial, but the cost of producing (or reproducing) additional copies is negligible. This sort of cost structure has many important implications. For example, cost-based pricing just doesn't work: a 10 or 20 percent markup on unit cost makes no sense when unit cost is zero. You must price your information goods according to consumer value, not according to your production cost.

① Securing the Copyright
② Pricing the Information Goods
③ Information as Intellectual Property
④ The Cost of Technological Change

문제 해결하기

| 해석 |

경제학자들은 정보재의 생산은 낮은 한계비용 외에 높은 고정비용을 수반한다고 말한다. 정보재의 첫 번째 사본 제작비용은 상당할 수 있지만, 추가 사본을 제작(또는 복제)하는 비용은 무시할 수 있다. 이런 종류의 비용 구조는 많은 중요한 의미를 가지고 있다. 예를 들어, 비용에 기초한 가격 책정은 작용하지 않는다. 단가가 0일 때 단가를 10~20% 인상하는 것은 말이 되지 않는다. 당신의 정보재의 가격을 생산비가 아닌 소비자 가치에 따라 책정해야 한다.

① 저작권 확보
② 정보재의 가격 책정
③ 지적재산으로서의 정보
④ 기술 변화의 비용

| 정답해설 |

글의 도입에서 production of an information good(정보재 생산)에 대해서 먼저 언급하고 있다. 정보재는 고정비용은 크지만 한계비용이 낮은 점이 특징이며, 이를 일반재와는 다른 점으로 명확히 명시하고 있다. 글의 후반부 You must price your information goods according to consumer value, not according to your production cost.를 통해서 information goods(정보재)는 '생산비에 따라 값을 매기는 것이 아니라 소비자의 가치에 따라 가격을 매겨야 한다'고 설명하고 있으므로 글의 제목으로 가장 적절한 것은 ② Pricing the Information Goods(정보재의 가격 책정)이다. ①④는 본문에서 언급하지 않았으며, 정보재 가격 책정이 글의 주된 내용이지 지적재산에 대해서는 서술하고 있지 않으므로 ③도 정답이 될 수 없다.

| 정답 | ②

| 어휘 |

high fixed cost 높은 고정비용
marginal cost 한계비용
substantial 상당한
negligible 무시할 수 있는
implication 의미
markup 인상
unit cost 단가
make no sense 말이 되지 않다
production cost 생산비
intellectual property 지적재산

지문 분석

① Economists say/ that production of an information good involves high fixed costs/
주어　　　동사　접속사(명사절)　　　　　　주어　　　　　동사　　목적어

but low marginal costs.
전명구

경제학자들은 말한다/ 정보재의 생산은 높은 고정비용을 수반한다고/ 낮은 한계비용 외에

② The cost of producing the first copy of an information good/ may be substantial,/
주어　　　전명구　　　　　　　전명구　　　　　　동사　　주격 보어

but the cost of producing (or reproducing) additional copies/ is negligible.
접속사 주어　　전명구　　　　　　　　　　　　　　　동사 주격 보어

정보재의 첫 번째 사본 제작비용은/ 상당할 수 있다/ 그러나 추가 사본을 제작(또는 복제)하는 비용은/
무시할 수 있다

③ This sort of cost structure/ has many important implications.
주어　　　전명구　　　　　　　동사 목적어

이런 종류의 비용 구조는/ 많은 중요한 의미를 가지고 있다

④ For example,/ cost-based pricing just doesn't work:/ a 10 or 20 percent markup on
접속부사　　　　주어　　　　　　　동사　　　　주어　　　　　　　　전명구

unit cost/ makes no sense/ when unit cost is zero.
동사　　　　　접속사(부사절) 주어 동사 주격 보어

예를 들어/ 비용에 기초한 가격 책정은 작용하지 않는다/ 단가를 10~20% 인상하는 것은/ 말이 되지
않는다/ 단가가 0일 때

⑤ You must price your information goods/ according to consumer value,/ not
주어 동사　　　　목적어　　　　　　　전명구

according to your production cost.
전명구

당신은 당신의 정보재의 가격을 책정해야 한다/ 소비자 가치에 따라/ 당신의 생산비에 따라서가 아닌

STEP 3 적용 연습하기

01 다음 글의 제목으로 가장 적절한 것은?

2022 국가직 9급

Lasers are possible because of the way light interacts with electrons. Electrons exist at specific energy levels or states characteristic of that particular atom or molecule. The energy levels can be imagined as rings or orbits around a nucleus. Electrons in outer rings are at higher energy levels than those in inner rings. Electrons can he bumped up to higher energy levels by the injection of energy for example, by a flash of light. When an electron drops from an outer to an inner level, "excess" energy is given off as light. The wavelength or color of the emitted light is precisely related to the amount of energy released. Depending on the particular lasing material being used, specific wavelengths of light are absorbed (to energize or excite the electrons) and specific wavelengths are emitted (when the electrons fall back to their initial level).

① How Is Laser Produced?
② When Was Laser Invented?
③ What Electrons Does Laser Emit?
④ Why Do Electrons Reflect Light?

문제 해결하기

| 해석 |
레이저는 빛이 전자와 상호작용하는 방식으로 인해 발생할 수 있다. 전자는 그 특정한 원자 또는 분자 고유의 특정 에너지 수준 또는 상태로 존재한다. 에너지 수준은 핵 주위의 고리 또는 궤도로 생각해볼 수 있다. 외부 고리에 있는 전자는 내부 고리의 전자보다 더 높은 에너지 수준에 있다. 전자는, 예를 들어 섬광에 의한 에너지 주입을 통해 더 높은 에너지 수준으로 올라갈 수 있다. 전자가 외부 수준에서 내부 수준으로 떨어질 때, "잉여" 에너지는 빛으로 발산된다. 발산된 빛의 파장 또는 색은 방출된 에너지의 양과 정확히 관련되어 있다. 사용되는 특정한 레이저 물질에 따라, 특정한 빛의 파장이 (전자에 동력을 제공하거나 자극하기 위해) 흡수되고, (전자가 초기 수준으로 떨어질 때) 특정한 파장이 발산된다.

① 레이저는 어떻게 발생되는가?
② 레이저는 언제 발명되었는가?
③ 레이저는 어떤 전자를 발산시키는가?
④ 왜 전자는 빛을 반사하는가?

| 정답해설 |
첫 번째 문장 Lasers are possible because of the way light interacts with electrons(레이저는 전자가 빛에 반응하는 방식으로 인해 발생할 수 있다.)에서 레이저가 발생할 수 있는 원리를 제시한 후, 이어서 구체적으로 전자의 특징과 어떻게 전자가 빛에 반응하여 특정한 파장을 방출해 내는지 설명하고 있다. 따라서, 전체 글의 제목으로 가장 적절한 것은 ① How Is Laser Produced?(레이저는 어떻게 발생되는가?)이다.

| 정답 | ①

| 어휘 |
interact 반응하다
electron 전자
characteristic of 고유의, ~에 특유한
atom 원자
molecule 분자
orbit 궤도
nucleus 핵
bump up 올리다, 인상하다
injection 주입, 투여
excess 잉여, 과잉, 초과
give off 발산하다, 방출하다, 뿜다
wavelength 파장
emit 발산하다, 방출하다, 내뿜다
precisely 정확히
release 방출하다
absorb 흡수하다
energize 동력을 제공하다, 작동시키다
excite 자극하다
initial 초기의, 처음의
reflect 반사하다

지문 분석

① Lasers are possible/ because of the way light interacts with electrons.
레이저는 발생할 수 있다/ 빛이 전자와 상호작용하는 방식으로 인해

② Electrons exist/ at specific energy levels or states characteristic of that particular atom or molecule.
전자는 존재한다/ 그 특정한 원자 또는 분자 고유의 특정 에너지 수준 또는 상태로

③ The energy levels/ can be imagined/ as rings or orbits around a nucleus.
에너지 수준은/ 생각해볼 수 있다/ 핵 주위의 고리 또는 궤도로

④ Electrons in outer rings/ are at higher energy levels/ than those in inner rings.
외부 고리에 있는 전자는/ 더 높은 에너지 수준에 있다/ 내부 고리의 전자보다

⑤ Electrons/ can be bumped up/ to higher energy levels/ by the injection of energy/ for example,/ by a flash of light.
전자는/ 올라갈 수 있다/ 더 높은 에너지 수준으로/ 에너지 주입을 통해/ 예를 들어/ 섬광에 의한

⑥ When an electron drops/ from an outer to an inner level,/ "excess" energy/ is given off/ as light.
전자가 떨어질 때/ 외부 수준에서 내부 수준으로/ "잉여" 에너지는/ 발산된다/ 빛으로

⑦ The wavelength or color of the emitted light/ is precisely related to/ the amount of energy released.
발산된 빛의 파장 또는 색은/ ～와 정확히 관련되어 있다/ 방출된 에너지의 양과

⑧ Depending on the particular lasing material being used,/ specific wavelengths of light are absorbed/ (to energize or excite the electrons)/ and specific wavelengths are emitted/ (when the electrons fall back to their initial level).
사용되는 특정한 레이저 물질에 따라,/ 특정한 빛의 파장이 흡수된다/ (전자에 동력을 제공하거나 자극하기 위해)/ 그리고 특정한 파장이 발산된다/ (전자가 초기 수준으로 떨어질 때)

02 다음 글의 제목으로 알맞은 것은?

2023 국가직 9급

The feeling of being loved and the biological response it stimulates is triggered by nonverbal cues: the tone in a voice, the expression on a face, or the touch that feels just right. Nonverbal cues—rather than spoken words—make us feel that the person we are with is interested in, understands, and values us. When we're with them, we feel safe. We even see the power of nonverbal cues in the wild. After evading the chase of predators, animals often nuzzle each other as a means of stress relief. This bodily contact provides reassurance of safety and relieves stress.

① How Do Wild Animals Think and Feel?
② Communicating Effectively Is the Secret to Success
③ Nonverbal Communication Speaks Louder than Words
④ Verbal Cues: The Primary Tools for Expressing Feelings

문제 해결하기

| 해석 |

사랑받는다는 느낌과 그것이 촉진하는 생물학적인 반응은 목소리의 톤, 얼굴의 표정, 또는 딱 적당하게 느껴지는 접촉과 같은 비언어적인 신호에 의해 유발된다. 언어적인 말보다는 비언어적인 신호가 우리가 함께 있는 사람이 우리에게 흥미를 느끼고 우리를 이해하고 우리를 소중하게 여기고 있다고 느끼도록 만든다. 우리가 그것들(비언어적인 신호)과 함께 있을 때, 우리는 안심한다. 우리는 심지어 야생에서도 비언어적 신호의 힘을 목격한다. 포식자의 추격을 피한 후, 동물들은 종종 스트레스 완화의 수단으로 서로 주둥이를 부빈다. 이러한 신체적 접촉은 안전의 확신을 제공하고 스트레스를 완화시킨다.
① 야생동물이 어떻게 생각하고 느끼는가?
② 효과적인 의사소통이 성공의 비결이다
③ 비언어적 대화가 말보다 더 중요하다[말보다 더 강하다]
④ 언어적 신호: 감정 표현의 주요 수단

| 정답해설 |

해당 지문은 '비언어적 신호의 중요성'에 관한 글이다. 첫 번째 문장을 통해 본문이 'nonverbal cues(비언어적 신호)'에 관한 내용이라는 것을 알 수 있고, 두 번째 문장인 'Nonverbal cues — rather than spoken words — make us feel that the person we are with is interested in, understands, and values us.'를 통해, '언어적인 말보다 비언어적 신호들을 통해 상대방에게 소중히 여겨지고 있다는 것을 더 잘 알 수 있다'고 진술하고 있다. 이어서 동물의 영역에서도 찾아볼 수 있는 비언어적 신호들의 예시를 통해 주장을 더욱 견고히 하고 있는 구조이다. 따라서, 글의 제목으로 가장 적절한 것은 ③ 'Nonverbal Communication Speaks Louder than Words(비언어적 대화가 말보다 더 중요하다[말보다 더 강하다])'이다.

| 정답 | ③

| 어휘 |

stimulate 촉진하다, 자극하다
trigger 유발하다, 촉발하다
nonverbal 비언어적인
cue 신호, 단서
evade 피하다, 모면하다
predator 포식자
nuzzle 코[주둥이]를 비비다
reassurance (재)확신; 안심

지문 분석

① The feeling of being loved and the biological response it stimulates/ is triggered by nonverbal cues: the tone in a voice, the expression on a face, or the touch that feels just right.
사랑받는다는 느낌과 그것이 촉진하는 생물학적인 반응은/ 비언어적인 신호에 의해 유발된다:/ 목소리의 톤, 얼굴의 표정, 또는 딱 적당하게 느껴지는 접촉과 같은

② Nonverbal cues — rather than spoken words —/ make us feel/ that the person we are with is interested in, understands, and values us.
언어적인 말보다는 비언어적인 신호가/ 우리가 느끼도록 만든다/ 우리가 함께 있는 사람이 우리에게 흥미를 느끼고 우리를 이해하고 우리를 소중하게 여기고 있다고

③ When we're with them,/ we feel safe.
우리가 그것들(비언어적인 신호)과 함께 있을 때/ 우리는 안심한다

④ We even see/ the power of nonverbal cues in the wild.
우리는 심지어 목격한다/ 야생에서도 비언어적 신호의 힘을

⑤ After evading the chase of predators,/ animals often nuzzle each other/ as a means of stress relief.
포식자의 추격을 피한 후/ 동물들은 종종 서로 주둥이를 부빈다/ 스트레스 완화의 수단으로

⑥ This bodily contact/ provides reassurance of safety/ and relieves stress.
이러한 신체적 접촉은/ 안전의 확신을 제공하고/ 스트레스를 완화시킨다

03 다음 글의 제목으로 적절한 것은?

2024 국가직 9급

Currency debasement of a good money by a bad money version occurred via coins of a high percentage of precious metal, reissued at lower percentages of gold or silver diluted with a lower value metal. This adulteration drove out the good coin for the bad coin. No one spent the good coin, they kept it, hence the good coin was driven out of circulation and into a hoard. Meanwhile the issuer, normally a king who had lost his treasure on interminable warfare and other such dissolute living, was behind the move. They collected all the good old coins they could, melted them down and reissued them at lower purity and pocketed the balance. It was often illegal to keep the old stuff back but people did, while the king replenished his treasury, at least for a time.

① How Bad Money Replaces Good
② Elements of Good Coins
③ Why Not Melt Coins?
④ What Is Bad Money?

문제 해결하기

| 해석 |
나쁜 버전의 돈에 의한 좋은 돈의 화폐 가치 하락은 귀중한 금속의 함량이 높은 동전이 낮은 가치의 금속과 희석되어 낮은 함량의 금 또는 은을 함유하도록 재발행되는 것을 통해 발생했다. 이러한 변질은 좋은 동전을 나쁜 동전으로 몰아냈다. 아무도 좋은 동전을 사용하지 않았고, 그들은 그것을 간직했다. 그래서, 좋은 동전은 유통에서 사라져갔고 비축되어갔다. 한편, 보통 끝없는 전쟁과 다른 무절제한 생활로 인해 부를 잃은 왕인 발행인이 이러한 움직임 뒤에 있었다. 그들은 할 수 있는 한 모든 좋은 옛날 동전들을 모아서 녹이고, 낮은 순도로 재발행한 후, 차액을 자신의 주머니에 넣었다. 오래된 물건을 숨기는 것은 종종 불법이었지만, 사람들은 그렇게 했고, 한편 왕은 자신의 금고를, 적어도 임시로, 다시 채워 넣었다.
① 어떻게 나쁜 돈이 좋은 돈을 대체하는가
② 좋은 동전의 요소

③ 동전을 녹이는 게 어때?
④ 나쁜 돈이 무엇인가?

|정답해설|
① 본문 첫 번째 문장 "Currency debasement of a good money by a bad money version occurred via coins of a high percentage of precious metal reissued at lower percentages of gold or silver diluted with a lower value metal(나쁜 버전의 돈에 의한 좋은 돈의 화폐 가치 하락은 귀중한 금속의 함량이 높은 동전이 낮은 가치의 금속과 희석되어 낮은 함량의 금 또는 은을 함유하도록 재발행되는 것을 통해 발생했다)."을 통해, 좋은 돈이 나쁜 돈으로 어떻게 바뀌었는지 설명하고 있으며, 이어서 좋은 돈이 사라져가고 나쁜 돈이 남는 과정을 소개하고 있다. 따라서, 전체 글의 제목으로 가장 적절한 것은 '① How Bad Money Replaces Good(어떻게 나쁜 돈이 좋은 돈을 대체하는가)'이다. |정답| ①

| 어휘 |

currency 화폐, 통화
debasement (품질·가치·인격·평가 등의) 저하, 하락, 타락
reissue 재발행하다
dilute 희석하다, 묽게 하다
adulteration 불순물을 섞기, 변질
drive out 몰아내다, 쫓아내다
circulation 유통, 순환
hoard 비축, 축적, 저장
treasure 부, 재산
interminable 끝없는
dissolute 무절제한, 방탕한
purity 순도
pocket (부정하게) 자기 주머니에 넣다, 자기 것으로 하다, 착복하다, 횡령하다
balance 차액, 차감 잔액; 나머지, 잔여
replenish 다시 채우다, 보충하다
treasury 금고, 국고
for a time 임시로, 일시적으로, 당분간은

❶ Currency debasement of a good money/ by a bad money version/ occurred/ via coins of a high percentage of precious metal,/ reissued at lower percentages of gold or silver diluted with a lower value metal.

좋은 돈의 화폐 가치 하락은/ 나쁜 버전의 돈에 의한/ 발생했다/ 귀중한 금속의 함량이 높은 동전을 통해/ 낮은 가치의 금속과 희석되어 낮은 함량의 금 또는 은을 함유하도록 재발행된

❷ This adulteration/ drove out/ the good coin for the bad coin.

이러한 변질은/ 몰아냈다/ 좋은 동전을 나쁜 동전으로

❸ No one spent the good coin,/ they kept it,/ hence the good coin/ was driven out of circulation and into a hoard.

아무도 좋은 동전을 사용하지 않았고,/ 그들은 그것을 간직했다./ 그래서, 좋은 동전은/ 유통에서 사라져 갔고 비축되어 갔다.

❹ Meanwhile/ the issuer,/ normally a king who had lost his treasure on interminable warfare and other such dissolute living,/ was behind the move.

한편,/ 발행인이/ 보통 끝없는 전쟁과 다른 무절제한 생활로 인해 부를 잃은 왕인/ 이러한 움직임 뒤에 있었다

❺ They/ collected all the good old coins they could, melted them down/ and reissued them at lower purity/ and pocketed the balance.

그들은/ 할 수 있는 한 모든 좋은 옛날 동전들을 모아서 녹였다/ 그리고 낮은 순도로 재발행했다/ 그리고 차액을 주머니에 넣었다.

❻ It was often illegal/ to keep the old stuff back/ but people did,/ while the king replenished his treasury,/ at least for a time.

종종 불법이었다/ 오래된 물건을 숨기는 것은/ 그러나 사람들은 그렇게 했다./ 한편 왕은 자신의 금고를 다시 채워 넣었다./ 적어도 임시로

04 다음 글의 제목으로 가장 적절한 것은?

2020 지방직 9급

Louis XIV needed a palace worthy of his greatness, so he decided to build a huge new house at Versailles, where a tiny hunting lodge stood. After almost fifty years of labor, this tiny hunting lodge had been transformed into an enormous palace, a quarter of a mile long. Canals were dug to bring water from the river and to drain the marshland. Versailles was full of elaborate rooms like the famous Hall of Mirrors, where seventeen huge mirrors stood across from seventeen large windows, and the Salon of Apollo, where a solid silver throne stood. Hundreds of statues of Greek gods such as Apollo, Jupiter, and Neptune stood in the gardens; each god had Louis's face!

① True Face of Greek Gods
② The Hall of Mirrors vs. the Salon of Apollo
③ Did the Canal Bring More than just Water to Versailles?
④ Versailles: From a Humble Lodge to a Great Palace

문제 해결하기

| 해석 |

Louis 14세는 그의 위대함에 걸맞은 궁전이 필요했다. 그래서 그는 사냥꾼의 작은 오두막이 있는 Versailles에 웅장한 새로운 집을 짓기로 결심했다. 거의 50년의 노동 이후, 이 자그마한 사냥꾼의 오두막은 길이가 4분의 1마일이나 되는 거대한 궁전으로 탈바꿈하였다. 물을 강에서 끌어오고 습지대로 흘려보내기 위해 수로가 파였다(만들어졌다). Versailles는 17개의 커다란 창문 맞은편에 17개의 거대한 거울이 있는 유명한 Hall of Mirrors와 순은 왕좌가 있는 Salon of Apollo와 같은 정교한 방들로 가득했다. Apollo, Jupiter, 그리고 Neptune과 같은 그리스 신들의 조각상 수백 개가 정원에 있었는데, 각각의 신들은 Louis의 얼굴을 가지고 있었다!
① 그리스 신들의 진짜 얼굴
② Hall of Mirrors 대 Salon of Apollo

③ 수로가 단순히 물 이상의 것을 Versailles에 가져왔는가?
④ Versailles: 소박한 오두막에서 거대한 궁전으로

| 정답해설 |

본문 첫 문장 he decided to build a huge new house at Versailles, where a tiny hunting lodge stood.(그는 사냥꾼의 작은 오두막이 있는 Versailles에 웅장한 새로운 집을 짓기로 결심했다.)를 통해, 'Versailles는 본래 작은 오두막'이었음을 알 수 있으며, 두 번째 문장 this tiny hunting lodge had been transformed into an enormous palace(이 자그마한 사냥꾼의 오두막은 거대한 궁전으로 탈바꿈하였다)를 통해, '작은 오두막이 거대한 궁전으로 변모하였음'을 알 수 있다. 이후에는 해당 궁전의 모습을 자세히 묘사하는 내용이므로, 글의 제목으로 가장 적절한 것은 ④이다.

| 정답 | ④

| 어휘 |

palace 궁전, 대저택
worthy of ~의 가치가 있는, ~할 만한
lodge 오두막
transform (더 좋은 쪽으로) 탈바꿈시키다, 변형시키다
canal 수로, 운하
dig(-dug-dug) 파다
drain 흘려보내다, 물을 빼내다
marshland 습지대
elaborate 정교한, 공들인
solid 순–, 순수한(다른 물질이 섞이지 않은)
throne 왕좌, 옥좌
statue 조각상
humble 소박한, 변변찮은, 미천한

지문 분석

❶ Louis XIV needed a palace worthy of his greatness,/ so he decided to build a huge new house at Versailles,/ where a tiny hunting lodge stood.

Louis 14세는 그의 위대함에 걸맞은 궁전이 필요했다/ 그래서 그는 Versailles에 웅장한 새로운 집을 짓기로 결심했다/ 사냥꾼의 작은 오두막이 있는

❷ After almost fifty years of labor,/ this tiny hunting lodge had been transformed into an enormous palace,/ a quarter of a mile long.

거의 50년의 노동 이후/ 이 자그마한 사냥꾼의 오두막은 거대한 궁전으로 탈바꿈하였다/ 길이가 4분의 1마일이나 되는

❸ Canals were dug/ to bring water from the river/ and to drain the marshland.

수로가 파였다(만들어졌다)/ 물을 강에서 끌어오기 위해/ 그리고 습지대로 흘려보내기 위해

❹ Versailles was full of elaborate rooms/ like the famous Hall of Mirrors,/ where seventeen huge mirrors stood/ across from seventeen large windows,/ and the Salon of Apollo,/ where a solid silver throne stood.

Versailles는 정교한 방들로 가득했다/ 유명한 Hall of Mirrors와 같은/ 17개의 거대한 거울이 있는/ 17개의 커다란 창문 맞은편에/ 그리고 Salon of Apollo와 (같은)/ 순은 왕좌가 있는

❺ Hundreds of statues of Greek gods/ such as Apollo, Jupiter, and Neptune/ stood in the gardens;/ each god had Louis's face!

그리스 신들의 조각상 수백 개가/ Apollo, Jupiter, 그리고 Neptune과 같은/ 정원에 있었다/ 각각의 신들은 Louis의 얼굴을 가지고 있었다

05 다음 글의 제목으로 가장 적절한 것은?

2024 국가직 9급

The future may be uncertain, but some things are undeniable: climate change, shifting demographics, geopolitics. The only guarantee is that there will be changes, both wonderful and terrible. It's worth considering how artists will respond to these changes, as well as what purpose art serves, now and in the future. Reports suggest that by 2040 the impacts of human-caused climate change will be inescapable, making it the big issue at the centre of art and life in 20 years' time. Artists in the future will wrestle with the possibilities of the post human and post-Anthropocene — artificial intelligence, human colonies in outer space and potential doom. The identity politics seen in art around the #MeToo and Black Lives Matter movements will grow as environmentalism, border politics and migration come even more sharply into focus. Art will become increasingly diverse and might not 'look like art' as we expect. In the future, once we've become weary of our lives being visible online for all to see and our privacy has been all but lost, anonymity may be more desirable than fame. Instead of thousands, or millions, of likes and followers, we will be starved for authenticity and connection. Art could, in turn, become more collective and experiential, rather than individual.

① What will art look like in the future?
② How will global warming affect our lives?
③ How will artificial intelligence influence the environment?
④ What changes will be made because of political movements?

문제 해결하기

| 해석 |

미래는 불확실할지 모르지만, 기후변화, 변화하는 인구 통계, 지정학과 같은 어떤 것들은 부인할 수 없다. 유일한 보장은 멋진 동시에 끔찍한 변화가 있을 것이라는 것이다. 현재 그리고 미래에 예술이 어떠한 목적을 추구하는지 뿐만 아니라, 예술가들이 이러한 변화에 어떻게 반응할 것인지 고려할 가치가 있다. 보고서는 2040년에 인간이 유발한 기후변화의 영향들은 피할 수 없게 될 것이며, 20년 후에는 예술과 삶의 중심에서 커다란 문제가 될 것이라고 말한다. 미래의 예술가들은 포스트 인간과 포스트 인류세의 가능성 — 인공지능, 우주 공간에서의 인간 식민지 그리고 잠재적인 멸망 — 과 싸울 것이다. 환경결정론, 국경 정치, 그리고 이주가 훨씬 더 급격하게 뚜렷해지면서, 예술에서 보이는 #MeToo와 Black Lives Matter 운동들을 둘러싼 정체성 정치학은 성장할 것이다. 예술은 점점 더 다양해질 것이고 우리가 예상하는 '예술처럼 보이지' 않을지도 모른다. 미래에, 모든 사람이 보도록 우리의 삶이 온라인에서 볼 수 있는 것에 우리가 싫증이 나고, 우리의 사생활을 거의 잃게 된다면, 익명성은 명성보다 더욱 매력적이 될지도 모른다. 수천 또는 수백만의 좋아요와 팔로워 대신에, 우리는 진정성과 연결성에 굶주릴 것이다. 결국, 예술은 개인적이기보다는 더욱 집단적이고 경험적이 될 수도 있다.

① 미래의 예술은 어떠할까?
② 지구 온난화가 우리의 삶에 어떻게 영향을 미칠 것인가?
③ 인공지능이 환경에 어떻게 영향을 줄 것인가?
④ 정치 운동 때문에 어떠한 변화가 만들어질 것인가?

|정답해설|

본문 초반에서 The only guarantee is that there will be changes(유일한 보장은 변화가 있을 것이라는 것이다)라고 '미래의 변화'에 대한 글이라는 것을 암시하며, 이후, It's worth considering how artists will respond to these changes(예술가들이 이러한 변화에 어떻게 반응할 것인지 고려할 가치가 있다)를 통해, 특히, '예술의 측면'에서 미래의 변화에 대해 서술할 것을 알 수 있다. 본문 중후반 Art will become increasingly diverse and might not 'look like art' as we expect(예술은 점점 더 다양해질 것이고 우리가 예상하는 '예술처럼 보이지' 않을지도 모른다)와, 마지막 문장 Art could, in turn, become more collective and experiential, rather than individual(결국, 예술은 개인적이기보다는 더욱 집단적이고 경험적이 될 수도 있다.)를 통해, 미래의 예술의 양상을 예측하고 있으므로, 정답은 ①이다. ②③④는 본문의 전체적인 내용과 관련이 적으므로 글의 제목으로 적절하지 않다.

|정답| ①

| 어휘 |

undeniable 부인[부정]할 수 없는
shift 변하다
demographics 인구 통계
geopolitics 지정학
inescapable 피할 수 없는, 불가피한
wrestle 맞붙어 싸우다
Anthropocene 인류세
artificial intelligence 인공지능
doom 멸망, 붕괴, 파멸
identity politics 정체성 정치학
environmentalism 환경결정론
border 국경
migration 이주
come into focus (상황 따위가) 뚜렷해지다
diverse 다양한
weary of ～에 싫증난[지친]
all but 거의
anonymity 익명성
desirable 매력 있는, 탐나는, 갖고 싶은
fame 명성
authenticity 진정성, 확실성
in turn 결국
collective 집단적인, 집합적인
rather than ～보다는

지문 분석

① The future may be uncertain,/ but some things are undeniable:/ climate change, shifting demographics, geopolitics.

미래는 불확실할지 모른다/ 그러나 어떤 것들은 부인할 수 없다/ 기후변화, 변화하는 인구 통계, 지정학

② The only guarantee is that there will be changes,/ both wonderful and terrible.

유일한 보장은 변화가 있을 것이라는 것이다/ 멋진 동시에 끔찍한

③ It's worth considering/ how artists will respond to these changes,/ as well as what purpose art serves,/ now and in the future.

고려할 가치가 있다/ 예술가들이 이러한 변화에 어떻게 반응할 것인지/ 예술이 어떠한 목적을 추구하는지 뿐만 아니라/ 현재 그리고 미래에

④ Reports suggest/ that by 2040 the impacts of human-caused climate change will be inescapable,/ making it the big issue at the centre of art and life/ in 20 years' time.

보고서는 말한다/ 2040년에 인간이 유발한 기후변화의 영향들은 피할 수 없게 될 것이며/ 예술과 삶의 중심에서 커다란 문제가 될 것이라고/ 20년 후에는

⑤ Artists in the future/ will wrestle with the possibilities of the post-human and post-Anthropocene/ —artificial intelligence, human colonies in outer space and potential doom.

미래의 예술가들은/ 포스트 인간과 포스트 인류세의 가능성과 싸울 것이다/ 인공지능, 우주 공간에서의 인간 식민지 그리고 잠재적인 멸망

⑥ The identity politics/ seen in art around the #MeToo and Black Lives Matter movements/ will grow/ as environmentalism, border politics and migration/ come even more sharply into focus.

정체성 정치학은/ 예술에서 보이는 #MeToo와 Black Lives Matter 운동들을 둘러싼/ 성장할 것이다/ 환경결정론, 국경 정치, 그리고 이주가/ 훨씬 더 급격하게 뚜렷해지면서

⑦ Art will become increasingly diverse/ and might not 'look like art'/ as we expect.

예술은 점점 더 다양해질 것이다/ 그리고 '예술처럼 보이지' 않을지도 모른다/ 우리가 예상하는

⑧ In the future,/ once we've become weary of our lives being visible online for all to see/ and our privacy has been all but lost,/ anonymity may be more desirable than fame.

미래에/ 모든 사람이 보도록 우리의 삶이 온라인에서 볼 수 있는 것에 우리가 싫증이 나고/ 우리의 사생활을 거의 잃게 된다면/ 익명성은 명성보다 더욱 매력적이 될지도 모른다

⑨ Instead of thousands, or millions, of likes and followers,/ we will be starved/ for authenticity and connection.

수천 또는 수백만의 좋아요와 팔로워 대신에/ 우리는 굶주릴 것이다/ 진정성과 연결성에

⑩ Art could, in turn, become/ more collective and experiential,/ rather than individual.

결국, 예술은 될 수도 있다/ 더욱 집단적이고 경험적으로/ 개인적이기보다는

04 주제

교수님 코멘트▶ 글의 주제는 글의 전개 방식과 관련이 크다. 이러한 유형에 접근하는 방법에 대해 시각화한 자료를 STEP 1에 제시하고 있으므로, 수험생들은 한눈에 글의 전개를 이해할 수 있을 것이다.

STEP 1　유형 접근하기

주제는 주제문(topic sentence) 또는 포괄적 진술문(general sentence)을 요약한 것을 뜻한다. 주제는 대부분 하나의 단락 단위로 찾을 수 있다. 단락은 사실 글을 내용상 끊어서 구분한 것인데, 이렇게 글을 끊는 단위가 바로 단락이고, 그 단락 속에서 공통적으로 이야기하려는 개념이 바로 주제이다.

유형접근 Q&A

Q1: 주제를 중심으로 제목과 요지를 비교해 주세요!
A1: 주제와 제목과 요지는 범위의 차이입니다.

[두괄식: 주제가 전면에 배치]

[미괄식: 주제가 글의 마지막에 배치]

[양괄식: 주제가 전면과 마지막에 양쪽으로 배치]

[중괄식: 도입부 이후 주제문 배치]

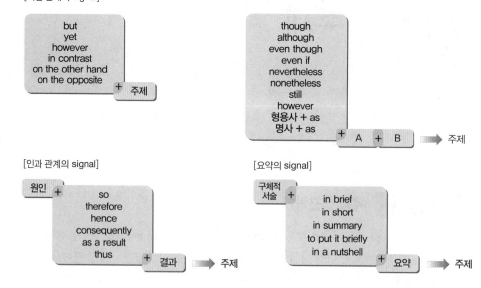

[역접 관계의 signal]

but
yet
however
in contrast
on the other hand
on the opposite
+ 주제

though
although
even though
even if
nevertheless
nonetheless
still
however
형용사 + as
명사 + as
+ A + B ➡ 주제

[인과 관계의 signal]

원인 +
so
therefore
hence
consequently
as a result
thus
+ 결과 ➡ 주제

[요약의 signal]

구체적 서술 +
in brief
in short
in summary
to put it briefly
in a nutshell
+ 요약 ➡ 주제

Q2: 주제 찾기 문항에서 선택지를 고를 때 주의해야 할 사항은 무엇인가요?

A2: 너무 포괄적(too general)이어서는 안 됩니다. 예를 들어 과일에 대해서 아래와 같이 분류되었다고 할 때, '수박과 귤'로 구체화된 예시가 궁극적으로 관통하는 공통점을 찾아야 합니다. 단지 두 과일의 특징은 too general하기에 오답에 해당되는 것입니다.

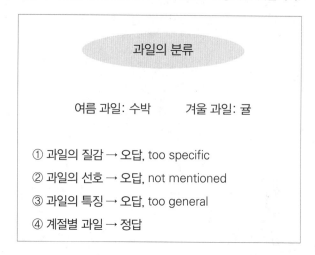

과일의 분류

여름 과일: 수박   겨울 과일: 귤

① 과일의 질감 → 오답, too specific
② 과일의 선호 → 오답, not mentioned
③ 과일의 특징 → 오답, too general
④ 계절별 과일 → 정답

대표 기출문제

Q. 다음 글의 주제로 적절한 것은?   2024 국가직 9급

It seems incredible that one man could be responsible for opening our eyes to an entire culture, but until British archaeologist Arthur Evans successfully excavated the ruins of the palace of Knossos on the island of Crete, the great Minoan culture of the Mediterranean was more legend than fact. Indeed its most famed resident was a creature of mythology: the half-man, half-bull Minotaur, said to have lived under the palace of mythical King Minos. But as Evans proved, this realm was no myth. In a series of excavations in the early years of the 20th century, Evans found a trove of artifacts from the Minoan age, which reached its height from 1900 to 1450 B.C.: jewelry, carvings, pottery, altars shaped like bull's horns, and wall paintings showing Minoan life.

① King Minos' successful excavations
② Appreciating artifacts from the Minoan age
③ Magnificence of the palace on the island of Crete
④ Bringing the Minoan culture to the realm of reality

문제 해결하기

| 해석 |
한 사람에 의해 하나의 전체 문명에 대해 우리가 눈을 뜰 수 있다는 것이 믿을 수 없는 것처럼 보이지만, 영국인 고고학자 Arthur Evans가 크레타섬에서 크노소스 성 유적을 성공적으로 발견하기 전까지, 지중해의 위대한 미노스 문명은 사실보다는 전설에 가까웠다. 사실 그곳의 가장 유명한 거주자는 신화의 존재인 반인반우 미노타우로스였는데, 신화적인 미노스 왕의 궁전 아래에 살았다고 전해진다. 그러나 Evans가 증명했듯이, 이 왕국은 신화가 아니었다. 20세기 초반 일련의 발굴에서 Evans는 기원전 1900년부터 1450년까지 정점에 이르렀던 미노스 시대의 유물들을 발견했는데, 보석, 조각품, 도자기, 쇠뿔 모양의 제단, 미노스의 삶을 보여주는 벽화 등이었다.

① 미노스 왕의 성공적인 발굴들
② 미노스 시대의 유물들 감상하기
③ 크레타섬에 있는 궁전의 웅장함
④ 미노스 문명을 현실의 영역으로 데려오기

| 정답해설 |
④ 본문은 전설로만 존재하던 '미노스 문명(Minoan culture)'이 영국인 고고학자 Arthur Evans의 성공적인 발굴로 인해 현실 세상으로 나올 수 있었다고 소개하고 있다. 문명을 발굴한 주체인 Arthur Evans의 업적에 초점이 맞추어져 글이 서술되었음에 주의해야 한다. 따라서 전체 글의 주제로 가장 적절한 것은 '④ Bringing the Minoan culture to the realm of reality(미노스 문명을 현실의 영역으로 데려오기)'이다.

| 정답 | ④

| 어휘 |
incredible 믿을 수 없는, 놀라운
responsible 원인이 되는, 초래하는
archaeologist 고고학자
excavate 발굴하다, 파다
ruins 유적, 폐허
Mediterranean 지중해(의)
famed 유명한
resident 거주자, 주민
mythology 신화
mythical 신화의, 신화적인; 가공의
realm 왕국; 영역
excavation 발굴, 파냄
trove 귀중한 발견(물); 귀중한 수집품
artifact 유물; 인공물
carving 조각품
pottery 도자기
alter 제단, 성찬대
appreciate 감상하다
magnificence 웅장함, 장엄함

지문 분석

❶ It　　seems incredible/ that　　one man could be responsible for opening our eyes/
가주어　동사　　주격보어　　진주어(접속사)　주어　　　　동사　　　　　전명구

to an entire culture,/ but　until　British archaeologist Arthur Evans successfully
전명구　　　　　　　접속사　접속사　주어

excavated the ruins of the palace of Knossos on the island of Crete,/ the great Minoan
동사　　　목적어　　　　　　　　　　　　전명구　　　　　　　　주어

culture of the Mediterranean was more legend than fact.
　　　　　　　　　　　　동사　주격보어　　전명구

믿을 수 없는 것처럼 보인다/ 한 사람에 의해 우리가 눈을 뜰 수 있다는 것이/ 하나의 전체 문명에 대
해,/ 그러나 영국인 고고학자 Arthur Evans가 크레타섬에서 크노소스 성 유적을 성공적으로 발견하기
전까지,/ 지중해의 위대한 미노스 문명은 사실보다는 전설에 가까웠다

❷ Indeed/ its most famed resident/ was　a creature of mythology:/ the half-man,
　　부사　　　주어　　　　　　　　동사　　주격보어　　　　　　　동격명사구

half-bull Minotaur,/ said to have lived under the palace of mythical King Minos.
　　　　　　　　　과거분사

사실/ 그곳의 가장 유명한 거주자는/ 신화의 존재이다/ 반인반우 미노타우로스/ 신화적인 미노스 왕의
궁전 아래에 살았다고 전해지는

❸ But/ as/ Evans/ proved,/ this realm/ was no myth.
접속사 접속사 주어　동사　　주어　　동사　주격보어

그러나 Evans가 증명했듯이,/ 이 왕국은/ 신화가 아니었다

❹ In a series of excavations in the early years of the 20th century,/ Evans found
　　　전명구　　　　　　　　　전명구　　　　　　　　　　　주어　동사

a trove of artifacts from the Minoan age,/ which reached its height from 1900 to
목적어　　　　　　전명구　　　　　　주격관계대명사

1450 B.C.:/ jewelry, carvings, pottery, altars shaped like bull's horns, and wall
　　　　　　명사1　　명사2　　명사3　명사4　과거분사　　　　　　　접속사

paintings showing Minoan life.
명사5　　현재분사

20세기 초반 일련의 발굴에서/ Evans는 미노스 시대의 유물들을 발견했다/ 기원전 1900년부터 1450
년까지 정점에 이르렀던/ 보석, 조각품, 도자기, 쇠뿔 모양의 제단, 그리고 미노스의 삶을 보여주는 벽화

01　다음 글의 주제로 가장 적절한 것은?

2021 국가직 9급

During the late twentieth century socialism was on the retreat both in the West and in large areas of the developing world. During this new phase in the evolution of market capitalism, global trading patterns became increasingly interlinked, and advances in information technology meant that deregulated financial markets could shift massive flows of capital across national boundaries within seconds. 'Globalization' boosted trade, encouraged productivity gains and lowered prices, but critics alleged that it exploited the low-paid, was indifferent to environmental concerns and subjected the Third World to a monopolistic form of capitalism. Many radicals within Western societies who wished to protest against this process joined voluntary bodies, charities and other non-governmental organizations, rather than the marginalized political parties of the left. The environmental movement itself grew out of the recognition that the world was interconnected, and an angry, if diffuse, international coalition of interests emerged.

① The affirmative phenomena of globalization in the developing world in the past
② The decline of socialism and the emergence of capitalism in the twentieth century
③ The conflict between the global capital market and the political organizations of the left
④ The exploitative characteristics of global capitalism and diverse social reactions against it

문제 해결하기

| 해석 |
20세기 후반 동안에, 사회주의는 서구와 많은 지역의 개발도상국들에서 후퇴하였다. 시장 자본주의 혁명에서의 이러한 새로운 국면 동안, 세계 무역의 양상은 점점 더 연결되었고, 정보 기술의 발달은 규제가 철폐된 금융 시장이 몇 초 이내에 국경을 가로질러 어마어마한 자본 흐름을 이동시킬 수 있다는 것을 의미했다. '세계화'는 무역을 신장시켰고, 생산성 향상을 고취했으며, 가격을 낮추었지만, 평론가들은 그것이 저임금층을 착취했고, 환경적 우려에 무관심했으며, 제3세계를 독점적인 형태의 자본주의하에 두었다고 주장했다. 이러한 과정에 맞서 저항하길 원했던 서구 사회의 많은 급진주의자들은 소외된 좌파 정당보다는 자원봉사 단체, 자선단체, 그리고 다른 비정부 조직에 가입했다. 세계가 연결되어 있다는 인식으로부터 환경 운동 자체가 증가했으며, 만일 확산될 경우 분노한 국제 이익 연합체가 생겨났다.

① 과거 개발도상국에서의 긍정적인 세계화 현상들
② 20세기 사회주의의 위축과 자본주의의 등장
③ 세계 자본 시장과 좌익 정치 집단들의 갈등
④ 세계 자본주의의 착취적인 특성들과 그것에 대한 다양한 사회적 반응들

| 정답해설 |
본문 초반에서 사회주의의 후퇴와 자본주의 확장에 대해 설명한 후, 이로 인한 세계화의 부작용(착취)을 제시하고 있다. 이어서 이에 대한 급진주의자(radical)의 반응, 환경 운동의 확장 등을 설명하며 세계화의 부작용에 대한 사회 여러 분야의 반응을 제시하고 있다. 따라서 글의 주제로 가장 적절한 것은 ④이다. 세계화의 긍정적 역할이 본문 중반에 제시되고 있으나, 글 전체를 아우르는 내용은 아니므로 ①은 오답이며, 첫 번째 문장에 사회주의의 후퇴와 자본주의의 등장에 대해 언급하고 있으나, 글 전반적으로는 이후 등장한 자본주의의 특징(문제점)과 그에 따른 사회 여러 분야의 행동을 최종적으로 설명하고 있으므로 ②도 글 전체의 주제로는 적절하지 않다.　| 정답 | ④

| 어휘 |
socialism 사회주의
retreat 후퇴, 철수
capitalism 자본주의
interlink 연결하다
deregulate 규제를 철폐하다
boundary 경계
globalization 세계화
allege 주장하다
exploit 착취하다
indifferent 무관심한
subject A to B A를 B에 복종[종속]시키다
monopolistic 독점적인
radical 급진주의자
protest 저항하다, 반대하다
body 단체, 조직
charity 자선[구호]단체
marginalize …을 (특히 사회의 진보에서) 처지게 하다, 내버려두다
left 좌파, 좌익
recognition 인식
interconnect 연결하다
diffuse 확산한, 흩어진
coalition 연합(체)
affirmative 긍정적인
emergence 등장, 출현
exploitative 착취적인

지문 분석

❶ During the late twentieth century/ socialism/ was on the retreat/ both in the West and in large areas of the developing world.

20세기 후반 동안에/ 사회주의는/ 후퇴하였다/ 서구와 많은 지역의 개발도상국들에서

❷ During this new phase/ in the evolution of market capitalism,/ global trading patterns/ became increasingly interlinked,/ and advances in information technology/ meant/ that deregulated financial markets could shift massive flows of capital/ across national boundaries/ within seconds.

이러한 새로운 국면 동안/ 시장 자본주의 혁명에서의/ 세계 무역의 양상은/ 점점 더 연결되었다/ 그리고 정보 기술의 발달은/ 의미했다/ 규제가 철폐된 금융 시장이 어마어마한 자본 흐름을 이동시킬 수 있다는 것을/ 국경을 가로질러/ 몇 초 이내에

❸ 'Globalization'/ boosted trade,/ encouraged productivity gains/ and lowered prices,/ but critics/ alleged/ that it exploited the low-paid,/ was indifferent to environmental concerns/ and subjected the Third World to a monopolistic form of capitalism.

'세계화'는/ 무역을 신장시켰고/ 생산성 향상을 고취했다/ 그리고 가격을 낮추었다/ 그러나 평론가들은/ 주장했다/ 그것이 저임금층을 착취했고/ 환경적 우려에 무관심했다고/ 그리고 제3세계를 독점적인 형태의 자본주의하에 두었다고

❹ Many radicals within Western societies/ who wished to protest against this process/ joined/ voluntary bodies, charities and other non-governmental organizations,/ rather than the marginalized political parties of the left.

서구 사회의 많은 급진주의자들은/ 이러한 과정에 맞서 저항하길 원했던/ 가입했다/ 자원봉사 단체, 자선단체, 그리고 다른 비정부 조직에/ 소외된 좌파 정당보다는

❺ The environmental movement itself/ grew out of the recognition that the world was interconnected,/ and an angry,/ if diffuse,/ international coalition of interests emerged.

환경 운동 자체가/ 세계가 연결되어 있다는 인식으로부터 증가했다/ 그리고 분노한/ 만일 확산될 경우/ 국제 이익 연합체가 생겨났다

Many animals are not loners. They discovered, or perhaps nature discovered for them, that by living and working together, they could interact with the world more effectively. For example, if an animal hunts for food by itself, it can only catch, kill, and eat animals much smaller than itself—but if animals band together in a group, they can catch and kill animals bigger than they are. A pack of wolves can kill a horse, which can feed the group very well. Thus, more food is available to the same animals in the same forest if they work together than if they work alone. Cooperation has other benefits: The animals can alert each other to danger, can find more food (if they search separately and then follow the ones who succeed in finding food), and can even provide some care to those who are sick and injured. Mating and reproduction are also easier if the animals live in a group than if they live far apart.

① benefits of being social in animals
② drawbacks of cooperative behaviors
③ common traits of animals and humans
④ competitions in mating and reproduction

문제 해결하기

| 해석 |

많은 동물들이 혼자 있기를 더 좋아하는 것은 아니다. 그들은 함께 살고 함께 일을 함으로써 더 효과적으로 세상과 상호작용할 수 있다는 것을 (스스로) 발견했거나 아니면 자연이 그들을 위해 발견해 주었다. 예를 들어, 어떤 동물이 혼자서 먹이를 사냥한다면, 그것은 단지 자신보다 훨씬 더 작은 동물을 잡아서 죽이고 먹을 수 있다. 하지만 동물들이 한 집단으로 무리를 이룬다면, 그것들은 자신들보다 더 큰 동물을 잡아서 죽일 수 있다. 한 무리의 늑대는 한 마리의 말을 죽일 수 있고, 그것은 그 집단을 매우 잘 먹일 수 있다. 따라서, 동물들이 함께 일하면 혼자서 일하는 것보다 같은 숲속에서 같은 동물들이 먹을 수 있는 먹이가 더 많다. 협동에는 또 다른 이점이 있다. 동물들은 위험에 대해 서로에게 알릴 수 있고, (만일 그들이 따로 수색하고 먹이를 찾는 데 성공한 개체를 따라간다면) 더 많은 먹이를 찾을 수 있으며, 심지어 아프고 다친 동물들에게 어느 정도 돌봄을 제공할 수도 있다. 동물들이 집단으로 살면 멀리 떨어져 살 때보다 짝짓기와 번식도 또한 더 쉽다.

① 동물들이 사회적이 되는 것의 이점들
② 협력적인 행동의 결점들
③ 동물과 인간의 공통적인 특징들
④ 짝짓기와 번식에 있어서의 경쟁들

| 정답해설 |

동물들이 단독 생활을 하는 것보다 집단 생활을 할 때 누릴 수 있는 장점을 제시하고 있는 글이므로 주제로 가장 적절한 것은 ① benefits of being social in animals(동물들이 사회적이 되는 것의 이점들)이다.

| 정답 | ①

| 어휘 |

loner 혼자 있기를 더 좋아하는 동물[사람]

effectively 효과적으로

band together 무리를 이루다

pack 무리[떼]

cooperation 협동, 협력

alert 알리다, 경보를 발하다, 주의를 환기시키다

지문 분석

❶ Many animals/ are not loners.

많은 동물들이/ 혼자 있기를 더 좋아하는 것은 아니다

❷ They discovered, or perhaps nature discovered for them, that/ by living and working together,/ they could interact with the world/ more effectively.

그들은 (스스로) ~을 발견했거나 아니면 자연이 그들을 위해 발견해 주었다/ 함께 살고 함께 일을 함으로써/ 그들이 세상과 상호작용할 수 있다고/ 더 효과적으로

❸ For example,/ if an animal hunts for food by itself,/ it can only catch, kill, and eat/ animals much smaller than itself/ — but if animals band together/ in a group,/ they can catch and kill/ animals bigger than they are.

예를 들어/ 어떤 동물이 혼자서 먹이를 사냥한다면/ 그것은 단지 잡아서 죽이고 먹을 수 있다/ 자신보다 훨씬 더 작은 동물을/ 하지만 동물들이 무리를 이룬다면/ 한 집단으로/ 그것들은 잡아서 죽일 수 있다/ 자신들보다 더 큰 동물을

❹ A pack of wolves/ can kill/ a horse,/ which can feed the group/ very well.

한 무리의 늑대는/ 죽일 수 있다/ 한 마리의 말을/ 그리고 그것은 그 집단을 먹일 수 있다/ 매우 잘

❺ Thus,/ more food is available/ to the same animals/ in the same forest/ if they work together/ than if they work alone.

따라서/ 먹을 수 있는 먹이가 더 많다/ 같은 동물들이/ 같은 숲속에서/ 동물들이 함께 일하면/ 혼자서 일하는 것보다

❻ Cooperation/ has other benefits:/ The animals/ can alert each other/ to danger,/ can find more food/ (if they search separately and then follow the ones who succeed in finding food),/ and can even provide some care/ to those who are sick and injured.

협동에는/ 또 다른 이점이 있다/ 동물들은/ 서로에게 알릴 수 있다/ 위험에 대해/ 더 많은 먹이를 찾을 수 있다/ (만일 그들이 따로 수색하고 먹이를 찾는 데 성공한 개체를 따라간다면)/ 그리고 심지어 어느 정도 돌봄을 제공할 수도 있다/ 아프고 다친 동물들에게

❼ Mating and reproduction/ are also easier/ if the animals live in a group/ than if they live far apart.

짝짓기와 번식이/ 또한 더 쉽다/ 동물들이 집단으로 살면/ 멀리 떨어져 살 때보다

03 다음 글의 주제로 가장 적절한 것은?

2015 법원직 9급

There is a widely held notion that does plenty of damage, the notion of 'scientifically proved.' It is nearly an oxymoron. The very foundation of science is to keep the door open to doubt. Precisely because we keep questioning everything, especially our own premises, we are always ready to improve our knowledge. Therefore a good scientist is never 'certain.' Lack of certainty is precisely what makes conclusions more reliable than the conclusions of those who are certain, because the good scientist will be ready to shift to a different point of view if better evidence or novel arguments emerge. Therefore certainty is not only something useless but is also in fact damaging, if we value reliability.

① Reliability values knowledge
② Scientific confidence is of no use
③ Changeable conclusions are infinite
④ Questioning worsens theoretical validity

문제 해결하기

| 해석 |

많은 해를 끼치는 널리 퍼진 생각이 있는데, 이는 '과학적으로 증명된'이라는 생각이다. 이것은 거의 모순이다. 과학의 토대야말로 의구심에 문을 계속 열어 두는 것이다. 분명히 우리가 모든 것에 대해서, 특히 우리 자신의 전제들에 대해, 계속해서 의구심을 갖기 때문에, 우리는 항상 우리의 지식을 향상시킬 준비가 되어 있다. 따라서, 훌륭한 과학자는 절대로 '확신하지' 않는다. 확신의 부족이 바로 확신하는 사람들의 결론보다 결론을 좀 더 믿을 수 있게 만드는 것이다. 왜냐하면 훌륭한 과학자는 만약 더 좋은 증거나 새로운 주장이 나타날 경우에 다른 관점으로 전환할 준비가 될 것이기 때문이다. 따라서 확신은 쓸모없는 것일 뿐만 아니라, 우리가 신뢰성을 가치 있게 여긴다면 사실상 해를 끼치고 있는 것이다.

① 신뢰성은 지식을 중히 여긴다
② 과학적 확신은 쓸모가 없다
③ 바뀔 수 있는 결론은 무한하다
④ 의심은 이론적 타당성을 약화시킨다

| 정답해설 |

지문 도입부의 There is a widely held notion that does plenty of damage, the notion of 'scientifically proved.' It is nearly an oxymoron.과 가장 마지막 문장인 Therefore certainty is not only something useless but is also in fact damaging, if we value reliability.를 통해 과학적 확신은 쓸모가 없고 의구심의 문을 계속 열어 두는 것이 과학의 기초라고 했으므로 가장 적절한 주제는 ②이다.

| 정답 | ②

| 어휘 |

widely 널리, 폭넓게
oxymoron 모순 어법
foundation 토대, 기초
precisely 정확하게, 바로, 꼭
premise (주장의) 전제
shift 바뀌다, 장소를 옮기다, 이동하다
emerge 드러나다, 알려지다
certainty 확신, 확실성
useless 쓸모없는
reliability 신뢰

지문 분석

❶ There is a widely held notion/ that does plenty of damage,/ the notion of 'scientifically proved.'

널리 퍼져 있는 생각이 있다/ 많은 해를 끼치는/ '과학적으로 증명된'이라는 생각

❷ It is nearly an oxymoron.

이것은 거의 모순이다

❸ The very foundation of science/ is to keep the door open to doubt.

과학의 토대야말로/ 의구심에 대한 문을 계속 열어 두는 것이다

❹ Precisely because we keep questioning everything,/ especially our own premises,/ we are always ready/ to improve our knowledge.

분명히 우리는 모든 것에 대해 계속해서 의구심을 갖기 때문에/ 특히 우리 자신의 전제들에 대해/ 우리는 항상 준비되어 있다/ 우리의 지식을 향상시킬

❺ Therefore/ a good scientist/ is never 'certain.'

따라서/ 훌륭한 과학자는/ 절대 '확신하지' 않는다

❻ Lack of certainty/ is precisely what makes conclusions more reliable/ than the conclusions of those/ who are certain,/ because the good scientist will be ready/ to shift to a different point of view/ if better evidence or novel arguments emerge.

확신의 부족이/ 바로 결론을 좀 더 믿을 수 있게 만드는 것이다/ 그들의 결론보다/ 확신하는/ 왜냐하면 훌륭한 과학자는 준비될 것이기 때문이다/ 다른 관점으로 전환할/ 만약 더 좋은 증거나 새로운 주장이 나타날 경우에

❼ Therefore/ certainty is not only something useless/ but is also in fact damaging,/ if we value reliability.

그래서/ 확신은 쓸모없는 것일 뿐만 아니라/ 사실상 해를 끼치고 있는 것이다/ 우리가 신뢰성을 가치 있게 여긴다면

다음 글의 주제로 가장 적절한 것은?

> Béla Bartók's *Duos for Two Violins* is characterized by dissonance. By employing dissonance in this work, Bartók tries to reveal the rich diversity of sounds. However, dissonance is a relative concept, and it needs to be understood in relation to consonance. Further, the dissonance prevalent in this work does not express disorder. Rather, it tries to evoke subtle harmony among individual sounds. This is mainly because dissonance can be perceived as an expression of harmonious individuality.

① ways of revealing diversity of sounds

② role of consonance in violin performance

③ importance of harmony in *Duos for Two Violins*

④ true meaning of dissonance in Béla Bartók's work

문제 해결하기

| 해석 |

Béla Bartók의 '두 대의 바이올린을 위한 2중주'는 불협화음이 특징이다. 이 작품에서 불협화음을 사용함으로써, Bartók은 소리의 풍부한 다양성을 드러내려 한다. 그러나, 불협화음은 상대적인 개념이며, 협화음과 관련하여 이해되는 것이 필요하다. 게다가, 이 작품에서 만연하는 불협화음은 무질서를 나타내지 않는다. 오히려, 그것은 개별적인 소리들 사이의 미묘한 조화를 불러일으키려 한다. 이것은 주로 불협화음이 조화로운 개성의 표현으로 인식될 수 있기 때문이다.

① 소리의 다양성을 드러내는 방법들
② 바이올린 연주에서 협화음의 역할
③ '두 대의 바이올린을 위한 2중주'에서 조화의 중요성
④ Béla Bartók의 작품에서 불협화음의 진정한 의미

| 정답해설 |

Béla Bartók의 '두 대의 바이올린을 위한 2중주'에서는 불협화음이 무질서하지 않고 오히려 미묘한 조화를 이룬다고 필자는 말하고 있다. 따라서 이 글의 주제로는 ④가 가장 적절하다. | 정답 | ④

| 어휘 |

dissonance 불협화음
consonance 협화음, 일치
prevalent 널리 퍼져 있는
evoke 불러일으키다

❶ Béla Bartók's *Duos for Two Violins*/ is characterized by dissonance.
Béla Bartók의 '두 대의 바이올린을 위한 2중주'는/ 불협화음이 특징이다

❷ By employing dissonance in this work,/ Bartók tries to reveal the rich diversity of sounds.
이 작품에서 불협화음을 사용함으로써/ Bartók은 소리의 풍부한 다양성을 드러내려 한다

❸ However,/ dissonance is a relative concept,/ and it needs to be understood/ in relation to consonance.
그러나/ 불협화음은 상대적인 개념이며/ 이해되는 것이 필요하다/ 협화음과 관련하여

❹ Further,/ the dissonance prevalent in this work/ does not express disorder.
게다가/ 이 작품에서 만연하는 불협화음은/ 무질서를 나타내지 않는다

❺ Rather,/ it tries to evoke subtle harmony/ among individual sounds.
오히려/ 그것은 미묘한 조화를 불러일으키려 한다/ 개별적인 소리들 사이의

❻ This is mainly because dissonance can be perceived/ as an expression of harmonious individuality.
이것은 주로 불협화음이 인식될 수 있기 때문이다/ 조화로운 개성의 표현으로

Language gives individual identity and a sense of belonging. When children proudly learn their language and are able to speak it at home and in their neighborhood, the children will have a high self-esteem. Moreover, children who know the true value of their mother tongue will not feel like they are achievers when they speak a foreign language. With improved self-identity and self-esteem, the classroom performance of a child also improves because such a child goes to school with less worries about linguistic marginalization.

* linguistic marginalization: 언어적 소외감

① the importance of mother tongue in child development
② the effect on children's foreign language learning
③ the way to improve children's self-esteem
④ the efficiency of the linguistic analysis

문제 해결하기

| 해석 |

언어는 개인에게 정체성과 소속감을 준다. 아이들이 자랑스럽게 자신들의 언어를 배우고, 집과 동네에서 그것을 말할 수 있을 때, 그 아이들은 높은 자신감을 가질 것이다. 게다가, 모국어의 진정한 가치를 아는 아이들은 그들이 외국어를 말할 때 자신들이 성취자라고 느끼지 않을 것이다. 고양된 자아 정체성과 자존감을 가지면, 아이의 학업 성적도 향상되는데, 왜냐하면 그러한 아이는 언어적 소외감에 대한 긱정을 덜 하며 학교에 가기 때문이다.

① 아이의 발달에 있어서 모국어의 중요성
② 아이들의 외국어 학습에 미치는 영향
③ 아이들의 자존감을 높이는 방법
④ 언어 분석의 효율성

| 정답해설 |

언어, 특히 모국어가 아이에게 갖는 중요성을 강조하는 글이다. 따라서 전체 글의 주제로 가장 적절한 것은 ① the importance of mother tongue in child development(아이의 발달에 있어서 모국어의 중요성)이다.

| 오답해설 |

모국어를 말하는 것이 자존감을 향상시킬 수 있다는 내용은 언급되나, 자존감을 높이는 방법이 주제인 글은 아니기 때문에 ③은 글의 주제와 일치하지 않는다. 언어 분석에 관해서는 본문에 언급되지 않았기 때문에 ④는 오답이다.

| 정답 | ①

| 어휘 |

identity 정체성
self-esteem 자존감
mother tongue 모국어

지문 분석

❶ Language/ gives/ individual/ identity and a sense of belonging.
언어는/ 준다/ 개인에게/ 정체성과 소속감을

❷ When children proudly learn their language/ and are able to speak it/ at home and in their neighborhood,/ the children/ will have/ a high self-esteem.
아이들이 자랑스럽게 자신들의 언어를 배울 때/ 그리고 그것을 말할 수 있을 때/ 집과 동네에서/ 그 아이들은/ 가질 것이다/ 높은 자신감을

❸ Moreover,/ children who know the true value of their mother tongue/ will not feel/ like they are achievers/ when they speak a foreign language.
게다가/ 모국어의 진정한 가치를 아는 아이들은/ 느끼지 않을 것이다/ 자신들이 성취자라고/ 그들이 외국어를 말할 때

❹ With improved self-identity and self-esteem,/ the classroom performance of a child/ also improves/ because/ such a child/ goes to school/ with less worries/ about linguistic marginalization.
고양된 자아 정체성과 자존감을 가지면/ 아이의 학업 성적은/ 또한 향상된다/ 왜냐하면 ~하기 때문에/ 그러한 아이는/ 학교에 간다/ 걱정을 덜 하며/ 언어적 소외감에 대한

Micro
Reading

01 내용일치/불일치

교수님 코멘트▶ 글의 내용일치와 불일치는 유형 특성상 '세부사항 파악'이 필요하므로, 본문의 내용도 중요하지만 선택지 분석이 무엇보다 중요하다. 이에 선택지와 본문의 독해 순서를 먼저 안내하고 있으므로 수험생들은 STEP 1에서 이를 필수적으로 확인해야 한다.

VOCABULARY CHECK

STEP 1	유형 접근하기

내용일치 및 불일치 문항의 경우에는 영문으로 작성된 글의 세부적인 내용을 올바르게 이해할 수 있는지 여부를 평가하는 유형이다. 따라서 글의 논리적 분석과 파악보다는 정확한 어휘의 뜻과 구문표현을 평소에 다양하게 쌓아 놓아야 해당 문제에서 고득점을 얻을 수 있다.

유형접근 Q&A

Q1: 내용일치와 불일치 문항에서 실수를 안 할 수 있는 TIP이 있을까요?

A1: 우선 많은 수험생들이 일치와 불일치 두 가지 유형 사이에서 헷갈리는 경우가 있습니다. 이럴 때는 문제를 풀 때 꼭 나만의 표시를 해둬야 합니다. 예를 들어 일치 문항의 경우에는 동그라미, 불일치는 엑스 모양 등을 체크해서 두 문항이 헷갈리는 것을 방지하는 방법이 있겠습니다. 이후 선택지에도 옳은 내용과 옳지 않은 내용을 체크하는 나만의 방식을 만들어 두면, 시험장에서 당황해서 두 문제를 혼동하는 일은 없을 것입니다.

Q2: 내용일치 유형의 '경제적인 독해' TIP이 있나요?

A2: 선택지 내용의 일치 및 불일치 여부를 확인해야 하는 영역이기 때문에 전체를 읽기보다는 선택지의 사항을 지문에서 찾아보는 것이 시간을 줄일 수 있는 방법입니다. 고유명사, 숫자, 문장부호 등이 이정표로 사용되기도 하니 접근할 때 유용하게 TIP으로 활용하시기 바랍니다.

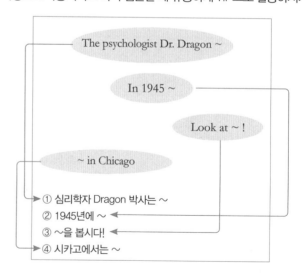

Q3: 일치 및 불일치 유형은 답을 선택하고도 끝까지 다 읽어야 하나요?

A3: 아니요, 꼭 그렇지는 않습니다. 일치 또는 불일치로 선택지가 확정이 되면, 나머지 부분을 읽을 필요가 없습니다. 단, 주의할 것은, this ∼, that ∼, one, another 등의 표현 문장은 그 해당되는 지시대명사 또는 부정대명사가 문맥상 무엇을 의미하는지 다시 한 번 꼭 확인하고 다음 문항으로 넘어가야 한다는 점입니다. 특히 부정의 표현이나 상관접속사의 경우에는 개별 단어 뜻의 직역이 아니라 정확한 의미를 문맥상 추론해 해석하는 것을 잊지 말아야 합니다.

주의해야 할 표현	
① 부정의 표현	
거의 ∼않다	barely, rarely, seldom, hardly, scarcely
전혀 ∼않다	little, never
더 이상 ∼않다	no longer
너무 ∼해서 …할 수 없다	too ∼ to부정사
② 상관접속사 표현	
A와 B 둘 다	both A and B
A가 아니라 B	not A but B
A 또는 B(둘 중 하나)	either A or B
A도 B도 아닌(둘 다 아닌)	neither A nor B
A뿐만 아니라 B도	not only A but also B

STEP 2 유형 적용하기

대표 기출문제

Q. Northeastern Wildlife Exposition에 관한 다음 글의 내용과 일치하는 것은? 2024 국가직 9급

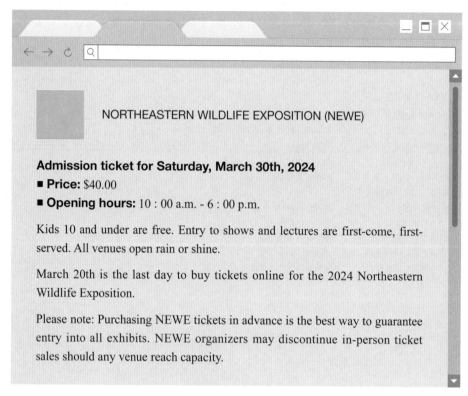

NORTHEASTERN WILDLIFE EXPOSITION (NEWE)

Admission ticket for Saturday, March 30th, 2024
■ **Price:** $40.00
■ **Opening hours:** 10 : 00 a.m. - 6 : 00 p.m.

Kids 10 and under are free. Entry to shows and lectures are first-come, first-served. All venues open rain or shine.

March 20th is the last day to buy tickets online for the 2024 Northeastern Wildlife Exposition.

Please note: Purchasing NEWE tickets in advance is the best way to guarantee entry into all exhibits. NEWE organizers may discontinue in-person ticket sales should any venue reach capacity.

① 10세 어린이는 입장료 40불을 지불해야 한다.
② 공연과 강연의 입장은 선착순이다.
③ 비가 올 경우에는 행사장을 닫는다.
④ 입장권은 온라인으로만 구매할 수 있다.

문제 해결하기

| 해석 |
북동부 야생 생물 박람회 (NEWE)
2024년 3월 30일, 토요일, 입장권
■ 가격: 40달러
■ 개장 시간: 오전 10시 – 오후 6시
10세 이하 어린이는 무료입니다. 공연과 강연 입장은 선착순입니다. 비가 오나 맑으나 모든 행사장은 열립니다.
3월 20일은 2024년 북동부 야생 생물 박람회를 위해 온라인에서 입장권을 구매할 수 있는 마지막 날입니다.

주의사항: NEWE의 입장권을 사전 구매하는 것이 모든 전시에의 입장을 보장하는 가장 좋은 방법입니다. 행사장 인원이 마감되면, NEWE 조직위는 입장권 현장 판매를 중단할 것입니다.

| 정답해설 |
② 안내문의 중간 Opening hours 아랫부분의 두 번째 문장에서 "Entry to shows and lectures are first-come, first-served (공연과 강연 입장은 선착순입니다)."라고 설명하고 있으므로, 글의 내용과 일치하는 것은 ②이다. | 정답 | ②

| 어휘 |

wildlife 야생 생물, 야생동물
exposition 박람회, 전람회
admission 입장
first-come, first-served 선착순
venue 장소
in advance 사전에, 미리
guarantee 보장하다, 확실히 하다
in-person 직접의, 몸소, 대면하여
capacity 수용력, 용량

① Kids 10 and under/ are free.
주어 　　　　　　　동사 주격보어

10세 이하 어린이는/ 무료입니다

② Entry to shows and lectures/ are first-come, first-served.
주어 　전명구 　　　　　　　동사 주격보어

공연과 강연 입장은/ 선착순입니다

③ All venues/ open/ rain or shine.
　　주어 　　　　동사 　　(=whether(접속사) it(주어) rains(동사1) or shines(동사2))

모든 행사장은/ 열립니다/ 비가 오나 맑으나

④ March 20th/ is   the last day/ to buy tickets online/ for the 2024 Northeastern
주어 　　　　　동사 주격보어 　　　　to부정사(형용사적 용법) 　　　　　전명구

Wildlife Exposition.

3월 20일은/ 마지막 날입니다/ 온라인에서 입장권을 구입 가능한/ 2024년 북동부 야생 생물 박람회를
위해

⑤ Purchasing NEWE tickets in advance/ is   the best way/ to guarantee entry into all
주어(동명사구) 　　　　　　　　　　　　　동사 주격보어 　　　　to부정사(형용사적 용법)

exhibits.

NEWE의 입장권을 사전 구매하는 것이/ 가장 좋은 방법입니다/ 모든 전시에의 입장을 보장하는

⑥ NEWE organizers/ may discontinue in-person ticket sales/ should any venue reach
주어 　　　　　　　　　　동사 　　　　　　목적어 　　　　　　　　if 생략 가정법(미래)

capacity.

NEWE 조직위는/ 입장권 현장 판매를 중단할 것입니다/ 행사장 인원이 마감되면

STEP 3　적용 연습하기

01　청고래에 관한 다음 글의 내용과 일치하지 않는 것은?

2020 법원직 9급

> The biggest heart in the world is inside the blue whale. It weighs more than seven tons. It's as big as a room. When this creature is born it is 20 feet long and weighs four tons. It is way bigger than your car. It drinks a hundred gallons of milk from its mama every day and gains 200 pounds a day, and when it is seven or eight years old it endures an unimaginable puberty and then it essentially disappears from human ken, for next to nothing is known of the mating habits, travel patterns, diet, social life, language, social structure and diseases. There are perhaps 10,000 blue whales in the world, living in every ocean on earth, and of the largest animal who ever lived we know nearly nothing. But we know this: the animals with the largest hearts in the world generally travel in pairs, and their penetrating moaning cries, their piercing yearning tongue, can be heard underwater for miles and miles.

① 아기 청고래는 매일 100갤런의 모유를 마시고, 하루에 200파운드씩 체중이 증가한다.
② 청고래는 사춘기를 지나면서 인간의 시야에서 사라져서 청고래에 대해 알려진 것이 많지 않다.
③ 세계에서 가장 큰 심장을 지닌 동물이면서, 몸집이 가장 큰 동물이다.
④ 청고래는 일반적으로 혼자서 이동하고, 청고래의 소리는 물속을 관통하여 수 마일까지 전달될 수 있다.

| 어휘 |

creature 창조물
way 훨씬
endure 인내하다
unimaginable 상상할 수 없는
puberty 사춘기
essentially 본질적으로
disappear 사라지다
ken 시야, 은신처(속어)
mate 짝짓기를 하다
penetrating 귀를 찢는 듯한, 꿰뚫는, 관통하는
moan 신음하다, 끙끙대다
piercing 날카로운
yearning 동경하는
tongue 혀, 언어 능력

문제 해결하기

| 해석 |

세상에서 가장 큰 심장은 청고래 안에 있다. 그것은 7톤 이상의 무게가 나간다. 그것은 방만큼 크다. 이 생물이 태어날 때 그것은 20피트의 길이와 4톤의 무게가 나간다. 그것은 당신의 자동차보다 훨씬 더 크다. 그것은 매일 어미 고래로부터 100갤런의 우유를 마시고, 하루에 200파운드씩 체중이 증가하고 그것이 일곱에서 여덟 살 때, 그것은 상상할 수 없는 사춘기를 견디고 그 후 그것은 본질적으로 인간의 시야에서 사라지는데, 왜냐하면 이는 짝짓기 습관, 여행 패턴, 식생활, 사회생활, 언어, 사회 구조 그리고 질병 중 거의 아무것도 알려진 것이 없는 것이나 다름없기 때문이다. 전 세계에 아마 1만 마리의 청고래가 있을 것이고, 지구의 모든 해양에 살고 있을 것이며, 지금까지 살았던 그 가장 큰 동물에 대해 우리는 거의 아무것도 모른다. 하지만 우리는 이것은 알고 있다: 세계에서 가장 큰 심장을 가진 그 동물들은 일반적으로 짝으로 다니고, 그들의 귀를 찢는 듯한 신음 소리, 즉 그들의 날카로운 동경의 언어는 물속에서 몇 마일이고 들릴 수 있다.

| 정답해설 |

본문 후반부에 제시된 the animals with the largest hearts in the world generally travel in pairs(세계에서 가장 큰 심장을 가진 동물들은 일반적으로 짝으로 다닌다)와 선지 ④의 '청고래는 일반적으로 혼자서 이동하고'는 서로 일치하지 않는다. 따라서 본문과 일치하지 않는 것은 ④이다.

| 정답 | ④

❶ The biggest heart in the world/ is inside the blue whale.
세상에서 가장 큰 심장은/ 청고래 안에 있다

❷ It weighs more than seven tons.
그것은 7톤 이상의 무게가 나간다

❸ It's as big as a room.
그것은 방만큼 크다

❹ When this creature is born/ it is 20 feet long/ and weighs four tons.
이 생물이 태어날 때/ 그것은 20피트의 길이이다/ 그리고 4톤의 무게가 나간다

❺ It is way bigger/ than your car.
그것은 훨씬 더 크다/ 당신의 자동차보다

❻ It drinks a hundred gallons of milk/ from its mama every day/ and gains 200 pounds a day,/ and when it is seven or eight years old/ it endures an unimaginable puberty/ and then it essentially disappears from human ken,/ for next to nothing is known/ of the mating habits, travel patterns, diet, social life, language, social structure and diseases.
그것은 100갤런의 우유를 마신다/ 매일 어미 고래로부터/ 하루에 200파운드씩 체중이 증가한다/ 그리고 그것이 일곱에서 여덟 살 때/ 그것은 상상할 수 없는 사춘기를 견딘다/ 그리고 그 후 그것은 본질적으로 인간의 시야에서 사라진다/ 왜냐하면 이는 거의 아무것도 알려진 것이 없는 것이나 다름없기 때문이다/ 짝짓기 습관, 여행 패턴, 식생활, 사회생활, 언어, 사회 구조 그리고 질병 중

❼ There are perhaps 10,000 blue whales in the world,/ living in every ocean on earth,/ and of the largest animal who ever lived/ we know nearly nothing.
전 세계에 아마 1만 마리의 청고래가 있을 것이다/ 지구의 모든 해양에 살고 있는/ 그리고 지금까지 살았던 그 가장 큰 동물에 대해/ 우리는 거의 아무것도 모른다

❽ But we know this:/ the animals with the largest hearts in the world/ generally travel in pairs,/ and their penetrating moaning cries,/ their piercing yearning tongue,/ can be heard underwater/ for miles and miles.
하지만 우리는 이것은 알고 있다/ 세계에서 가장 큰 심장을 가진 그 동물들은/ 일반적으로 짝으로 다닌다/ 그리고 그들의 귀를 찢는 듯한 신음 소리/ 즉 그들의 날카로운 동경의 언어는/ 물속에서 들릴 수 있다/ 몇 마일이고

02 다음 글의 내용과 일치하지 <u>않는</u> 것은?

Are you getting enough choline? Chances are, this nutrient isn't even on your radar. It's time choline gets the attention it deserves. A shocking 90 percent of Americans aren't getting enough choline, according to a recent study. Choline is essential to health at all ages and stages, and is especially critical for brain development. Why aren't we getting enough? Choline is found in many different foods but in small amounts. Plus, the foods that are rich in choline aren't the most popular: think liver, egg yolks and lima beans. Taylor Wallace, who worked on a recent analysis of choline intake in the United States, says, "There isn't enough awareness about choline even among health-care professionals because our government hasn't reviewed the data or set policies around choline since the late '90s."

① A majority of Americans are not getting enough choline.

② Choline is an essential nutrient required for brain development.

③ Foods such as liver and lima beans are good sources of choline.

④ The importance of choline has been stressed since the late '90s in the U.S.

문제 해결하기

| 어휘 |

choline 콜린(비타민B 복합체의 하나)

chances are 아마 ~일 것이다

nutrient 영양소, 영양분

deserve ~을 받을 만하다, 마땅히 ~할 만하다

lima bean 리마콩(연녹색의 둥글 납작한 콩)

intake 섭취(량)

| 해석 |

당신은 충분한 콜린을 섭취하고 있는가? 아마 이 영양소는 당신의 관심 내에 있지도 않을 것이다. 이제 콜린이 마땅한 관심을 받을 때이다. 최근의 연구에 따르면 충격적이게도 90 퍼센트의 미국인이 충분한 콜린을 섭취하고 있지 않다. 콜린은 모든 연령과 단계의 건강에 필수적이고 두뇌 발달에 특히 중요하다. 왜 우리는 충분히 섭취하지 않고 있는가? 콜린은 여러 다양한 식품에서 발견되지만, 매우 적은 양이다. 게다가, 콜린을 풍부히 함유한 식품은 별로 인기가 없다. 간, 계란 노른자, 그리고 리마콩을 생각해 보아라. 미국 내 콜린 섭취에 관한 최근 분석을 시행한 Taylor Wallace는 "보건 전문가들 사이에서조차 콜린에 대한 인식이 충분하지 않은데, 이는 우리 정부가 90년대 말 이후로 데이터를 검토하거나 콜린에 관한 정책을 세우지 않았기 때문이다."라고 말한다.

① 대다수의 미국인들이 콜린을 충분히 섭취하고 있지 않다.

② 콜린은 두뇌 발달에 필요한 필수 영양소이다.

③ 간과 리마콩과 같은 식품은 콜린의 좋은 원천이다.

④ 미국에서 콜린의 중요성은 90년대 말 이후로 강조되어 왔다.

|정답해설|

본문 마지막 문장의 인용구 "There isn't enough awareness about choline ~ since the late '90s(보건 전문가들 사이에서조차 콜린에 대한 인식이 충분하지 않은데, 이는 우리 정부가 90년대 말 이후로 데이터를 검토하거나 콜린에 관한 정책을 세우지 않았기 때문이다)."를 통해 ④가 글의 내용과 일치하지 않는 것을 알 수 있다.

|정답| ④

지문 분석

① Are you getting/ enough choline?
당신은 섭취하고 있는가?/ 충분한 콜린을

② Chances are,/ this nutrient/ isn't even on your radar.
아마 ~일 것이다/ 이 영양소는/ 당신의 관심 내에 있지도 않을 것이다

③ It's time/ choline/ gets the attention/ (that) it deserves.
이제 ~할 시간이다/ 콜린이/ 관심을 받을 때이다/ 그것이 마땅한

④ A shocking 90 percent of Americans/ aren't getting enough choline,/ according to a recent study.
90퍼센트의 미국인이/ 충분한 콜린을 섭취하고 있지 않다/ 최근의 연구에 따르면 충격적이게도

⑤ Choline/ is essential/ to health/ at all ages and stages,/ and is especially critical/ for brain development.
콜린은/ 필수적이다/ 건강에/ 모든 연령과 단계의/ 그리고 특히 중요하다/ 두뇌 발달에

⑥ Why/ aren't we getting/ enough?
왜/ 우리는 섭취하지 않고 있는가?/ 충분히

⑦ Choline/ is found/ in many different foods/ but in small amounts.
콜린은/ 발견된다/ 여러 다양한 식품에서/ 그러나 매우 적은 양이다

⑧ Plus,/ the foods that are rich in choline/ aren't the most popular: think/ liver, egg yolks and lima beans.
게다가,/ 콜린을 풍부히 함유한 식품은/ 별로 인기가 없다: 생각해 보아라/ 간, 계란 노른자, 그리고 리마콩을

⑨ Taylor Wallace,/ who worked on a recent analysis of choline intake in the United States,/ says, "There isn't enough awareness/ about choline/ even among health-care professionals because/ our government hasn't reviewed the data/ or set policies around choline/ since the late '90s."
Taylor Wallace는/ 미국 내 콜린 섭취에 관한 최근 분석을 시행한/ 라고 말한다,/ "충분한 인식이 없다/ 콜린에 대한/ 심지어 보건 전문가들 사이에서조차/ 왜냐하면/ 이는 우리 정부가 데이터를 검토하거나/ 또는 콜린에 관한 정책을 세우지 않았기 때문이다/ 90년대 말 이후로"

03 다음 글의 내용과 일치하지 <u>않는</u> 것은?

2019 지방직 9급

In the nineteenth century, the most respected health and medical experts all insisted that diseases were caused by "miasma," a fancy term for bad air. Western society's system of health was based on this assumption: to prevent diseases, windows were kept open or closed, depending on whether there was more miasma inside or outside the room; it was believed that doctors could not pass along disease because gentlemen did not inhabit quarters with bad air. Then the idea of germs came along. One day, everyone believed that bad air makes you sick. Then, almost overnight, people started realizing there were invisible things called microbes and bacteria that were the real cause of diseases. This new view of disease brought sweeping changes to medicine, as surgeons adopted antiseptics and scientists invented vaccines and antibiotics. But, just as momentously, the idea of germs gave ordinary people the power to influence their own lives. Now, if you wanted to stay healthy, you could wash your hands, boil your water, cook your food thoroughly, and clean cuts and scrapes with iodine.

① In the nineteenth century, opening windows was irrelevant to the density of miasma.

② In the nineteenth century, it was believed that gentlemen did not live in places with bad air.

③ Vaccines were invented after people realized that microbes and bacteria were the real cause of diseases.

④ Cleaning cuts and scrapes could help people to stay healthy.

문제 해결하기

| 어휘 |

miasma 나쁜 공기(분위기), 독기
assumption 가정
pass along 넘기다, 전달하다
inhabit 살다, 거주하다
quarter 숙소
germ 균
come along 나타나다, 생기다
overnight 하룻밤 새
microbe 미생물
sweeping 전면적인, 광범위한
surgeon 외과 의사
antiseptic 소독약
antibiotic 항생제
momentously 중대하게
cuts and scrapes 찰과상
iodine 아이오딘
irrelevant 무관한
density 농도, 밀도

| 해석 |

19세기에는, 가장 존경받는 보건의학 전문가들 모두가 나쁜 공기의 화려한 용어인 "독기"에 의해 질병들이 유발된다고 주장했다. 서구 사회의 보건 시스템은 이 가정에 근거했다: 질병을 예방하기 위해, 방의 내부 또는 외부에 더 많은 독기가 있는지에 따라 창문들이 열린 채로 혹은 닫힌 채로 유지되었다; 신사들은 나쁜 공기가 있는 숙소에는 살지 않았기 때문에 의사들은 질병을 옮길 수 없다고 믿어졌다. 그리고 나서, 균이라는 개념이 나타났다. 어느 날은, 나쁜 공기가 당신을 아프게 한다고 모두가 믿었다. 그러다가, 거의 하룻밤 새, 질병의 진짜 원인인 미생물과 박테리아라고 불리는 눈에 보이지 않는 것들이 있다고 사람들은 깨닫기 시작했다. 질병에 대한 이 새로운 시각은 의사들이 소독제를 도입하고 과학자들이 백신과 항생제를 발명하면서 의약에 대한 전면적인 변화를 가져왔다. 그러나, 그만큼 중요하게도, 세균에 대한 생각은 일반인들에게 그들 자신의 삶에 영향을 줄 수 있는 힘을 부여했다. 이제는, 만약 당신이 건강을 유지하기를 원한다면, 당신은 손을 씻고, 물을 끓이고, 음식을 완전히 익히며, 찰과상을 아이오딘으로 소독한다.

① 19세기에는, 창문을 여는 것은 나쁜 공기의 농도와는 무관했다.

② 19세기에는, 신사들은 나쁜 공기가 있는 곳에서 살지 않는다고 믿어졌다.

③ 미생물과 박테리아가 질병의 진짜 원인임을 사람들이 깨달은 후 백신들이 발명되었다.

④ 찰과상을 소독하는 것은 사람들이 건강을 유지하는 것을 도울 수 있다.

| 정답해설 |

본문 초반부에 to prevent diseases, windows were kept open or closed, depending on whether there was more miasma inside or outside the room(질병을 예방하기 위해, 방의 내부 또는 외부에 더 많은 독기가 있는지에 따라 창문들이 열린 채로 혹은 닫힌 채로 유지되었다)이라고 서술하고 있으므로 ①의 '19세기에는, 창문을 여는 것은 나쁜 공기의 농도와는 무관했다.'는 본문과 일치하지 않는 내용이다. 따라서 정답은 ①이다.

| 정답 | ①

❶ In the nineteenth century,/ the most respected health and medical experts all/ insisted/ that diseases were caused by "miasma,"/ a fancy term for bad air.

19세기에는/ 가장 존경받는 보건의학 전문가들 모두가/ 주장했다/ 질병들이 "독기"에 의해 유발된다고/ 나쁜 공기의 화려한 용어인

❷ Western society's system of health/ was based on this assumption:

서구 사회의 보건 시스템은/ 이 가정에 근거했다

❸ to prevent diseases,/ windows were kept open or closed,/ depending on whether there was more miasma/ inside or outside the room;

질병을 예방하기 위해/ 창문들이 열린 채로 혹은 닫힌 채로 유지되었다/ 더 많은 독기가 있는지에 따라/ 방의 내부 또는 외부에

❹ it was believed/ that doctors could not pass along disease/ because gentlemen did not inhabit quarters with bad air.

믿어졌다/ 의사들은 질병을 옮길 수 없다고/ 신사들은 나쁜 공기가 있는 숙소에서 살지 않았기 때문에

❺ Then/ the idea of germs came along.

그리고 나서/ 균이라는 개념이 나타났다

❻ One day,/ everyone believed/ that bad air makes you sick.

어느 날은/ 모두가 믿었다/ 나쁜 공기가 당신을 아프게 한다고

❼ Then,/ almost overnight,/ people started realizing/ there were invisible things called microbes and bacteria/ that were the real cause of diseases.

그러다가/ 거의 하룻밤 새/ 사람들은 깨닫기 시작했다/ 미생물과 박테리아라고 불리는 눈에 보이지 않는 것들이 있다고/ 질병의 진짜 원인인

❽ This new view of disease/ brought sweeping changes to medicine,/ as surgeons adopted antiseptics/ and scientists invented vaccines and antibiotics.

질병에 대한 이 새로운 시각은/ 의약에 대한 전면적인 변화를 가져왔다/ 의사들이 소독제를 도입하고/ 과학자들이 백신과 항생제를 발명하면서

❾ But, just as momentously,/ the idea of germs gave ordinary people the power/ to influence their own lives.

그러나, 그만큼 중요하게도/ 세균에 대한 생각은 일반인들에게 힘을 부여했다/ 그들 자신의 삶에 영향을 줄 수 있는

❿ Now,/ if you wanted to stay healthy,/ you could wash your hands,/ boil your water,/ cook your food thoroughly,/ and clean cuts and scrapes with iodine.

이제는/ 만약 당신이 건강을 유지하기를 원한다면/ 당신은 손을 씻고/ 물을 끓이고/ 음식을 완전히 익히며/ 찰과상을 아이오딘으로 소독한다

04 다음 글의 내용과 일치하지 <u>않는</u> 것은?

> The tragedies of the Greek dramatist Sophocles have come to be regarded as the high point of classical Greek drama. Sadly, only seven of the 123 tragedies he wrote have survived, but of these perhaps the finest is *Oedipus the King*. The play was one of three written by Sophocles about Oedipus, the mythical king of Thebes (the others being *Antigone and Oedipus at Colonus*), known collectively as the Theban plays. Sophocles conceived each of these as a separate entity, and they were written and produced several years apart and out of chronological order. *Oedipus the King* follows the established formal structure and it is regarded as the best example of classical Athenian tragedy.

① A total of 123 tragedies were written by Sophocles.

② Antigone is also about the king Oedipus.

③ The Theban plays were created in time order.

④ Oedipus the King represents the classical Athenian tragedy

문제 해결하기

| 어휘 |

tragedy 비극

mythical 신화의, 신화적인; 가공의

collectively 집합적으로, 집단으로, 한데 묶어서

conceive 고안하다, 생각해 내다

entity 실체, 독립체

produce (극을) 연출하다

chronological 연대순의, 연대기의

established 기존의, 확립된, 확정된, (관습적으로) 인정된

represent 대표하다; 나타내다, 상징하다

| 해석 |

그리스인 극작가 Sophocles의 비극들은 고전 그리스 연극의 정점으로 여겨지게 되었다. 슬프게도, 그가 쓴 123가지의 비극 중 오직 7가지만이 남아있는데, 이들 중 아마도 가장 훌륭한 것은 *Oedipus the King*일 것이다. 이 연극은 Sophocles에 의해 쓰여진 테베의 신화적인 왕인 Oedipus에 관한 세 가지 극 중 하나인데, (나머지 둘은 *Antigone*과 *Oedipus at Colonus*이며), 집합적으로 테베 연극들로 알려져 있다. Sophocles는 이들 각각을 별개의 존재로서 고안했으며, 그것들은 몇 년 간격을 두고 연대 순서와는 무관하게 쓰였고 연출되었다. *Oedipus the King*은 기존의 형식적인 구조를 따랐으며, 고전 아테네 비극의 대표적 예로 여겨진다.

① 총 123개의 비극이 Sophocles에 의해 쓰였다.

② *Antigone* 또한 Oedipus 왕에 관한 것이다.

③ 테베 연극들은 시간 순서대로 창작되었다.

④ *Oedipus the King*은 고전 아테네 비극을 대표한다.

| 정답해설 |

③ 본문 후반부 "Sophocles conceived each of these as a separate entity, and they were written and produced several years apart and out of chronological order(Sophocles는 이들 각각을 별개의 존재로서 고안했으며, 그것들은 몇 년 간격을 두고 연대 순서와는 무관하게 쓰였다)."를 통해, '③ The Theban plays were created in time order(테베 연극들은 시간 순서대로 창작되었다).'는 글의 내용과 일치하지 않는 것을 알 수 있다.

| 정답 | ③

❶ The tragedies of the Greek dramatist Sophocles/ have come to be regarded/ as the high point of classical Greek drama.

그리스인 극작가 Sophocles의 비극들은/ 여겨지게 되었다/ 고전 그리스 연극의 정점으로

❷ Sadly,/ only seven of the 123 tragedies he wrote/ have survived,/ but of these perhaps the finest/ is *Oedipus the King*.

슬프게도,/ 그가 쓴 123가지의 비극 중 오직 7가지만이/ 남아 있다./ 그러나 이들 중 아마도 가장 훌륭한 것은/ *Oedipus the King*이다

❸ The play/ was one of three written by Sophocles/ about Oedipus,/ the mythical king of Thebes (the others being *Antigone and Oedipus at Colonus*),/ known collectively as the Theban plays.

이 연극은/ Sophocles에 의해 쓰여진 세 가지 극 중 하나이다/ Oedipus에 관한/ 테베의 신화적인 왕인 (나머지 둘은 *Antigone*과 *Oedipus at Colonus*이며),/ 집합적으로 테베 연극들로 알려져 있다

❹ Sophocles/ conceived/ each of these as a separate entity,/ and they were written and produced/ several years apart and out of chronological order.

Sophocles는/ 고안했다/ 이들 각각을 별개의 존재로,/ 그리고 그것들은 쓰였고 연출되었다/ 몇 년 간격을 두고 연대 순서와는 무관하게

❺ *Oedipus the King*/ follows/ the established formal structure/ and it is regarded/ as the best example of classical Athenian tragedy.

*Oedipus the King*은/ 따랐다/ 기존의 형식적인 구조를/ 그리고 여겨진다/ 고전 아테네 비극의 대표적 예로

05 다음 글의 내용과 일치하는 것은?

Around 1700 there were, by some accounts, more than 2,000 London coffeehouses, occupying more premises and paying more rent than any other trade. They came to be known as penny universities, because for that price one could purchase a cup of coffee and sit for hours listening to extraordinary conversations. Each coffeehouse specialized in a different type of clientele. In one, physicians could be consulted. Others served Protestants, Puritans, Catholics, Jews, literati, merchants, traders, Whigs, Tories, army officers, actors, lawyers, or clergy. The coffeehouses provided England's first egalitarian meeting place, where a man chatted with his tablemates whether he knew them or not.

① The number of coffeehouses was smaller than that of any other business.

② Customers were not allowed to stay for more than an hour in a coffeehouse.

③ Religious people didn't get together in a coffeehouse to chat.

④ One could converse even with unknown tablemates in a coffeehouse.

문제 해결하기

| 해석 |

몇몇 보고서에 따르면, 1700년경, 런던에는 2,000곳 이상의 커피점이 있었는데, 다른 어떤 사업보다 더 많은 부지를 차지하고 더 많은 월세를 지불하고 있었다. 그곳들은 '페니 대학교'라고 알려지게 되었는데, 왜냐하면 그 가격으로 한 사람이 커피를 사서 특별한 대화를 들으며 수 시간 동안 앉아 있을 수 있었기 때문이다. 각각의 커피점은 다른 유형의 고객층을 전문으로 했다. 어느 곳에서는 의사들이 상담받을 수 있었다. 다른 곳에서는 개신교도, 청교도, 천주교도, 유대인, 지식인, 상인, 무역상, 휘그당원, 토리당원, 육군 장교, 배우, 변호사, 또는 성직자를 대접했다. 커피점은 영국 최초의 평등주의적 만남의 장소를 제공했는데, 이곳에서 어떤 사람은 그가 알든 모르든 그와 한 테이블에 앉은 사람들과 이야기를 나누었다.

① 커피점의 수는 다른 어떤 사업의 수보다 더 적었다.

② 손님들은 커피점에서 한 시간 이상 머무르는 것이 허용되지 않았다.

③ 종교적인 사람들은 이야기를 나누기 위해 커피점에서 만나지 않았다.

④ 커피점에서는 누구나 알지 못하는 동석인과도 대화를 할 수 있었다.

|정답해설|

해당 지문은 '1700년경의 영국의 커피숍'에 관련된 내용이다. 당시에 'coffeehouse'를 'penny university'라고 부른 것은 마치 대학처럼 '싼 가격에 커피를 마시면서, 고차원의 대화를 할 수 있는 장소'라는 점에 빗대어서 서술하고 있다. 본문 마지막 문장 "The coffeehouses provided ~ whether he knew them or not(커피점은 영국 최초의 평등주의적 만남의 장소를 제공했는데, 이곳에서 어떤 사람은 그가 알든 모르든 그와 한 테이블에 앉은 사람들과 이야기를 나누었다)."을 통해 ④가 글의 내용과 일치하는 것을 알 수 있다. |정답| ④

❶ Around 1700 there were,/ by some accounts,/ more than 2,000 London coffeehouses,/ occupying more premises and paying more rent/ than any other trade.

1700년경 있었다/ 몇몇 보고서에 따르면/ 런던에는 2,000곳 이상의 커피점이 있었는데/ 더 많은 부지를 차지하고 더 많은 월세를 지불하고 있었다/ 다른 어떤 사업보다

❷ They came to be known as penny universities,/ because for that price one could purchase a cup of coffee/ and sit for hours/ listening to extraordinary conversations.

그곳들은 '페니 대학교'라고 알려지게 되었는데/ 왜냐하면 그 가격으로 한 사람이 커피를 사서/ 수 시간 동안 앉아 있을 수 있었다/ 특별한 대화를 들으며

❸ Each coffeehouse specialized/ in a different type of clientele.

각각의 커피점은 전문으로 했다/ 다른 유형의 고객층을

❹ In one,/ physicians could be consulted.

어느 곳에서는/ 의사들이 상담받을 수 있었다

❺ Others served Protestants,/ Puritans, Catholics, Jews, literati, merchants, traders, Whigs, Tories, army officers, actors, lawyers, or clergy.

다른 곳에서는 대접했다/ 개신교도, 청교도, 천주교도, 유대인, 지식인, 상인, 무역상, 휘그당원, 토리당원, 육군 장교, 배우, 변호사, 또는 성직자를 대접했다

❻ The coffeehouses provided England's first egalitarian meeting place,/ where a man chatted with his tablemates/ whether he knew them or not.

커피점은 영국 최초의 평등주의적 만남의 장소를 제공했는데/ 이곳에서 어떤 사람은 그와 한 테이블에 앉은 사람들과 이야기를 나누었다/ 그가 알든 모르든

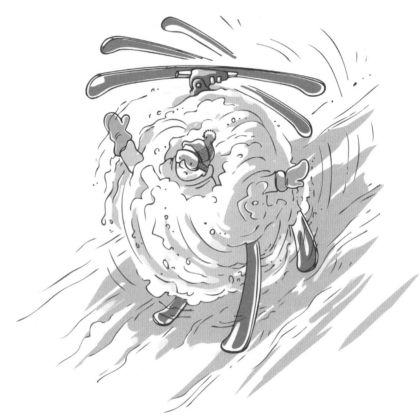

경험이란 사람들이
자신의 실수를 일컫는 말이다.

– 작자 미상

학습목표

01 삽입

교수님 코멘트▶ 삽입 유형은 글의 전개에서 '배치'가 관건인 유형이다. 이에 대표 기출문제와 적용 연습하기의 문제에 이르기까지 매우 다양한 전개 방식의 지문들을 수록하였다. 수험생들은 이러한 문제들을 통해서 글의 배치 훈련에 임해야 한다.

STEP 1   유형 접근하기

삽입 유형은 주어진 문장을 지문 중 어디에 넣어야 할지를 논리적으로 묻는 문제로, 글의 일관성은 지키면서, 문장 간의 관계를 논리적으로 추론하는 것이 중요하다. 글의 순서를 정하는 문항과 맥을 같이 하는 문항이다. 단, 주어진 문장이 주제와 관련은 있지만, 지문의 아무 곳이나 들어가면 안 되고 정확한 논리를 찾아내야 한다. 절대로 답은 두 개일 수 없고, 그렇기 때문에 치명적인 오류를 가진 매력적 오답을 걸러내는 연습을 평소에 꼭 해야 한다.

▌유형접근 Q&A

Q1 : 삽입 문제를 풀 때, 주어진 문장의 어떤 점에 유의해야 하나요?

A1 : 주어진 문장에는 지시사와 대명사나 연결사가 반드시 포함됩니다. 지시사, 대명사와 연결사를 통해서 어떤 내용이 앞뒤로 구성될지를 먼저 예상하고 본 지문에 들어가는 것이 유리합니다.

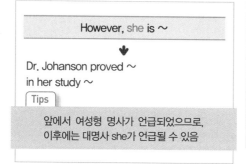

[짚고 넘어가야 하는 지시사, 대명사]

〈지시사〉
this/these ~, that/those ~, its/his/her/their ~, the ~, 「such + 명사」

〈대명사〉
this/these, that/those, he, him, his, she, her, hers, they, them, their, theirs

Q2 : 삽입 문제를 풀 때, 주어진 문장에서 연결사를 어떻게 활용하나요?

A2 : 보통은 중복 정답을 없애기 위해서 매우 명확한 연결사를 사용하기 때문에, 반대되는 내용의 전개를 의미하는 however, but 같은 연결사가 자주 사용됩니다. 이 경우 주어진 문장을 전후로 이야기의 전개가 달라짐을 나타내므로, 문항에서 내용이 갑자기 끊어진 곳을 찾아 '주어진 문장'을 직접 넣어서 문맥상 옳은지 반드시 확인합니다.

Q3: 삽입 문제를 풀 때, 주어진 문장에서 주의해야 할 것이 더 있나요?

A3: 대명사와 연결사 그리고 부사구에 주의하세요. 부사구는 주어진 문장이 들어갈 위치를 나타내 주는 선택적 이정표입니다.

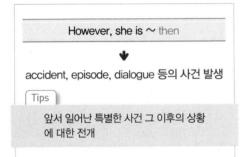

[유의해야 하는 부사구]
at first   처음에
before   ~ 전에
last(ly), finally   마지막으로
then   그 당시에

STEP 2　유형 적용하기

대표 기출문제

Q. 주어진 문장이 들어갈 위치로 알맞은 것은?　2023 국가직 9급

> They installed video cameras at places known for illegal crossings, and put live video feeds from the cameras on a Web site.

Immigration reform is a political minefield. (①) About the only aspect of immigration policy that commands broad political support is the resolve to secure the U.S. border with Mexico to limit the flow of illegal immigrants. (②) Texas sheriffs recently developed a novel use of the Internet to help them keep watch on the border. (③) Citizens who want to help monitor the border can go online and serve as "virtual Texas deputies." (④) If they see anyone trying to cross the border, they send a report to the sheriff's office, which follows up, sometimes with the help of the U.S. Border Patrol.

문제 해결하기

| 해석 |

이민 개혁은 정치적 지뢰밭(많은 위험이 도사리는 곳)이다. 대체로 광범위한 정치적 지지를 받고 있는 이민 정책의 유일한 측면은 불법 이민자의 이동을 제한하기 위해 멕시코와 맞닿은 미국 국경을 지키자는 결의뿐이다. 텍사스 보안관들은 최근 국경 감시를 도울 수 있는 새로운 인터넷 사용법을 고안해냈다. ③ <u>그들은 불법 횡단으로 유명한 장소들에 비디오 카메라를 설치하고, 카메라로부터 송출되는 생방송 비디오 피드를 웹사이트에 게시했다.</u> 국경 감시를 돕고 싶은 시민들은 온라인으로 접속해 "가상 텍사스 보안관" 역할을 할 수 있다. 만일 그들이 누군가 국경을 횡단하려는 것을 목격한다면, 그들은 보안관 사무실에 신고를 하고, 이는 때때로 미 국경 순찰대의 도움이라는 후속 조치로 이어진다.

| 정답해설 |

해당 지문은 '멕시코와 미국 경계의 불법 횡단을 막기 위한 감시카메라 설치'에 관련된 서술이다. 먼저 주어진 문장은 '불법적인 국경 횡단으로 악명 높은 장소들에 비디오카메라를 설치하고 웹사이트에서 생방송으로 시청할 수 있도록 했다'는 내용에 해당된다. 따라서, 주어진 문장의 지시대명사인 'They'가 지칭하는 복수명사와 '카메라 설치의 필요성'이 주어진 글 이전에 반드시 제시되어야 하며, 주어진 문장 이후에는 '카메라 설치' 후 상황이 나타날 수 있다고 추론할 수 있다. 따라서 ③ 이전 문장에서 '텍사스의 보안관들이 국경을 감시하기 위해 인터넷을 이용하는 새로운 방법을 고안했다'고 언급하고 있으므로, '텍사스의 보안관'을 주어진 문장의 'They'라고 지칭할 수 있고, '그 새로운 방법'을 구체적으로 '카메라 설치'로 제시하는 것 역시 문맥상 적절하다. 또한 ③ 이후에는 '카메라 설치 후 시민들의 도움의 역할'을 서술하고 있어, 주어진 문장은 ③에 들어가는 것이 글의 흐름상 가장 적절하다.

| 정답 | ③

❶ Immigration reform/ is a political minefield.
　　　주어　　　　　　　　동사

이민 개혁은/ 정치적 지뢰밭(많은 위험이 도사리는 곳)이다.

❷ About the only aspect of immigration policy that commands broad political support/
　　　　　주어　　　　　　　　　　　　　주격 관계대명사

is the resolve to secure the U.S. border with Mexico to limit the flow of illegal
동사

immigrants.

대체로 광범위한 정치적 지지를 받고 있는 이민 정책의 유일한 측면은/ 불법 이민자의 이동을 제한하기
위해 멕시코와 맞닿은 미국 국경을 지키자는 결의뿐이다

❸ Texas sheriffs/ recently developed a novel use of the Internet to help them keep watch
　　　주어　　　　　　동사

on the border.

텍사스 보안관들은/ 최근 국경 감시를 도울 수 있는 새로운 인터넷 사용법을 고안해냈다

❹ ③ They/ installed video cameras at places known for illegal crossings,/
　　　　주어　　동사1

and put live video feeds from the cameras on a Web site.
접속사 동사2

③ 그들은/ 불법 횡단으로 유명한 장소들에 비디오카메라를 설치하고/ 카메라로부터 송출되는 생방송
비디오 피드를 웹사이트에 게시했다

❺ Citizens who want to help monitor the border/ can go online and serve as "virtual
　　　주어　　　　　　　　　　　　　　　　　　동사

Texas deputies."

국경 감시를 돕고 싶은 시민들은 /온라인으로 접속해 "가상 텍사스 보안관" 역할을 할 수 있다

❻ If they/ see anyone trying to cross the border, /they send a report to the sheriff's
접속사 주어 동사　　　　　　　　　　　　　　　주어　동사

office, / which follows up, sometimes with the help of the U.S. Border Patrol.
　　　　주격 관계대명사 동사

만일 그들이/ 누군가 국경을 횡단하려는 것을 목격한다면/ 그들은 보안관 사무실에 신고를 하고/ 이는
때때로 미 국경 순찰대의 도움이라는 후속 조치로 이어진다

STEP 3   적용 연습하기

01 글의 흐름으로 보아 아래 문장이 들어가기에 가장 적절한 곳은?
2017 법원직 9급

> But let us say that the ranger who painted the sign meant to say just the opposite.

An ambiguous term is one which has more than a single meaning and whose context does not clearly indicate which meaning is intended. For instance, a sign posted at a fork in a trail which reads "Bear To The Right" can be understood in two ways. (①) The more probable meaning is that it is instructing hikers to take the right trail, not the left. (②) He was trying to warn hikers against taking the right trail because there is a bear in the area through which it passes. (③) The ranger's language was therefore careless, and open to misinterpretation which could have serious consequences. (④) The only way to avoid ambiguity is to spell things out as explicitly as possible: "Keep left. Do not use trail to the right. Bears in the area."

문제 해결하기

| 해석 |
애매모호한 용어는 하나 이상의 의미를 지니며 문맥에 의도된 의미가 명확하게 표시되어 있지 않은 용어이다. 예를 들어, 산길 갈림길에 게시된 "Bear To The Right"라고 쓰인 표지판은 두 가지 방법으로 이해될 수 있다. 더 그럴 듯한 의미는 등산객에게 왼쪽이 아니라 오른쪽 산길을 선택하라고 지시한다는 것이다. ② 그러나 표식을 그린 삼림 관리원이 정반대를 말하려 했다고 예를 들어보자. 그는 그 지역을 지나다니는 곰이 있기 때문에, 등산객들에게 오른쪽 산길을 선택하지 말라고 경고하려 했을 것이다. 따라서 삼림 관리원의 언어는 부주의하고 심각한 결과를 초래할 수 있는 오역의 여지가 있었다. 모호성을 피할 수 있는 유일한 방법은 가능한 한 명확하게 상세히 설명하는 것이다. "계속 왼쪽으로 가시오. 오른쪽으로 나 있는 산길을 이용하지 마시오. 그 지역에 곰이 있음."

|정답해설|
② 이후에 언급된 He는 주어진 문장의 the ranger(삼림 관리원)를 가리킨다. 따라서 가정을 하는 주어진 문장은 ②의 위치에 들어가는 것이 가장 적절하다.
| 정답 | ②

| 어휘 |
ambiguous 애매한
fork 분기점
bear to ∼으로 향하다
be open to ∼의 여지가 있다
misinterpretation 오역, 오해
explicitly 명확하게

❶ An ambiguous term is one/ which has more than a single meaning/ and whose context does not clearly indicate/ which meaning is intended.

애매모호한 용어는 ~한 용어이다/ 하나 이상의 의미를 지닌/ 그리고 그것의 문맥이 명확하게 표시하지 않는다/ 어떤 의미가 의도된 것인지를

❷ For instance,/ a sign posted at a fork in a trail/ which reads "Bear To The Right"/ can be understood in two ways.

예를 들어/ 산길 갈림길에 게시된 표지판이/ "Bear To The Right"라고 쓰인/ 두 가지 방법으로 이해될 수 있다

❸ The more probable meaning/ is that it is instructing hikers to take the right trail,/ not the left.

더 그럴 듯한 의미는/ 그것이 등산객에게 오른쪽 산길을 선택하라고 지시한다는 것이다/ 왼쪽이 아니라

❹ ② But let us say/ that the ranger who painted the sign/ meant to say just the opposite.

② 그러나 예를 들어보자/ 표식을 그린 삼림 관리원이/ 정반대를 말하려 했다고

❺ He was trying to warn hikers/ against taking the right trail/ because there is a bear in the area/ through which it passes.

그는 등산객들에게 경고하려 했다/ 오른쪽 산길을 선택하지 말라고/ 왜냐하면 그 지역에 곰이 있기 때문에/ 곰이 지나다니는

❻ The ranger's language was therefore careless,/ and open to misinterpretation/ which could have serious consequences.

따라서 삼림 관리원의 언어는 부주의했다/ 그리고 오역의 여지가 있었다/ 심각한 결과를 초래할 수 있는

❼ The only way to avoid ambiguity/ is to spell things out as explicitly as possible:/ "Keep left./ Do not use trail to the right./ Bears in the area."

모호성을 피할 수 있는 유일한 방법은/ 가능한 한 명확하게 상세히 설명하는 것이다/ "계속 왼쪽으로 가시오/ 오른쪽으로 나 있는 산길을 이용하지 마시오/ 그 지역에 곰이 있음"

02 주어진 문장이 들어갈 위치로 가장 적절한 것은?

> But there is also clear evidence that millennials, born between 1981 and 1996, are saving more aggressively for retirement than Generation X did at the same ages, 22~37.

Millennials are often labeled the poorest, most financially burdened generation in modern times. Many of them graduated from college into one of the worst labor markets the United States has ever seen, with a staggering load of student debt to boot. ① Not surprisingly, millennials have accumulated less wealth than Generation X did at a similar stage in life, primarily because fewer of them own homes. ② But newly available data providing the most detailed picture to date about what Americans of different generations save complicates that assessment. ③ Yes, Gen Xers, those born between 1965 and 1980, have a higher net worth. ④ And that might put them in better financial shape than many assume.

| 어휘 |

evidence 증거

millennials 밀레니얼 세대(1980년 초부터 1990년 중반 사이에 태어난 세대)

aggressively 적극적으로, 정력적으로, 공격적으로

retirement 은퇴

Generation X X세대(1965년부터 1980년 사이에 태어난 세대)

be labeled ~로 분류되다

burden 부담[짐]을 지우다

staggering 충격적인, 믿기 어려운, 엄청난

load 양

debt 빚

to boot 그것도(앞서 한 말에 대해 다른 말을 덧붙일 때)

accumulate 축적하다, 모으다

primarily 주로

picture 상황, 모습, 묘사

to date 지금까지

complicate 복잡하게 만들다

assessment 평가

net worth 순자산

shape 상태, 형편

assume 추정하다, 생각하다

문제 해결하기

| 해석 |

밀레니얼 세대(millennials)는 종종 현대에서 가장 빈곤하고, 재정적으로 가장 부담을 진 세대로 분류된다. 그들 대부분은 대학에서 졸업하여, 그것도 상환해야 할 엄청난 양의 학자금과 함께 미국이 역대 목격한 최악의 노동 시장으로 진출했다. 놀랍지 않게, 밀레니얼 세대는 X세대(Generation X)가 인생의 유사한 단계에서 한 것보다 더 적은 부를 축적했는데, 이는 주로 그들 중 더 적은 사람들이 집을 소유하고 있기 때문이다. 그러나 다른 세대의 미국인들이 무엇을 저축했는지에 대한 지금까지의 가장 상세한 상황을 제시하는 새로이 이용 가능한 데이터가 그 평가를 복잡하게 만든다. 그렇다. 1965년에서 1980년 사이에 태어난 사람들인 X세대들이 더 많은 순자산을 보유하고 있다. ④ 그러나 1981년에서 1996년 사이에 태어난 밀레니얼 세대가 X세대가 동일 나이인 22세~37세에 그러했던 것보다 은퇴에 대비하여 더 적극적으로 저축을 하고 있다는 분명한 증거 또한 존재한다. 그리고 그것이 많은 사람들이 생각하는 것보다 그들을 더 나은 재정적 형편에 처하게 할지도 모른다.

|정답해설|

주어진 문장의 'But'으로 보아, 주어진 문장 이전에는 주어진 문장과 대조되는 내용이 전개되어야 한다는 것을 유추할 수 있다. 주어진 문장에서는 '밀레니얼 세대가 X세대보다 더 많은 저축을 하고 있다'고 언급하며, 밀레니얼 세대가 X세대보다 재정적으로 더 우월할 수도 있음을 시사한다. 따라서, 주

어진 문장 이전에서는 'X세대가 밀레니얼 세대보다 경제적으로 더 윤택하다'는 취지의 대조적인 내용이 등장하는 것이 자연스럽다. ④ 이전 문장에서 Yes, Gen Xers, those born between 1965 and 1980, have a higher net worth.(그렇다. 1965년에서 1980년 사이에 태어난 사람들인 X세대들이 더 많은 순자산을 보유하고 있다.)라고 언급하고 있으므로, 주어진 문장이 들어갈 가장 적절한 위치는 ④이다.

|오답해설|

② 이전 문장 Not surprisingly, millennials have accumulated less wealth than Generation X did at a similar stage in life, primarily because fewer of them own homes.(놀랍지 않게, 밀레니얼 세대는 X세대(Generation X)가 인생의 유사한 단계에서 한 것보다 더 적은 부를 축적했는데, 이는 주로 그들 중 더 적은 사람들이 집을 소유하고 있기 때문이다.)가 주어진 문장과 대조되는 내용으로 생각될 수 있으나, ② 다음 문장 newly available data providing the most detailed picture to date about what Americans of different generations save complicates that assessment(다른 세대의 미국인들이 무엇을 저축했는지에 대한 지금까지의 가장 상세한 상황을 제시하는 새로이 이용 가능한 데이터가 그 평가를 복잡하게 만든다)에서 '저축'에 대한 내용이 최초로 제시되고 있으므로, '저축'에 대해 언급하는 주어진 문장은 그 이후에 위치해야 한다는 것을 유추할 수 있다. | 정답 | ④

① Millennials are often labeled/ the poorest, most financially burdened generation/ in modern times.

밀레니얼 세대(millennials)는 종종 분류된다/ 가장 빈곤하고, 재정적으로 가장 부담을 진 세대로/ 현대에서

② Many of them graduated from college/ into one of the worst labor markets/ the United States has ever seen,/ with a staggering load of student debt/ to boot.

그들 대부분은 대학에서 졸업하여/ 최악의 노동 시장으로 진출했다/ 미국이 역대 목격한/ 상환해야 할 엄청난 양의 학자금과 함께/ 그것도

③ Not surprisingly,/ millennials have accumulated less wealth than Generation X did/ at a similar stage in life,/ primarily because fewer of them own homes.

놀랍지 않게/ 밀레니얼 세대는 X세대(Generation X)가 한 것보다 더 적은 부를 축적했다/ 인생의 유사한 단계에서/ 이는 주로 그들 중 더 적은 사람들이 집을 소유하고 있기 때문이다

④ But newly available data/ providing the most detailed picture to date/ about what Americans of different generations save/ complicates that assessment.

그러나 새로이 이용 가능한 데이터가/ 지금까지의 가장 상세한 상황을 제시하는/ 다른 세대의 미국인들이 무엇을 저축했는지에 대한/ 그 평가를 복잡하게 만든다

⑤ Yes,/ Gen Xers,/ those born between 1965 and 1980,/ have a higher net worth.

그렇다/ X세대들이/ 1965년에서 1980년 사이에 태어난 사람들인/ 더 많은 순자산을 보유하고 있다

⑥ ④ But there is also clear evidence/ that millennials, born between 1981 and 1996,/ are saving more aggressively for retirement/ than Generation X did/ at the same ages, 22~37.

④ 그러나 분명한 증거 또한 존재한다/ 1981년에서 1996년 사이에 태어난 밀레니얼 세대가/ 은퇴에 대비하여 더 적극적으로 저축을 하고 있다는/ X세대가 그러했던 것보다/ 동일 나이인 22세~37세에

⑦ And that might put them in better financial shape/ than many assume.

그리고 그것이 그들을 더 나은 재정적 형편에 처하게 할지도 모른다/ 많은 사람들이 생각하는 것보다

03 주어진 문장이 들어갈 위치로 가장 적절한 곳은?

> Only New Zealand, New Caledonia and a few small islands peek above the waves.

Lurking beneath New Zealand is a long-hidden continent called Zealandia, geologists say. But since nobody is in charge of officially designating a new continent, individual scientists will ultimately have to judge for themselves. (①) A team of geologists pitches the scientific case for the new continent, arguing that Zealandia is a continuous expanse of continental crust covering around 4.9 million square kilometers. (②) That's about the size of the Indian subcontinent. Unlike the other mostly dry continents, around 94 percent of Zealandia hides beneath the ocean. (③) Except those tiny areas, all parts of Zealandia submerge under the ocean. "If we could pull the plug on the world's oceans, it would be quite clear that Zealandia stands out about 3,000 meters above the surrounding ocean crust," says a geologist. (④) "If it wasn't for the ocean level, long ago we'd have recognized Zealandia for what it was — a continent."

| 어휘 |

peek (살짝) 보이다

lurk 숨다, 잠복하다

continent 대륙

designate 명명하다, 표기하다

pitch 던지다, 내던지다

expanse 팽창, 광활한 공간

continental crust 대륙 지각

subcontinent 아대륙

submerge 침수하다, 물에 잠기다

pull the plug on 플러그를 뽑다, 제거하다

ocean crust 대양 지각

문제 해결하기

| 해석 |

Zealandia라고 불리는 오랫동안 숨겨진 대륙이 뉴질랜드 아래에 숨어 있다고 지질학자들은 말한다. 그러나 아무도 새로운 대륙을 공식적으로 명명하는 일을 맡고 있지 않기 때문에, 개개인의 과학자들은 결국 그들 스스로 판단해야 할 것이다. 한 지질학자 팀은 그 새로운 대륙에 대해 과학적인 주장을 던지는데, 그들은 Zealandia가 대략 490만 제곱 킬로미터에 이르는 대륙 지각의 지속적인 팽창이라고 주장한다. 그것은 대략 인도 아대륙의 크기에 해당한다. 주로 건조한 다른 대륙들과는 달리, Zealandia의 약 94퍼센트가 해양 아래에 숨어 있다. ③ 오로지 뉴질랜드, 뉴칼레도니아 그리고 몇 개의 작은 섬들만이 파도 위로 보인다. 그러한 작은 지역들을 제외하고, Zealandia의 모든 부분들은 바다 아래에 잠겨 있다. "만약 우리가 전 세계의 대양들을 없앨 수 있다면,

Zealandia가 에워싸고 있는 대양 지각의 약 3,000미터 위로 솟아 있다는 점이 아주 명확할 것입니다."라고 한 지질학자는 말한다. "만약 해수면이 없다면, 우리는 아주 오래 전에 Zealandia가 대륙이었음을 알아봤을 것입니다."

| 정답해설 |

③ 뒤의 문장의 those tiny areas는 주어진 문장의 New Zealand, New Caledonia and a few small islands를 지칭하는 것이므로 가장 적절한 위치는 ③이다. 또한 주어진 문장은 ③ 앞의 문장에서 Zealandia의 94퍼센트가 해양 아래에 숨어 있다는 내용과 자연스럽게 연결되며 이 문장을 보충 설명하고 있다. 참고로 subcontinent는 아대륙(亞大陸)이라는 뜻인데, 대륙에서 작은 부분이 상대적으로 독립되어 있는 것을 말한다.

| 정답 | ③

❶ Lurking beneath New Zealand/ is a long-hidden continent called Zealandia,/ geologists say.

뉴질랜드 아래에 숨어 있다/ Zealandia라고 불리는 오랫동안 숨겨진 대륙이/ 지질학자들은 말한다

❷ But since nobody is in charge of officially designating a new continent,/ individual scientists will ultimately have to judge/ for themselves.

그러나 아무도 새로운 대륙을 공식적으로 명명하는 일을 맡고 있지 않기 때문에/ 개개인의 과학자들은 결국 판단해야 할 것이다/ 그들 스스로

❸ A team of geologists/ pitches the scientific case for the new continent,/ arguing that Zealandia is a continuous expanse/ of continental crust covering around 4.9 million square kilometers.

한 지질학자 팀은/ 그 새로운 대륙에 대해 과학적인 주장을 던진다/ Zealandia가 지속적인 팽창이라고 주장하면서/ 대략 490만 제곱 킬로미터에 이르는 대륙 지각의

❹ That's about the size/ of the Indian subcontinent.

그것은 대략 크기이다/ 인도 아대륙의

❺ Unlike the other mostly dry continents,/ around 94 percent of Zealandia hides beneath the ocean.

주로 건조한 다른 대륙들과는 달리/ Zealandia의 약 94퍼센트가 해양 아래에 숨어 있다

❻ ③ Only New Zealand, New Caledonia and a few small islands/ peek above the waves.

③ 오로지 뉴질랜드, 뉴칼레도니아 그리고 몇 개의 작은 섬들만이/ 파도 위로 보인다

❼ Except those tiny areas,/ all parts of Zealandia/ submerge under the ocean.

그러한 작은 지역들을 제외하고/ Zealandia의 모든 부분들은/ 바다 아래에 잠겨 있다

❽ "If we could pull the plug on the world's oceans,/ it would be quite clear/ that Zealandia stands out about 3,000 meters above the surrounding ocean crust,"/ says a geologist.

"만약 우리가 전 세계의 대양들을 없앨 수 있다면/ 아주 명확할 것입니다/ Zealandia가 에워싸고 있는 대양 지각의 약 3,000미터 위로 솟아 있다는 점이"/ 한 지질학자는 말한다

❾ "If it wasn't for the ocean level,/ long ago we'd have recognized Zealandia for what it was/ — a continent."

"만약 해수면이 없다면/ 우리는 아주 오래 전에 Zealandia가 무엇인지 알아봤을 것이다/ 대륙이었음을"

04 글의 흐름으로 보아 아래 문장이 들어가기에 가장 적절한 곳은?

2017 법원직 9급

One population of Berwick's swans wintering in England put on fat more rapidly than usual, making them ready to begin their Siberian migration early.

Wherever human light spills into the natural world, some aspect of life—breeding, feeding, migration—is affected. Some birds—blackbirds and nightingales, among others—sing at unnatural hours in the presence of artificial light. (①) Scientists have determined that long artificial days—and artificially short nights—induce early breeding in a wide range of birds. (②) And because a longer day allows for longer feeding, it can also affect migration schedules. (③) The problem with them is that migration, like most other aspects of bird behavior, is a precisely timed biological behavior. (④) Leaving early may mean arriving too soon for nesting conditions to be right.

문제 해결하기

| 어휘 |

population 집단, 어떤 지역 내의 개체군

winter 겨울을 나다

migration 이주

breed 새끼를 낳다

artificial 인공적인

induce 유도하다, 촉발하다

| 해석 |

인간의 빛이 자연계로 흘러 들어가는 곳마다 번식, 먹이 주기, 이주와 같은 삶의 어떤 면이 영향을 받는다. 일부 조류, 그중에서도 블랙 버드와 나이팅게일은 인공 빛이 있는 곳에서 부자연스러운 시간에 노래한다. 과학자들은 인위적으로 긴 낮과 인위적으로 짧은 밤이 다양한 조류들의 조기 번식을 유도한다고 밝혔다. 그리고 긴 낮은 먹이주기를 더 길게 허용하기 때문에, 이주 일정에도 영향을 줄 수 있다. ③ 영국에서 겨울을 보내고 있는 한 무리의 Berwick의 백조들이 평소보다 더 빨리 살이 찌며, 이것은 그들이 시베리아 이주를 일찍 시작할 준비를 하게 만든다. 그들이 가진 문제는, 조류 행동의 대부분의 다른 측면처럼, 이주가 정확하게 시간이 정해진 생물학적 행동이라는 것이다. 일찍 이동하는 것은 둥지를 틀 조건이 적당하도록 하기에는 너무 일찍 도착하는 것을 의미할지도 모른다.

| 정답해설 |

② 뒤에서 인공 빛으로 낮이 길어져 먹이주기 시간이 길어졌다는 내용이 나오므로 주어진 문장의 'Berwick의 백조들이 평소보다 더 빨리 살이 쪘다'는 예시가 뒤로 수반되는 것이 가능하다. 또한 주어진 문장의 Berwick's swans와 begin their Siberian migration early를 ③ 뒤의 문장에서 각각 them과 migration(이주)으로 되받고 있다. 따라서 ③에 오는 것이 가장 적절하다.

| 정답 | ③

❶ Wherever human light spills into the natural world,/ some aspect of life — breeding, feeding, migration—/ is affected.

인간의 빛이 자연계로 흘러 들어가는 곳마다/ 번식, 먹이 주기, 이주와 같은 삶의 어떤 면이/ 영향을 받는다

❷ Some birds/ — blackbirds and nightingales, among others —/ sing at unnatural hours/ in the presence of artificial light.

일부 조류/ 그중에서도 블랙 버드와 나이팅게일은/ 부자연스러운 시간에 노래한다/ 인공 빛이 있는 곳에서

❸ Scientists have determined/ that long artificial days — and artificially short nights —/ induce early breeding in a wide range of birds.

과학자들은 밝혔다/ 인위적으로 긴 낮과 인위적으로 짧은 밤이/ 다양한 조류들의 조기 번식을 유도한다고

❹ And because a longer day allows for longer feeding,/ it can also affect migration schedules.

그리고 긴 낮은 더 긴 먹이 주기를 허용하기 때문에/ 이주 일정에도 영향을 줄 수 있다

❺ ③ One population of Berwick's swans/ wintering in England/ put on fat more rapidly than usual,/ making them ready to begin their Siberian migration early.

③ 한 무리의 Berwick의 백조들이/ 영국에서 겨울을 보내고 있는/ 평소보다 더 빨리 살이 찌며/ 이것이 그들로 하여금 시베리아 이주를 일찍 시작할 준비를 하게 만든다

❻ The problem with them/ is that migration,/ like most other aspects of bird behavior,/ is a precisely timed biological behavior.

그들이 가진 문제는/ 이주가/ 조류 행동의 대부분의 다른 측면처럼/ 정확하게 시간이 정해진 생물학적 행동이라는 것이다

❼ Leaving early may mean arriving too soon/ for nesting conditions to be right.

일찍 이동하는 것은 너무 일찍 도착하는 것을 의미할지도 모른다/ 둥지를 틀 조건이 적당하도록 하기에는

05 주어진 문장이 들어갈 위치로 가장 적절한 곳은?

> But the truth is, after you successfully make it through this problem, there will be another problem to face.

Some people are convinced that life is simply a series of problems to be solved. The sooner they get through with the problem they are facing, the sooner they will be happy. (①) And after you overcome that obstacle, there will be something else to overcome and there's always another mountain to climb. (②) That's why it is important to enjoy the journey, not just the destination. (③) In this world, we will never arrive at a place where everything is perfect and we have no more challenges. (④) As admirable as setting goals and reaching them may be, you can't get so focused on accomplishing your goals that you make the mistake of not enjoying where you are right now.

문제 해결하기

| 해석 |

어떤 사람들은 삶이 단순히 해결되어야 할 문제들의 연속이라고 확신한다. 그들이 직면한 문제를 더 빨리 끝낼수록, 그들은 더 빨리 행복해질 것이다. ① 그러나 진실은, 당신이 성공적으로 이 문제를 통과한 후에도, 직면해야 할 또 다른 문제가 존재한다는 것이다. 그리고 당신이 그 장애물을 넘어선 후에, 또 다른 넘어설 것이 존재할 것이고 올라야 할 산은 항상 존재할 것이다. 그것이 종착지가 아닌 여정을 즐기는 것이 중요한 이유이다. 이러한 세계에서, 우리는 모든 것이 완벽하고 더 이상의 도전이 없는 곳에 절대 도달하지 못할 것

이다. 목표를 설정하고 그것에 도달하는 것은 감탄할 만한 것이지만, 당신은 목표를 성취하는 데에 너무 몰두해서 당신이 현재 있는 곳을 즐기지 못하는 실수를 하면 안 된다.

| 정답해설 |

주어진 문장이 들어갈 위치는 ①로, 앞 문장인 '직면한 문제를 빨리 끝낼수록 더 빨리 행복해진다'는 말 뒤에서 반전을 이야기하는 것이 적절하다. ① 뒤의 And after you overcome ~의 문장은 주어진 문장을 보충하면서 또 다른 장애물이 생긴다는 것을 이야기하고 있다. 따라서 주어진 문장이 들어갈 가장 적절한 위치는 ①이다.

| 정답 | ①

| 어휘 |

convince 납득시키다, 확신시키다
destination 종착지
admirable 감탄스러운

❶ Some people are convinced/ that life is simply a series of problems/ to be solved.

어떤 사람들은 확신한다/ 삶은 단순히 문제들의 연속이라고/ 해결되어야 할

❷ The sooner they get through with the problem/ they are facing,/ the sooner they will be happy.

그들이 문제를 더 빨리 끝낼수록/ 그들이 직면한/ 그들은 더 빨리 행복해질 것이다

❸ ① But the truth is,/ after you successfully make it through this problem,/ there will be another problem to face.

① 그러나 진실은 ~이다/ 당신이 성공적으로 이 문제를 통과한 후에도/ 직면해야 할 또 다른 문제가 존재할 것이다

❹ And after you overcome that obstacle,/ there will be something else to overcome/ and there's always another mountain to climb.

그리고 당신이 그 장애물을 넘어선 후에/ 넘어설 또 다른 것이 존재할 것이다/ 그리고 항상 올라야 할 또 다른 산이 존재한다

❺ That's why/ it is important to enjoy the journey,/ not just the destination.

그것이 ~한 이유이다/ 여정을 즐기는 것이 중요한/ 그저 종착지가 아닌

❻ In this world,/ we will never arrive at a place/ where everything is perfect/ and we have no more challenges.

이러한 세계에서/ 우리는 절대 장소에 도달하지 못할 것이다/ 모든 것이 완벽한/ 그리고 더 이상의 도전이 없는

❼ As admirable as setting goals and reaching them may be,/ you can't/ get so focused on accomplishing your goals/ that you make the mistake of not enjoying/ where you are right now.

목표를 설정하고 그것에 도달하는 것은 감탄할 만한 것이지만/ 당신은 안 된다/ 당신의 목표를 성취하는 데에 너무 몰두해서/ 즐기지 못하는 실수를 한다/ 당신이 현재 있는 곳을

02 배열

☐ 1 회 독   월   일
☐ 2 회 독   월   일
☐ 3 회 독   월   일
☐ 4 회 독   월   일
☐ 5 회 독   월   일

교수님 코멘트▶ 배열 문항은 주어진 문장에 대한 분석을 가장 먼저 해야 한다. 따라서, 주어진 문장에서 주로 쓰이는 연결사 등을 사례별로 정리한 STEP 1을 이해하는 것이 중요하다. 주어진 유형 접근하기를 통해 상황별 전개 방식에 대해 파악해 보자.

VOCABULARY CHECK

STEP 1   유형 접근하기

논리적 글의 전개와 글의 구조 관계 파악을 묻는 유형으로는 앞서 학습한 문장 삽입 유형과 이제 학습할 배열 유형이 있다. 두 가지 유형 모두 논리적 글의 전개에 위배되지 않는 지시문 삽입 및 글의 배열을 통해서 글의 논리성을 파악할 수 있는지 여부를 묻는 유형이다. 지시문 넣기가 한 문장의 배열이라면, 최소 3개 이상의 단락을 배열하는 배열 문항의 경우에는 정답을 찾는 것은 물론 정답이 되지 않는 이유까지 명확하게 분석할 수 있는 능력을 평소에 배양해야 한다.

▌유형접근 Q&A

Q1: 삽입 유형과 배열 유형의 차이점은 무엇인가요?

A1: 삽입 유형이 주어진 한 문장의 '알맞은 자리를 찾아 넣기'라면 배열 문제는 주어진 문장[단락]까지 포함해 총 4~5단락을 배열하는 문항이므로, 지문이 조합될 수 있는 경우의 수가 훨씬 많아집니다.

Q2: 배열 문항의 '경제적인 독해' TIP이 있나요?

A2: 네, 있습니다. 다음 문제의 전개 과정을 도식화하였습니다. 충분히 분석 후 이어지는 기출 문제를 통해서 연습해 보시기 바랍니다.

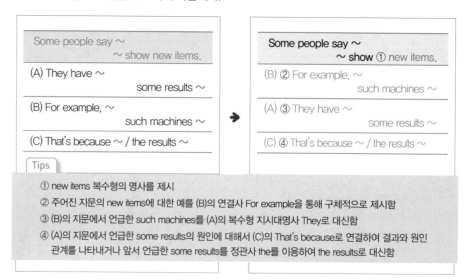

① new items 복수형의 명사를 제시

② 주어진 지문의 new items에 대한 예를 (B)의 연결사 For example을 통해 구체적으로 제시함

③ (B)의 지문에서 언급한 such machines를 (A)의 복수형 지시대명사 They로 대신함

④ (A)의 지문에서 언급한 some results의 원인에 대해서 (C)의 That's because로 연결하여 결과와 원인 관계를 나타내거나 앞서 언급한 some results를 정관사 the를 이용하여 the results로 대신함

Q3: 단락 배열 시 주의해야 할 것은 무엇인가요?

A3: 배열 문제에서 특히 연결사는 앞뒤 문장 연결에 가장 중요한 힌트가 됩니다. 아래는 연결사를 도식화한 내용입니다. 지문의 구조를 유기적으로 이해하는 데 도움이 될 것입니다.

(1) 예시 전개 연결사

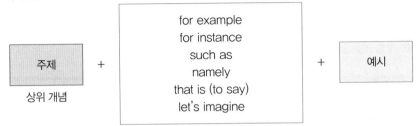

주제
상위 개념
+
for example
for instance
such as
namely
that is (to say)
let's imagine
+
예시

(2) 인과 관계 연결사

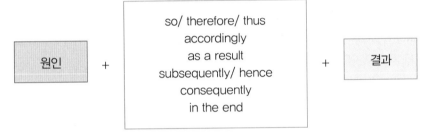

원인
+
so/ therefore/ thus
accordingly
as a result
subsequently/ hence
consequently
in the end
+
결과

(3) 과인 관계 연결사

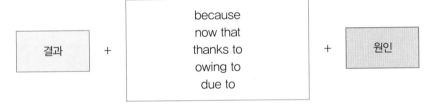

결과
+
because
now that
thanks to
owing to
due to
+
원인

(4) 대조 관계 연결사

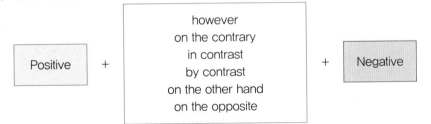

Positive
+
however
on the contrary
in contrast
by contrast
on the other hand
on the opposite
+
Negative

(5) 이유: 왜냐하면, ~때문에

because, since, as, for, because of, due to

(6) 강조: 실로, 사실, 특히

indeed, in fact, with this in mind[view], truly, to emphasize, particularly

(7) 비교: ~처럼, 마찬가지로

like, the same ~ as, similar to, (just) as, similarly, likewise

(8) 추가: 더욱이, 게다가, 그 위에

additionally, furthermore, moreover, in addition, further

(9) 요약: 요약하면, 간추려 말하면, 결론적으로

in conclusion, in short, to sum up, finally, lastly

(10) 시간적 추이: 시간 1, 시간 2, 시간 3 …

after a while, at this point, finally, afterwards, at this stage, in the first stage, in the end, once

STEP 2 유형 적용하기

대표 기출문제

Q. 주어진 글 다음에 이어질 글의 순서로 가장 적절한 것은?

2019 지방직 9급

There is a thought that can haunt us: since everything probably affects everything else, how can we ever make sense of the social world? If we are weighed down by that worry, though, we won't ever make progress.

(A) Every discipline that I am familiar with draws caricatures of the world in order to make sense of it. The modern economist does this by building models, which are deliberately stripped down representations of the phenomena out there.

(B) The economist John Maynard Keynes described our subject thus: "Economics is a science of thinking in terms of models joined to the art of choosing models which are relevant to the contemporary world."

(C) When I say "stripped down," I really mean stripped down. It isn't uncommon among us economists to focus on one or two causal factors, exclude everything else, hoping that this will enable us to understand how just those aspects of reality work and interact.

① (A)-(B)-(C)
② (A)-(C)-(B)
③ (B)-(C)-(A)
④ (B)-(A)-(C)

문제 해결하기

| 해석 |

우리를 떠나지 않을 수 있는 생각이 있다: 아마도 모든 것이 다른 모든 것에 영향을 주는데, 우리는 도대체 어떻게 사회적 세계를 이해할 수 있는가? 하지만, 만약 우리가 그 걱정에 짓눌리게 된다면, 우리는 결코 전진하지 못할 것이다.

(A) 내가 익숙한 모든 학문 분야는 세상을 이해하기 위해 그것의 캐리커처를 그린다. 현대 경제학자들은 모델들을 만들어서 이것을 하는데, 이것들은 바깥 현상들에 대한 의도적으로 분해된 묘사들이다.

(C) 내가 '분해된'이라고 말할 때, 나는 정말 분해된 것을 의미한다. 우리 경제학자들 사이에서는 이것이 현실의 그러한 측면들이 단지 어떻게 작동하고 상호작용하는지를 우리가 이해할 수 있도록 해 줄 것이라고 희망하며, 다른 모든 것을 제외하고 한두 가지의 원인이 되는 요인들에 집중하는 것이 드물지 않다.

(B) 경제학자인 John Maynard Keynes는 우리의 학문을 이와 같이 설명했다: "경제학은 현대 세계와 관련된 모델들을 선택하는 기술에서 이어진 모델들이라는 관점에서 생각하는 과학이다."

| 정답해설 |

제시 문장에서는 '우리가 세상을 이해하는 방법(how we can ever make sense of the social world)'이라는 글의 소재를 제시하고 있다. 다음에 주어진 3개의 보기들 모두 '경제학(economics)' 혹은 '경제학자들(economists)'을 다루는데 이것이 처음으로 언급되는 (A)가 보기 다음 문단으로 적합하다. (A)에서 경제학자들이 모델을 만들어서 세상을 이해하려고 한다고 했고 구체적으로 이 모델들은 '분해된(stripped down)' 모델들이라고 하며, (C)에서 이 '분해된(stripped down)'의 의미를 설명한다. 그리고 마지막으로 (B)에서 부연 설명 및 요약(경제학은 모델들을 선택하는 기술이다.)한다. 따라서 글의 순서는 ② (A)-(C)-(B)가 되어야 문맥상 적절하다.

| 정답 | ②

| 어휘 |

haunt 떠나지 않다, 계속 출몰하다
make sense of 이해하다
weigh down 짓누르다
make progress 전진하다, 진행하다
discipline 학문 분야, 훈련, 훈육
be familiar with ~에 익숙하다
deliberately 의도적으로, 고의적으로, 신중하게
strip down 분해하다, 분해되다
representation 묘사, 표현
phenomena 현상(phenomenon의 복수)
thus 이와 같이, 따라서
in terms of ~라는 면에서
join to ~로 잇다
relevant 관련된
contemporary 현대의, 동시대의
causal 원인이 되는, 원인의
enable 가능하게 해 주다
aspect 측면, 양상
interact 상호작용하다

지문 분석

❶ There is a thought/ that can haunt us:/ since everything probably affects everything
유도부사 동사 주어　　주격 관계대명사　　접속사　　주어　　　　　　동사　　목적어

else,/ how can we ever make sense of the social world?
　　　동사 주어　　　　목적어

생각이 있다/ 우리를 떠나지 않을 수 있는/ 아마도 모든 것이 다른 모든 것에 영향을 주는데/ 우리는 도 대체 어떻게 사회적 세계를 이해할 수 있는가

❷ If we are weighed down by that worry,/ though,/ we won't ever make progress.
주어 동사 과거분사　　전명구　　　부사　　주어 동사　　　　목적어

만약 우리가 그 걱정에 짓눌리게 된다면/ 하지만/ 우리는 결코 전진하지 못할 것이다

❸ (A) Every discipline that I am familiar with/ draws caricatures of the world/ in
주어　　　　목적격 관계대명사　　　동사 목적어　　전명구

order to make sense of it.
to부정사(부사적 용법)

내가 익숙한 모든 학문 분야는/ 세상의 캐리커처를 그린다/ 그것을 이해하기 위해

❹ The modern economist does this by building models,/ which are deliberately
주어　　　　　　　동사 목적어 전명구　　주격 관계대명사(계속적 용법)

stripped down representations of the phenomena out there.
주격 보어　　　전명구

현대 경제학자들은 모델들을 만들어서 이것을 하는데/ 이것들은 바깥 현상에 대한 의도적으로 분해된 묘사들이다

❺ (C) When I say "stripped down,"/ I really mean stripped down.
접속사(부사절)　　　　　주어　　동사　　목적어(앞에 동명사 being 생략)

내가 "분해된"이라고 말할 때/ 나는 정말 분해된 것을 의미한다

❻ It isn't uncommon among us economists/ to focus on one or two causal factors,
가주어　　보어　　　전명구　　　　진주어

(and to) exclude everything else,/ hoping that this will enable us to understand
전명구　　　　　　　현재분사 접속사(명사절)　　　목적격 보어

how just those aspects of reality work and interact.
동사1 접속사 동사2

우리 경제학자들 사이에서는 드물지 않다/ 그 밖의 다른 모든 것들을 제외하고 한두 가지의 원인이 되는 요인들에 집중하는 것이/ 이것이 현실의 그러한 측면들이 단지 어떻게 작동하고 상호작용하는지를 우리가 이해할 수 있도록 해 줄 것이라고 희망하며

❼ (B) The economist John Maynard Keynes described our subject thus:/ "Economics
주어　　　　　　　　　동사　　목적어　　　　주어

is a science of thinking/ in terms of models joined to the art of choosing models/
동사 주격 보어 전명구　　　전명구　　　과거분사　　전명구

which are relevant to the contemporary world."
주격 관계대명사　　전명구

경제학자인 John Maynard Keynes는 우리의 학문을 이와 같이 설명했다/ "경제학은 생각하는 과학이 다/ 모델들을 선택하는 기술에서 이어진 모델들이라는 관점에서/ 현대 세계와 관련된"

STEP 3   적용 연습하기

01 주어진 문장 다음에 이어질 글의 순서로 가장 적절한 것은?   2018 국가직 9급

A technique that enables an individual to gain some voluntary control over autonomic, or involuntary, body functions by observing electronic measurements of those functions is known as biofeedback.

(A) When such a variable moves in the desired direction (for example, blood pressure down), it triggers visual or audible displays — feedback on equipment such as television sets, gauges, or lights.

(B) Electronic sensors are attached to various parts of the body to measure such variables as heart rate, blood pressure, and skin temperature.

(C) Biofeedback training teaches one to produce a desired response by reproducing thought patterns or actions that triggered the displays.

① (A)−(B)−(C)
② (B)−(C)−(A)
③ (B)−(A)−(C)
④ (C)−(A)−(B)

문제 해결하기

| 해석 |

개인이 자율적이거나 비자율적인 신체 기능에 대해 어떤 자발적인 제어력을 얻는 것을 그러한 기능들의 전자적 측정을 관찰함으로써 가능하게 하는 기술은 생체 자기 제어라고 알려져 있다.

(B) 전자 센서들은 심장 박동, 혈압과 피부 온도와 같은 변수들을 측정하기 위해 신체의 다양한 부위에 부착된다.

(A) 그러한 변수가 원하는 방향으로 이동할 때 (예를 들어, 혈압이 내려가는 것), 그것은 텔레비전, 측정기, 혹은 점등기와 같은 기기들에 나타나는 반응인 시각적이거나 청각적인 표시를 촉발시킨다.

(C) 생체 자기 제어 훈련은 그러한 표시들을 촉발시켰던 사고 패턴이나 행동들을 재현함으로써 원하는 반응을 만들도록 가르친다.

|정답해설|

이 글은 '생체 자기 제어 기술'의 원리에 대해서 단계적으로 설명해 주고 있다. 먼저 주어진 문장에서 by observing electronic measurements(전자 측정을 관찰함으로써)라고 제시하고 있으며, (B)에서는 관찰하기 위한 방법으로 신체에 부착하는 Electronic sensors(전자 센서들)에 대해 설명하고 있으므로 첫 번째로 (B)를 제시하는 것이 옳다. 또한 (B)에서 제시된 such variables가 이어서 (A)의 such a variable로 연결되는 것이 알맞다. 마지막으로 (C)에서 the displays는 (A)의 visual or audible displays를 가리키는 것으로 생체 자기 제어 훈련에 대한 원리를 정리하여 설명하며 글을 마무리한다. 따라서 정답은 ③이다. |정답| ③

| 어휘 |

voluntary 자발적인
autonomic 자율적인, 자율 신경계의
involuntary 자기도 모르게, 본의 아닌
biofeedback 생체 자기 제어
desired 바랐던, 희망했던, 원하는
reproduce 재현하다, 재생하다
trigger 촉발시키다

지문 분석

① A technique/ that enables an individual to gain some voluntary control/ over autonomic, or involuntary, body functions/ by observing electronic measurements of those functions/ is known/ as biofeedback.

기술은/ 개인이 어떤 자발적인 제어력을 얻는 것을 가능하게 하는/ 자율적이거나 비자율적인 신체 기능에 대해/ 그러한 기능들의 전자적 측정을 관찰함으로써/ 알려져 있다/ 생체 자기 제어라고

② (B) Electronic sensors are attached/ to various parts of the body/ to measure such variables/ as heart rate, blood pressure, and skin temperature.

전자 센서들은 부착된다/ 신체의 다양한 부위에/ 그러한 변수들을 측정하기 위해/ 심장 박동, 혈압과 피부 온도와 같은

③ (A) When such a variable moves in the desired direction (for example, blood pressure down),/ it triggers visual or audible displays/ — feedback on equipment such as television sets, gauges, or lights.

그러한 변수가 원하는 방향으로 이동할 때 (예를 들어, 혈압이 내려가는 것)/ 그것은 시각적이거나 청각적인 표시를 촉발시킨다/ 텔레비전, 측정기, 혹은 점등기와 같은 기기들에 나타나는 반응인

④ (C) Biofeedback training/ teaches one to produce a desired response/ by reproducing thought patterns or actions/ that triggered the displays.

생체 자기 제어 훈련은/ 사람이 원하는 반응을 만들도록 가르친다/ 사고 패턴이나 행동들을 재현함으로써/ 그러한 표시들을 촉발시켰던

02 주어진 글 다음에 이어질 글의 순서로 가장 적절한 것은?

2015 법원직 9급

Dinosaurs dominated the world 65 million years ago, until a comet 6 miles in diameter streaking 20 miles per second slammed into the Earth. The catastrophic collision instantaneously plunged the world into a very dark and cold nuclear winter that lasted for 12 months.

(A) Their flexibility allowed them to survive the Armageddon caused by the comet, and when the dust finally settled, the early mammals crawled out of their burrows, squinted at the warm sun, and evolved to become the dominant creatures of the Earth.

(B) They, though large and powerful, were cold-blooded and hairless, and proved incapable of adjusting to the radical climate changes including a sudden and sharp drop in temperature, and thus quickly died off in a mass extinction.

(C) In contrast, a group of small, furry, warm-blooded creatures (early mammals and our distant ancestors) proved to be superbly adjustable to the drastic changes.

① (B)－(A)－(C)
② (B)－(C)－(A)
③ (C)－(A)－(B)
④ (C)－(B)－(A)

문제 해결하기

| 해석 |

공룡은 6천5백만 년 전에 초당 20마일의 속도로 돌진하는 직경 6마일의 혜성이 지구와 충돌하기 전까지 세상을 지배했다. 그 재앙적인 충돌은 즉각적으로 세계를 12개월 동안 지속된 어둡고 추운 핵겨울로 만들었다.

(B) 비록 거대하고 강력했지만, 그들은 냉혈 동물이었고 털이 없었으며, 갑작스럽고 가파른 기온 하락을 포함한 급격한 기후 변화에 적응하는 능력이 없는 것으로 증명되어 대멸종에서 빠르게 소멸되었다.

(C) 이에 반해, 작고, 털이 많은 온혈 동물(초기 포유류와 우리의 먼 조상들)은 이러한 극적인 변화에 대단히 잘 적응하는 것으로 증명되었다.

(A) 그들의 적응력은 혜성에 의해 초래된 종말을 이겨 내고 살아남게 해 주었다. 먼지가 마침내 진정이 되자, 초기 포유류들은 굴에서 기어 나왔고, 따뜻한 태양을 실눈을 뜨며 바라보았다. 그리고 진화하여 지구의 지배적인 생물이 되었다.

| 정답해설 |

(B)의 They는 Dinosaurs를 가리키며, 혜성 충돌로 인해 냉혈 동물인 공룡이 급격한 멸종을 맞이하게 되었다는 내용이므로 주어진 글 다음에 오는 것이 가장 적절하다. 이러한 냉혈 동물에 반해(In contrast) 온혈 동물은 잘 적응했다는 내용의 (C)가 바로 다음에 나올 내용으로 적절하다. 이들의 적응 능력을 자세히 설명한 (A)는 (C)를 보충하는 내용이므로 (C) 다음에 와야 순서가 알맞다. 따라서 정답은 ②이다.

| 정답 | ②

| 어휘 |

dominate 지배하다
diameter 지름, 직경, 배율
streak 전속력으로[쏜살같이] 가다
slam into ～에 쾅 하고 충돌하다[충돌하게 하다]
catastrophic 대변동[큰 재앙]의, 파멸의
collision 충돌
instantaneously 순간적으로, 즉각
plunge (어떤 상태·위험에) 빠지게 하다, 몰아넣다
nuclear winter 핵겨울
flexibility 적응성, 융통성, 유연성
Armageddon 아마겟돈(지구 종말에 펼쳐지는 선과 악의 대결), (지구 종말을 초래할 듯한) 대전쟁
crawl 엎드려 기다, 곤충이 기어가다
burrow 굴, 피신처, 은신처
squint 눈을 가늘게 뜨고 보다
cold-blooded 냉혈의, 냉혹한
hairless 털이 없는
incapable of ～할 수 없는
radical 급진적인
die off 하나하나씩 죽어 가다

지문 분석

❶ Dinosaurs dominated the world/ 65 million years ago,/ until a comet 6 miles in diameter/ streaking 20 miles per second/ slammed into the Earth.

공룡은 세상을 지배했다/ 6천5백만 년 전에/ 직경 6마일의 혜성이 ～하기 전까지/ 초당 20마일로 돌진하는/ 지구로 충돌했다

❷ The catastrophic collision instantaneously plunged/ the world into a very dark and cold nuclear winter/ that lasted for 12 months.

그 재앙적인 충돌은 즉각적으로 던져 넣었다/ 세계를 매우 어둡고 추운 핵겨울로/ 12개월 동안 지속되었던

❸ (B) They,/ though large and powerful,/ were cold-blooded and hairless,/ and proved incapable of adjusting/ to the radical climate changes/ including a sudden and sharp drop in temperature,/ and thus quickly died off/ in a mass extinction.

그들은/ 비록 거대하고 강력했지만/ 냉혈 동물이었고 몸에 털이 없었다/ 그리고 적응하는 능력이 없는 것으로 증명되었다/ 급격한 기후 변화에/ 기온의 갑작스럽고 가파른 하강을 포함한/ 그래서 빠르게 소멸되었다/ 대멸종에서

❹ (C) In contrast,/ a group of small, furry, warm-blooded creatures (early mammals and our distant ancestors)/ proved to be superbly adjustable/ to the drastic changes.

그에 반해서/ 작고, 털이 많은 온혈 동물들(초기의 포유류와 우리의 먼 조상들)은/ 대단히 잘 적응하는 것으로 증명되었다/ 극적인 변화들에

❺ (A) Their flexibility/ allowed them to survive the Armageddon/ caused by the comet,/ and when the dust finally settled,/ the early mammals crawled out of their burrows,/ squinted at the warm sun,/ and evolved to become the dominant creatures of the Earth.

그들의 적응력은/ 그들이 Armageddon을 이겨 내고 살아남게 해 주었다/ 혜성으로 초래된/ 그리고 먼지가 마침내 진정이 되었을 때/ 초기 포유류들은 그들의 굴에서 기어 나왔다/ 따뜻한 태양을 실눈 뜨고 바라보았다/ 그리고 진화하여 지구의 지배적인 생물이 되었다

That species might spread overseas by hitching lifts on floating vegetation is an idea going back to Charles Darwin. It is a plausible thought, but hard to test. A test of sorts has, however, been made possible by the tsunami that struck the Pacific coast of Japan in 2011.

(A) A lot of marine ones turned up, though, providing work for an army of 80 taxonomists wielding the latest genetic bar-coding equipment.

(B) The incursion and regression of this tsunami dragged with it millions of pieces of debris, many of them buoyant.

(C) Disappointingly for lovers of Darwin's vision of land animals moving from place to place on natural rafts, an intensive examination of 634 objects, ranging from a plastic bottle to a floating dock, failed to reveal any terrestrial species.

① (B)−(A)−(C)
② (B)−(C)−(A)
③ (C)−(A)−(B)
④ (C)−(B)−(A)

문제 해결하기

| 해석 |
떠다니는 식물을 얻어 타고 종들이 해외로 퍼질 수도 있다는 생각은 Charles Darwin까지 거슬러 올라간다. 그것은 그럴듯한 생각이지만, 실험하기가 어렵다. 그러나 신통찮은 실험이 2011년 일본의 태평양 해변을 강타했던 쓰나미에 의해 가능해졌다.
(B) 이 쓰나미의 급습과 후퇴는 그것과 함께 수백만 종의 파편을 끌어왔고, 그들 중 많은 것들이 부력이 있었다.
(C) 육생 동물들이 천연 뗏목을 타고 장소를 옮겨 다닌다는 Darwin의 상상을 좋아하는 사람들에게는 실망스럽게도, 플라스틱 병에서부터 부양식 독에 이르기까지 634개의 물체에 대한 집중적인 검사는 어떠한 육생 생물도 드러내지 못했다.
(A) 그러나, 많은 해양 생물들이 나타났고, 최신 유전자 바코드 장치를 사용하는 한 무리의 분류학자 80명에게 일거리를 제공했다.

| 정답해설 |
제시 문단에서 물에 떠다니는 식물을 통해 생물이 이동한다는 가설을 설명하며 쓰나미를 통해 이 가설을 테스트할 수 있었음을 설명한다. 따라서 (B)에서 this tsunami로 그의 경과를 이어서 설명하는 것이 알맞다. (C)에서 육생 생물이 없었다는 것을 설명하고, (A)에서 역접의 though(그러나)로 연결하며 육생 생물은 없었지만 해양 생물은 쓰나미를 통해 이동했다는 내용이 나오는 것이 알맞다. 따라서 (B) – (C) – (A)의 순서가 적합하다. 즉 정답은 ②이다. 나머지는 문맥의 흐름상 적절하지 않은 순서이다. The incursion and regression of this tsunami(이 쓰나미의 급습과 후퇴)라는 것을 설명하기 위해서 제시 문단 바로 다음에 (B)가 위치해야 하므로 (C)로 시작하는 선지는 정답이 될 수 없다.
| 정답 | ②

| 어휘 |
species 종
spread 퍼지다
overseas 해외로
hitch a lift 얻어 타다
vegetation 식물
plausible 그럴듯한, 타당한
of sorts 신통찮은, 보잘것없는
turn up 나타나다
taxonomist 분류학자
wield 휘두르다, 행사하다
incursion 갑작스런 등장, 급습
regression 회귀, 퇴보, 퇴행
debris 파편, 잔해
buoyant 부력이 있는
raft 뗏목
floating dock 부선거, 부양식 독
terrestrial 육생의

지문 분석

❶ That species might spread overseas by hitching lifts on floating vegetation/ is an idea going back to Charles Darwin.

종들이 떠다니는 식물을 얻어 타고 해외로 퍼질 수도 있다는 것은/ Charles Darwin까지 거슬러 올라가는 생각이다

❷ It is a plausible thought,/ but hard to test.

그것은 그럴듯한 생각이다/ 그러나 실험하기는 어려운

❸ A test of sorts has, however, been made possible/ by the tsunami/ that struck the Pacific coast of Japan in 2011.

그러나 신통찮은 실험이 가능해졌다/ 쓰나미에 의해/ 2011년 일본의 태평양 해변을 강타했던

❹ (B) The incursion and regression of this tsunami/ dragged with it millions of pieces of debris,/ many of them buoyant.

이 쓰나미의 급습과 후퇴는/ 그것과 함께 수백만 종의 파편을 끌어왔고/ 그들 중 많은 것들이 부력이 있었다

❺ (C) Disappointingly for lovers of Darwin's vision/ of land animals moving from place to place on natural rafts,/ an intensive examination of 634 objects,/ ranging from a plastic bottle to a floating dock,/ failed to reveal any terrestrial species.

Darwin의 상상을 좋아하는 사람들에게는 실망스럽게도/ 육생 동물들이 천연 뗏목을 타고 장소를 옮겨다닌다는/ 634개의 물체에 대한 집중적인 검사는/ 플라스틱 병에서부터 부양식 독에 이르기까지/ 어떠한 육생 생물을 드러내는 데 실패했다

❻ (A) A lot of marine ones turned up,/ though,/ providing work for an army of 80 taxonomists/ wielding the latest genetic bar-coding equipment.

많은 해양 생물들이 나타났다/ 그러나/ 한 무리의 분류학자 80명에게 일거리를 제공했다/ 최신 유전자 바코드 장치를 사용하는

04 주어진 글 다음에 이어질 글의 순서로 가장 적절한 것은? 2017 국가직 9급(사회복지직 9급)

The most innovative of the group therapy approaches was psychodrama, the brainchild of Jacob L. Moreno. Psychodrama as a form of group therapy started with premises that were quite alien to the Freudian worldview that mental illness essentially occurs within the psyche or mind.

(A) But he also believed that creativity is rarely a solitary process but something brought out by social interactions. He relied heavily on theatrical techniques, including role-playing and improvisation, as a means to promote creativity and general social trust.

(B) Despite his theoretical difference from the mainstream viewpoint, Moreno's influence in shaping psychological consciousness in the twentieth century was considerable. He believed that the nature of human beings is to be creative and that living a creative life is the key to human health and well-being.

(C) His most important theatrical tool was what he called role reversal—asking participants to take on another's persona. The act of pretending "as if" one were in another's skin was designed to help bring out the empathic impulse and to develop it to higher levels of expression.

① (A)-(C)-(B)
② (B)-(A)-(C)
③ (B)-(C)-(A)
④ (C)-(B)-(A)

문제 해결하기

| 해석 |

그룹 치료법의 가장 혁신적인 방법은 Jacob L. Moreno의 발명품인 심리극이었다. 그룹 치료의 한 형태로서 심리극은 정신병이 본질적으로 정신 또는 마음 안에서 발생한다는 프로이트 학설의 세계관과는 꽤 다른 전제에서 시작되었다.

(B) 주류 관점과의 이론적인 차이에도 불구하고, 20세기의 심리적 의식 형성에 대한 Moreno의 영향은 상당했다. 그는 인간의 본성은 창의적이며 창조적인 삶을 사는 것이 인간의 건강과 행복의 비결이라고 생각했다.

(A) 그러나 그는 또한 창의성이 혼자 일궈내는 과정이 아니라 사회적 상호 작용에 의해 발휘되는 것이라고 생각했다. 그는 창의력과 일반적인 사회적 신뢰를 증진시키는 수단으로서 역할극과 즉흥 연주를 포함한 연극 기법에 크게 의존했다.

(C) 그의 가장 중요한 연극적 도구는 그가 소위 역할 전환이라고 부른 것 즉 참가자들에게 다른 사람의 모습을 맡도록 요구하는 것이었다. 다른 사람의 입장에 있는 "것처럼" 행동하는 행위는 감정이입의 충동을 불러 일으키는 것을 돕고 더 높은 수준의 표현으로 그것을 발전시키도록 설계되었다.

| 정답해설 |

주어진 문장에서 말한 Jacob L. Moreno의 psychodrama(심리극)의 전제가 프로이트의 학설 관점과 동떨어졌다는 내용을 (B)에서 his theoretical difference from the mainstream viewpoint(주류 관점과의 이론적 차이)로 이어가고 있으므로 (B)가 주어진 문장 바로 뒤에 오는 것이 적절하다. 또한, (B)의 He believed that ~의 내용이 (A)에서 But he also believed that ~으로 이어지고 있으므로 (B) 뒤에 (A)가 오는 것이 적절하다. 끝으로 (A)에서 처음 언급한 theatrical techniques(연극 기법)를 (C)에서 구체적으로 설명하고 있으므로 (C)는 (A) 뒤에 오는 것이 적절하다. 따라서 글의 순서는 (B)-(A)-(C)로 ②가 정답이다.

| 정답 | ②

지문 분석

❶ The most innovative of the group therapy approaches/ was psychodrama,/ the brainchild of Jacob L. Moreno.
그룹 치료법의 가장 혁신적인 방법은/ 심리극이었다/ Jacob L. Moreno의 발명품인

❷ Psychodrama as a form of group therapy/ started with premises/ that were quite alien to the Freudian worldview/ that mental illness essentially occurs/ within the psyche or mind.
그룹 치료의 한 형태로서 심리극은/ 전제에서 시작되었다/ 프로이트 학설의 세계관과는 꽤 다른/ 정신병이 본질적으로 발생한다는/ 정신 또는 마음 안에서

❸ (B) Despite his theoretical difference from the mainstream viewpoint,/ Moreno's influence/ in shaping psychological consciousness/ in the twentieth century/ was considerable.
주류 관점과의 이론적인 차이에도 불구하고/ Moreno의 영향은/ 심리적 의식 형성에 대한/ 20세기의/ 상당했다

❹ He believed/ that the nature of human beings is to be creative/ and that living a creative life is the key/ to human health and well-being.
그는 믿었다/ 인간의 본성은 창의적이라고/ 그리고 창조적인 삶을 사는 것이 비결이라고/ 인간의 건강과 행복의

❺ (A) But he also believed/ that creativity is rarely a solitary process/ but something brought out by social interactions.
그러나 그는 또한 믿었다/ 창의성이 혼자 일궈내는 과정이 아니라/ 사회적 상호 작용에 의해 발휘되는 것이라고

❻ He relied heavily on theatrical techniques,/ including role-playing and improvisation,/ as a means to promote creativity and general social trust.
그는 연극 기법에 크게 의존했다/ 역할극과 즉흥 연주를 포함한/ 창의력과 일반적인 사회적 신뢰를 증진시키는 수단으로서

❼ (C) His most important theatrical tool/ was what he called role reversal/ — asking participants to take on another's persona.
그의 가장 중요한 연극적 도구는/ 그가 소위 역할 전환이라고 부른 것이었다/ 참가자들에게 다른 사람의 모습을 맡도록 요구하는 것

❽ The act of pretending "as if" one were in another's skin/ was designed/ to help bring out the empathic impulse/ and to develop it to higher levels of expression.
다른 사람의 입장에 있는 "것처럼" 행동하는 행위는/ 설계되었다/ 감정이입의 충동을 불러일으키는 것을 돕기 위해/ 그리고 더 높은 수준의 표현으로 그것을 발전시키기 위해

05 주어진 글 다음에 이어질 글의 순서로 가장 적절한 것은?

2016 지방직 7급

Ignite a candle, a cigarette, or a ball of cotton. You will note that each one will burn at different rates in air.

(A) If each lighted object is placed in a jar of pure nitrogen, each one will stop burning.

(B) The cotton will just smolder or burn very slowly. Thc cigarcttc burns steadily but shows little flame; the candle flame is obvious.

(C) The composition of air is about 1/5 oxygen and 4/5 nitrogen. If you place each of these objects in turn into a jar of pure oxygen, the candle will burn brighter and the slowly burning cigarette or the smoldering cotton will burst into flame.

① (A)−(B)−(C)
② (A)−(C)−(B)
③ (B)−(C)−(A)
④ (C)−(A)−(B)

문제 해결하기

| 해석 |

초, 담배, 또는 솜뭉치에 불을 붙여보아라. 당신은 각각의 것들이 공기 중에서 다른 속도로 탄다는 것에 주목할 것이다.
(B) 솜은 그저 아주 천천히 연기를 태우거나 타게 될 것이다. 담배는 지속적으로 타지만 불꽃이 거의 안 보인다. 초의 불꽃은 분명히 보인다.
(C) 공기의 구성은 약 1/5이 산소이고 4/5가 질소이다. 만약 당신이 이러한 물체 각각을 차례로 순수 산소 항아리에 넣는다면 초는 더 밝게 탈 것이고, 느리게 타는 담배 또는 연기가 나는 솜은 불이 확 타오를 것이다.
(A) 만약 불이 붙은 각각의 물체가 순수 질소의 항아리에 담긴다면, 각각은 타기를 멈출 것이다.

|정답해설|

주어진 문장에서, 초, 담배, 솜뭉치에 불을 붙이는 실험을 하였다고 한다. 이에 대한 결과로 (B)가 오는 것이 적절한데, (B)는 기존 공기에서의 불이 붙는 속도를 나타낸다. (C)에서는 공기가 산소 1/5과 질소 4/5로 이루어졌다면서, 순수 산소 항아리에서 불을 붙이면 더 활활 탄다는 전개이다. 이는 기존 공기 실험보다 더 잘 탄다는 것이므로 (C) 앞에 (B)가 선행해야 한다. 마지막으로 (C)에서 불 붙여진 물체들을 순수 질소 항아리에 실험했을 때의 결과를 나타낸 (A)가 오게 된다.
| 정답 | ③

| 어휘 |

ignite 불을 붙이다, 점화하다
nitrogen 질소
smolder 연기만 피운 채 타 버리다
composition 구성 요소
oxygen 산소

지문 분석

① Ignite/ a candle, a cigarette, or a ball of cotton.
불을 붙여보아라/ 초, 담배, 또는 솜뭉치에

② You will note/ that each one will burn at different rates in air.
당신은 주목할 것이다/ 각각의 것들이 공기 중에서 다른 속도로 탄다는 것에

③ (B) The cotton will just smolder/ or burn very slowly.
솜은 그저 연기를 태울 것이다/ 혹은 아주 천천히 타게 될 것이다

④ The cigarette burns steadily/ but shows little flame;/ the candle flame is obvious.
담배는 지속적으로 탄다/ 그러나 불꽃이 거의 안 보인다/ 초의 불꽃은 분명하다

⑤ (C) The composition of air/ is about 1/5 oxygen and 4/5 nitrogen.
공기의 구성은/ 약 1/5이 산소이고 4/5가 질소이다

⑥ If you place each of these objects in turn/ into a jar of pure oxygen,/ the candle will burn brighter/ and the slowly burning cigarette or the smoldering cotton/ will burst into flame.
만약 당신이 이러한 물체 각각을 차례로 둔다면/ 순수 산소 항아리에/ 초는 더 밝게 탈 것이다/ 그리고 느리게 타는 담배 또는 연기가 나는 솜은/ 불이 확 타오를 것이다

⑦ (A) If each lighted object is placed in a jar of pure nitrogen,/ each one will stop burning.
만약 불이 붙여진 각각의 물체가 순수 질소의 항아리에 넣어진다면/ 각각은 타기를 멈출 것이다

03 삭제

교수님 코멘트▶ 삭제 유형은 글의 흐름에 부합하지 않는 문장을 찾는 훈련에 가장 주안점을 두어야 한다. 이에 대표 기출문제를 통해서 글의 흐름에 어긋나는 문장의 예시를 분석하고, 이후 적용 연습하기의 문제들로 충분한 연습이 될 수 있도록 관련 문제들을 배치하였다.

| STEP 1 | 유형 접근하기 |

전체의 문맥을 통해서, 글의 흐름에 맞지 않는 것을 골라내는 유형이다. 앞서 언급한 삽입 유형이나, 배열 유형과 마찬가지로 글의 일관성을 묻는 문제와 맥을 같이 하는 유형이다. 최근 삭제될 문장의 경우 글의 흐름과 전혀 상관없는 문장이 주어지지 않고, 글의 소재만 담고 있어서, 수험생들에게 시간을 더 쓰게 만드는 형태로 문제가 출제되고 있다. 결국 삭제 유형에 효과적으로 접근하기 위해서는 두 번씩 읽지 않도록 우선 글의 소재를 파악하는 것이 중요하다. 아래에 구체적인 방법이 언급되어 있다.

▌유형접근 Q&A

Q1: 삭제 문항을 풀 때, 먼저 중점을 두어야 하는 것은 무엇인가요?

A1: 보통 삭제 문항을 풀 때 바로 선택지로 들어가는 경향이 있는데, 선택지 직전에 나와 있는 문장에 집중해야 합니다. 그 문장을 통해서 글의 소재를 파악합니다. 여기서 중요한 것은 단순히 소재가 아니라, 그 소재에 대해 글쓴이가 어떤 생각을 가지고 있는지를 확인하는 것입니다.

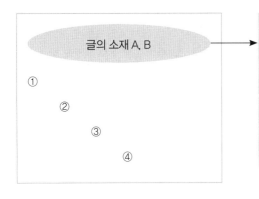

이 영역은 우선 신뢰할 수 있는 구간 'Trust Zone'에 해당됩니다. 이 부분에서 글 전체의 소재와 글의 흐름을 읽어내는 것이 매우 중요한 선결 조건입니다. 단순히 소재가 아니라, 소재 A와 그에 대한 글쓴이의 방향성까지 염두에 두며 두 가지 A, B를 잡습니다.

Q2: 삭제 문제를 풀 때, 답을 지나쳐 버리고 두 번씩 읽는 경우가 많아요. 어떻게 해야 할까요?

A2: 앞서 언급한 대로, 글의 소재를 찾는 것뿐만 아니라 소재 이상의 방향성도 중요합니다.

| 글의 소재 | A: 환경 문제 |
| | B: 환경 개선 방안 |

① A: 환경 문제 　　　B: 환경 개선 방안

② A: 환경 문제 예시 　B: 환경 개선 방안 모색

③ A: 환경 문제 　　　B: 환경 개선 단체의 종류

④ A: 환경 문제 　　　B: 환경 개선 방안 예시

주어진 글의 소재를 '글의 소재 A: 환경 문제 B: 환경 개선 방안'으로 예를 들어 봅시다. 선택지 ①, ②, ④는 A의 환경 문제뿐만 아니라, B의 환경 개선 방향이라는 면에서 일관적입니다. 하지만 ③에서 A는 글의 소재를 담고 있는 반면, B의 '환경 개선 단체의 종류'는 글의 일관성을 해치고 있으므로 문맥상 흐름을 방해하는 요소가 됩니다. 이렇듯 문맥상 흐름 문제는 반드시 소재 그 이상의 방향성도 부합해야 함을 기억해야 합니다.

Q3: 삭제 문제의 정답률을 높이기 위한 방법에는 무엇이 있을까요?

A3: 우선 앞에 나온 방식대로, 삭제 문제를 풀고 다음 문항으로 넘어가기 전, 삭제된 문장을 제외하고 앞뒤 문장을 연결해 읽어서 매끄러운지 여부를 꼭 확인해야 합니다. 이때 지시사와 연결사 등이 자연스러운지를 확인하는 것 또한 필요합니다. 이렇게 2차 확인을 통해서 정답률을 높일 수 있습니다.

| 글의 소재 | A: 환경 문제 |
| | B: 환경 개선 방안 |

① A: 환경 문제 　　　B: 환경 개선 방안

② A: 환경 문제 예시 　B: 환경 개선 방안 모색

③ A: 환경 문제 　　　B: 환경 개선 단체의 종류

④ A: 환경 문제 　　　B: 환경 개선 방안 예시

선택한 문맥상 어색한 문장인 ③을 제외하고 ②와 ④에서 A와 B를 연결하는 것이 자연스러운지 꼭 2차 확인을 하는 것을 잊지 말아야 합니다.

STEP 2 유형 적용하기

대표 기출문제

Q. 다음 글에서 전체 흐름과 관계 <u>없는</u> 문장은?

2017 법원직 9급

Most people agree that Plato was a pretty good teacher. He frequently used stories to teach people how to think. One story Plato used to teach about the limitations of democracy was about a ship in the middle of the ocean. On this ship was a captain who was rather shortsighted and slightly deaf. ① He and his crew followed the principles of majority rule on decisions about navigational direction. ② They had a very skilled navigator who knew how to read the stars on voyages, but the navigator was not very popular and was rather introverted. ③ As you know, it's not easy to communicate with introverted people, in particular, on the ship. ④ In the panic of being lost, the captain and crew made a decision by voting to follow the most charismatic and persuasive of the crew members. They ignored and ridiculed the navigator's suggestions, remained lost, and ultimately starved to death at sea.

문제 해결하기

| 해석 |
대부분의 사람들은 플라톤이 꽤 훌륭한 교사였다는 데에 동의한다. 그는 사람들에게 생각하는 법을 가르치기 위해 자주 이야기를 사용했다. 플라톤이 민주주의의 한계에 대해 가르치기 위해 사용했던 한 이야기는 바다 한가운데 있는 배에 관한 이야기였다. 이 배에는 다소 근시안적이고 약간 귀가 먹은 선장이 타고 있었다. 그와 그의 선원들은 항해 방향에 관한 결정에 다수결의 원칙을 따랐다. 그들에게는 항해 중에 별을 읽는 법을 알고 있는 매우 숙련된 항해사가 있었지만, 그 항해사는 그다지 인기가 없었고, 약간 내성적이었다. ③ 알다시피, 특히 배에서, 내성적인 사람들과 의사소통하는 것은 쉽지 않다. 길을 잃은 공포 속에서 선장과 선원들은 선원들 중에서 가장 카리스마가 있고 설득력 있는 사람을 따르기로 투표하여 결정을 했다. 그들은 항해사의 제안을 무시하고 조롱했고, 길을 잃고 결국은 바다에서 굶어 죽었다.

| 정답해설 |
플라톤은 민주주의의 한계를 설명하기 위해, 바다에서 굶어 죽은 선장과 선원들의 이야기를 하였다. 선장과 선원들이 다수결의 원칙 및 투표로 생존에 중요한 정보를 가진 숙련된 항해사의 말을 무시했다는 내용으로, 내성적인 사람과 소통하는 것이 쉽지 않다는 ③은 흐름상 어색하다.

| 정답 | ③

| 어휘 |

shortsighted 근시안의, 선견지명이 없는

navigational 항해의

skilled 숙련된

voyage 항해, 여행

introverted 내성적인

charismatic 카리스마가 있는

persuasive 설득력 있는

starve to death 굶어 죽다

지문 분석

❶ Most people agree/ that Plato was a pretty good teacher.
주어　　　　동사　접속사 주어　동사　보어

대부분의 사람들은 동의한다/ 플라톤이 꽤 훌륭한 교사였다는 데에

❷ He frequently used stories/ to teach people how to think.
주어 부사　　　동사　목적어　　to부정사(부사적 용법)

그는 자주 이야기를 사용했다/ 사람들에게 생각하는 법을 가르치기 위해

❸ One story/ Plato used/ to teach about the limitations of democracy/ was about
주어　　　주어　동사　to부정사(부사적 용법)　　　　　　　　동사 보어

a ship/ in the middle of the ocean.
　　　　전명구

하나의 이야기는/ 플라톤이 사용했던/ 민주주의의 한계에 대해 가르치기 위해/ 배에 관한 것이었다/ 바다 한가운데 있는

❹ On this ship/ was a captain/ who was rather shortsighted and slightly deaf.
전명구　　　동사 주어　　주·관·대 동사　　　보어

이 배에는/ 선장이 있었다/ 다소 근시안적이고 약간 귀가 먹은

❺ He and his crew/ followed the principles of majority rule/ on decisions about
주어　　　　　동사　　　목적어　　　　　　전명구

navigational direction.

그와 그의 선원들은/ 다수결의 원칙을 따랐다/ 항해 방향에 관한 결정에

❻ They had a very skilled navigator/ who knew how to read the stars on voyages,/
주어　동사 목적어　　　관계대명사 동사 목적어(의문사 + to부정사)

but the navigator was not very popular/ and was rather introverted.
접속사 주어　　　동사　　　보어　　　　동사　　보어

그들에게는 매우 숙련된 항해사가 있었다/ 항해 중에 별을 읽는 법을 알고 있는/ 그러나 그 항해사는 그다지 인기가 없었다/ 그리고 약간 내성적이었다

❼ ③ As you know,/ it's not easy to communicate with introverted people,/ in particular,/
접속사 주어 동사　가주어 + 동사 보어 진주어

on the ship.

③ 알다시피/ 내성적인 사람들과 의사소통하는 것은 쉽지 않다/ 특히/ 배에서

❽ In the panic of being lost,/ the captain and crew made a decision/ by voting to
전명구　　　　　　　주어　　　　　동사　목적어　　　전명구

follow the most charismatic and persuasive of the crew members.

길을 잃은 공포 속에서/ 선장과 선원들은 결정을 했다/ 선원들 중에서 가장 카리스마가 있고 설득력 있는 사람을 따르기로 투표하여

❾ They ignored and ridiculed the navigator's suggestions,/ remained lost,/ and
주어　동사1　　 동사2　　 목적어　　　　　　동사3

ultimately starved to death at sea.
　　　동사4

그들은 항해사의 제안을 무시하고 조롱했다/ 길을 잃었다/ 그리고 결국은 바다에서 굶어 죽었다

STEP 3   적용 연습하기

01   다음 글의 흐름상 어색한 문장은?

2023 국가직 9급

In our monthly surveys of 5,000 American workers and 500 U.S. employers, a huge shift to hybrid work is abundantly clear for office and knowledge workers. ① An emerging norm is three days a week in the office and two at home, cutting days on site by 30% or more. You might think this cutback would bring a huge drop in the demand for office space. ② But our survey data suggests cuts in office space of 1% to 2% on average, implying big reductions in density not space. We can understand why. High density at the office is uncomfortable and many workers dislike crowds around their desks. ③ Most employees want to work from home on Mondays and Fridays. Discomfort with density extends to lobbies, kitchens, and especially elevators. ④ The only sure-fire way to reduce density is to cut days on site without cutting square footage as much. Discomfort with density is here to stay according to our survey evidence.

문제 해결하기

| 해석 |

5,000인의 미국인 노동자와 500인의 미국인 고용인을 대상으로 한 우리의 월간 설문조사를 보면, 혼합 근무로의 거대한 이동이 사무 노동자와 지식 노동자들 사이에서 매우 분명히 나타난다. 최근 생겨난 기준은 주당 3일은 사무실에서, 2일은 집에서로, 현장 근무일을 30% 혹은 이상 삭감하는 것이다. 당신은 아마도 이러한 삭감이 사무실 공간 수요에 있어서 상당한 감소를 불러오리라 생각할 것이다. 그러나 우리의 조사 데이터는 평균 1~2%의 사무실 공간 감소를 보여주는데, 이는 공간이 아니라 밀도에서의 큰 감소를 의미한다. 우리는 이유를 이해할 수 있다. 사무실에서의 고밀도는 불편하고 많은 노동자들은 자신들의 책상 주변이 붐비는 것을 좋아하지 않는다. ③ 대부분의 직원들은 월요일과 금요일에 재택근무를 하기를 원한다. 밀도로 인한 불편은 로비, 취사실, 그리고 특히 엘리베이터까지 이어진다. 밀도를 줄이는 유일하게 확실한 방법은 평방피트를 그만큼 줄이지 않고 현장에서의 근무 일수를 줄이는 것이다. 우리 조사의 증거에 따르면 밀도로 인한 불편은 우리 생활의 일부이다.

| 정답해설 |

해당 지문은 '하이브리드(혼합)의 근무 방식'으로 인해서 '사무실 출근과 재택근무의 병행으로 인해 생기는 사무실 공간'에 대해서 서술해 나가고 있다. 본문의 중반부에 'High density at the office is uncomfortable and many workers dislike crowds around their desks'를 통해서, 이전 문장에서는 '사무실 고밀도의 불편함'에 관해 이야기하고 있는데, ③에서 대다수의 직원들이 원하는 재택근무 요일에 관해 언급하는 것은 글의 흐름에 부합하지 않는다. ③ 이후 문장 역시 '고밀도에 의한 불편함'에 대한 내용이므로 ③을 삭제한 후 이전 문장인 'High density ~ their desk'와 연결하면 문맥상 자연스럽게 이어진다. 따라서 글의 흐름상 어색한 것은 ③이다.

| 정답 | ③

| 어휘 |

hybrid 혼합의
abundantly 아주 분명하게; 풍부하게
emerging 최근[새로] 생겨난
norm 기준, 규범
imply 나타내다, 암시하다, 의미하다
density 밀도
sure-fire 확실한, 틀림없는
square footage 평방피트
be here to stay 생활의 일부이다

지문 분석

❶ In our monthly surveys of 5,000 American workers and 500 U.S. employers,/ a huge shift to hybrid work/ is abundantly clear for office and knowledge workers.

5,000인의 미국인 노동자와 500인의 미국인 고용인을 대상으로 한 우리의 월간 설문조사를 보면,/ 혼합 근무로의 거대한 이동이/ 사무 노동자와 지식 노동자들 사이에서 매우 분명히 나타난다

❷ An emerging norm is three days a week in the office and two at home,/ cutting days on site by 30% or more.

최근 생겨난 기준은 주당 3일은 사무실에서, 2일은 집에서이다./ 현장 근무일을 30% 혹은 이상 삭감하면서

❸ You might think/ this cutback/ would bring a huge drop in the demand for office space.

당신은 아마도 생각할 것이다/ 이러한 삭감이/ 사무실 공간 수요에 있어서 상당한 감소를 불러오리라

❹ But our survey data/ suggests cuts in office space of 1% to 2% on average,/ implying big reductions in density not space.

그러나 우리의 조사 데이터는/ 평균 1~2%의 사무실 공간 감소를 보여준다./ 이는 공간이 아니라 밀도에서의 큰 감소를 의미하면서

❺ We/ can understand why.

우리는/ 이유를 이해할 수 있다

❻ High density at the office is uncomfortable/ and many workers dislike crowds around their desks.

사무실에서의 고밀도는 불편하고/ 많은 노동자들은 자신들의 책상 주변이 붐비는 것을 좋아하지 않는다

❼ ③ <u>Most employees /want to work from home on Mondays and Fridays.</u>

③ <u>대부분의 직원들은/ 월요일과 금요일에 재택근무를 하기를 원한다</u>

❽ Discomfort with density/ extends to lobbies, kitchens, and especially elevators.

밀도로 인한 불편은/ 로비, 취사실, 그리고 특히 엘리베이터까지 이어진다

❾ The only sure-fire way to reduce density/ is to cut days on site without cutting square footage as much.

밀도를 줄이는 유일하게 확실한 방법은/ 평방피트를 그만큼 줄이지 않고 현장에서의 근무 일수를 줄이는 것이다

❿ Discomfort with density/ is here to stay /according to our survey evidence.

밀도로 인한 불편은/ 우리 생활의 일부이다/ 우리 조사의 증거에 따르면

02 다음 글의 흐름상 가장 어색한 문장은?

When the brain perceives a threat in the immediate surroundings, it initiates a complex string of events in the body. It sends electrical messages to various glands, organs that release chemical hormones into the bloodstream. Blood quickly carries these hormones to other organs that are then prompted to do various things. ① The adrenal glands above the kidneys, for example, pump out adrenaline, the body's stress hormone. ② Adrenaline travels all over the body doing things such as widening the eyes to be on the lookout for signs of danger, pumping the heart faster to keep blood and extra hormones flowing, and tensing the skeletal muscles so they are ready to lash out at or run from the threat. ③ The whole process is called the fight-or-flight response, because it prepares the body to either battle or run for its life. ④ Humans consciously control their glands to regulate the release of various hormones. Once the response is initiated, ignoring it is impossible, because hormones cannot be reasoned with.

문제 해결하기

| 해석 |

뇌가 가까운 환경에서 위협을 인지할 때, 그것은 신체에 복잡한 일련의 일들을 일으킨다. 그것은 혈류에 화학 호르몬을 분비하는 기관들인 다양한 분비샘에 전기 메시지를 보낸다. 혈액은 빠르게 이러한 호르몬을 이후 다양한 일을 하도록 촉진되는 다른 기관들로 운반한다. 예를 들어, 신장 상부의 부신들은 신체의 스트레스 호르몬인 아드레날린을 분출한다. 아드레날린은 위험 신호를 경계하기 위해 눈을 확장시키고, 혈액과 추가적인 호르몬이 계속해서 흐르도록 하기 위해 심장을 더 빨리 뛰게 하고, 위험을 후려갈기거나 위협으로부터 도망칠 준비가 되어 있도록 골격근을 긴장시키는 것과 같은 일들을 하며 전신을 순환한다. 전 과정은 투쟁 도피 반응이라 불리는데, 왜냐하면 그것이 신체를 싸우거나 필사적으로 도망치도록 준비시키기 때문이다. ④ 인간은 다양한 호르몬의 분출을 조절하기 위해 자신의 분비샘을 의식적으로 통제한다. 호르몬은 설득될 수 없기 때문에, 일단 반응이 시작되면, 그것을 무시하는 것은 불가능하다.

| 정답해설 |

본문은 '위협 지각 시 뇌의 반응'에 관한 내용으로, 특히 '호르몬 분비의 과정 및 역할'을 설명하고 있다. 본문 초반에서 언급된 내용에 대한 구체적인 예시를 for example(예를 들어)을 이용해 ①로 연결하고 있고, ①에서 설명한 '아드레날린(adrenaline)'의 역할을 ②에서 설명하고 있으므로 두 문장이 이어지는 것은 자연스럽다. 이후 앞서 설명한 작용 전체를 통틀어 'fight-or-flight response(투쟁 도피 반응)'라고 설명하고 있는 ③이 이어지는 것은 자연스럽다. 그런데, 마지막 문장에서 Once the response is initiated, ignoring it is impossible, because hormones cannot be reasoned with.(호르몬은 설득될 수 없기 때문에, 일단 반응이 시작되면, 그것을 무시하는 것은 불가능하다.)라고 언급하고 있으므로, '호르몬 분비 과정은 임의로 조절이 불가능하다'는 것을 알 수 있다. 따라서 ④는 전체 글의 흐름과 일치하지 않는다. ③의 The whole process(전 과정)가 ①②에서 예시로 든 '호르몬 분비 과정'을 지칭하고 있으므로, ② 이후에 ③이 이어지는 것은 자연스럽다.

| 정답 | ④

| 어휘 |

perceive 지각하다, 감지하다, 인식하다

threat 위협

immediate (시간적·공간적으로) 아주 가까이에[바로 옆에] 있는

surroundings 환경

initiate 시작하다, 일으키다, 개시하다

string 연속, 연발

various 다양한

gland 분비샘

organ 기관

release 배출하다, 내보내다, 분비하다; 분비, 배출

bloodstream 혈류

adrenal gland 부신

kidney 신장

be on the lookout (위험 등을 피하거나 자신이 원하는 것을 찾기 위해) 세심히 살피다[지켜보다]

tense 긴장시키다

skeletal muscle 골격근

lash out at (~을) 후려갈기려 들다

process 과정, 절차

fight-or-flight response 투쟁 도피 반응

run for one's life 필사적으로 도망치다

consciously 의식적으로, 자각하여

regulate 규제하다, 통제하다

reason with ~을 설득하다

지문 분석

❶ When the brain perceives a threat/ in the immediate surroundings,/ it initiates a complex string of events in the body.
뇌가 위협을 인지할 때/ 가까운 환경에서/ 그것은 신체에 복잡한 일련의 일들을 일으킨다

❷ It sends electrical messages to various glands,/ organs that release chemical hormones into the bloodstream.
그것은 다양한 분비샘에 전기 메시지를 보낸다/ 혈류에 화학 호르몬을 분비하는 기관들인

❸ Blood quickly carries these hormones to other organs/ that are then prompted to do various things.
혈액은 빠르게 이러한 호르몬을 다른 기관들로 운반한다/ 이후 다양한 일을 하도록 촉진되는

❹ The adrenal glands above the kidneys,/ for example,/ pump out adrenaline,/ the body's stress hormone.
신장 상부의 부신들은/ 예를 들어/ 아드레날린을 분출한다/ 신체의 스트레스 호르몬인

❺ Adrenaline travels all over the body/ doing things/ such as widening the eyes/ to be on the lookout for signs of danger,/ pumping the heart faster/ to keep blood and extra hormones flowing,/ and tensing the skeletal muscles/ so they are ready to lash out at or run from the threat.
아드레날린은 전신을 순환한다/ 일들을 하며/ 눈을 확장시키는 것과 같은/ 위험 신호를 경계하기 위해/ 심장을 더 빨리 뛰게 하는 (것과 같은)/ 혈액과 추가적인 호르몬이 계속해서 흐르도록 하기 위해/ 그리고 골격근을 긴장시키는 (것과 같은)/ 위협을 후려갈기거나 위협으로부터 도망칠 준비가 되어 있도록

❻ The whole process is called the fight-or-flight response,/ because it prepares the body/ to either battle or run for its life.
전 과정은 투쟁 도피 반응이라 불리는데/ 왜냐하면 그것이 신체를 준비시키기 때문이다/ 싸우거나 필사적으로 도망치도록

❼ ④ Humans consciously control their glands/ to regulate the release of various hormones.
④ 인간은 자신의 분비샘을 의식적으로 통제한다/ 다양한 호르몬의 분출을 조절하기 위해

❽ Once the response is initiated,/ ignoring it is impossible,/ because hormones cannot be reasoned with.
일단 반응이 시작되면/ 그것을 무시하는 것은 불가능하다/ 호르몬은 설득될 수 없기 때문에

Biologists have identified a gene that will allow rice plants to survive being submerged in water for up to two weeks—over a week longer than at present. Plants under water for longer than a week are deprived of oxygen and wither and perish. ① <u>The scientists hope their discovery will prolong the harvests of crops in regions that are susceptible to flooding.</u> ② <u>Rice growers in these flood-prone areas of Asia lose an estimated one billion dollars annually to excessively waterlogged rice paddies.</u> ③ <u>They hope the new gene will lead to a hardier rice strain that will reduce the financial damage incurred in typhoon and monsoon seasons and lead to bumper harvests.</u> ④ <u>This is dreadful news for people in these vulnerable regions, who are victims of urbanization and have a shortage of crops.</u> Rice yields must increase by 30 percent over the next 20 years to ensure a billion people can receive their staple diet.

문제 해결하기

| 해석 |

생물학자들은 벼가 물에 잠긴 채 현재보다 일주일 더 긴 2주까지 생존할 수 있게 할 유전자를 발견했다. 일주일 넘게 물속에 잠긴 식물들은 산소가 결핍되어 시들어 죽는다. 과학자들은 그들의 발견이 홍수에 취약한 지역의 농작물 수확을 늘리기를 바란다. 아시아의 홍수에 취약한 지역의 벼 재배자들은 과도하게 물에 잠긴 논 때문에 매년 약 10억 달러에 달하는 손실을 입는다. 그들은 새로운 유전자가 더 강한 벼 품종을 가져와서 태풍과 장마철에 일어나는 재정적 손실을 줄이고 풍작으로 이어지길 희망한다. ④ <u>이는 도시화의 희생자이며 작물 부족을 겪는 취약한 이 지역들의 사람들에게 끔찍한 소식이다.</u> 벼 생산량은 10억 명의 사람들이 주식을 얻을 수

있도록 보장하기 위해 향후 20년에 걸쳐 30퍼센트 만큼 증가할 것이다.

| 정답해설 |

필자는 생물학자들이 물에 잠긴 채 더 오래 견딜 수 있는 벼 유전자를 발견한 사실을 소재로 도입부를 시작하고 있다. 본문 전체에 걸쳐 필자는 그러한 발견이 홍수나 장마가 나기 쉬운 지역의 벼 재배자들의 재정적 손실을 줄이는 데 긍정적인 영향을 줄 것으로 기대하고 있음을 알 수 있다. 그러나 ④는 This is dreadful news ~로 보아 그러한 발견에 대해 부정적인 시각으로 서술하고 있으므로 글의 전체 흐름과 대비된다.　　　| 정답 | ④

| 어휘 |

submerge 잠수하다, 물[액체] 속에 넣다

wither 시들다

perish 죽다, 소멸되다

prolong 연장시키다, 연장하다

susceptible 민감한, 예민한

-prone (좋지 않은 일을) 하기[당하기] 쉬운

waterlogged 물에 잠긴

paddy 논

incur 초래하다, 발생시키다

monsoon 우기, 장마

dreadful 끔찍한, 지독한

yield 생산량

must (틀림없이) ~일 것이다 [~임에 틀림없다], ~해야 한다

지문 분석

❶ Biologists have identified a gene/ that will allow rice plants to survive being submerged in water for up to two weeks/ —over a week longer than at present.
생물학자들은 유전자를 발견했다/ 벼가 물에 잠긴 채 2주까지 생존할 수 있게 할/ 현재보다 일주일 더 긴

❷ Plants under water for longer than a week/ are deprived of oxygen/ and wither and perish.
일주일 넘게 물 속에 잠긴 식물들은/ 산소가 결핍된다/ 그리고 시들어 죽는다

❸ The scientists hope/ their discovery will prolong the harvests of crops in regions/ that are susceptible to flooding.
과학자들은 바란다/ 그들의 발견이 지역의 농작물 수확을 늘리기를/ 홍수에 취약한

❹ Rice growers in these flood-prone areas of Asia/ lose an estimated one billion dollars annually/ to excessively waterlogged rice paddies.
아시아의 홍수에 취약한 지역의 벼 재배자들은/ 매년 약 10억 달러를 잃는다/ 과도하게 물에 잠긴 논에

❺ They hope/ the new gene will lead to a hardier rice strain/ that will reduce the financial damage/ incurred in typhoon and monsoon seasons/ and lead to bumper harvests.
그들은 희망한다/ 새로운 유전자가 더 강한 벼 품종을 가져오기를/ 재정 손실을 줄이고/ 태풍과 장마철에 일어나는/ 그리고 풍작으로 이어지길

❻ ④ This is dreadful news/ for people in these vulnerable regions,/ who are victims of urbanization and have a shortage of crops.
④ 이는 끔찍한 소식이다/ 취약한 이 지역들의 사람들에게/ 도시화의 희생자이며 작물 부족을 겪는

❼ Rice yields must increase/ by 30 percent over the next 20 years/ to ensure/ a billion people can receive their staple diet.
벼 생산량은 증가할 것이다/ 향후 20년에 걸쳐 30퍼센트 만큼/ 보장하기 위해/ 10억 명의 사람들이 주식을 얻을 수 있도록

It's easy to lose objectivity or to overlook errors, inconsistencies, or problems when you have focused too intensely or for too long on a particular task. You may have revised your essay so many times that you have forgotten what the question is, and your essay no longer adequately responds to it. ① <u>Or you may have crafted what you think is a witty and clever remark, or an eloquent statement, while in reality you have just written something inappropriate.</u> ② <u>Also, even the best writers make grammatical and typographical errors, and spell-checking and grammar-checking software won't reveal every problem.</u> ③ <u>There is little possibility to misspell anything nowadays when there are computer programs available to help check grammar, spelling, punctuation and content.</u> ④ <u>Before typing that final version, by all means show your essays to a few other people—perhaps your peers or faculty advisor—to get their feedback.</u>

문제 해결하기

| 해석 |

당신이 너무 열정적으로 또는 너무 오랫동안 특정 업무에 집중했다면 객관성을 잃어버리고 오류들, 비일관성들, 또는 문제들을 간과하기 쉽다. 당신은 에세이를 너무 여러 차례 수정해서 질문이 무엇인지를 잊어버렸을지도 모르고, 당신의 에세이는 더 이상 질문에 적절하게 대응하지 않을 수 있다. 또는 당신은 위트 있고 똑똑한 말 또는 유창한 말이라고 생각한 것들을 정교하게 만들었는데 반면에 실상에서는 당신은 단지 부적절한 것을 썼을 뿐이다. 또한 최고의 작가들조차도 문법적 실수와 오타의 실수들을 저지른다. 그리고 철자 검사와 문법 검사를 하는 소프트웨어도 모든 문제를 밝혀내지 못할 것이다. ③ 문법, 철자, 구두점 그리고 내용 검사를 도와주는 것을 가능케 하는 컴퓨터 프로그램이 있는 요즘에는 어떤 것의 철자를 잘못 쓰게 될 가능성은 적다. 그러한 최종 버전의 타이핑을 하기 전에 피드백을 얻기 위해 다른 몇몇 사람들, 아마도 당신의 동료 또는 교수진 조언자에게 반드시 당신의 에세이를 보여줘라.

|정답해설|

다른 문장은 모두 글을 쓰는 것은 완벽할 수 없고 오류가 존재한다는 흐름의 내용을 서술하고 있는데 ③은 그와 반대로 컴퓨터 프로그램이 있는 요즘에는 철자 실수를 거의 하지 않는다고 했으므로 흐름상 적절하지 않다.

| 정답 | ③

| 어휘 |

objectivity 객관성
overlook 간과하다
inconsistency 비일관성
intensely 열정적으로
revise 수정하다, 변경하다
adequately 충분히, 적절히
craft 공들여 만들다
witty 재치 있는
eloquent 웅변[연설]을 잘하는, 유창한
inappropriate 부적절한, 부적합한
typographical error 인쇄상의 잘못, 오식, 오타
misspell ∼의 철자를 잘못 쓰다
punctuation 구두점, 구두법
faculty (학부의) 교수진, (대학의) 학부

❶ It's easy/ to lose objectivity/ or to overlook errors, inconsistencies, or problems/ when you have focused/ too intensely or for too long/ on a particular task.

쉽다/ 객관성을 잃어버리는 것은/ 또는 오류들이나 비일관성들. 또는 문제들을 간과하는 것은/ 당신이 집중했을 때/ 너무 열정적으로 또는 너무 오랫동안/ 특정 업무에

❷ You may have revised/ your essay so many times/ that you have forgotten/ what the question is,/ and your essay no longer adequately responds to it.

당신은 수정했는지도 모른다/ 당신의 에세이를 너무 여러 차례/ 그래서 당신은 잊어버렸다/ 질문이 뭔지를/ 그리고 당신의 에세이가 더 이상 적절하게 그것에(질문에) 대응하지 않는다

❸ Or you may have crafted/ what you think is a witty and clever remark, or an eloquent statement,/ while in reality you have just written/ something inappropriate.

또는 당신은 정교하게 만들었는지도 모른다/ 당신이 위트 있고 똑똑한 말이라고 생각한 것과 또는 유창한 말이라고 생각한 것들을/ 반면에 실상에서는 당신이 썼을 뿐이다/ 부적절한 것을

❹ Also,/ even the best writers/ make grammatical and typographical errors,/ and spell-checking and grammar-checking software/ won't reveal every problem.

또한/ 최고의 작가들조차도/ 문법적 실수와 오타의 실수들을 저지른다/ 그리고 철자 검사와 문법 검사를 하는 소프트웨어도/ 모든 문제를 밝혀내지 못할 것이다

❺ ③ There is little possibility/ to misspell anything nowadays/ when there are computer programs/ available to help check grammar, spelling, punctuation and content.

③ 가능성이 적다/ 요즘에 어떤 것의 철자를 잘못 쓸/ 컴퓨터 프로그램이 있을 때/ 문법, 철자, 구두점 그리고 내용 검사를 도와주는 것을 가능케 하는

❻ Before typing that final version,/ by all means/ show your essays to a few other people/ — perhaps your peers or faculty advisor —/ to get their feedback.

그러한 최종 버전의 타이핑을 하기 전에/ 반드시/ 다른 몇몇 사람들에게 당신의 에세이를 보여 줘라/ 아마도 당신의 동료 또는 교수진 조언자/ 그들의 피드백을 얻기 위해서

05 내용의 흐름상 적절하지 못한 문장은?

Of equal importance in wars of conquest were the germs that evolved in human societies with domestic animals. ① Infectious diseases like smallpox, measles, and flu arose as specialized germs of humans, derived by mutations of very similar ancestral germs that had infected animals. ② The most direct contribution of plant and animal domestication to wars of conquest was from Eurasia's horses, whose military role made them the jeeps and Sherman tanks of ancient warfare on that continent. ③ The humans who domesticated animals were the first to fall victim to the newly evolved germs, but those humans then evolved substantial resistance to the new disease. ④ When such partly immune people came into contact with others who had had no previous exposure to the germs, epidemics resulted in which up to 99 percent of the previously unexposed population was killed. Germs thus acquired ultimately from domestic animals played decisive roles in the European conquests of Native Americans, Australians, South Africans, and Pacific islanders.

문제 해결하기

| 해석 |

가축들과 함께 인간 사회 안에서 진화해 온 병원균들은 정복 전쟁에 있어서 동등한 중요성을 가졌다. 수두, 홍역, 그리고 독감과 같은 전염병들은 인간의 특화된 병원균으로서 발병했는데, 이것은 동물들을 감염시켰던 매우 유사한 조상 병원균의 돌연변이로부터 유래된 것이다. ② 정복 전쟁에 있어서 식물과 동물을 사육한 것의 가장 직접적인 공헌은 유라시아의 말들로부터 유래했는데, 그 말들의 군사적 역할은 그것들을 그 대륙에서 고대 전쟁의 지프와 셔먼 탱크로 만들어 주었다. 동물을 사육했던 인류는 새롭게 진화된 병원균의 첫 번째 희생자가 되었다. 그러나 그들 인류는 그 후 새로운 질병에 대해서 상당한 저항력을 진화시켰다. 그렇게 부분적으로 면역이 된 사람들이 이전에 그 병원균에 노출된 적이 없던 다른 사람들과 접촉을 하게 되자, 전에 노출된 적이 없던 인구의 99%까지 사망에 이르게 하는 유행병이 생겨났다. 그렇기에 가축들로부터 궁극적으로 얻어진 병원균들은 미국, 호주, 남아프리카, 그리고 태평양 제도에 사는 원주민들을 유럽인들이 정복하는 데에 결정적인 역할을 하였다.

| 정답해설 |

질병의 유래에 관한 얘기를 하고 있는데 ②는 갑자기 유라시아의 말과 관련된 전쟁사가 언급되었으므로 글의 흐름과 관련이 없다. 따라서 ②를 삭제해야 한다. | 정답 | ②

| 어휘 |

infectious disease 전염병
mutation 돌연변이, 변종
ancestral 조상의
domestication 사육
fall victim to ~의 희생(물)이 되다
resistance 저항
immune 면역된, 면역의
epidemic 전염병, 유행병; 유행성의
ultimately 궁극적으로, 결국

지문 분석

❶ Of equal importance/ in wars of conquest/ were the germs/ that evolved in human societies/ with domestic animals.

똑같이 중요한/ 정복 전쟁에서/ 병원균은(도치된 문장이라 주어가 뒤에 있음) ~이었다/ 인간 사회 안에서 진화했던/ 가축들과 함께

❷ Infectious diseases/ like smallpox, measles, and flu/ arose/ as specialized germs of humans,/ derived by mutations of very similar ancestral germs/ that had infected animals.

전염병들은/ 수두, 홍역, 그리고 독감과 같은/ 일어났다/ 인간의 특화된 병원균으로서/ 매우 유사한 조상 병원균의 돌연변이로부터 유래된/ 동물들을 감염시켰던

❸ ② The most direct contribution/ of plant and animal domestication/ to wars of conquest/ was from Eurasia's horses,/ whose military role/ made them the jeeps and Sherman tanks of ancient warfare/ on that continent.

② 가장 직접적인 공헌은/ 식물과 동물 사육의/ 정복 전쟁에 있어서/ 유라시아의 말들로부터 유래했다/ 그것들의 군사적 역할은/ 그들을 고대 전쟁의 지프와 셔먼 탱크로 만들어 주었다/ 그 대륙에서

❹ The humans/ who domesticated animals/ were the first/ to fall victim/ to the newly evolved germs,/ but those humans/ then evolved substantial resistance/ to the new disease.

인간들은/ 동물을 사육했던/ 첫 번째였다/ 희생자로 전락한/ 새롭게 진화한 병원균에/ 그러나 그 사람들은/ 그 후 상당한 저항력을 진화시켰다/ 새로운 질병에 대해서

❺ When such partly immune people came into contact/ with others/ who had had no previous exposure/ to the germs,/ epidemics resulted/ in which up to 99 percent/ of the previously unexposed population/ was killed.

그렇게 부분적으로 면역이 된 사람들이 접촉하게 되었을 때/ 다른 사람들과/ 이전에 노출된 적이 없었던/ 그 병원균에/ 유행병은 발생했다/ (그 병으로) 99%까지/ 이전에 노출된 적이 없던 인구들 중/ 사망했다

❻ Germs thus/ acquired ultimately from domestic animals/ played decisive roles/ in the European conquests/ of Native Americans, Australians, South Africans, and Pacific islanders.

그렇기에 병원균은/ 가축 동물로부터 궁극적으로 얻어진/ 결정적인 역할을 하였다/ 유럽인들의 정복에 있어서/ 미국, 호주, 남아프리카, 그리고 태평양 제도에 사는 원주민에 대한

연결사

교수님 코멘트▶ 연결사 유형은 지엽적인 문장 연결을 넘어서 거시적인 글의 맥락을 이해하고 다시 분석하는 것을 목표로 두어야 한다. STEP 1에서 상황별 연결사를 학습하고, 이에 따른 구체적인 글의 소재까지 제시하였으므로 반드시 숙지하자.

STEP 1   유형 접근하기

연결사는 두 내용, 즉 문장 사이나 문단 사이의 앞뒤 관계를 보여주는 표현이다. 적절하게 사용된 연결사는 글의 논리력, 구조력에 더불어 응집성을 강화시켜 글을 견고하게 만들어 준다. 연결사는 단순한 접속사의 범주에 국한되는 것이 아니라, 전치사 및 접속부사도 포함이 되니 아래의 문제 분석 내용을 통해 글의 구조를 볼 수 있는 숲과 세부적인 내용의 나무를 동시에 보는 독해를 하기 바란다.

▌유형접근 Q&A

Q1: 연결사 문항은 연결사 주위의 문장, 즉 앞 문장과 뒤 문장만 보고 풀 수 있나요?

A1: 아니요! 보통 그렇게 문제를 풀게 되면, 논리적 비약이 나옵니다. 부분적인 내용과 동시에 전체적인 글의 구조 두 가지를 모두 확인한 후 정답을 골라야만 정확하게 정답으로 정주행합니다.

Q2: 연결사가 곧 접속사인가요?

A2: 접속사는 연결사의 일부입니다. 하지만 문법적인 분류보다 의미상 분류를 하는 것이 훨씬 효율적입니다.

역접	대조	however	하지만
		but	그래도
		yet	그렇지만
	비교/대조/대비	on the other hand	반면에
		in contrast	반면에
		meanwhile	한편, 그동안
		whereas	반면에
		on the contrary	반면에
		in contrast	대조적으로
		though	그러나
	양보	nonetheless	그럼에도 불구하고
		nevertheless	그런데도
		though	그럼에도 불구하고
		still	그래도, 그럼에도 불구하고
		notwithstanding	~에도 불구하고
		even if	~에도 불구하고
		even though	~에도 불구하고
		although	~에도 불구하고
		despite	~에도 불구하고
		in spite of	~에도 불구하고
		with all	~에도 불구하고
		by the way	~에도 불구하고
		for all	~에도 불구하고, ~을 고려하여
	대체	instead, alternatively	대신에
순접	예시	for example	예를 들어
		for instance	예를 들어
	강조	in fact	사실은, 그러나 사실은 *대조, 강조
	비교	similarly	유사하게
		likewise	마찬가지로
		in the same way	같은 방식으로
		in comparison	비교해 볼 때
	첨가/부연	besides	게다가
		in addition	덧붙여, 게다가
		furthermore	더욱이, 게다가
		moreover	더욱이, 게다가
		what's more	게다가

		in other words	다시 말하면
순접	환언	that is to say	즉, 다시 말해서
		so to speak	말하자면
		that is	즉
		namely	즉
	원인	because of this	이것 때문에
		for this reason	이런 이유 때문에
		after all	결국
		consequently	결과적으로
		due to	~때문에
		owing to	~때문에, 덕택에
		thanks to	~덕택에
		on account of	~때문에
	결과	so	그래서
		therefore	그러므로
		as a result	결과적으로
		thus	그러므로
		hence	이런 이유로
		accordingly	따라서
		consequently	결과적으로
		in consequence	결과적으로
	결론	finally	마침내
		at last	마침내
		in the end	마침내
		therefore	그러므로
		in conclusion	결론적으로
	요약	in summary	요약하면
		in short	요약하면
		in brief	요컨대, 간단히 말해서

Q3: 연결사를 결정하는 데 결정적인 표현이 있나요?

A3: 네! 예를 들어, 'past'와 'today'라는 제시된 지문 속 어휘는 과거와 현재를 의미하므로 서로 상반된 개념입니다. 이렇듯 주로 사용되는 표현을 도식화하였습니다. 지문을 단지 읽는 것이 아니라, 분석하는 습관을 기르도록 합시다.

(1) 대조

(2) 비교: similarly(마찬가지로), likewise(마찬가지로), in the same way(같은 식으로, 마찬가지로)

(3) 결과: therefore(그러므로), as a result(그 결과로서), consequently(결과적으로), thus(따라서, 그러므로), accordingly(따라서)

(4) 이유·원인: because of(~ 때문에), due to(~ 때문에), owing to(~ 때문에, 덕택에), thanks to(~ 덕택에), on account of(~ 때문에), for this reason(이런 이유로 인해)

(5) 환언: that is(즉), namely(즉), in other words(다시 말해서), so to speak(말하자면)

(6) 첨가·보충: in addition to(~에 더하여, ~일 뿐 아니라), besides(게다가, 더욱이), furthermore(게다가, 더욱이), moreover(게다가, 더욱이)

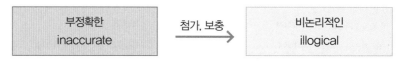

(7) 요약·결론: in brief(요컨대, 간단히 말해서), in short(요컨대, 간단히 말해서), in summary(요약하면), to sum up(요컨대, 간단히), in conclusion(결론적으로)

STEP 2 유형 적용하기

대표 기출문제

Q. 밑줄 친 (A), (B)에 들어갈 말로 가장 적절한 것은? 2019 국가직 9급

Visionaries are the first people in their industry segment to see the potential of new technologies. Fundamentally, they see themselves as smarter than their opposite numbers in competitive companies—and, quite often, they are. Indeed, it is their ability to see things first that they want to leverage into a competitive advantage. That advantage can only come about if no one else has discovered it. They do not expect, _____(A)_____, to be buying a well-tested product with an extensive list of industry references. Indeed, if such a reference base exists, it may actually turn them off, indicating that for this technology, at any rate, they are already too late. Pragmatists, _____(B)_____, deeply value the experience of their colleagues in other companies. When they buy, they expect extensive references, and they want a good number to come from companies in their own industry segment.

	(A)	(B)
①	therefore	on the other hand
②	however	in addition
③	nonetheless	at the same time
④	furthermore	in conclusion

문제 해결하기

| 해석 |

선지자들은 그들의 업계에서 새로운 기술들의 잠재력을 볼 수 있는 첫 번째 사람들이다. 근본적으로, 그들은 자신들이 경쟁사들에 있는 그들의 상대방들보다 더 똑똑하다고 여긴다. 그리고 꽤 자주 그들은 그렇다. 정말로, 그들이 경쟁 우위로 활용하기를 원하는 것들을 처음으로 보는 것은 그들의 능력이다. 그 우위는 다른 누구도 그것을 발견하지 않았을 때만 발생할 수 있다. (A) 따라서, 그들은 광범위한 업계의 참고 목록을 가진 검증된 제품을 사는 것을 기대하지 않는다. 정말로, 만약 그러한 참고의 근거가 존재한다면 이는 그들이 이 기술에 대해 이미 너무 늦었다는 것을 암시하면서 실제로 그들이 흥미를 잃게 할지도 모른다. (B) 반면에, 실용주의자들은 다른 기업에 있는 그들의 동료들의 경험을 매우 가치 있게 여긴다. 그들이 구매할 때는, 그들은 광범위한 참조를 기대하며, 그들은 그들 자신의 업계 내의 회사들에서 더 많은 것이 나오기를 원한다.

	(A)	(B)
①	따라서	반면에
②	그러나	게다가
③	그럼에도 불구하고	동시에
④	게다가	결과적으로

| 정답해설 |

(A) 이전은 선지자들이 무언가를 처음으로 발견하는 것에 초점을 두는 사람들이라는 내용이다. 빈칸 뒤에서는 선지자들은 검증된(이미 많은 사람들이 쓰는) 제품은 사지 않는다는 내용이 나온다. 따라서 (A) 이전은 이유(처음 발견을 중시)이고 빈칸 뒤는 결과(처음이 아닌 제품은 사지 않음)이므로 인과의 연결사인 therefore(따라서)가 적합하다. 다음으로 (B) 전까지는 선지자들의 특성을 설명하고, (B) 다음부터 실용주의자들에 대해 서술하고 있으므로 대조를 표현하는 연결사 on the other hand(반면에)가 적합하다. 따라서 정답은 ①이다. 선지자들에 대한 설명을 계속하고 있으므로 (A)에 역접의 연결사가 오는 것은 적절하지 않으며, (B) 다음으로 실용주의자들에 대한 내용이 나오므로 부연 설명에 대한 연결사와 결과를 나타내는 연결사 또한 적절하지 않다. | 정답 | ①

visionary 선지자

segment 분야, 부분

fundamentally 근본적으로

opposite number 상대방

leverage 영향력, 지렛대의 힘; ~에 영향력을 미치다

come about 발생하다, 생기다

extensive 광범위한

reference 참고, 언급

indicate 암시하다

at any rate 아무튼

pragmatist 실용주의자

value 가치 있게 여기다

지문 분석

❶ Visionaries are the first people/ in their industry segment/ to see the potential of new
주어　　　　　동사 보어　　　　　　전명구　　　　　　　　　　　　to부정사(형용사적 용법)

technologies.
선지자들은 첫 번째 사람들이다/ 그들의 업계에서/ 새로운 기술들의 잠재력을 볼 수 있는

❷ Fundamentally,/ they see themselves as smarter than their opposite numbers in
부사　　　　　　주어　동사　목적어　　　　보어

competitive companies—/ and, quite often, they are.
　　　　　　　　접속사　　　　　　주어　동사

근본적으로/ 그들은 자신들이 경쟁사들에 있는 그들의 상대방들보다 더 똑똑하다고 여긴다/ 그리고 꽤
자주, 그들은 그렇다

❸ Indeed,/ it is their ability/ to see things first/ that they want to leverage into a competitive
부사　　　가주어 동사 보어　　　진주어　　　　　　목적격 관계대명사

advantage.
정말로/ 그들의 능력이다/ ~한 것을 처음으로 보는 것이/ 그들이 경쟁 우위로 활용하기를 원하는

❹ That advantage can only come about/ if no one else has discovered it.
주어　　　　　조동사 부사 동사　　　접속사(부사절)　　　　동사　　　　　목적어

그 우위는 오직 발생할 수 있다/ 다른 누구도 그것을 발견하지 않았을 때만

❺ They do not expect,/ (A) therefore,/ to be buying a well-tested product/ with an
주어　　동사　　　　　접속부사　　to부정사(명사적 용법)　　　　　　　전명구

extensive list of industry references.
그들은 기대하지 않는다/ (A) 따라서/ 검증된 제품을 사는 것을/ 광범위한 업계의 참고 목록을 가진

❻ Indeed,/ if such a reference base exists,/ it may actually turn them off,/ indicating
부사　　　접속사(부사절)　　　　　　동사　　주어　　　　　동사　목적어　　　현재분사

that/ for this technology,/ at any rate,/ they are already too late.
접속사(명사절)　　　　　　　　　　　　　주어　동사　　　　　보어

정말로/ 만약 그러한 참고의 근거가 존재한다면/ 그것은 실제로 그들이 흥미를 잃게 할지도 모른다/ 암
시하면서/ 이 기술에 대해/ 어떤 경우에도/ 그들은 이미 너무 늦었다는 것을

❼ Pragmatists,/ (B) on the other hand,/ deeply value the experience of their colleagues/
주어　　　　　접속부사　　　　　　부사　　동사　목적어　　　전명구

in other companies.
실용주의자들은/ (B) 반면에/ 그들의 동료들의 경험을 매우 가치 있게 여긴다/ 다른 기업에 있는

❽ When they buy,/ they expect extensive references,/ and they want a good number
접속사(부사절)　　　주어　동사　　목적어　　　　　　　접속사 주어 동사　목적어

to come from companies/ in their own industry segment.
목적격 보어

그들이 구매할 때는/ 그들은 광범위한 참고들을 기대한다/ 그리고 그들은 회사들로부터 더 많은 것이
나오기를 원한다/ 그들 자신의 업계에서

STEP 3 적용 연습하기

01 다음 글의 빈칸 (A), (B)에 들어갈 말로 가장 적절한 것은? 2020 법원직 9급

There has been much research on nonverbal cues to deception dating back to the work of Ekman and his idea of leakage. It is well documented that people use others' nonverbal behaviors as a way to detect lies. My research and that of many others has strongly supported people's reliance on observations of others' nonverbal behaviors when assessing honesty. _____(A)_____, social scientific research on the link between various nonverbal behaviors and the act of lying suggests that the link is typically not very strong or consistent. In my research, I have observed that the nonverbal signals that seem to give one liar away are different than those given by a second liar. _____(B)_____, the scientific evidence linking nonverbal behaviors and deception has grown weaker over time. People infer honesty based on how others nonverbally present themselves, but that has very limited utility and validity.

	(A)	(B)
①	However	What's more
②	As a result	On the contrary
③	However	Nevertheless
④	As a result	For instance

문제 해결하기

| 해석 |

Ekman의 논문과 유출에 대한 그의 생각까지 거슬러 올라가는 속임수의 비언어적 단서에 관해 많은 연구가 있었다. 사람들이 거짓말을 탐지하는 방법으로 타인의 비언어적 행동을 이용한다는 것은 잘 입증되어 있다. 나의 연구와 다른 많은 사람들의 연구는 사람들이 정직성을 평가할 때 다른 사람들의 비언어적 행동을 관찰하는 것에 의존한다는 것을 강하게 지지해 왔다. (A) 그러나, 다양한 비언어적 행동과 거짓말 행위 사이의 연관성에 대한 사회과학 연구는 그 연관성이 전형적으로 매우 강하거나 일관되지는 않다는 것을 시사한다. 내 연구에서, 나는 한 거짓말쟁이의 정체를 드러내는 것처럼 보이는 비언어적 신호들이 두 번째 거짓말쟁이가 주는 신호들과 다르다는 것을 관찰했다. (B) 더욱이, 비언어적 행동과 속임수를 연관 짓는 과학적 증거는 시간이 흐를수록 약해져 왔다. 사람들은 다른 사람들이 비언어적으로 자신을 표현하는 방법에 근거하여 정직함을 추론하지만, 그것의 효용성과 타당성은 매우 제한되어 있다.

	(A)	(B)
①	그러나	더욱이
②	그 결과	반면에
③	그러나	그럼에도 불구하고
④	그 결과	예를 들어

| 정답해설 |

(A) 앞의 문장에서 '비언어적 행동을 관찰하는 것에 의존하여 정직성을 평가하는 연구를 지지해 왔다.'라고 언급하고 있다. 하지만 (A) 다음에 다양한 비언어적 행동과 거짓말 행위 사이의 연관성이 전형적으로 매우 강하거나 일관되지는 않다고 하며 반대되는 내용이 나오므로 역접의 의미를 갖는 'However(그러나)'가 (A)에 알맞다. (B) 다음에 '비언어적 행동과 거짓말 사이의 연관성에 대한 과학적 증거가 시간이 흐를수록 약해져왔다.'라고 서술하고 있으므로 글의 주장에 부연 설명을 하는 부분이다. 따라서 'What's more(더욱이)'가 적절한 표현이다. 따라서 정답은 ① However – What's more 이다. | 정답 | ①

| 어휘 |

nonverbal 비언어적인
cue 단서
deception 속임수
date back to ~까지 거슬러 올라가다
leakage 유출
documented 기록된, 증명된
detect 발견하다
reliance 의존, 의지
assess 평가하다
give away 정체를 드러내다
utility 효용성
validity 타당성

지문 분석

❶ There has been much research on nonverbal cues to deception/ dating back to the work of Ekman and his idea of leakage.

속임수에 대한 비언어적 단서에 관한 많은 연구가 있었다/ Ekman의 논문과 유출에 대한 그의 생각까지 거슬러 올라가는

❷ It is well documented/ that people use others' nonverbal behaviors/ as a way to detect lies.

잘 입증되어 있다/ 사람들이 타인의 비언어적 행동을 이용한다는 것은/ 거짓말을 탐지하는 방법으로

❸ My research and that of many others has strongly supported/ people's reliance on observations of others' nonverbal behaviors/ when assessing honesty.

나의 연구와 다른 많은 사람들의 연구는 강하게 지지해 왔다/ 사람들이 다른 사람들의 비언어적 행동을 관찰하는 것에 의존한다는 것을/ 정직성을 평가할 때

❹ (A) However,/ social scientific research/ on the link between various nonverbal behaviors and the act of lying/ suggests that the link is typically not very strong or consistent.

(A) 그러나/ 사회과학 연구는/ 다양한 비언어적 행동과 거짓말 행위 사이의 연관성에 대한/ 그 연관성이 전형적으로 매우 강하거나 일관되지는 않다는 것을 시사한다

❺ In my research,/ I have observed/ that the nonverbal signals/ that seem to give one liar away/ are different than those given by a second liar.

내 연구에서/ 나는 관찰했다/ 비언어적 신호들이/ 한 거짓말쟁이의 정체를 드러내는 것처럼 보이는/ 두 번째 거짓말쟁이가 주는 신호들과 다르다는 것을

❻ (B) What's more,/ the scientific evidence/ linking nonverbal behaviors and deception/ has grown weaker over time.

(B) 더욱이/ 과학적 증거는/ 비언어적 행동과 속임수를 연관 짓는/ 시간이 흐를수록 약해져왔다

❼ People infer honesty/ based on how others nonverbally present themselves,/ but that has very limited utility and validity.

사람들은 정직함을 추론한다/ 다른 사람들이 비언어적으로 자신을 표현하는 방법에 근거하여/ 하지만 그것은 매우 제한된 효용성과 타당성을 가진다

Assertive behavior involves standing up for your rights and expressing your thoughts and feelings in a direct, appropriate way that does not violate the rights of others. It is a matter of getting the other person to understand your viewpoint. People who exhibit assertive behavior skills are able to handle conflict situations with ease and assurance while maintaining good interpersonal relations. _____(A)_____, aggressive behavior involves expressing your thoughts and feelings and defending your rights in a way that openly violates the rights of others. Those exhibiting aggressive behavior seem to believe that the rights of others must be subservient to theirs. _____(B)_____, they have a difficult time maintaining good interpersonal relations. They are likely to interrupt, talk fast, ignore others, and use sarcasm or other forms of verbal abuse to maintain control.

	(A)	(B)
①	In contrast	Thus
②	Similarly	Moreover
③	However	On one hand
④	Accordingly	On the other hand

문제 해결하기

| 해석 |

확신에 찬 행동은 당신의 권리를 옹호하고, 타인의 권리를 침해하지 않는 직접적이고 적절한 방식으로 당신의 생각과 느낌을 표현하는 것을 포함한다. 그것은 타인이 당신의 관점을 이해하도록 하는 일이다. 확신에 찬 행동 기술을 보여주는 사람들은 좋은 대인관계를 유지하면서 쉽게, 확신을 가진 채로 갈등 상황을 처리할 수 있다. (A) 그에 반해, 공격적인 행동은 타인의 권리를 공공연히 침해하는 방식으로 당신의 생각과 느낌을 표현하고 당신의 권리를 옹호하는 것을 포함한다. 공격적인 행동을 보여주는 사람들은 타인의 권리가 자신들의 것보다 덜 중요함에 틀림없다고 믿는 것 같다. (B) 그러므로, 그들은 좋은 대인관계를 유지하는 데 힘겨운 시간을 갖는다. 그들은 통제권을 유지하기 위해 방해하고, 빨리 말하고, 타인을 무시하고, 비꼬는 것이나 다른 형태의 언어폭력을 사용할 가능성이 높다.

	(A)	(B)
①	그에 반해	그러므로
②	유사하게	게다가
③	그러나	한편으로는
④	그에 따라	반면에

|정답해설|

(A) 본문 첫 문장 Assertive behavior involves standing up for your rights and expressing your thoughts and feelings in a direct, appropriate way that does not violate the rights of others.(확신에 찬 행동은 당신의 권리를 옹호하고, 타인의 권리를 침해하지 않는 직접적이고 적절한 방식으로 당신의 생각과 느낌을 표현하는 것을 포함한다.)에서, '확신에 찬 행동의 (긍정적인) 특징'에 대해 언급한 후, '확신에 찬 행동을 하는 사람들의 대인관계와 관련된 특성'에 대해 설명하고 있다. 그런데 빈칸 이후에서는 aggressive behavior involves expressing your thoughts and feelings and defending your rights in a way that openly violates the rights of others.(공격적인 행동은 타인의 권리를 공공연히 침해하는 방식으로 당신의 생각과 느낌을 표현하고 당신의 권리를 옹호하는 것을 포함한다.)를 통해, 본문 첫 문장과는 대조적인 '공격적인 행동의 (부정적인) 특징'에 대해 언급하고 있다. 따라서 빈칸에 가장 적절한 표현은 '역접, 대조'를 나타내는 'In contrast(그에 반해)' 또는 'However(그러나)'이다.

(B) 빈칸 이전에서 Those exhibiting aggressive behavior seem to believe that the rights of others must be subservient to theirs.(공격적인 행동을 보여주는 사람들은 타인의 권리가 자신들의 것보다 덜 중요함에 틀림없다고 믿는 것 같다.)를 통해, '공격적 행동을 보이는 사람들의 보편적 생각'에 대해 언급한 후, 빈칸 이후에서 they have a difficult time maintaining good interpersonal relations.(그들은 좋은 대인관계를 유지하는 데 힘겨운 시간을 갖는다.)를 통해, 그러한 생각으로 인해 야기되는 '결과(좋은 대인관계 유지 어려움)'를 제시하고 있으므로, 빈칸에 가장 적절한 말은 '결과'를 나타내는 'Thus(그러므로)'이다. 따라서 정답은 ①이다.　　| 정답 | ①

| 어휘 |

assertive 확신에 찬, 적극적인
involve 포함하다, 수반하다
stand up for 옹호하다, 지지하다
appropriate 적절한
violate 침해하다
viewpoint 관점
exhibit 보이다, 드러내다
conflict 갈등
with ease 쉽게, 용이하게
with assurance 확신을 가지고
interpersonal 대인관계의
aggressive 공격적인
defend 옹호[변호]하다, 방어하다
openly 공공연하게, 드러내 놓고
subservient 덜 중요한, 부차적인
interrupt 방해하다
sarcasm 비꼼
verbal abuse 언어폭력, 폭언

지문 분석

❶ Assertive behavior involves standing up for your rights/ and expressing your thoughts and feelings/ in a direct, appropriate way/ that does not violate the rights of others.

확신에 찬 행동은 당신의 권리를 옹호하는 것을 포함한다/ 그리고 당신의 생각과 느낌을 표현하는 것을/ 직접적이고 적절한 방식으로/ 타인의 권리를 침해하지 않는

❷ It is a matter of getting the other person/ to understand your viewpoint.

그것은 타인이 (~하도록) 하는 일이다/ 당신의 관점을 이해하도록

❸ People who exhibit assertive behavior skills/ are able to handle conflict situations with ease and assurance/ while maintaining good interpersonal relations.

확신에 찬 행동 기술을 보여주는 사람들은/ 쉽게, 확신을 가진 채로 갈등 상황을 처리할 수 있다/ 좋은 대인관계를 유지하면서

❹ (A) <u>In contrast,</u>/ aggressive behavior involves expressing your thoughts and feelings/ and defending your rights/ in a way that openly violates the rights of others.

(A) <u>그에 반해</u>/ 공격적인 행동은 당신의 생각과 느낌을 표현하는 것을 포함한다/ 그리고 당신의 권리를 옹호하는 것을/ 타인의 권리를 공공연히 침해하는 방식으로

❺ Those exhibiting aggressive behavior seem to believe/ that the rights of others must be subservient/ to theirs.

공격적인 행동을 보여주는 사람들은 믿는 것 같다/ 타인의 권리가 덜 중요함에 틀림없다고/ 자신들의 것보다

❻ (B) <u>Thus,</u>/ they have a difficult time/ maintaining good interpersonal relations.

(B) <u>그러므로</u>/ 그들은 힘겨운 시간을 갖는다/ 좋은 대인관계를 유지하는 데

❼ They are likely to interrupt, talk fast, ignore others,/ and use sarcasm or other forms of verbal abuse/ to maintain control.

그들은 방해하고, 빨리 말하고, 타인을 무시할 가능성이 높다/ 그리고 비꼬는 것이나 다른 형태의 언어 폭력을 사용할/ 통제권을 유지하기 위해

03 밑줄 친 (A), (B)에 들어갈 말로 가장 적절한 것을 고르시오.

2019 지방직 9급

Today the technology to create the visual component of virtual-reality (VR) experiences is well on its way to becoming widely accessible and affordable. But to work powerfully, virtual reality needs to be about more than visuals. _____(A)_____ what you are hearing convincingly matches the visuals, the virtual experience breaks apart. Take a basketball game. If the players, the coaches, the announcers, and the crowd all sound like they're sitting midcourt, you may as well watch the game on television—you'll get just as much of a sense that you are "there." _____(B)_____, today's audio equipment and our widely used recording and reproduction formats are simply inadequate to the task of re-creating convincingly the sound of a battlefield on a distant planet, a basketball game at courtside, or a symphony as heard from the first row of a great concert hall.

	(A)	(B)
①	If	By contrast
②	Unless	Consequently
③	If	Similarly
④	Unless	Unfortunately

문제 해결하기

| 해석 |

오늘날 가상현실(VR) 체험의 시각적 요소를 제작하는 기술은 널리 이용 가능하고 가격이 알맞아지는 과정에 있다. 그러나 강력하게 기능하기 위해서는, 가상현실은 시각적인 것 이상에 관한 것이어야 한다. (A) 만약 당신이 듣고 있는 것이 시각적인 것들과 설득력 있게 일치하지 않는다면, 가상 체험은 부서진다. 농구를 예로 들어보자. 만약 선수들, 코치들, 아나운서들, 그리고 관중들이 모두 코트 가운데 앉아 있는 것처럼 들린다면, 당신은 TV로 경기를 보는 것이 낫다 — 당신은 당신이 "거기" 있다는 느낌만 받게 된다. (B) 안타깝게도, 오늘날의 오디오 기계와 우리가 널리 사용하는 녹화 및 재생 포맷은 먼 행성의 전쟁터, 코트사이드에서의 농구 경기, 또는 훌륭한 콘서트홀의 첫 줄에서 들리는 것 같은 교향악단의 소리를 설득력 있게 재현하는 일에는 단순히 부적합하다.

	(A)	(B)
①	만약 ~다면	대조적으로
②	만약 ~하지 않는다면	결과적으로
③	만약 ~다면	비슷하게
④	만약 ~하지 않는다면	안타깝게도

| 정답해설 |

(A)는 문맥상 듣고 있는 것과 시각적인 것들이 일치하지 않는 상황을 가정하는 부정어가 필요하므로 'Unless(만약 ~하지 않다면)'가 적합하다. (B) 다음의 내용이 '오늘날의 기술도 가상현실에 충분하지 않다'는 것을 지적하고 있으므로 'Unfortunately(안타깝게도)'가 적합하다. 따라서 두 가지를 모두 충족시키는 정답은 ④이다. | 정답 | ④

| 어휘 |

component 요소
virtual-reality 가상현실
on one's way to ~로 가는 도중에
accessible 이용(출입/접근) 가능한
affordable (가격이) 알맞은
convincingly 설득력 있게
break apart 부서지다, 쪼개지다
midcourt 코트 가운데
may as well ~하는 편이 낫다
get a sense 감을 잡다
inadequate 부적절한
battlefield 전장, 전쟁터
distant 먼
row 줄, 열

지문 분석

❶ Today/ the technology to create the visual component of virtual-reality (VR) experiences/ is well on its way to becoming widely accessible and affordable.

오늘날/ 가상현실(VR) 체험의 시각적 요소를 제작하는 기술은/ 널리 이용 가능하고 가격이 알맞아지는 과정에 있다

❷ But to work powerfully,/ virtual reality needs to be about more than visuals.

그러나 강력하게 기능하기 위해서는/ 가상현실은 시각적인 것 이상에 관한 것이어야 한다

❸ (A) <u>Unless</u> what you are hearing convincingly matches the visuals,/ the virtual experience breaks apart.

(A) <u>만약</u> 당신이 듣고 있는 것이 시각적인 것들과 설득력 있게 일치하지 <u>않는다면</u>/ 가상 체험은 부서진다

❹ Take a basketball game.

농구를 예로 들어보자

❺ If the players, the coaches, the announcers, and the crowd all sound like they're sitting midcourt,/ you may as well watch the game on television—/ you'll get just as much of a sense that you are "there."

만약 선수들, 코치들, 아나운서들, 그리고 관중들이 모두 들린다면/ 코트 가운데 앉아 있는 것처럼/ 당신은 TV로 경기를 보는 것이 낫다/ 당신은 당신이 "거기" 있다는 느낌만 받게 된다

❻ (B) <u>Unfortunately,</u>/ today's audio equipment and our widely used recording and reproduction formats/ are simply inadequate to the task/ of re-creating convincingly the sound of a battlefield on a distant planet, a basketball game at courtside, or a symphony as heard from the first row of a great concert hall.

(B) 안타깝게도/ 오늘날의 오디오 기계와 우리가 널리 사용하는 녹화 및 재생 포맷은/ 일에는 단순히 부적합하다/ 먼 행성의 전쟁터, 코트사이드에서의 농구 경기, 또는 훌륭한 콘서트홀의 첫 줄에서 들리는 것 같은 심포니의 소리를 설득력 있게 재현하는

04 다음 글의 빈칸 (A), (B)에 들어갈 말로 가장 적절한 것은?

No matter how good your product is, remember that perfection of an existing product is not necessarily the best investment one can make. _____(A)_____, the Erie Canal, which took four years to build, was regarded as the height of efficiency in its day. What its builders had not considered was that the advent of the railroad would assure the canal's instant downfall. By the time the canal was finished, the railroad had been established as the fittest technology for transportation. _____(B)_____, when the fuel cell becomes the automotive engine of choice, the car companies focusing on increasing the efficiency of the internal combustion engine may find themselves left behind. Is it time to keep making what you are making? Or is it time to create a new niche? Innovation requires noticing signals outside the company itself: signals in the community, the environment, and the world at large.

	(A)	(B)
①	Besides	Otherwise
②	For instance	Nevertheless
③	For example	Likewise
④	In contrast	On the other hand

문제 해결하기

| 해석 |
아무리 당신의 물건이 좋을지라도 현존하는 물건의 완벽함이 반드시 누군가 할 수 있는 최고의 투자는 아닐 수도 있다는 것을 기억하라. (A) 예를 들어, 건축하는 데 4년이 걸린 Erie 운하는 그 당시에 최고의 효율성이라고 여겨졌다. 건축가들이 고려하지 않았던 것은 철도의 출현이 운하의 즉각적인 쇠퇴를 가져오리라는 것이었다. 운하의 건설이 끝날 무렵 가장 적합한 수송 기술로서 철도가 기반을 잡았다. (B) 마찬가지로, 연료 전지가 자동차 엔진의 선택 사항이 될 때, 내연 기관의 효율성을 증가시키는 데 초점을 맞추고 있는 자동차 회사는 그들이 뒤쳐져 있다는 것을 발견하게 될 수도 있다. 당신이 만들고 있는 것을 계속 만들 때인가? 아니면 새로운 틈새를 창조할 때인가? 혁신은 회사 자체의 외부의 신호들, 즉 지역사회, 환경, 전반적인 세계에서 들려오는 신호들을 알아차릴 것을 요구한다.

	(A)	(B)
①	게다가	그렇지 않다면
②	예를 들어	그럼에도 불구하고
③	예를 들어	마찬가지로
④	반면에	한편으로는

| 정답해설 |
(A) 뒤의 문장은 Erie 운하의 예를 들고 있으므로 (A)에는 For instance 또는 For example이, (B) 뒤의 문장은 역시 이와 유사한 두 번째 예를 들고 있으므로 (B)에는 Likewise가 적절하다. 따라서 정답은 ③이다.　　　　| 정답 | ③

| 어휘 |
be regarded as ~라고 여겨지다
efficiency 효율성
advent 출현, 도래
downfall 몰락, 실패
innovation 혁신

지문 분석

❶ No matter how good your product is,/ remember/ that perfection of an existing product/ is not necessarily the best investment/ one can make.

아무리 당신의 물건이 좋을지라도/ 기억하라/ 현존하는 물건의 완벽함이/ 반드시 최고의 투자가 아닐 수도 있다는 것을/ 누군가 할 수 있는

❷ (A) <u>For example</u>,/ the Erie Canal, which took four years to build,/ was regarded/ as the height of efficiency in its day.

(A) <u>예를 들어</u>/ 건축하는 데 4년이 걸린 Erie 운하는/ 여겨졌다/ 그 당시에 최고의 효율성이라고

❸ What its builders had not considered/ was that the advent of the railroad/ would assure the canal's instant downfall.

그것의 건축가들이 고려하지 않았던 것은/ 철도의 출현이/ 운하의 즉각적인 쇠퇴를 가져올 것이라는 것이었다

❹ By the time the canal was finished,/ the railroad had been established/ as the fittest technology for transportation.

운하의 건설이 끝날 무렵/ 철도가 기반을 잡았다/ 가장 적합한 수송 기술로서

❺ (B) <u>Likewise</u>, when the fuel cell becomes the automotive engine of choice,/ the car companies/ focusing on increasing the efficiency of the internal combustion engine/ may find themselves left behind.

(B) 마찬가지로/ 연료 전지가 자동차 엔진의 선택 사항이 될 때/ 자동차 회사는/ 내연기관의 효율성을 증가시키는 것에 초점을 맞추고 있는/ 그들이 뒤쳐져 있다는 것을 발견하게 될 수도 있다

❻ Is it time/ to keep making what you are making?/ Or is it time/ to create a new niche?

때인가/ 당신이 만들고 있는 것을 계속 만들/ 아니면 때인가/ 새로운 틈새를 창조할

❼ Innovation requires/ noticing signals outside the company itself:/ signals in the community, the environment, and the world at large.

혁신은 요구한다/ 회사 자체의 외부 신호들을 알아차릴 것을/ 지역사회, 환경, 그리고 전반적인 세계에서의 신호들

05 밑줄 친 (A), (B)에 들어갈 말로 가장 적절한 것은?

2018 지방직 9급(사회복지직 9급)

Does terrorism ever work? 9/11 was an enormous tactical success for al Qaeda, partly because it involved attacks that took place in the media capital of the world and the actual capital of the United States, _____(A)_____ ensuring the widest possible coverage of the event. If terrorism is a form of theater where you want a lot of people watching, no event in human history was likely ever seen by a larger global audience than the 9/11 attacks. At the time, there was much discussion about how 9/11 was like the attack on Pearl Harbor. They were indeed similar since they were both surprise attacks that drew America into significant wars. But they were also similar in another sense. Pearl Harbor was a great *tactical* success for Imperial Japan, but it led to a great *strategic* failure: Within four years of Pearl Harbor the Japanese empire lay in ruins, utterly defeated. _____(B)_____, 9/11 was a great tactical success for al Qaeda, but it also turned out to be a great strategic failure for Osama bin Laden.

	(A)	(B)
①	thereby	Similarly
②	while	Therefore
③	while	Fortunately
④	thereby	On the contrary

문제 해결하기

| 해석 |

테러리즘은 과연 유효할까? 9/11 테러는 al Qaeda에게는 막대한 전략적 성공이었는데, 부분적으로 그것은 전 세계 언론의 중심지이자 미국의 실질적인 중심지에서 일어난 공격을 수반했고 (A) 그렇게 함으로써, 그 사건의 가능한 한 가장 폭넓은 보도를 확보했기 때문이다. 만약에 테러리즘이 당신이 많은 사람들이 보길 바라는 영화관의 형태였다면, 인류 역사에서 9/11 공격보다 더 많은 전 세계적인 시청자들에 의해 시청된 사건은 없을 것이다. 그 당시에, 어떻게 9/11 테러가 진주만 공격과 유사했는지에 대한 논의가 활발했다. 그 둘 모두 미국을 큰 전쟁으로 끌어들인 습격이었기 때문에 실제로 그것들은 비슷했다. 그러나 그 두 가지는 다른 양상에서 또한 유사했다. 진주만은 제국주의 일본의 거대한 '전술적인' 성공이었지만, 큰 '전략적인' 실패를 이끌었다: 진주만 공격 이후 4년 이내에 일본 제국은 폐허가 되었고, 완전히 패배했다. (B) 유사하게, 9/11 공격은 al Qaeda에게는 거대한 전술적인 성공이었지만, 이것은 또한 Osama bin Laden에게는 거대한 전략적인 실패로 드러났다.

	(A)	(B)
①	그렇게 함으로써	유사하게
②	반면에	그러므로
③	반면에	다행히도
④	그렇게 함으로써	반대로

| 정답해설 |

(A) 빈칸 이전의 '9/11테러는 전 세계 언론의 중심에서 일어난 공격을 포함했다'는 사실과 이후의 '9/11 사건의 도달 가능한 가장 넓은 범위의 보도를 확보했다.'는 사실은 서로 인과 관계에 있다. 따라서 'thereby(그렇게 함으로써, 그로 인해)'가 적절하다. (B) But they were also similar in another sense.에서 '두 가지 사건은 또 다른 국면에서 유사하다'고 했고, 빈칸 앞 이후로 진주만 공격과 9/11 테러에 대한 서술이 각각 등장했다. 따라서 빈칸에 들어갈 말로 가장 알맞은 것은 'Similarly(유사하게)'이다.

| 정답 | ①

| 어휘 |

enormous 막대한, 거대한
tactical 작전의, 전술의
involve 수반하다, 포함하다
take place (일이) 발생하다, 일어나다
ensure 반드시 ~하게 하다, 보장하다
coverage 보도, 범위
discussion 논의, 토론
significant 중요한, 의미 있는, 상당한
imperial 제국의
strategic 전략적인
utterly 완전히, 순전히
defeat 패배시키다

지문 분석

❶ Does terrorism ever work?

테러리즘은 과연 유효할까?

❷ 9/11 was an enormous tactical success for al Qaeda,/ partly because it involved attacks/ that took place in the media capital of the world and the actual capital of the United States,/ (A) <u>thereby</u> ensuring the widest possible coverage of the event.

9/11 테러는 al Qaeda에게는 막대한 전략적 성공이었다/ 부분적으로 그것은 공격을 수반했기 때문이다/ 전 세계 언론의 중심지이자 미국의 실질적인 중심지에서 일어났던/ (A) <u>그렇게 함으로써</u> 그 사건의 가능한 한 가장 폭넓은 보도를 확보했다

❸ If terrorism is a form of theater/ where you want a lot of people watching,/ no event in human history was likely ever seen/ by a larger global audience than the 9/11 attacks.

만약 테러리즘이 영화관의 형태였다면/ 당신이 많은 사람들이 보길 바라는/ 인류 역사에서 시청된 사건은 없을 것이다/ 9/11 공격보다 더 많은 전 세계 시청자들에 의해

❹ At the time,/ there was much discussion/ about how 9/11 was like the attack on Pearl Harbor.

그 당시에/ 많은 논의가 있었다/ 어떻게 9/11 테러가 진주만 공격과 유사했는지에 대한

❺ They were indeed similar/ since they were both surprise attacks/ that drew America into significant wars.

그것들은 실제로 비슷했다/ 그 둘 모두 습격이었기 때문이다/ 미국을 큰 전쟁으로 끌어들인

❻ But/ they were also similar/ in another sense.

그러나/ 그 두 가지는 또한 유사했다/ 다른 양상에서

❼ Pearl Harbor was a great *tactical* success/ for Imperial Japan,/ but it led to a great *strategic* failure:

진주만은 거대한 '전술적인' 성공이었다/ 제국주의 일본의/ 하지만 이것은 큰 '전략적인' 실패로 이어졌다

❽ Within four years of Pearl Harbor/ the Japanese empire lay in ruins,/ utterly defeated.

진주만 공격 이후 4년 이내에/ 일본 제국은 폐허가 되었다/ 완전히 패배했다

❾ (B) <u>Similarly,</u>/ 9/11 was a great tactical success for al Qaeda,/ but it also turned out to be a great strategic failure/ for Osama bin Laden.

(B) <u>유사하게</u>/ 9/11 공격은 al Qaeda에게는 거대한 전술적인 성공이었다/ 하지만 이것은 또한 거대한 전략적인 실패로 드러났다/ Osama bin Laden에게는

05 문맥상 다양한 추론

교수님 코멘트▶ 문맥에 따른 추론 유형은 글의 흐름과 결국 같은 맥락의 문제이다. 선택형과 밑줄형 문제에서 대부분 공통적인 특징은 정답이 글의 전개와 반대가 되는 서술이 주를 이룬다는 점이다. 따라서, 수험생들이 이러한 문제에 대한 적응력을 최대한 키울 수 있도록 대표 기출문제에 가장 최적화된 문항을 수록하였다.

| STEP 1 | 유형 접근하기 |

문맥을 통해 다양한 추론을 하는 유형은 크게 '낱말의 쓰임의 적절성 여부', '지칭 추론' 그리고 '문맥상 어휘 선택' 등으로 분류하여 볼 수 있다.

낱말의 쓰임의 경우 문맥에 맞는 어휘를 선택해야 하므로, 문맥 파악에 필요한 독해가 선행되어야 한다. 지칭 추론의 경우는 문맥을 통해서 지시어가 언급하는 대상을 찾아내야 하므로 글 전체의 독해가 또한 필요하다. 결국 위의 세 가지 유형의 문제들은 일관적이고 글 전체의 흐름을 파악하며 지엽적인 어휘의 선택을 동시에 해나가야 하는 가장 섬세한 독해 유형이라 할 수 있겠다. 또한, 법원직 시험에서 종종 출제되는 유형이기도 하다. 수능의 유형과 동일하기 때문에 수능을 치른 경험이 있는 수험생이라면 낯설지 않은 유형이기도 하다.

유형접근 Q&A

Q1: 밑줄 친 낱말의 쓰임을 묻는 문제에서, 어휘를 모르겠어요. 어떻게 해야 할까요?

A1: 사실, 이런 경우가 대단히 많습니다. 최상의 조건은 어휘를 충분히 많이 준비해서 시험에 임하는 것입니다. 실제로 선택지 어휘의 경우 극한 난이도의 범주의 어휘가 아니기 때문에 선택지 전체의 어휘를 모른다는 것은 곤란한 상황입니다. 하지만, 일부의 어휘를 모른다고 문제를 포기하지는 마세요. 두 개의 어휘가 주어지는 선택지의 경우 두 개의 선택지 중 하나만을 알고 있으면 반대편의 어휘는 많은 경우 '반의어'로 사용됩니다. 이를 유추해서 문장을 보면 문맥이 명확해집니다. 그리고 다시 한 번 당부하는 것은, 평소에 어휘를 '숨쉬듯이 외우라'는 것입니다.

Q2: 지칭 추론의 경우 it이 사람을 의미할 수도 있나요?

A2: it은 일반적으로는 사물을 지칭합니다. 또한 사물뿐만 아니라, 특정한 상황을 지칭하기도 합니다. 그리고 수험생들이 가장 유의해야 하는 부분은 바로, 앞에 나온 구 또는 문장을 it으로 받을 수 있다는 것입니다. 또한 가주어와 가목적어도 it으로 표현할 수 있기 때문에, 이 경우에는 진주어와 진목적어가 it을 나타낼 수 있다는 것에 유의합니다.

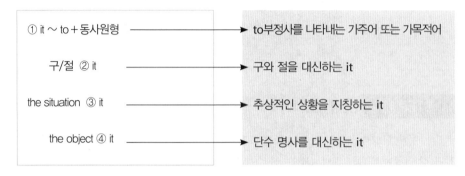

Q3: 문맥상 어휘를 선택하는 문제보다 문맥상 어색한 어휘를 고르는 문제에서 오류가 더욱 많이 생깁니다. 어떻게 해야 할까요?

A3: 문맥상 어휘 추론은 기존의 교육행정직과 법원직에서 출제되었던 유형이며 2018년도 국가직에서 출제되면서 수험생들에게 중요한 유형이 되었습니다. 크게 밑줄 유형과 선택 유형으로 나누어집니다. 선택 유형의 경우 선택지를 통해서 간단하게 문맥 유추가 가능합니다. 하지만, 문맥상 어색한 어휘는 선택지가 없기 때문에, 많은 학생들에게 오답률이 더욱 높은 문항으로 꼽기도 합니다. 하지만, 결국은 문맥상 어색한 어휘의 경우, 반대의 의미가 문맥상 옳은 문장이 되는 경우가 많다는 점에 주목합니다. 밑줄 친 어휘 중 가장 의심되는 어휘는 반의어로 대입해 보면, 결국은 '문맥상 어휘 선택' 문항과 비슷한 효과를 내기 때문에 오답률을 낮출 수 있습니다.

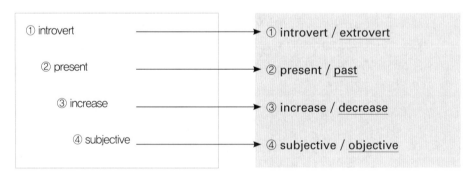

Q4: 글의 심경이나 분위기를 묻는 문항이 나오면 다소 당황하는데요. 어떻게 해야 할까요?

A4: 정확히 말하자면 심경과 분위기는 다른 유형의 문제입니다. 심경은 주인공의 심경에 대한 유추의 문제이고, 분위기는 글을 관찰하는 입장에서 전체 분위기를 파악해야 하는 문제입니다. 두 문항 모두 접근법은 등장인물 파악 그리고 다른 외부 요인이 있다면 그로 인해서 어떤 상황에 놓여있는지를 파악하는 것이 가장 중요합니다. 그리고 선택지에 제시되는 심경과 분위기를 나타내는 표현에 대한 습득이 반드시 동반되어야 합니다.

ashamed	부끄러운, 창피한
persuasive	설득력 있는
boring	지루한
embarrassed	당황한
calm	차분한, 침착한; 고요한
sorrowful	슬픈
cheerful	유쾌한
humorous	재미있는, 익살스러운
depressed	우울한, 낙담한
sarcastic	빈정대는
desperate	필사적인; 절망적인
skeptical	회의적인
encouraged	자신감을 얻은
admiring	경탄하는
envious	부러워하는, 질투하는
annoyed	화가 난, 짜증나는
exciting	신나는, 흥미진진한
frustrated	좌절한
festive	축제 분위기의
confused	혼란스러운
frightening	무서운
pleased	기쁜
gloomy	우울한
lonely	외로운
hateful	증오하는
encouraging	격려하는
lively	생동감이 있는
furious	몹시 화가 난
melancholy	우울한
disappointed	실망한
miserable	비참한
grateful	고마워하는
monotonous	단조로운

relieved	안도하는
nervous	불안한, 초조한
sympathetic	동정적인
peaceful	평화로운
irritated	짜증이 나는
relaxed	긴장이 풀린
instructive	교훈적인
satisfied	만족스러운
descriptive	묘사적인
thankful	고마워하는
critical	비판적인
tragic	비극적인
scared	겁에 질린
urgent	긴박한
excited	흥분한
worried	걱정하는
poetic	시적인

STEP 2　유형 적용하기

대표 기출문제

Q. 밑줄 친 부분 중 글의 흐름상 가장 <u>어색한</u> 것은?　　　　2018 국가직 9급

　　Most people like to talk, but few people like to listen, yet listening well is a ① <u>rare</u> talent that everyone should treasure. Because they hear more, good listeners tend to know more and to be more sensitive to what is going on around them than most people. In addition, good listeners are inclined to accept or tolerate rather than to judge and criticize. Therefore, they have ② <u>fewer</u> enemies than most people. In fact, they are probably the most beloved of people. However, there are ③ <u>exceptions</u> to that generality. For example, John Steinbeck is said to have been an excellent listener, yet he was hated by some of the people he wrote about. No doubt his ability to listen contributed to his capacity to write. Nevertheless, the result of his listening didn't make him ④ <u>unpopular</u>.

문제 해결하기

| 해석 |
대부분의 사람들은 말하기를 좋아하는 반면, 듣기를 좋아하는 사람은 거의 없다. 하지만 듣기를 잘하는 것은 모든 사람들이 높이 평가해야 하는 드문 재능이다. 뛰어난 청자들은 더 많이 듣기 때문에, 그들은 더 많이 알고 대부분의 사람들보다 그들 주변에서 무슨 일이 일어나고 있는지에 대해 더 민감한 경향이 있다. 게다가, 좋은 청자들은 판단하고 비판하기보다는 수용하거나 인내하는 경향이 있다. 그러므로, 그들은 대부분의 사람들보다 적이 더 적다. 사실, 그들은 아마 가장 사랑받는 사람들이다. 그러나, 그러한 일반론에도 예외는 있다. 예를 들어, John Steinbeck은 아주 뛰어난 경청가인 것으로 평가받지만, 그는 그가 관련해서 글을 적었던 일부 사람들로부터 미움을 받았다. 의심의 여지 없이 그의 듣기 능력은 그의 작문 실력에 기여했다. 그럼에도 불구하고 그의 경청의 결과는 그를 ④ 인기 없게(→ 인기 있게) 만들지 않았다.

|정답해설|
본문 도입부와 중반부에서 경청은 뛰어난 재능이며, 경청 능력이 뛰어날수록 사랑받을 것이라고 언급하고 있다. 그러나 이러한 일반론에도 예외가 있다고 한 후 John Steinbeck을 그 예로 들고 있는데, 그는 뛰어난 청자로 알려졌지만, 그가 글을 적었던 사람들로부터 미움을 받았다고 했다. 마지막 문장의 접속부사 Nevertheless는 '그럼에도 불구하고'라는 역접의 의미이므로 문맥을 파악하는 데 중요한 역할을 하고 있다. 따라서 문맥상 unpopular를 popular로 바꾸어 '그의 경청의 결과는 그를 인기 있게 만들지 못했다'가 되는 것이 자연스럽다. 특히 이 문장은 부정문이므로 문맥에 주의해야 한다. 글의 전반부에서 듣기를 좋아하는 사람은 거의 없다고 했으므로 ① rare의 쓰임은 적절하고, 지문 분석의 ❸ 문장인 In addition ~ and criticize.에서 좋은 청자는 수용하고 인내하는 경향이 있다고 하였으므로 더 적은(fewer) 적을 가지고 있다고 하는 것이 인과 관계가 맞기 때문에 ②도 알맞다. ③은 이어지는 문장에서 뛰어난 듣기 능력을 지녔음에도 불구하고 미움을 받았던 예외의 경우를 설명하고 있으므로 exception 역시 적절하다.　　**|정답| ④**

| 어휘 |
treasure 높이 평가하다, 귀중히 여기다
sensitive 민감한, 예민한
be inclined to ~하는 경향이 있다
tolerate 용인하다, 참다, 견디다
generality 일반론, 대부분, 대다수

지문 분석

❶ Most people like to talk,/ but few people like to listen,/ yet listening well/ is a
　　주어　　　　　동사　　　　　접속사 주어　　　　동사　　　　　접속사 주어　　　　　동사

① <u>rare</u> talent/ that everyone should treasure.
　보어　　　　　목·관·대 주어　　동사

대부분의 사람들은 말하기를 좋아한다/ 하지만 듣기를 좋아하는 사람은 거의 없다/ 그러나 듣기를 잘하는 것은/ ① 드문 재능이다/ 모든 사람들이 높이 평가해야 하는

❷ Because they hear more,/ good listeners tend to know more and to be more sensitive/
　접속사　주어　동사　　　　주어　　　　　동사

to what is going on around them/ than most people.
전명구(의문사절 목적어)

그들은 더 많이 듣기 때문에/ 좋은 청자들은 더 많이 알고 더 많이 민감한 경향이 있다/ 그들 주변에서 무슨 일이 일어나고 있는지에 대해/ 대부분의 사람들보다

❸ In addition,/ good listeners are inclined to accept or tolerate/ rather than to judge
　접속부사　　　주어　　　　　동사

and criticize.

게다가/ 좋은 청자들은 받아들이거나 인내하는 경향이 있다/ 판단하고 비판하기보다는

❹ Therefore,/ they have ② <u>fewer</u> enemies/ than most people.
　접속부사　　주어　동사　목적어　　　　　전명구

그러므로/ 그들은 ② 더 적은 적을 갖는다/ 대부분의 사람들보다

❺ In fact,/ they are probably the most beloved of people.
　접속부사　주어　동사　　　　보어

사실/ 그들은 아마도 가장 사랑받는 사람들이다

❻ However,/ there are ③ <u>exceptions</u>/ to that generality.
　접속부사　　유도부사 동사　주어　　　　　전명구

그러나/ ③ 예외는 있다/ 그러한 일반론에도

❼ For example,/ John Steinbeck is said to have been an excellent listener,/ yet he
　접속부사　　　주어　　　　　동사　　　　완료부정사　　　　　　　　　접속사 주어

was hated/ by some of the people/ he wrote about.
동사　　　전명구　　　　(목·관·대 생략) 주어 동사

예를 들어/ John Steinbeck은 아주 뛰어난 경청가인 것으로 평가받았다/ 그러나 그는 미움을 받았다/ 일부 사람들로부터/ 그가 (~에) 관련해서 글을 적었던

❽ No doubt/ his ability to listen/ contributed to his capacity to write.
　부사구　　주어　　　　　　동사　　　　전명구

의심의 여지없이/ 그의 듣기 능력은/ 그의 작문 실력에 기여했다

❾ Nevertheless,/ the result of his listening/ didn't make him ④ <u>unpopular</u>(→ popular).
　접속부사　　　　주어　　　　　　동사　　　목적어　목적격 보어

그럼에도 불구하고/ 그의 경청의 결과는/ 그를 ④ 인기 없게(→ 인기 있게) 만들지 않았다

STEP 3   적용 연습하기

01 다음 글의 밑줄 친 부분 중 문맥상 단어의 쓰임이 적절하지 <u>않은</u> 것은?

2018 지방교육행정직 9급

It is important to remember that making and responding to works of art, in many media, are *social* practices. It is ① <u>inconceivable</u> that these practices are the invention of any distinct individual. Any intention on the part of an individual to make art would be ② <u>meaningful</u>, were there no already going practices of artistic production and response. If there are no shared criteria for artistic success, then the word *art* cannot be used ③ <u>objectively</u>, as a descriptive term. If I have only myself to go on, then "whatever is going to seem right to me to call art is ④ <u>right</u>. And that only means that here we can't talk about 'right.'"

문제 해결하기

| 해석 |

많은 미디어에서 예술 작품들을 만들고 그것들에 반응하는 것은 '사회적' 행위임을 기억하는 것은 중요하다. 이런 행위들이 어느 독특한 개인의 발명이라는 것은 생각할 수도 없다. 만약 이미 진행 중인 예술적 생산과 반응의 행위들이 없다면, 예술을 만들려는 한 개인 쪽의 어떤 의도도 ② 의미 있을(→ 의미 없을) 것이다. 만약 예술적 성공에 대해 공유된 기준들이 없다면, '예술'이라는 단어는 서술적인 용어로서 객관적으로 사용될 수 없을 것이다. 만약 계속할 사람이 나 자신밖에 없다면, "나에게 예술이라고 부르는 것이 맞는 것처럼 보이는 것이 무엇이든 간에 맞는 것이다. 그리고 그것은 오직 여기서 우리가 '맞는 것'에 대해 말할 수 없음을 의미한다."

| 정답해설 |

Any intention on the part of an individual to make art would be ② meaningful, were there no already going practices of artistic production and response.(만약 이미 진행 중인 예술적 생산과 반응의 행위들이 없다면, 예술을 만들려는 한 개인 쪽의 어떤 의도도 의미 있을 것이다.)에서 생산과 반응이 없으면 의도는 '의미 있는 것'이 아니라 '의미 없는 것'이 문맥상 적절하다. 따라서 ②는 meaningless가 되어야 한다. ①은 예술 행위들이 the invention of any distinct individual(독특한 개인의 발명)이 아니라는 것이므로 적절한 표현이며, ③ ④ 또한 흐름상 적절한 단어를 사용했다고 볼 수 있다.

| 정답 | ②

respond to ~에 반응하다, 응답하다
work 작품
practice 관행, 행동, 실행
inconceivable 생각할 수 없는, 상상할 수 없는
distinct 뚜렷한, 독특한
intention 의도
on the part of ~가 만든, ~으로서는, ~쪽에서는, ~쪽의
criteria 기준(= standard)
objectively 객관적으로
descriptive 서술하는, 묘사하는
go on 계속하다

지문 분석

❶ It is important to remember/ that making and responding to works of art,/ in many media,/ are *social* practices.

기억하는 것은 중요하다/ 예술 작품들을 만들고 그것들에 반응하는 것은/ 많은 미디어에서/ '사회적' 행위임을

❷ It is ① inconceivable/ that these practices are the invention of any distinct individual.

① <u>생각할 수도 없다</u>/ 이런 행위들이 어느 독특한 개인의 발명이라는 것은

❸ Any intention/ on the part of an individual/ to make art/ would be ② <u>meaningful</u> (→ meaningless),/ were there no already going practices of artistic production and response.

어떤 의도도/ 한 개인 쪽의/ 예술을 만들려는/ ② <u>의미 있을(→ 의미 없을)</u> 것이다/ 만약 이미 진행 중인 예술적 생산과 반응의 행위들이 없다면

❹ If there are no shared criteria for artistic success,/ then the word *art* cannot be used ③ <u>objectively</u>,/ as a descriptive term.

만약 예술적 성공에 대해 공유된 기준들이 없다면/ '예술'이라는 단어는 ③ <u>객관적으로</u> 사용될 수 없다/ 서술적인 용어로서

❺ If I have only myself to go on,/ then "whatever is going to seem right to me to call art/ is ④ <u>right</u>.

만약 계속할 사람이 나 자신 밖에 없다면/ "나에게 예술이라고 부르는 것이 맞는 것처럼 보이는 것이 무엇이든 간에/ ④ <u>맞는</u> 것이다

❻ And that/ only means/ that here we can't talk about 'right.'"

그리고 그것은/ 오직 의미한다/ 여기서 우리가 '맞는 것'에 대해 말할 수 없음을"

02 다음 글의 밑줄 친 부분 중 문맥상 낱말의 쓰임이 적절하지 <u>않은</u> 것은? 2017 법원직 9급

Even though people seek both social status and affluence, their primary goal is to attain social status. A case can be made, in particular, that their pursuit of affluence is instrumental: they pursue it not for its own sake but because ① <u>increased</u> affluence will enhance their social standing. Why, after all, do they want the clothes, the car, and the house they long for? In large part because ② <u>attaining</u> these things will impress other people. Indeed, if there were no one around to impress, few would feel driven to live a life of ③ <u>frugality</u>, even if they could gain that without having to work for it. Likewise, if wealthy individuals found themselves living in a culture in which people ④ <u>despised</u> rather than admired those who live in luxury, one imagines that they would abandon their mansion and late-model car in favor of a modest home with an old car parked in the driveway.

문제 해결하기

| 해석 |

사람들이 사회적 지위와 부유함 둘 다를 추구하긴 해도, 그들의 주요 목적은 사회적 지위를 얻는 것이다. 특히, 풍요의 추구가 유용하다는 주장이 제기될 수 있다. 즉, 단지 그것(풍요) 자체를 위해서가 아니라 증가된 풍요로움이 사회적 지위를 향상시킬 것이기 때문에 그것을 추구한다는 것이다. 결국, 왜 그들은 그들이 열망하는 옷, 차, 그리고 집을 원할까? 대부분이, 이러한 것들을 얻는 것은 다른 사람들에게 깊은 인상을 줄 수 있기 때문이다. 실제로, 주변에 인상을 줄 사람이 없다면, ③ 검소한(→ 사치스러운 또는 풍요로운) 삶을 살아가도록 몰리는 느낌이 드는 이는 거의 없을 것이다. 그들

이 그것(사치스러움)을 위해 일하지 않고도 얻을 수 있다 할지라도 말이다. 마찬가지로, 만일 부유한 사람들이 자신들이 사치스럽게 사는 이들을 사람들이 존경하기보다 경멸하는 문화에 살고 있는 것을 깨닫는다면, 진입로에 오래된 차가 주차되어 있는 평범한 집을 위하여 그들의 저택과 최신 모델의 자동차를 버릴 것이라고 누구라도 상상한다.

| 정답해설 |

인상을 줄 사람이 없다면, '사치스러운(풍요로운)' 삶을 살도록 몰리는 느낌이 들지 않을 것이라는 흐름이 알맞다. 따라서 ③ frugality(검소)를 luxury 또는 affluence로 고쳐 쓰는 것이 적절하다.

| 정답 | ③

| 어휘 |

affluence 부유, 풍부함
instrumental 중요한
frugality 절약, 검소
driveway 진입로, 사유 차도

지문 분석

❶ Even though people seek both social status and affluence,/ their primary goal is to attain social status.

사람들이 사회적 지위와 부유함 둘 다를 추구하긴 해도/ 그들의 주요 목적은 사회적 지위를 얻는 것이다

❷ A case can be made,/ in particular,/ that their pursuit of affluence is instrumental:/ they pursue it/ not for its own sake/ but because ① <u>increased</u> affluence will enhance their social standing.

주장이 제기될 수 있다/ 특히/ 풍요의 추구가 유용하다는/ 그들은 그것을 추구한다/ 단지 그것(풍요) 자체를 위해서가 아니라/ ① 증가된 풍요로움이 그들의 사회적 지위를 향상시킬 것이기 때문에

❸ Why,/ after all,/ do they want the clothes, the car, and the house/ they long for?

왜/ 결국/ 그들은 옷, 차, 그리고 집을 원할까/ 그들이 열망하는

❹ In large part/ because ② <u>attaining</u> these things/ will impress other people.

대부분이/ 이러한 것들을 ② 얻는 것은 ~ 때문이다/ 다른 사람들에게 깊은 인상을 줄 것이다

❺ Indeed,/ if there were no one around to impress,/ few would feel driven to live a life of ③ <u>frugality(→ luxury/affluence)</u>,/ even if they could gain that/ without having to work for it.

실제로/ 주변에 인상을 줄 사람이 없다면/ ③ 검소한(→ 사치스러운 또는 풍요로운) 삶을 살아가도록 몰리는 느낌이 드는 이는 거의 없을 것이다/ 그들이 그것을 얻을 수 있다 할지라도/ 그것을 위해 일해야 할 필요가 없이

❻ Likewise,/ if wealthy individuals found themselves living in a culture/ in which people ④ <u>despised</u> rather than admired those who live in luxury,/ one imagines that they would abandon their mansion and late-model car/ in favor of a modest home/ with an old car parked in the driveway.

마찬가지로/ 만약 부유한 사람들이 자신들이 어떤 한 문화에 살고 있는 것을 깨닫는다면/ 사치스럽게 사는 이들을 사람들이 존경하기보다 ④ 경멸하는/ 누구라도 그들의 저택과 최신 모델의 자동차를 버릴 것이라고 상상한다/ 평범한 집을 위하여/ 진입로에 오래된 차가 주차되어 있는

03 다음 글의 밑줄 친 부분 중 문맥상 낱말의 쓰임이 적절하지 <u>않은</u> 것은? 2017 법원직 9급

All living things share basic characteristics. These common threads can be explained by descent from a common ancestor. Many kinds of evidence suggest that life began with ① <u>single</u> cells and that the present rainbow of organisms evolved from this common origin over hundreds of millions of years. In other words, the process of ② <u>evolution</u> explains the unity we observe in living things. The other striking thing about life on earth is its diversity. The same coral reef contains a multitude of animal species. Yet, each body type suits a ③ <u>particular</u> lifestyle. The process of evolution, which involves changes in the genetic material and then physical modifications suited to different environments, explains the ④ <u>unity</u> we observe in living things.

문제 해결하기

| 해석 |

모든 생물들은 기본적인 특성을 공유한다. 이러한 공통 맥락들은 공통 조상에서 내려온 후손에 의해 설명될 수 있다. 많은 종류의 증거들은 단일 세포로부터 생명이 시작되었다는 것과 현재의 가지각색 유기체들이 이러한 공통 기원으로부터 수억 년에 걸쳐 진화했다는 것을 암시한다. 바꾸어 말하면, 진화의 과정은 우리가 생물에서 관찰하는 단일성을 설명한다. 지구상의 생명체에 대한 또 다른 놀라운 점은 그것의 다양성이다. 같은 산호초에는 다수의 동물 종들이 포함되어 있다. 그러나 각각의 신체 유형은 특정한 삶의 방식에 적합하다. 유전 물질의 변화와 다양한 환경에 적합한 물리적 변형을 포함하는 진화의 과정은 우리가 생물에서 보게 되는 ④ 단일성(→ 다양성)을 설명한다.

|정답해설|

이 글은 생물의 단일성과 다양성을 설명하고 있다. 후반부에는 다양성을 설명하고 있으므로 ④의 unity를 diversity로 변경하는 것이 적절하다. |정답| ④

| 어휘 |

thread (이야기의) 맥락, 실
descent 후손
rainbow 가지각색, 무지개
hundreds of millions 수억
suit 적합하다

지문 분석

❶ All living things/ share basic characteristics.
모든 생물들은/ 기본적인 특성을 공유한다

❷ These common threads can be explained/ by descent from a common ancestor.
이러한 공통 맥락들은 설명될 수 있다/ 공통 조상에서 내려온 후손에 의해

❸ Many kinds of evidence suggest/ that life began with ① single cells/ and that the present rainbow of organisms evolved from this common origin/ over hundreds of millions of years.
많은 종류의 증거들은 암시한다/ ① 단일 세포로부터 생명이 시작되었다는 것/ 그리고 현재의 가지각색 유기체들이 이러한 공통 기원으로부터 진화했다는 것을/ 수억 년에 걸쳐

❹ In other words,/ the process of ② evolution explains the unity/ we observe in living things.
바꾸어 말하면/ ② 진화의 과정은 단일성을 설명한다/ 우리가 생물에서 관찰하는

❺ The other striking thing about life on earth/ is its diversity.
지구상의 생명체에 대한 또 다른 놀라운 점은/ 그것의 다양성이다

❻ The same coral reef/ contains a multitude of animal species.
같은 산호초에는/ 다수의 동물 종들이 포함되어 있다

❼ Yet,/ each body type/ suits a ③ particular lifestyle.
그러나/ 각각의 신체 유형은/ ③ 특정한 삶의 방식에 적합하다

❽ The process of evolution,/ which involves changes in the genetic material/ and then physical modifications suited to different environments,/ explains/ the ④ unity(→ diversity) we observe in living things.
진화의 과정은/ 유전 물질의 변화를 포함하는/ 그리고 다양한 환경에 적합한 물리적 변형을 (포함하는)/ 설명한다/ 우리가 생물에서 보게 되는 ④ 단일성(→ 다양성)을

04 다음 밑줄 친 (A), (B), (C)의 각 괄호 안에서 문맥에 맞는 낱말로 가장 적절한 것은?

2020 법원직 9급

It's tempting to identify knowledge with facts, but not every fact is an item of knowledge. Imagine shaking a sealed cardboard box containing a single coin. As you put the box down, the coin inside the box has landed either heads or tails: let's say that's a fact. But as long as no one looks into the box, this fact remains unknown; it is not yet within the realm of (A)[fact / knowledge]. Nor do facts become knowledge simply by being written down. If you write the sentence 'The coin has landed heads' on one slip of paper and 'The coin has landed tails' on another, then you will have written down a fact on one of the slips, but you still won't have gained knowledge of the outcome of the coin toss. Knowledge demands some kind of access to a fact on the part of some living subject. (B)[With / Without] a mind to access it, whatever is stored in libraries and databases won't be knowledge, but just ink marks and electronic traces. In any given case of knowledge, this access may or may not be unique to an individual: the same fact may be known by one person and not by others. Common knowledge might be shared by many people, but there is no knowledge that dangles (C)[attached / unattached] to any subject.

	(A)	(B)	(C)
①	fact	With	unattached
②	knowledge	Without	unattached
③	knowledge	With	attached
④	fact	Without	attached

문제 해결하기

| 해석 |

지식과 사실을 동일시하는 것은 솔깃하지만, 모든 사실이 지식의 항목인 것은 아니다. 동전 한 개가 들어있는 포장된 종이 상자를 흔드는 것을 상상해보라. 당신이 상자를 아래로 내려놓을 때, 상자 안의 동전은 동전의 앞 또는 뒷면 중 하나가 나오게 떨어진다. 그것이 사실이라고 말해보자. 하지만 누구도 상자 안을 보지 않는 한, 이 사실은 알려지지 않은 채 남아 있다; 그것은 아직 (A)지식의 영역 안에 들어온 것은 아니다. 단순하게 기록된다고 해서 사실이 지식이 되지도 않는다. 만약 당신이 '그 동전은 앞면이 위로 떨어졌다'라는 문장을 종이 한 쪽에 적고, '그 동전은 뒷면이 위로 떨어졌다'라고 다른 쪽에 적었다면, 당신은 그 종이 중 하나에 사실을 적게 된 것이지만, 당신은 여전히 동전 던지기의 결과의 지식을 얻게 된 것이 아니다. 지식은 어떤 살아있는 주제의 부분에 대한 사실에의 어떤 유형의 접근을 요구한다. 그것에 접근할 정신이 (B)없다면, 도서관과 데이터베이스 안에 저장되어 있는 무엇이든 간에 지식이 되는 것이 아니라 단지 잉크 자국과 전자의 흔적일 것이다. 어떠한 주어진 지식의 경우에도, 이러한 접근은 개인에게 특별하거나 특별하지 않을지도 모른다. 같은 사실은 아마 다른 사람들이 아니라 한 사람에 의해 알려질지도 모른다. 일반적인 지식은 많은 사람들에 의해 공유될지도 모른다. 하지만 어떠한 주제와 (C)떨어진 채로 매달려 있는 지식은 없다.

	(A)	(B)	(C)
①	사실	있다면	떨어진
②	지식	없다면	떨어진
③	지식	있다면	붙어 있는
④	사실	없다면	붙어 있는

| 정답해설 |

(A) 본문에서 모든 사실(fact)이 지식(knowledge)의 항목은 아니라고 구분하였다. 상자 안의 동전이 앞면이나 뒷면 중 하나인 것은 사실(fact)이지만, 상자 안 동전의 면을 확인하지 않으면 사실(fact)은 알려지지 않게 되고, 그것은 지식(knowledge)의 영역이 아직은 아님을 알 수 있다. 따라서 빈칸 (A)에는 knowledge(지식)가 알맞다. 빈칸이 포함된 문장이 부정문임에 주의해야 한다. (B) 다음에 whatever is stored in libraries and databases won't be knowledge.(도서관과 데이터베이스 안에 저장되어 있는 무엇이든 간에 지식이 되는 것이 아니다.)라고 서술하고 있고, (B) 전에 Knowledge demands some kind of access to a fact on the part of some living subject(지식은 어떤 살아있는 주제의 부분에 대한 사실의 어떤 유형의 접근을 요구한다.)라고 하였으므로 '정신(mind)'이 없다면 지식이라고 할 수 없으므로 (B)에는 'without'이 알맞다. (C)도 (B)의 연장선에서 주제가 없는 지식은 없다고 하는 것이 글의 흐름상 적절하므로 'unattached(떨어진)'가 적합하다. 따라서 정답은 ②이다. | 정답 | ②

| 어휘 |

tempting 솔깃한
knowledge 지식
fact 사실
item 항목
sealed 봉해진
land 떨어지다, 도착하다
remain 남겨지다
realm 영역
outcome 결과
toss 던지기
demand 요구하다
access 접근
unique 독특한
individual 개인
common 공통의
dangle 달려있다
subject 주제
attached 붙어 있는
unattached 떨어진

지문 분석

❶ It's tempting to identify knowledge with facts,/ but not every fact is an item of knowledge.

지식과 사실을 동일시하는 것은 솔깃하다/ 그러나 모든 사실이 지식의 항목인 것은 아니다

❷ Imagine shaking a sealed cardboard box/ containing a single coin.

포장된 종이 상자를 흔드는 것을 상상해보라/ 동전 한 개가 들어있는

❸ As you put the box down,/ the coin inside the box has landed either heads or tails:/ let's say that's a fact.

당신이 상자를 아래로 내려놓을 때/ 상자 안의 동전은 동전의 앞 또는 뒷면 중 하나가 나오게 떨어졌다/ 그것이 사실이라고 말해보자

❹ But as long as no one looks into the box,/ this fact remains unknown;/ it is not yet within the realm of (A) <u>knowledge</u>.

하지만 누구도 상자 안을 보지 않는 한/ 이 사실은 알려지지 않은 채 남아 있다:/ 그것은 (A) <u>지식</u>의 영역 안에 아직 들어온 것은 아니다

❺ Nor do facts become knowledge/ simply by being written down.

사실이 지식이 되지도 않는다/ 단순하게 기록된다고 해서

❻ If you write the sentence 'The coin has landed heads' on one slip of paper/ and 'The coin has landed tails' on another,/ then you will have written down a fact on one of the slips,/ but you still won't have gained knowledge of the outcome of the coin toss.

만약 당신이 '그 동전은 앞면이 위로 떨어졌다'라는 문장을 종이 한 쪽에 적고,/ '그 동전은 뒷면이 위로 떨어졌다'라고 다른 쪽에 (적었다면)/ 당신은 그 종이 중 하나에 사실을 적게 된 것이다/ 그러나 당신은 여전히 동전 던지기의 결과에 대한 지식을 얻게 된 것이 아니다

❼ Knowledge demands some kind of access/ to a fact on the part of some living subject.

지식은 어떤 유형의 접근을 요구한다/ 어떤 살아있는 주제의 부분에 대한 사실에

❽ (B) <u>Without</u> a mind to access it,/ whatever is stored in libraries and databases/ won't be knowledge,/ but just ink marks and electronic traces.

그것에 접근할 정신이 (B) <u>없다면</u>/ 도서관과 데이터베이스 안에 저장되어져 있는 무엇이든 간에/ 지식이 되는 것이 아니라/ 단지 잉크 자국과 전자의 흔적일 (것이다)

❾ In any given case of knowledge,/ this access may or may not be unique to an individual:/ the same fact may be known by one person and not by others.

어떠한 주어진 지식의 경우에도/ 이러한 접근은 개인에게 특별하거나 특별하지 않을지도 모른다/ 같은 사실은 아마 다른 사람들이 아니라 한 사람에 의해 알려질지도 모른다

❿ Common knowledge might be shared by many people,/ but there is no knowledge/ that dangles (C) <u>unattached</u> to any subject.

일반적인 지식은 많은 사람들에 의해 공유될지도 모른다/ 하지만 지식은 없다/ 어떠한 주제와 (C) 떨어진 채로 매달려 있는

05 다음 밑줄 친 부분 중 문맥상 낱말의 쓰임이 적절하지 <u>않은</u> 것은?　2019 국회직 9급

When students are asked about what they do when studying, they commonly report underlining, highlighting, or otherwise marking material as they try to learn it. We treat these techniques as ① <u>equivalent</u>, given that, conceptually, they should work the same way. The techniques typically appeal to students because they are simple to use, do not ② <u>entail</u> training, and do not require students to invest much time beyond what is already required for reading the material. The question we ask here is, will a technique that is so ③ <u>complicated</u> to use actually help students learn? To understand any benefits specific to highlighting and underlining, we do not consider studies in which active marking of text was ④ <u>paired</u> with other common techniques, such as note-taking. Although many students report combining multiple techniques, each technique must be evaluated ⑤ <u>independently</u> to discover which ones are crucial for success.

문제 해결하기

| 해석 |

학생들이 공부할 때 그들이 무엇을 하느냐는 질문을 받을 때, 그들은 배우려고 할 때 밑줄을 긋거나, 강조하거나, 또는 다른 방법으로 자료에 표시한다고 보통 응답한다. 우리는 개념적으로, 이러한 기술들이 같은 방식으로 작용해야 한다는 점을 고려하면, 동등한 것으로 취급한다. 이 기법은 일반적으로 학생들에게 매력적이다. 왜냐하면 그것들은 사용하기 쉽고, 훈련을 수반하지 않으며, 학생들이 이미 그 자료를 읽는 데 필요한 것 이상으로 많은 시간을 투자하도록 요구하지 않기 때문이다. 여기서 우리가 묻는 것은, 이렇게 사용하기 매우 ③ 복잡한(→ 단순한) 기술이 실제로 학생들이 배우는 데 도움이 될까 하는 것이다. 강조 표시와 밑줄 표시에 특정한 이점을 이해하기 위해, 우리는 텍스트의 활성 표시가 노트 작성과 같은 다른 일반적인 기술과 짝지어진 연구를 고려하지 않는다. 비록 많은 학생들이 여러 기법을 결합하는 것으로 보고하지만, 어떤 기법이 성공에 중요한지 발견하기 위해서는 각각의 기법을 독립적으로 평가해야 한다.

| 정답해설 |

③ 전에 do not require students to invest much time beyond what is already required for reading the material(학생들이 이미 그 자료를 읽는 데 필요한 것 이상으로 많은 시간을 투자하도록 요구하지 않는다)이라는 내용으로 이러한 과정이나 방법들이 복잡한 것이 아니라는 것을 알 수 있다. 따라서 '복잡한'이란 의미를 갖는 'complicated'가 아니라 반대되는 의미인 'simple(단순한)'이 글의 맥락에 더 어울리므로 문맥상 쓰임이 적절하지 않은 것은 ③ complicated이다. ① 다음에 the same way(같은 방식)로 작동되었다고 하였으므로 '동등한'이란 뜻의 'equivalent'는 적절하다. ② 전에 they are simple to use(그들은 사용하기 단순하다)라고 하였으므로, '수반하다'는 적절한 표현이다. 두 가지를 결합한다는 의미로서 ④ 'paired'는 적절한 표현이다. 본문 마지막에 which ones are crucial for success(어떤 기법이 성공에 중요한지)를 알기 위해서 결합되지 않은 개별 기법을 평가한다는 내용이므로 ⑤ '독립적으로(independently)'는 적절하다.

| 정답 | ③

| 어휘 |

enormous 막대한, 거대한
commonly 흔히, 보통
underline 밑줄 치다
equivalent 동등한
conceptually 개념적으로
appeal 끌어당기다
complicated 복잡한
benefit 혜택
entail 수반하다
pair 결합하다, 짝을 짓다
multiple 다수의
evaluate 평가하다
independently 독립적으로
crucial 중요한

지문 분석

❶ When students are asked about what they do when studying,/ they commonly report underlining, highlighting, or otherwise marking material/ as they try to learn it.

학생들이 공부할 때 그들이 무엇을 하느냐는 질문을 받을 때/ 그들은 밑줄을 긋거나, 강조하거나, 또는 다른 방법으로 자료에 표시한다고 보통 응답한다/ 그들이 배우려고 할 때

❷ We treat these techniques as ① equivalent,/ given that, conceptually, they should work the same way.

우리는 이러한 기술들을 ① 동등한 것으로 취급한다/ 개념적으로, 같은 방식으로 작용해야 한다는 점을 고려하면

❸ The techniques typically appeal to students/ because they are simple to use,/ do not ② entail training,/ and do not require students to invest much time/ beyond what is already required for reading the material.

이 기법은 일반적으로 학생들에게 매력적이다/ 왜냐하면 그것들은 사용하기 쉽기 때문이다/ 훈련을 ② 수반하지 않는다/ 그리고 학생들이 많은 시간을 투자하도록 요구하지 않는다/ 이미 그 자료를 읽는 데 필요한 것 이상으로

❹ The question we ask here is,/ will a technique that is so ③ complicated(→ simple) to use actually help students learn?

여기서 우리가 묻는 것은/ 사용하기 매우 ③ 복잡한(→ 단순한) 기술이 실제로 학생들이 배우는 데 도움이 될까 하는 것이다

❺ To understand any benefits specific to highlighting and underlining,/ we do not consider studies/ in which active marking of text was ④ paired with other common techniques, such as note-taking.

강조 표시와 밑줄 표시에 특정한 이점을 이해하기 위해/ 우리는 연구를 고려하지 않는다/ 텍스트의 활성 표시가 노트 작성과 같은 다른 일반적인 기술과 ④ 짝지어진

❻ Although many students report combining multiple techniques,/ each technique must be evaluated ⑤ independently/ to discover which ones are crucial for success.

비록 많은 학생들이 여러 기법을 결합하는 것으로 보고하지만/ 각각의 기법은 ⑤ 독립적으로 평가해야 한다/ 어떤 기법이 성공에 중요한지 발견하기 위해서는

01 빈칸 구 완성

교수님 코멘트▶ 빈칸 영역 중 구 완성은 선택지의 어휘가 중요한 변수가 되는데, 이외에도 빈칸의 위치와 빈칸 이전과 이후의 부정어의 위치까지도 훈련하는 것이 중요하다. STEP 1을 통해 다양한 접근 방식을 학습하여 논리력을 향상시킬 수 있도록 하였다.

VOCABULARY CHECK

STEP 1　유형 접근하기

빈칸 추론은 수험생들에게 가장 어려운 유형에 속한다. 지문 속의 필자는 주제를 제시하지 않고 세부적인 사항 등을 통해서 주제를 유추하도록 유도하거나, 주제를 뒷받침하는 세부사항을 빈칸화하기도 한다. 빈칸 완성은 엄밀히 말하면 쓰기 영역을 간접적으로 평가하고자 하는 의도가 숨어 있다. 그래서, 빈칸에 들어갈 수 있는 표현은 무한대이다. 하지만, 객관식 문제를 푸는 수험생 입장에서는 글의 내용을 논리성, 응집성에 맞게 분석한 후 선택지 중 전체의 흐름과 가장 부합하는 선택지를 고르면 고득점의 비결이 될 수 있다.

▌유형접근 Q&A

Q1: 빈칸 문항에 접근할 때 가장 중요한 것은 무엇인가요?

A1: 빈칸 완성의 가장 중요한 명제는 '답은 지문 안에 있다'입니다.

> 다음 빈칸에 들어갈 말로 알맞은 것을 고르시오.
>
> 아침 등굣길에 일어났던 일입니다. 등굣길에 허겁지겁 뛰어가다가 넘어졌습니다. 바지를 털고 일어났는데 바지가 찢어져 있었습니다. 그래도 일어나서 다시 뛰었지만 지각을 해서 선생님께 혼이 났습니다. 집에 가서 엉엉 울면서 ＿＿＿＿＿＿＿＿ 라고 생각했습니다.
>
> ❶ 학교를 그만두겠다
> ❷ 그래도 나름 뜻깊은 하루였다
> ❸ 나는 약하다
> ❹ 오늘은 힘든 하루다

정답은 ❹ 오늘은 힘든 하루다입니다. 하지만, 많은 수험생들은 ❶, ❸도 매력적이라고 느끼게 됩니다. 심지어 ❷도 아니라고 단정 지을 수는 없다고 생각합니다. 정답이 ❹인 이유는 **빈칸은 지문 속에 답**이 있기 때문입니다. 매우 극적인 지문의 예를 들었지만, 실제로 빈칸 문항 풀이의 기본 원리는 '지문 속에 답이 있다'이며 지문을 통해서 유추할 수 있는 것은 유일하게 ❹이기에 정답에 해당됩니다.

Q2: 빈칸 문장의 내용을 파악하는 방법은 무엇인가요?

A2: 먼저 전체적인 흐름을 파악합니다. 그리고 세부적인 흐름을 파악하는 것도 동시에 이루어져야 합니다. 아래는 지문의 전체적인 흐름, 그리고 세부적인 흐름과 연결사 이용의 도식화된 자료들입니다.

다음 빈칸에 들어갈 말로 알맞은 것을 고르시오.

Let me introduce my English teacher.
She is handsome and smart.
So her students agree that she seems
_____.

❶ boring   ❷ respectable

❸ irritated   ❹ complex

소재는 my English teacher이며, 글의 전체적인 흐름이 선생님에 대한 긍정적인 표현인 handsome(여성에게 handsome은 우아하고 똑똑하다는 의미로 사용됩니다)과 smart를 사용하고 있습니다. 빈칸은 글의 흐름상 긍정적인 내용의 말이 정답이 되어야만 합니다. 정답은 그래서 ❷ respectable입니다.

다음 빈칸에 들어갈 말로 알맞은 것을 고르시오.

These days ... rainy days
wet air ... wet clothes ... feeling not good ...
but we feel _____ indoors with a
dehumidifier.
A dehumidifier is a must-have item in rainy
days.

❶ complex   ❷ good

❸ irritated   ❹ perplexed

글의 도입부는 비오는 축축한 날씨에 대한 묘사를 하는 것으로 시작되고 있습니다. 하지만 글의 분위기를 바꾸는 but이라는 연결사에 dehumidifier라는 어휘를 통해서 글 전체의 분위기와는 반전되는 ❷ good을 추론할 수 있습니다. 글의 전체적인 흐름과 세부적인 흐름에 유의해야만 합니다.

STEP 2 유형 적용하기

대표 기출문제

Q. 밑줄 친 부분에 들어갈 말로 알맞은 것은?   2023 국가직 9급

In recent years, the increased popularity of online marketing and social media sharing has boosted the need for advertising standardization for global brands. Most big marketing and advertising campaigns include a large online presence. Connected consumers can now zip easily across borders via the internet and social media, making it difficult for advertisers to roll out adapted campaigns in a controlled, orderly fashion. As a result, most global consumer brands coordinate their digital sites internationally. For example, Coca-Cola web and social media sites around the world, from Australia and Argentina to France, Romania, and Russia, are surprisingly _____. All feature splashes of familiar Coke red, iconic Coke bottle shapes, and Coca-Cola's music and "Taste the Feeling" themes.

① experimental

② uniform

③ localized

④ diverse

| 어휘 |

standardization 표준화, 정형화, 획일화

presence 있음, 존재[감]; 영향력

zip (어떤 방향으로) 획 지나가다 [나아가다]

adapted 적당한, 알맞은; 개작된

orderly 정돈된, 정연한

coordinate 통합하다, 일원화하다, 조정하다

feature 특별히 포함하다[보여주다]; 특징으로 삼다

splash 빛, 색채

uniform 획일적인, 균일한

localized 국지적인, 지방화된

diverse 다양한

문제 해결하기

| 해석 |

최근, 온라인 마케팅과 소셜 미디어 공유의 증가한 인기는 글로벌 브랜드의 광고 표준화에 대한 필요성을 증가시켰다. 대부분의 대규모 마케팅 및 광고 캠페인은 거대한 온라인 영향력을 지니고 있다. 연결된 소비자들은 이제 인터넷과 소셜 미디어를 통해 손쉽게 국경을 넘어 나아갈 수 있고, 이는 광고주들이 통제되고 정돈된 방식으로 적합한 캠페인을 펼치기 어렵게 만든다. 결과적으로, 대부분의 글로벌 소비자 브랜드들은 자신들의 디지털 사이트들을 국제적으로 통합한다. 예를 들어, 호주와 아르헨티나에서부터 프랑스, 루마니아, 러시아에 이르기까지, 전 세계의 코카콜라 웹과 소셜 미디어 사이트들은 놀라울 만큼 ② 획일적이다. 모두가 친숙한 코카콜라의 빨간 빛깔, 상징적인 코카콜라의 병 모양, 그리고 코카콜라의 음악과 "Taste the Feeling"이라는 테마를 보여준다.

① 실험적인
② 획일적인
③ 국지적인, 지방화된
④ 다양한

| 정답해설 |

해당 글은 '소비자의 온라인 활동의 활성화로 인한 기업의 광고 표준화 현상'을 서술하고 있다. 빈칸 이전 문장에서 "most global consumer brands coordinate their digital sites internationally(대부분의 글로벌 소비자 브랜드들은 자신들의 디지털 사이트들을 국제적으로 통합한다)."고 설명하며, 직후의 문장에서 예시로 '코카콜라'의 사례를 들고 있다. 마지막 문장에서 여러 국가에서 코카콜라의 붉은 이미지와 고유 음악, 테마 등을 똑같이 사용한다고 이야기하고 있으므로, 빈칸에 가장 적절한 것은 ② 'uniform(균일한, 획일적인)'이다.

| 정답 | ②

❶ In recent years,/ the increased popularity of online marketing and social media
전명구　　　　　　　주어

sharing/ has boosted the need/ for advertising standardization for global brands.
　　　동사　　　　　　전명구

최근/ 온라인 마케팅과 소셜 미디어 공유의 증가한 인기는/ 필요성을 증가시켰다/ 글로벌 브랜드의 광고 표준화에 대한

❷ Most big marketing and advertising campaigns/ include a large online presence.
주어　　　　　　　　　　　　　　　　　동사

대부분의 대규모 마케팅 및 광고 캠페인은/ 거대한 온라인 영향력을 지니고 있다

❸ Connected consumers/ can now zip easily across borders/ via the internet and social
주어　　　　　　　동사　　　　　　전명구　　　　전명구

media,/ making it difficult for advertisers to roll out adapted campaigns/
　　　분사구문

in a controlled, orderly fashion.
전명구

연결된 소비자들은/ 손쉽게 국경을 넘어 나아갈 수 있고/ 이제 인터넷과 소셜 미디어를 통해/ 이는 광고주들이 적합한 캠페인을 펼치기 어렵게 만든다/ 통제되고 정돈된 방식으로

❹ As a result, most global consumer brands/ coordinate their digital sites internationally.
접속부사　　주어　　　　　　　　　　　동사　　　목적어

결과적으로, 대부분의 글로벌 소비자 브랜드들은/ 자신들의 디지털 사이트들을 국제적으로 통합한다

❺ For example,/ Coca-Cola web and social media sites around the world, from Australia
접속부사　　　주어

and Argentina to France, Romania, and Russia,/ are surprisingly ② <u>uniform</u>.
　　　　　　　　　　　　　　　　　　　　　　　동사

예를 들어,/ 호주와 아르헨티나에서부터 프랑스, 루마니아, 러시아에 이르기까지, 전 세계의 코카콜라 웹과 소셜 미디어 사이트들은/ 놀라울 만큼 ② 획일적이다

❻ All feature/ splashes of familiar Coke red, iconic Coke bottle shapes,
주어 동사　　목적어

and Coca-Cola's music and "Taste the Feeling" themes.

모두가 보여준다/ 친숙한 코카콜라의 빨간 빛깔, 상징적인 코카콜라의 병 모양, 그리고 코카콜라의 음악과 "Taste the Feeling"이라는 테마를

STEP 3 적용 연습하기

01 빈칸에 들어갈 가장 적절한 것은?

2017 국가직 9급(사회복지직 9급)

Why might people hovering near the poverty line be more likely to help their fellow humans? Part of it, Keltner thinks, is that poor people must often band together to make it through tough times—a process that probably makes them more socially astute. He says, "When you face uncertainty, it makes you orient to other people. You build up these strong social networks." When a poor young mother has a new baby, for instance, she may need help securing food, supplies, and childcare, and if she has healthy social times, members of her community will pitch in. But limited income is hardly a prerequisite for developing this kind of empathy and social responsiveness. Regardless of the size of our bank accounts, suffering becomes a conduit to altruism or heroism when our own pain compels us to be _____ other people's needs and to intervene when we see someone in the clutches of the kind of suffering we know so well.

① more indifferent to
② more attentive to
③ less preoccupied with
④ less involved in

문제 해결하기

| 해석 |

왜 빈곤선 근처를 맴도는 사람들이 그들의 동료를 도울 가능성이 더 클까? 그것의 한 부분으로 Keltner는 가난한 사람들이 힘든 시간을 견뎌내기 위해서 종종 함께 뭉쳐야 한다고 생각한다. 아마도 그들을 더 사회적으로 기민하게 만드는 과정으로, 그는 "불확실성에 직면하면, 다른 사람들에게 자신을 순응시키게 된다. 당신은 이런 강력한 사회적 그물망을 구축하는 것이다."라고 말한다. 예를 들어 가난한 젊은 어머니가 아이를 낳으면, 식량, (아기)용품 그리고 보육을 확보하는 데 도움이 필요할 수 있으며, 만약 그녀가 좋은 사회적 시간을 보낸다면, 그녀의 지역 사회 구성원이 도와줄 것이다. 그러나 한정된 소득이 이러한 종류의 공감과 사회적 반응을 만들어내기 위한 전제 조건은 아니다. 우리의 은행 계좌의 규모와 관계없이, 우리의 고통이 우리에게 다른 사람의 필요에 ② 더 관심을 기울이게 하고 우리가 그렇게 잘 알고 있는 고통의 손아귀에 있는 누군가를 만날 때 개입하도록 할 때 괴로움은 이타주의 또는 영웅주의로 가는 통로가 된다.

① ~에 더 무관심한
② ~에 더 관심을 기울이는
③ ~에 덜 집착되는
④ ~에 덜 관련되는

|정답해설|

가난한 사람이 가난한 사람을 더 쉽게 돕는 이유에 대해서 이야기하고 있다. 더 쉽게 돕는다는 이야기는 더 관심을 갖는다(주의를 기울인다)는 이야기와 같으며, 선택지 중 ② '~에 더 관심을 갖는(주의를 기울이는)'이 빈칸에 가장 적절하다.

| 정답 | ②

① Why might people/ hovering near the poverty line/ be more likely to help their fellow humans?

왜 사람들은/ 빈곤선 근처를 맴도는/ 그들의 동료를 도울 가능성이 더 클까

② Part of it,/ Keltner thinks,/ is that poor people must often band together/ to make it through tough times/ — a process that probably makes them more socially astute.

그것의 한 부분으로/ Keltner는 생각한다/ 가난한 사람들이 종종 함께 뭉쳐야 한다고/ 힘든 시간을 견뎌내기 위해서/ 아마도 그들을 더 사회적으로 기민하게 만드는 과정

③ He says,/ "When you face uncertainty,/ it makes you orient to other people.

그는 말한다/ "당신이 불확실성에 직면하면/ 다른 사람들에게 자신을 순응시키게 된다

④ You build up/ these strong social networks."

당신은 구축하는 것이다/ 이런 강력한 사회적 그물망을"

⑤ When a poor young mother has a new baby,/ for instance,/ she may need help securing food, supplies, and childcare,/ and if she has healthy social times,/ members of her community will pitch in.

가난한 젊은 어머니가 아이를 낳으면/ 예를 들어/ 그녀는 식량, (아기)용품 그리고 보육을 확보하는 데 도움이 필요할 수 있다/ 그리고 만약 그녀가 좋은 사회적 시간을 보낸다면/ 그녀의 지역 사회 구성원이 도와줄 것이다

⑥ But limited income is hardly a prerequisite/ for developing this kind of empathy and social responsiveness.

그러나 한정된 소득이 전제 조건은 아니다/ 이러한 종류의 공감과 사회적 반응을 만들어내기 위한

⑦ Regardless of the size of our bank accounts,/ suffering becomes a conduit/ to altruism or heroism/ when our own pain compels us/ to be ② more attentive to other people's needs and to intervene/ when we see someone in the clutches of the kind of suffering/ we know so well.

우리의 은행 계좌의 규모에 관계없이/ 괴로움은 통로가 된다/ 이타주의 또는 영웅주의로 가는/ 우리의 고통이 우리에게 강요할 때/ 다른 사람의 필요에 ② 더 관심을 기울이게 하고 개입하도록 할 때/ 고통의 손아귀에 있는 누군가를 우리가 만날 때/ 우리가 그렇게 잘 알고 있는

02 밑줄 친 부분에 들어갈 말로 가장 적절한 것은?

All creatures, past and present, either have gone or will go extinct. Yet, as each species vanished over the past 3.8-billion-year history of life on Earth, new ones inevitably appeared to replace them or to exploit newly emerging resources. From only a few very simple organisms, a great number of complex, multicellular forms evolved over this immense period. The origin of new species, which the nineteenth-century English naturalist Charles Darwin once referred to as "the mystery of mysteries," is the natural process of speciation responsible for generating this remarkable _____ with whom humans share the planet. Although taxonomists presently recognize some 1.5 million living species, the actual number is possibly closer to 10 million. Recognizing the biological status of this multitude requires a clear understanding of what constitutes a species, which is no easy task given that evolutionary biologists have yet to agree on a universally acceptable definition.

① technique of biologists
② diversity of living creatures
③ inventory of extinct organisms
④ collection of endangered species

| 어휘 |

extinct 멸종한
vanish 사라지다, 자취를 감추다
inevitably 필연적으로
replace 대체하다
exploit 이용하다
emerge 출현하다, 나타나다, 생기다
resource 자원
organism 유기체, 생물
multicellular 다세포의
evolve 진화하다
immense 엄청난, 막대한
naturalist 박물학자
process 과정, 절차
speciation 종 분화, 종 형성
remarkable 놀라운
taxonomist 분류학자
recognize 인정하다, 인지하다
multitude 다수, 수가 많음
constitute 구성하다
given that ~을 고려하면, ~라는 점에서
evolutionary biologist 진화 생물학자
have yet to 아직 ~하지 않았다
universally 보편적으로, 일반적으로
acceptable 받아들일 수 있는
definition 정의, 설명

문제 해결하기

| 해석 |

과거와 현재의 모든 생물들은 사라졌거나 멸종될 것이다. 그러나, 지난 38억 년의 지구 생명의 역사 동안 각각의 종이 사라짐에 따라, 새로운 종들은 필연적으로 그것들을 대체하거나 새로이 출현하는 자원들을 이용하는 듯 보였다. 오직 몇 가지의 매우 단순한 유기체로부터, 엄청난 수의 복잡한, 다세포의 형태들이 이 엄청난 기간 동안 진화했다. 19세기 영국의 박물학자 Charles Darwin이 한때 "미스터리 중의 미스터리"라고 칭했던 새로운 종의 기원은 인간들이 지구를 공유하는 이러한 놀라운 ② 살아있는 생물들의 다양성을 일으키는 것에 책임이 있는 종 분화의 자연적인 과정이다. 분류학자들은 현재 약 150만의 살아있는 종을 인정하지만, 실제 숫자는 아마도 1천만에 가깝다. 이렇게 많은 수의 생물학적 상태를 인지하는 것은 무엇이 종을 구성하는지에 대한 분명한 이해를 필요로 하며, 진화 생물학자들이 아직 보편적으로 받아들일 수 있는 정의에 동의하지 않았다는 점에서 이는 쉬운 일이 아니다.

① 생물학자들의 기술
② 살아있는 생물들의 다양성
③ 멸종된 유기체의 목록
④ 멸종 위기 종의 채집

| 정답해설 |

세 번째 문장 From only a few very simple organisms, a great number of complex, multicellular forms evolved over this immense period.(오직 몇 가지의 매우 단순한 유기체로부터, 엄청난 수의 복잡한, 다세포의 형태들이 이 엄청난 기간 동안 진화했다.)를 통해, '다양한 종류의 생물이 진화해 왔다'는 것을 알 수 있으며, 또한, 빈칸 이후에서, Although taxonomists presently recognize some 1.5 million living species, the actual number is possibly closer to 10 million.(분류학자들은 현재 약 150만의 살아있는 종을 인정하지만, 실제 숫자는 아마도 1천만에 가깝다.)이라고 언급하며, '살아있는 종의 수가 거의 1천만에 달한다'고 설명하고 있으므로, '생물의 다양성'에 대한 내용이라는 것을 알 수 있다. 따라서 빈칸에 가장 적절한 것은 ② 'diversity of living creatures(살아있는 생물들의 다양성)'이다.

| 정답 | ②

❶ All creatures,/ past and present,/ either have gone or will go extinct.
모든 생물들은/ 과거와 현재의/ 사라졌거나 멸종될 것이다

❷ Yet,/ as each species vanished/ over the past 3.8-billion-year history of life on Earth,/ new ones inevitably appeared/ to replace them or to exploit newly emerging resources.
그러나/ 각각의 종이 사라짐에 따라/ 지난 38억 년의 지구 생명의 역사 동안/ 새로운 종들은 필연적인 듯 보였다/ 그것들을 대체하거나 새로이 출현하는 자원들을 이용하는

❸ From only a few very simple organisms,/ a great number of complex, multicellular forms evolved/ over this immense period.
오직 몇 가지의 매우 단순한 유기체로부터/ 엄청난 수의 복잡한, 다세포의 형태들이 진화했다/ 이 엄청난 기간 동안

❹ The origin of new species,/ which the nineteenth-century English naturalist Charles Darwin once referred to as "the mystery of mysteries,"/ is the natural process of speciation/ responsible for generating this remarkable ② diversity of living creatures/ with whom humans share the planet.
새로운 종의 기원은/ 19세기 영국의 박물학자 Charles Darwin이 한때 "미스터리 중의 미스터리"라고 칭했던/ 종 분화의 자연적인 과정이다/ 이러한 놀라운 ② 살아있는 생물들의 다양성을 일으키는 것에 책임이 있는/ 인간들이 지구를 공유하는

❺ Although taxonomists presently recognize some 1.5 million living species,/ the actual number is possibly closer to 10 million.
분류학자들은 현재 약 150만의 살아있는 종을 인정하지만/ 실제 숫자는 아마도 1천만에 가깝다

❻ Recognizing the biological status of this multitude/ requires a clear understanding/ of what constitutes a species,/ which is no easy task/ given that evolutionary biologists have yet to agree/ on a universally acceptable definition.
이렇게 많은 수의 생물학적 상태를 인지하는 것은/ 분명한 이해를 필요로 한다/ 무엇이 종을 구성하는지에 대한/ 이는 쉬운 일이 아니다/ 진화 생물학자들이 아직 동의하지 않았다는 점에서/ 보편적으로 받아들일 수 있는 정의에 대해

03 밑줄 친 부분에 들어갈 말로 가장 적절한 것은?

2018 국가직 9급

Kisha Padbhan, founder of Everonn Education, in Mumbai, looks at his business as nation-building. India's student-age population of 230 million (kindergarten to college) is one of the largest in the world. The government spends $83 billion on instruction, but there are serious gaps. "There aren't enough teachers and enough teacher-training institutes," says Kisha. "What children in remote parts of India lack is access to good teachers and exposure to good-quality content." Everonn's solution? The company uses a satellite network, with two-way video and audio _____. It reaches 1,800 colleges and 7,800 schools across 24 of India's 28 states. It offers everything from digitized school lessons to entrance exam prep for aspiring engineers and has training for job-seekers, too.

① to improve the quality of teacher training facilities
② to bridge the gap through virtual classrooms
③ to get students familiarized with digital technology
④ to locate qualified instructors across the nation

문제 해결하기

| 어휘 |

founder 설립자
instruction 가르침, 설명, 지시
remote 외딴, 외진
content 내용, 콘텐츠
satellite 인공위성
digitize 디지털화하다
aspiring 장차 ~가 되려는
facility 시설, 기관
familiarize 익숙하게 하다

| 해석 |

뭄바이에 있는 Everonn Education의 설립자 Kisha Padbhan은 그의 사업을 국가 건설로 여긴다. 인도의 2억 3천만 명의 학생 연령 인구(유치원부터 대학교까지)는 세계에서 가장 많은 수 중 하나이다. 정부는 교육에 830억 달러를 지출하지만 심각한 격차가 있다. "충분한 교사들과 충분한 교사 훈련 기관이 없어요."라고 Kisha는 말한다. "인도의 외진 곳에 사는 아이들에게 부족한 것은 훌륭한 선생님을 만나는 것과 양질의 콘텐츠를 접하는 것입니다." Everonn의 해결책은? 그 기업은 ② 가상의 교실들을 통해 그 격차를 메우기 위해 양방향 비디오와 오디오를 갖춘 인공위성 네트워크를 사용한다. 그것은 인도의 28개 주 가운데 24개 주 전역에서 1,800개의 대학교와 7,800개의 학교에 도달한다. 그것은 디지털화된 학교 수업부터 장차 엔지니어가 되려는 이들을 위한 입학 시험 준비까지 모든 것을 제공하며, 구직자들을 위한 훈련 또한 갖추고 있다.
① 교사 양성 시설의 질을 향상시키기 위해
② 가상의 교실들을 통해 그 격차를 메우기 위해
③ 학생들을 디지털 기술에 친숙하게 만들기 위해
④ 나라 전역에 질 좋은 교사들을 배치시키기 위해

| 정답해설 |

지문 중반부에서 What children ~ content.라고 언급하며 인도의 외진 곳에 사는 아이들에게 부족한 것에 대한 문제점을 제시하였으며, 빈칸은 그것에 대한 해결책에 해당한다. 또한 The company uses ~ audio에서 해당 문제점을 해결하는 수단으로 satellite network(인공위성 네트워크)를 사용한다고 하였으므로 빈칸에 들어갈 내용으로 가장 적절한 것은 ② to bridge the gap through virtual classrooms (가상의 교실들을 통해 그 격차를 메우기 위해)임을 알 수 있다. 본문에서 교사 양성의 문제도 언급은 하였으나 해당 문장은 교육의 격차를 겪고 있는 아이들을 위한 해결책을 설명하고 있는 것이지, 교사 양성을 위한 대책을 논하는 것이 아니므로 ①은 적절하지 않으며, 빈칸 앞뒤 문장으로 보아 인공위성 네트워크를 사용하는 것은 아이들이 디지털 기술에 친숙하게 만들기 위한 것이 아니라 양질의 콘텐츠를 접하게 하기 위한 해결책임을 알 수 있으므로 ③ 또한 적절하지 않다. 비디오와 오디오를 이용한 네트워크를 사용하고 있다고 한 것을 고려하면 가상이 아닌 현실에서 전 세계에 자격을 갖춘 교사를 배치하는 것과는 다른 내용이므로 ④도 정답이 아니다.

| 정답 | ②

지문 분석

❶ Kisha Padbhan, founder of Everonn Education, in Mumbai,/ looks at his business/ as nation-building.

뭄바이에 있는 Everonn Education의 설립자 Kisha Padbhan은/ 그의 사업을 여긴다/ 국가 건설로

❷ India's student-age population of 230 million (kindergarten to college)/ is one of the largest in the world.

인도의 2억 3천만 명의 학생 연령 인구(유치원부터 대학교까지)는/ 세계에서 가장 많은 학생 인구 중 하나이다

❸ The government spends $83 billion on instruction,/ but there are serious gaps.

정부는 교육에 830억 달러를 지출한다/ 하지만 심각한 격차가 있다

❹ "There aren't enough teachers and enough teacher-training institutes,"/ says Kisha.

"충분한 교사들과 충분한 교사 훈련 기관이 없어요"/ Kisha는 말한다

❺ "What children in remote parts of India lack/ is access to good teachers/ and exposure to good-quality content."

"인도의 외진 곳에 사는 아이들에게 부족한 것은/ 훌륭한 선생님을 만나는 것입니다/ 그리고 양질의 콘텐츠를 접하는 (것입니다)"

❻ Everonn's solution?/ The company uses a satellite network,/ with two-way video and audio/ ② to bridge the gap through virtual classrooms.

Everonn의 해결책은?/ 그 기업은 인공위성 네트워크를 사용한다/ 양방향 비디오와 오디오를 갖춘/ ② <u>가상의 교실들을 통해 그 격차를 메우기 위해</u>

❼ It reaches 1,800 colleges and 7,800 schools/ across 24 of India's 28 states.

그것은 1,800개의 대학교와 7,800개의 학교에 도달한다/ 인도의 28개 주 가운데 24개 주의 전역에서

❽ It offers everything/ from digitized school lessons/ to entrance exam prep for aspiring engineers/ and has training for job-seekers, too.

그것은 모든 것을 제공한다/ 디지털화된 학교 수업들부터/ 장차 엔지니어가 되려는 이들을 위한 입학시험 준비까지/ 그리고 구직자들을 위한 훈련 또한 갖추고 있다

04 밑줄 친 (A), (B)에 들어갈 말로 가장 적절한 것은?

When an organism is alive, it takes in carbon dioxide from the air around it. Most of that carbon dioxide is made of carbon-12, but a tiny portion consists of carbon-14. So the living organism always contains a very small amount of radioactive carbon, carbon-14. A detector next to the living organism would record radiation given off by the carbon-14 in the organism. When the organism dies, it no longer takes in carbon dioxide. No new carbon-14 is added, and the old carbon-14 slowly decays into nitrogen. The amount of carbon-14 slowly _____(A)_____ as time goes on. Over time, less and less radiation from carbon-14 is produced. The amount of carbon-14 radiation detected for an organism is a measure, therefore, of how long the organism has been _____(B)_____. This method of determining the age of an organism is called carbon-14 dating. The decay of carbon-14 allows archaeologists to find the age of once-living materials. Measuring the amount of radiation remaining indicates the approximate age.

	(A)	(B)
①	decreases	dead
②	increases	alive
③	decreases	productive
④	increases	inactive

| 어휘 |

organism 유기체, 생물
carbon dioxide 이산화탄소
radioactive carbon 방사성 탄소
detector 검출기, 탐지기
radiation 방사선
give off (냄새·열·빛 등을) 내다 [발하다], 분출하다
decay (방사성 물질이) 자연 붕괴하다; 붕괴
nitrogen 질소
detect 감지하다, 탐지하다
measure 측정
determine 확인하다, 알아보다
carbon-14 dating 방사성 탄소 연대 측정
archaeologist 고고학자
indicate 나타내다
approximate 대략의

문제 해결하기

| 해석 |

유기체가 살아있을 때, 그것은 주변의 공기로부터 이산화탄소를 흡수한다. 그 이산화탄소 중 대부분은 carbon-12로 이루어져 있으나, 적은 부분은 carbon-14으로 구성되어 있다. 따라서 살아있는 유기체는 늘 매우 적은 양의 방사성 탄소인 carbon-14을 함유하고 있다. 살아있는 유기체 옆의 검출기는 유기체 내의 carbon-14에 의해 방출되는 방사선을 기록할 것이다. 그 유기체가 죽을 때, 그것은 더 이상 이산화탄소를 흡수하지 않는다. 새로운 carbon-14은 추가되지 않고, 기존의 carbon-14은 서서히 질소로 붕괴한다. 시간이 지남에 따라 carbon-14의 양은 서서히 (A) 감소한다. 시간이 흐르고, carbon-14으로부터 점점 더 적은 방사선이 생산된다. 그러므로, 유기체에서 검출된 carbon-14 방사선의 양은 그 유기체가 얼마나 오래 (B) 죽어 있었는지에 대한 측정이다. 유기체의 시대를 알아내는 이 방법은 방사성 탄소 연대 측정이라 불린다. carbon-14의 붕괴는 고고학자들이 한때 살아있었던 물질의 시대를 알아내도록 해 준다. 남아 있는 방사선의 양을 측정하는 것은 대략적인 시대를 나타낸다.

	(A)	(B)
①	감소하다	죽은
②	증가하다	살아있는
③	감소하다	생산적인
④	증가하다	활동하지 않는

| 정답해설 |

(A) 빈칸 이전 No new carbon-14 is added, and the old carbon-14 slowly decays into nitrogen.(새로운 carbon-14은 추가되지 않고, 기존의 carbon-14은 서서히 질소로 붕괴한다.)으로 보아, 'carbon-14의 양이 점점 줄어든다'는 것을 알 수 있으므로, 'decreases'가 적절하다.

(B) 빈칸 이전 Over time, less and less radiation from carbon-14 is produced.(시간이 흐르고, carbon-14으로부터 점점 더 적은 방사선이 생산된다.)를 통해, '생물이 죽은 지 오래될수록 carbon-14 방사선의 양이 점점 더 줄어든다'는 것을 알 수 있다. 따라서, 빈칸에는 'dead'가 가장 적절하다.

| 정답 | ①

❶ When an organism is alive,/ it takes in carbon dioxide/ from the air around it.

유기체가 살아있을 때/ 그것은 이산화탄소를 흡수한다/ 주변의 공기로부터

❷ Most of that carbon dioxide is made of carbon-12,/ but a tiny portion consists of carbon-14.

그 이산화탄소 중 대부분은 carbon-12로 이루어져 있다/ 그러나 적은 부분은 carbon-14으로 구성되어 있다

❸ So the living organism always contains/ a very small amount of radioactive carbon, carbon-14.

따라서 살아있는 유기체는 늘 함유하고 있다/ 매우 적은 양의 방사성 탄소인 carbon-14을

❹ A detector next to the living organism/ would record radiation/ given off by the carbon-14 in the organism.

살아있는 유기체 옆의 검출기는/ 방사선을 기록할 것이다/ 유기체 내의 carbon-14에 의해 방출되는

❺ When the organism dies,/ it no longer takes in carbon dioxide.

그 유기체가 죽을 때/ 그것은 더 이상 이산화탄소를 흡수하지 않는다

❻ No new carbon-14 is added/ and the old carbon-14 slowly decays into nitrogen.

새로운 carbon-14은 추가되지 않는다/ 그리고 기존의 carbon-14은 서서히 질소로 붕괴한다

❼ The amount of carbon-14 slowly (A) decreases/ as time goes on.

carbon-14의 양은 서서히 (A) 감소한다/ 시간이 지남에 따라

❽ Over time,/ less and less radiation from carbon-14/ is produced.

시간이 흐르고/ carbon-14으로부터 점점 더 적은 방사선이/ 생산된다

❾ The amount of carbon-14 radiation/ detected for an organism/ is a measure, therefore,/ of how long the organism has been (B) dead.

carbon-14 방사선의 양은/ 유기체에서 검출된/ 그러므로, 측정이다/ 그 유기체가 얼마나 오래 (B) 죽어 있었는지에 대한

❿ This method of determining the age of an organism/ is called carbon-14 dating.

유기체의 시대를 알아내는 이 방법은/ 방사성 탄소 연대 측정이라 불린다

⓫ The decay of carbon-14 allows archaeologists/ to find the age of once-living materials.

carbon-14의 붕괴는 고고학자들이 (~하도록) 해 준다/ 한때 살아있었던 물질의 시대를 알아내도록

⓬ Measuring the amount of radiation remaining/ indicates the approximate age.

남아 있는 방사선의 양을 측정하는 것은/ 대략적인 시대를 나타낸다

05 밑줄 친 부분에 들어갈 말로 가장 적절한 것은?

2018 국가직 9급

Fear of loss is a basic part of being human. To the brain, loss is a threat and we naturally take measures to avoid it. We cannot, however, avoid it indefinitely. One way to face loss is with the perspective of a stock trader. Traders accept the possibility of loss as part of the game, not the end of the game. What guides this thinking is a portfolio approach; wins and losses will both happen, but it's the overall portfolio of outcomes that matters most. When you embrace a portfolio approach, you will be _____ because you know that they are small parts of a much bigger picture.

① more sensitive to fluctuations in the stock market
② more averse to the losses
③ less interested in your investments
④ less inclined to dwell on individual losses

문제 해결하기

| 해석 |

손실의 두려움은 인간의 기본적인 요소이다. 뇌에게 손실은 위협이며 우리는 자연적으로 그것을 피하기 위한 조치를 취한다. 그러나, 우리는 그것을 무한히 피할 수는 없다. 손실을 마주하는 한 가지 방법은 주식 투자자의 관점을 가지는 것이다. 투자자들은 손실의 가능성을 게임의 끝으로서가 아니라 한 부분으로서 받아들인다. 이러한 생각을 이끄는 것은 포트폴리오 접근법인데, 수익과 손실은 모두 일어날 것이나, 가장 중요한 것은 결과의 전체적인 포트폴리오이다. 당신이 포트폴리오 접근법을 받아들일 때, 당신은 그것들이 훨씬 더 큰 그림의 작은 부분들임을 알고 있기 때문에 ④ 개별적인 손실에 덜 연연해 하게 될 것이다.
① 주식시장의 변동에 더 민감한
② 손실을 더 싫어하는
③ 당신의 투자에 관심을 덜 가지는
④ 개별적인 손실에 덜 연연해 하게 되는

| 정답해설 |

본문에서 필자는 '손실을 영원히 피할 수 없으므로 그것에 대적하기 위해 주식 투자자의 관점을 가지라'고 역설하고 있다. 또한 지문 중반부의 wins and losses ~ matters most.를 통해 수익과 손실은 모두 일어나지만 그보다 중요한 것은 결과의 전체적인 포트폴리오라고 언급하고 있다. 이를 통하여 빈칸 뒤의 because you know ~ bigger picture. 문장에서 a much bigger picture는 전체적인 포트폴리오, small parts는 개별적인 수익과 손실임을 유추할 수 있다. 즉 포트폴리오 접근법을 수용하면 더 큰 그림을 위해 개별적인 손실에 덜 집착하게 된다는 것을 유추할 수 있다. 따라서 빈칸에 들어갈 것으로 가장 적절한 것은 ④이다. ①은 주식시장의 변동에 더 민감하다는 것은 손실의 두려움이 더 크다는 것과 같은 맥락이므로 그러한 손실의 두려움을 받아들여야 한다고 조언하는 필자의 의도와 부합하지 않는다. 필자는 손실을 받아들이는 방법에 대해 제시하고 있으므로 ②는 적절하지 않고, 글의 화두는 투자에 대한 관심이 아니라 손실의 두려움이므로 ③도 적절하지 않다.

| 정답 | ④

| 어휘 |

take measures 조치를 취하다
perspective 관점
stock trader 주식 투자자
approach 접근
embrace 받아들이다
fluctuation 변동
averse to ~을 싫어하는
dwell on ~을 곱씹다, 연연해 하다

❶ Fear of loss/ is a basic part of being human.
손실의 두려움은/ 인간의 기본적인 요소이다

❷ To the brain,/ loss is a threat/ and we naturally take measures/ to avoid it.
뇌에게/ 손실은 위협이다/ 그리고 우리는 자연적으로 조치를 취한다/ 그것을 피하기 위한

❸ We cannot,/ however,/ avoid it indefinitely.
우리는 할 수 없다/ 그러나/ 그것을 무한히 피할

❹ One way to face loss/ is with the perspective of a stock trader.
손실을 마주하는 한 가지 방법은/ 주식 투자자의 관점을 가지는 것이다

❺ Traders accept the possibility of loss/ as part of the game,/ not the end of the game.
투자자들은 손실의 가능성을 받아들인다/ 게임의 한 부분으로서/ 게임의 끝으로서가 아니라

❻ What guides this thinking/ is a portfolio approach;/ wins and losses will both happen,/ but it's the overall portfolio of outcomes/ that matters most.
이러한 생각을 이끄는 것은/ 포트폴리오 접근법이다/ 수익과 손실은 모두 일어날 것이다/ 하지만 결과의 전체적인 포트폴리오이다/ 가장 중요한 것은

❼ When you embrace a portfolio approach,/ you will be ④ less inclined to dwell on individual losses/ because you know that they are small parts of a much bigger picture.
당신이 포트폴리오 접근법을 받아들일 때/ 당신은 ④ 개별적인 손실에 덜 연연해 하게 될 것이다/ 왜냐하면 당신은 그것들이 훨씬 더 큰 그림의 작은 부분들임을 알고 있기 때문에

02 빈칸 절 완성

교수님 코멘트▶ 빈칸 절 완성은 구 완성과는 달리 선택지 중에 동사가 가장 주요한 역할을 하고 있는 유형이다. 또한 글의 앞뒤 맥락이 빈칸을 포함한 절에 가장 치명적인 역할을 하므로 빈칸 앞과 뒤의 문장의 논리 관계 파악에 주목해야 한다.

VOCABULARY CHECK

STEP 1　유형 접근하기

빈칸 구 완성과 절 완성의 가장 큰 차이는 동사를 포함하고 있느냐 그렇지 않느냐이다. 동사가 들어갈 때는 본문에 언급되었던 단어를 다시 paraphrasing하는 원리를 활용하여 빈칸에 들어갈 말을 유도한다. 따라서 구 빈칸보다 난도가 높고, 시간 분배에 있어서 많은 수험생이 어려워하는 영역이기도 하다. 앞서서 '빈칸 구 완성'에서는 문장의 필요요소를 골라냈다면, 여기에서는 빈칸 위치에 따른 출제자의 의도 파악과 함께 실전 문항 연습을 함께해보자.

▌유형접근 Q&A

Q1: 빈칸의 위치에 따라 문제 접근법이 달라지나요?

A1: 기본적인 원리는 같습니다. 하지만, 논리적으로 주안점을 둬야 하는 점을 분석한다면 빠르고 정확한 독해를 할 수 있답니다.

빈칸의 위치	빈칸이 있는 문장의 특징	정답 추론
첫 문장	이 경우 빈칸을 포함한 문장이 주제문일 가능성이 높다. 따라서 다음에 이어지는 문장들은 보충·부연되는 문장들이다.	빈칸을 포함한 문장 선발 파악 → 세부사항 요약 → 글의 주제 추론 → 부합하는 선택지 선택

빈칸의 위치	빈칸이 있는 문장의 특징	정답 추론
중간 문장	중간 문장이 빈칸으로 제시될 경우에는 앞서 언급한 내용 등을 다른 말로 집약해야만 한다. 영어는 반복됨을 피하기 때문에 paraphrasing을 통해 재진술을 하는 경우가 많다. 이럴 때는 어휘와 표현에 유의하자. 빈칸이 있는 문장에 글의 논리적 관계를 이끌어 갈 수 있는 연결사가 나오는 경우가 많다. **대조(양보):** 그러나, 하지만, 반면에, 대조적으로, 그럼에도 불구하고 however in contrast on the contrary	빈칸을 포함한 문장 선발 파악 → 연결사 파악 → 앞뒤 지문 상황 파악 → 연결사에 유의해서 선택지 선택

on the other hand instead of nevertheless whereas though yet despite in spite of with all by the way meanwhile still	

빈칸의 위치	빈칸이 있는 문장의 특징	정답 추론
마지막 문장	앞에 전개된 내용의 '결론'에 해당하는 경우가 대부분이다. 결론을 나타내는 연결사가 나타난다. **요약·결과**: 결과적으로, 짧게 말해서 in brief in short in summary to sum up in conclusion	빈칸을 포함한 문장 선발 파악 → 소재 파악 → 보충 문장을 통해 주제 파악 → 주제에 부합하는 선택지 선택

▌한눈에 보는 빈칸 위치에 따른 단계별 접근법

0단계	1단계	2단계	3단계	4단계
빈칸의 이해 독해 START	빈칸 위치 파악 – 첫 번째 문장	빈칸을 포함한 문장 해석 후, 이어 나오는 예시 일반화	주제 파악	정답 선택
	빈칸 위치 파악 – 글 중반부	빈칸을 포함한 연결사 파악	앞뒤 내용을 파악	연결사에 주의하여 정답 선택
	빈칸 위치 파악 – 글의 마지막 또는 직전 문장	빈칸을 포함한 문장이 주제문인지 여부 파악	글의 전개 방식에 따라서 주제 파악	주제에 준하는 정답 선택

STEP 2 유형 적용하기

대표 기출문제

Q. 빈칸에 들어갈 문장으로 가장 적절한 것은? 2019 서울시 7급 추가

> What readers most commonly remember about John Stuart Mill's classic exploration of the liberty of thought and discussion concerns the danger of complacency. In the absence of challenge, one's opinions, even when they are correct, grow weak and flabby. Yet Mill had another reason for encouraging the liberty of thought and discussion. _____. Since one's opinions, even under the best circumstances, tend to embrace only a portion of the truth, and because opinions opposed to one's own rarely turn out to be completely erroneous, it is crucial to supplement one's opinions with alternative points of view.

① It is the replication of opinions

② It is the defense of individual liberties

③ It is the danger of partiality and incompleteness

④ It is the constraints on spreading opinions and information

문제 해결하기

| 해석 |

독자들이 John Stuart Mill의 생각과 토론의 자유에 대한 고전적인 탐험에 대해 가장 흔히 기억하는 것은 안주의 위험성에 관한 것이다. 도전이 없을 때는, 자신의 의견이, 심지어 그것이 정확할 때에도, 약해지고 무기력해진다. 그러나 Mill은 생각과 토론의 자유를 장려하는 또 다른 이유가 있었다. ③ 그것은 편파와 불완전성의 위험이다. 자신의 의견은 아무리 좋은 환경에서도 진실의 일부만을 포용하는 경향이 있고, 자신의 의견에 반대하는 의견이 완전히 그릇된 것으로 드러나는 경우는 드물기 때문에, 자신의 의견을 대체적인 시각으로 보완하는 것이 중요하다.
① 그것은 의견의 복제이다
② 그것은 개인의 자유의 방어이다
③ 그것은 편파와 불완전성의 위험이다
④ 그것은 의견과 정보가 퍼지는 것에 대한 제약이다

|정답해설|

빈칸 다음에 빈칸의 내용을 다시 설명하는 내용이 나온다. to embrace only a portion of the truth(진실의 일부만을 포용하는 것)에서 '편파(partiality)'를 찾을 수 있다. 또한 it is crucial to supplement one's opinions with alternative points of view.(자신의 의견을 대체적인 시각으로 보완하는 것이 중요하다.)에서 모든 이의 '의견이 옳다, 완전히 그르다'라고 확신할 수 없다는 것을 알 수 있다. 따라서 이 부분에서 의견의 '불완전성(incompleteness)'을 유추할 수 있다. 따라서 빈칸에 알맞은 표현은 ③ It is the danger of partiality and incompleteness (그것은 편파와 불완전성의 위험이다.)이다. ①은 본문에서 언급하고 있지 않은 내용으로 글의 흐름상 적절하지 않다. ②는 개인의 자유라기보다 토론의 자유를 글에서 서술하고 있다. ④는 본문에서 서술하고 있지 않은 내용이다.

| 정답 | ③

① What readers most commonly remember/ about John Stuart Mill's classic
목적격 관계대명사(주어)　　　동사　　전명구

exploration of the liberty of thought and discussion/ concerns the danger of
　　　전명구　　　　전명구　　　　　동사　　목적어　　전명구

complacency.
독자들이 가장 흔히 기억하는 것은/ John Stuart Mill의 생각과 토론의 자유에 대한 고전적인 탐험에 대해/ 안주의 위험성에 관한 것이다

② In the absence of challenge,/ one's opinions,/ even when they are correct,/ grow
전명구　　　　　　　　주어　　　　접속사(부사절)　　　　동사

weak and flabby.
주격 보어
도전이 없을 때는/ 자신의 의견이/ 심지어 그것이 정확할 때에도/ 약해지고 무기력해진다

③ Yet/ Mill had another reason/ for encouraging the liberty of thought and discussion.
접속사 주어 동사 목적어　　　전명구　　　　　전명구

그러나/ Mill은 또 다른 이유가 있었다/ 생각과 토론의 자유를 장려하는

④ ③ It is the danger of partiality and incompleteness.
　　주어 동사 주격 보어

③ 그것은 편파와 불완전성의 위험이다

⑤ Since one's opinions,/ even under the best circumstances,/ tend to embrace only a
접속사　주어　　　　　전명구　　　　　　　동사　to부정사(명사적 용법)

portion of the truth,/ and because opinions opposed to one's own/ rarely turn out
　　전명구　　　접속사 접속사(부사절)　　과거분사　전명구　　부사　동사

to be completely erroneous,/ it is crucial to supplement one's opinions with
주격 보어　　　　　　　주어 동사 주격 보어　　　　전명구

alternative points of view.
　　　　전명구

자신의 의견은 ~이기 때문에/ 아무리 좋은 환경에서도/ 진실의 일부만을 포용하는 경향이 있는/ 그리고 자신의 의견에 반대하는 의견이 ~하기 때문에/ 완전히 그릇된 것으로 드러나는 경우는 드물다/ 자신의 의견을 대체적인 시각으로 보완하는 것이 중요하다

STEP 3　적용 연습하기

01　밑줄 친 부분에 들어갈 말로 가장 적절한 것을 고르시오.

> You asked us, "What keeps satellites from falling out of the sky?" Over the last half-century, more than 2,500 satellites have followed the first one into space. What keeps them all afloat? It is a delicate balance between a satellite's speed and the pull of gravity. Satellites are _____. Crazy, right? They fall at the same rate that the curve of the Earth falls away from them if they're moving at the right speed. Which means instead of racing farther out into space or spiraling down to Earth, they hang out in orbit around the planet. Corrections are often needed to keep a satellite on the straight and narrow. Earth's gravity is stronger in some places than others. Satellites can get pulled around by the sun, the moon and even the planet Jupiter.

① created to shut off once they are in orbit

② designed to intensify the Earth's gravity

③ theoretically pulling other planets

④ basically continuously falling

문제 해결하기

| 어휘 |

satellite 인공위성
afloat (물에) 뜬
delicate 미세한
race 질주하다
farther 더 멀리
straight and narrow 올바른 행동, 정직한 생활

| 해석 |

당신은 우리에게 물었다. "무엇이 인공위성이 하늘에서 떨어지지 않도록 유지시킵니까?" 지난 반세기 동안, 2,500개 이상의 인공위성이 첫 번째 인공위성을 따라 우주로 향했다. 무엇이 그것들 전부를 떠 있게 하는가? 그것은 인공위성의 속도와 중력의 당김 사이의 미세한 균형이다. 인공위성들은 ④ 기본적으로 계속해서 떨어지고 있다. 놀랍지 않은가? 인공위성은 만약 그것들이 적절한 속도로 움직이고 있다면 지구의 곡선이 그들로부터 멀어지는 것과 같은 속도로 떨어진다. 이는 우주로 더 멀리 질주하거나 지구로 회전하면서 떨어지는 것 대신, 그것들이 그 행성(지구) 근처의 궤도에서 버티는 것을 의미한다. 인공위성을 바르게 유지하기 위해 종종 교정이 필요하다. 지구의 중력은 어떤 곳에서는 다른 것들보다 더 강하다. 인공위성은 태양, 달 그리고 심지어 목성에 의해서도 당겨질 수 있다.

① 일단 그것들이 궤도에 있으면 차단하도록 만들어진다
② 지구의 중력을 강화시키도록 고안된다
③ 이론적으로 다른 행성들을 당긴다
④ 기본적으로 계속해서 떨어지고 있다

|정답해설|

Crazy, right?을 통해 빈칸에는 상식적으로 납득하기 어려운 놀라운 내용이 들어갈 것으로 추측할 수 있다. 또한 빈칸 앞에서 인공위성을 계속 떠 있게 만드는 것은 '그것의 속도와 중력의 당김 사이의 미세한 균형'이라고 언급하고 있으며, 지문 분석의 ❻ 문장 They fall ~에서 '그것들은 떨어진다'라는 표현을 통해서도 빈칸을 유추할 수 있다. 따라서 빈칸에 가장 자연스러운 것은 인공위성이 계속해서 떨어지고 있다고 서술하고 있는 ④ basically continuously falling이다. 궤도의 차단과 인공위성의 속성은 상관이 없으므로 ①은 적절하지 않고 ②③은 지문에 나와 있지 않은 내용이다.　| 정답 | ④

❶ You asked us,/ "What keeps satellites from falling out of the sky?"
당신은 우리에게 물었다/ "무엇이 인공위성이 하늘에서 떨어지지 않도록 유지시킵니까"

❷ Over the last half-century,/ more than 2,500 satellites/ have followed the first one into space.
지난 반세기 동안/ 2,500개 이상의 인공위성들이/ 첫 번째 인공위성을 따라 우주로 향했다

❸ What keeps them all afloat?
무엇이 그것들 전부를 떠 있게 하는가

❹ It is a delicate balance/ between a satellite's speed and the pull of gravity.
그것은 미세한 균형이다/ 인공위성의 속도와 중력의 당김 사이의

❺ Satellites are ④ basically continuously falling./ Crazy, right?
인공위성들은 ④ 기본적으로 계속해서 떨어지고 있다/ 놀랍지 않은가

❻ They fall at the same rate/ that the curve of the Earth falls away from them/ if they're moving at the right speed.
인공위성은 같은 속도로 떨어진다/ 지구의 곡선이 그들로부터 멀어지는 것과/ 만약 그것들이 적절한 속도로 움직이고 있다면

❼ Which means/ instead of racing farther out into space or spiraling down to Earth,/ they hang out in orbit around the planet.
이는 의미한다/ 우주로 더 멀리 질주하거나 지구로 회전하면서 떨어지는 것 대신/ 그것들이 그 행성(지구) 근처의 궤도에서 버티는 것을

❽ Corrections are often needed/ to keep a satellite on the straight and narrow.
교정은 종종 필요하다/ 인공위성을 바르게 유지하기 위해서

❾ Earth's gravity is stronger/ in some places than others.
지구의 중력은 더 강하다/ 어떤 곳에서는 다른 것들보다

❿ Satellites can get pulled around/ by the sun, the moon and even the planet Jupiter.
인공위성은 당겨질 수 있다/ 태양, 달 그리고 심지어 목성에 의해서도

02 밑줄 친 부분에 들어갈 말로 가장 적절한 것을 고르시오. 2017 국가직 9급(사회복지직 9급)

The Soleil department store outlet in Shanghai would seem to have all the amenities necessary to succeed in modern Chinese retail: luxury brands and an exclusive location. Despite these advantages, however, the store's management thought it was still missing something to attract customers. So next week they're unveiling a gigantic, twisting, dragon-shaped slide that shoppers can use to drop from fifth-floor luxury boutiques to first-floor luxury boutiques in death-defying seconds. Social media users are wondering, half-jokingly, whether the slide will kill anyone. But Soleil has a different concern that Chinese shopping malls will go away completely. Chinese shoppers, once seemingly in endless supply, are no longer turning up at brick-and-mortar outlets because of the growing online shopping, and they still go abroad to buy luxury goods. So, repurposing these massive spaces for consumers who have other ways to spend their time and money is likely to require a lot of creativity. _____.

① Luxury brands are thriving at Soleil

② Soleil has decided against making bold moves

③ Increasing the online customer base may be the last hope

④ A five-story dragon slide may not be a bad place to start

문제 해결하기

| 해석 |

상하이에 있는 솔레이(Soleil) 백화점 아울렛은 현대식 중국 소매점에서 성공하기 위해 필요한 모든 편의 시설, 즉 고급 브랜드와 독점적 위치를 갖추고 있는 것으로 보일 것이다. 그러나 이러한 장점에도 불구하고, 매장 경영진은 고객을 유치하는 데에 여전히 뭔가가 빠졌다고 생각했다. 그래서 다음 주에 그들은 5층 럭셔리 부티크에서 1층 럭셔리 부티크에 이르기까지 엄청난 속도로 순식간에 내려가는 데 이용할 수 있는 거대하고, 확핵 비틀어져 있는 용 모양의 미끄럼틀을 공개할 것이다. 소셜 미디어 사용자들은 미끄럼틀이 누구를 죽이지는 않을지에 대해 반 농담으로 궁금해하고 있다. 그러나 Soleil는 중국 쇼핑몰들이 완전히 사라질 것이라는 다른 걱정을 하고 있다. 중국 쇼핑객들은 한때 무한한 공급으로 보였었지만, 온라인 쇼핑의 증가로 인해 더 이상 소매 시장 아울렛에 나타나지 않고 있으며, 여전히 사치품(명품)을 사기 위해 해외로 나가고 있다. 그래서, 그들의 시간과 돈을 소비하는 데에 다른 방법을 가진 소비자들을 위해 이 거대한 공간의 용도를 변경하는 것은 많은 창조성을 요구할 것으로 보인다. ④ 5층짜리 용 미끄럼틀은 (그런 점에서) 나쁜 시작점은 아닐지 모른다.

① 명품 브랜드들이 Soleil 백화점에서 흥행하고 있다

② Soleil 백화점은 과감한 조치를 취하는 것에 반대 결정을 해왔다

③ 온라인 소비자 기반을 증대시키는 것이 마지막 희망일지 모른다

④ 5층짜리 용 미끄럼틀은 나쁜 시작점은 아닐지 모른다

| 정답해설 |

중국에 있는 Soleil 백화점이 5층에서 1층까지 내려올 수 있는 용 모양의 미끄럼틀을 만든 이유는 온라인 시장이나 해외로 빠져나가는 소비자를 붙잡기 위해서이다. 소비자를 유치하기 위해서 이처럼 창의적인 생각이 필요했던 것이고, 이 시작이 나쁘지 않다고 마무리하는 것이 적절하다. 따라서 정답은 ④이다. 본문에서 중국 쇼핑객은 명품 브랜드를 사기 위해 오히려 해외로 나가고 있다고 했으므로 ①은 적절하지 않고, 반대 결정을 해 왔다면 용 모양 미끄럼틀을 설치하지 않았을 것이므로 ②도 적절하지 않다. So, repurposing ∼ creativity. 를 통해 온라인 소비자 기반 외에도 소매점 공간의 용도를 변경하는 시도에 초점을 두고 있는 것을 알 수 있으므로 ③도 정답으로 적절하지 않다. | 정답 | ④

| 어휘 |

amenity 편의시설

unveil ∼의 베일을 벗기다, 처음 공개하다

brick-and-mortar 소매

① The Soleil department store outlet/ in Shanghai/ would seem to have all the amenities/ necessary to succeed/ in modern Chinese retail:/ luxury brands and an exclusive location.

솔레이(Soleil) 백화점 아울렛은/ 상하이에 있는/ 모든 편의 시설을 갖추고 있는 것으로 보일 것이다/ 성공하기 위해 필요한/ 현대식 중국 소매점에서/ 즉, 고급 브랜드와 독점적 위치

② Despite these advantages,/ however,/ the store's management thought/ it was still missing something to attract customers.

이러한 장점에도 불구하고/ 그러나/ 매장의 경영진은 생각했다/ 고객을 유치하는 데에 여전히 뭔가가 빠졌다고

③ So next week/ they're unveiling a gigantic, twisting, dragon-shaped slide/ that shoppers can use to drop from fifth-floor luxury boutiques to first-floor luxury boutiques/ in death-defying seconds.

그래서 다음 주에/ 그들은 거대하고, 핵핵 비틀어져 있는 용 모양의 미끄럼틀을 공개할 것이다/ 쇼핑객들이 5층 럭셔리 부티크에서 1층 럭셔리 부티크에 이르기까지 내려가는 데 이용할 수 있는/ 엄청난 속도로 순식간에

④ Social media users are wondering,/ half-jokingly,/ whether the slide will kill anyone.

소셜 미디어 사용자들은 궁금해하고 있다/ 반 농담으로/ 미끄럼틀이 누구를 죽이지는 않을지

⑤ But/ Soleil has a different concern/ that Chinese shopping malls will go away completely.

그러나/ Soleil는 다른 걱정을 하고 있다/ 중국 쇼핑몰들이 완전히 사라질 것이라는

⑥ Chinese shoppers,/ once seemingly in endless supply,/ are no longer turning up at brick-and-mortar outlets/ because of the growing online shopping,/ and they still go abroad to buy luxury goods.

중국 쇼핑객들은/ 한때 무한한 공급으로 보였었지만/ 더 이상 소매 시장 아울렛에 나타나지 않고 있다/ 온라인 쇼핑의 증가로 인해/ 그리고 그들은 여전히 사치품(명품)을 사기 위해 해외로 나가고 있다

⑦ So,/ repurposing these massive spaces/ for consumers/ who have other ways to spend their time and money/ is likely to require a lot of creativity.

그래서/ 이 거대한 공간의 용도를 변경하는 것은/ 소비자들을 위해/ 그들의 시간과 돈을 소비하는 데에 다른 방법을 가진/ 많은 창조성을 요구할 것으로 보인다

⑧ ④ A five-story dragon slide/ may not be a bad place to start.

④ 5층짜리 용 미끄럼틀은/ (그런 점에서) 나쁜 시작점은 아닐지 모른다

03 밑줄 친 부분에 들어갈 말로 가장 적절한 것을 고르시오.

2021 국가직 9급

Social media, magazines and shop windows bombard people daily with things to buy, and British consumers are buying more clothes and shoes than ever before. Online shopping means it is easy for customers to buy without thinking, while major brands offer such cheap clothes that they can be treated like disposable items—worn two or three times and then thrown away. In Britain, the average person spends more than £1,000 on new clothes a year, which is around four percent of their income. That might not sound like much, but that figure hides two far more worrying trends for society and for the environment. First, a lot of that consumer spending is via credit cards. British people currently owe approximately £670 per adult to credit card companies. That's 66 percent of the average wardrobe budget. Also, not only are people spending money they don't have, they're using it to buy things _____. Britain throws away 300,000 tons of clothing a year, most of which goes into landfill sites.

① they don't need

② that are daily necessities

③ that will be soon recycled

④ they can hand down to others

문제 해결하기

| 해석 |

소셜 미디어, 잡지, 그리고 상점 진열장은 매일 사람들에게 살 것들을 퍼붓고 있고 영국 소비자들은 그 어느 때보다 더 많은 옷과 신발을 사고 있다. 온라인 쇼핑은 소비자들이 생각하지 않고 사는 것이 쉬운 동시에, 주요 브랜드들이 너무 저렴한 옷을 제공해서 그것들이 두 세번 입고 버려지는 일회용품처럼 취급될 수 있다는 것을 의미한다. 영국에서, 보통 사람은 1년에 1천 파운드 이상을 새 옷을 사는 데 지출하는데, 이것은 그들 수입의 약 4퍼센트이다. 그것은 많은 것처럼 들리지 않을지도 모르지만, 그 수치는 사회와 환경에 있어서 두 가지 훨씬 더 걱정스러운 추세를 숨기고 있다. 첫째, 그 소비자 지출의 다수가 신용카드를 통한 것이다. 영국인들은 현재 성인 1인당 약 670파운드를 신용카드 회사에 빚지고 있다. 그것은 평균적인 의류 예산의 66퍼센트이다. 또한, 사람들은 그들이 갖고 있지 않은 돈을 사용할 뿐만 아니라, 그들은 그것을 ① 그들이 필요하지 않은 것들을 사기 위해 사용하고 있다. 영국은 연간 30만 톤의 옷을 버리는데, 그것들 중 대부분은 쓰레기 매립지로 보내진다.

① 그들이 필요하지 않은

② 일상 필수품인

③ 곧 재활용 될

④ 그들이 다른 사람들에게 물려줄 수 있는

| 정답해설 |

영국인들의 온라인 쇼핑 소비 행태에 대한 글이다. 빈칸에는 이러한 소비 행태로 인해 대두되는 문제점을 설명하는 말이 들어가야 한다. 본문 중반부에서 사회와 환경적인 측면에서 우려되는 문제점을 언급하며, 첫 번째로 사회적 우려인 '신용 카드 남용'을 제시했다. 따라서 빈칸에는 환경적 우려를 낳을 수 있는 행위가 제시되어야 한다. 마지막 문장에서 영국은 연간 30만 톤의 옷을 버린다고 했으므로, 이와 연관된 ① 'they don't need(그들이 필요하지 않은)'가 빈칸에 가장 적절하다.

| 오답해설 |

환경적 문제를 야기할 수 있는 것들에 대한 설명이 아니므로 ②③④는 빈칸에 적절하지 않다.

| 정답 | ①

| 어휘 |

bombard 퍼붓다[쏟아 붓다]

disposable 사용 후 버릴 수 있는, 일회용의

figure 수치

via (특정한 사람·시스템 등을) 통하여

approximately 약, 대략

wardrobe 의류

landfill 쓰레기 매립지

necessity 필수품

recycle 재활용하다

hand down to ~로 전하다, 물려주다

1 Social media, magazines and shop windows/ bombard people daily/ with things to buy,/ and British consumers/ are buying more clothes and shoes/ than ever before.

소셜 미디어, 잡지, 그리고 상점 진열장은/ 매일 사람들에게 퍼붓는다/ 살 것들을/ 그리고 영국 소비자들은/ 더 많은 옷과 신발을 사고 있다/ 그 어느 때보다

2 Online shopping/ means/ it is easy/ for customers/ to buy without thinking,/ while major brands/ offer/ such cheap clothes/ that they can be treated like disposable items/ — worn two or three times and then thrown away.

온라인 쇼핑은/ ~을 의미한다/ 쉽다는 것을/ 소비자들이/ 생각하지 않고 사는 것이/ 동시에 주요 브랜드들은/ 제공한다/ 너무 저렴한 옷들을/ 일회용품처럼 취급될 수 있다는 것을/ 두세 번 입고 버려지는

3 In Britain,/ the average person/ spends more than £1,000/ on new clothes/ a year,/ which is around four percent of their income.

영국에서/ 보통 사람은/ 1천 파운드 이상을 지출한다/ 새 옷에/ 1년에/ 그리고 이것은 그들 수입의 약 4퍼센트이다

4 That/ might not sound like much,/ but that figure/ hides/ two far more worrying trends/ for society and for the environment.

그것은/ 많은 것처럼 들리지 않을지도 모른다/ 그러나 그 수치는/ 숨기고 있다/ 두 가지 훨씬 더 걱정스러운 추세를/ 사회와 환경에 있어서

5 First,/ a lot of that consumer spending/ is via credit cards.

첫째,/ 그 소비자 지출의 다수가/ 신용카드를 통한 것이다

6 British people/ currently owe/ approximately £670/ per adult/ to credit card companies.

영국인들은/ 현재 빚지고 있다/ 약 670파운드를/ 성인 1인당/ 신용카드 회사에

7 That's/ 66 percent of the average wardrobe budget.

그것은 ~이다/ 평균적인 의류 예산의 66퍼센트

8 Also,/ not only are people spending money/ they don't have,/ they're using it/ to buy things/ ① they don't need.

또한/ 사람들은 돈을 사용할 뿐만 아니라/ 그들이 갖고 있지 않은/ 그들은 그것을 사용하고 있다/ 물건들을 사기 위해/ ① 그들이 필요하지 않은

9 Britain/ throws away 300,000 tons of clothing/ a year,/ most of which/ goes into landfill sites.

영국은/ 30만 톤의 옷을 버린다/ 연간/ 그것들 중 대부분은/ 쓰레기 매립지로 보내진다

04 다음 글의 빈칸에 들어갈 내용으로 가장 적절한 것은?

2017 법원직 9급

A biology teacher cannot teach proteins, carbohydrates, fats, and vitamins, without having understood the basics of organic chemistry. The teacher while teaching the use of a thermometer can discuss various scales of measuring temperature. If he or she says that the body temperature of a healthy human being is 37℃ and a student wants to know the temperature in Kelvin or Fahrenheit, then the teacher can satisfy the student only if he or she knows the process of converting one scale of temperature to another. In the same way, a chemistry teacher when teaching proteins, enzymes, carbohydrates, and fats, etc. should have some understanding of the human digestive system to be able to explain these concepts effectively by relating the topic to the life experiences of the learners. Thus, all branches of science _____.

① cannot be taught and learned in isolation

② converge on knowledge of organic chemistry

③ are interrelated with each learner's experiences

④ should be acquired with the basics of chemistry

문제 해결하기

| 해석 |

생물학 교사는 유기 화학의 기초를 이해하지 못한 채로 단백질, 탄수화물, 지방, 그리고 비타민을 가르칠 수 없다. 교사는 온도계 사용법을 가르치면서 온도 측정의 다양한 척도에 대해 토론할 수 있다. 그 교사가 건강한 사람의 체온이 37℃라고 말하고 학생이 켈빈 또는 화씨로 온도를 알고 싶어 한다면, 그 교사는 하나의 온도 측정 척도에서 다른 온도 측정 척도로 전환하는 법을 알고 있는 경우에만 학생을 만족시킬 수 있다. 마찬가지로, 단백질, 효소, 탄수화물 그리고 지방 등을 가르치는 화학 선생님은 주제를 학습자의 삶의 경험과 관련시킴으로써 이러한 개념을 효과적으로 설명하기 위해서, 인간의 소화기 계통에 대해 어느 정도 이해해야 한다. 따라서 과학의 모든 분야는 ① 별개로 가르쳐지고 배워질 수 없다.

① 별개로 가르쳐지고 배워질 수 없다

② 유기 화학 지식으로 수렴된다

③ 각 학습자의 경험과 상호 관련이 있다

④ 화학의 기초와 함께 습득되어야 한다

|정답해설|

생물학 교사, 화학 교사 등 과학 분야의 교사들이 단편적이고 일방적인 지식만으로 학생들을 만족시킬 수 없다고 주장하고 있다. 예를 들어 켈빈 온도, 화씨 온도, 섭씨 온도를 일방적으로 가르치는 것이 아니라, 서로 변환하는 법을 가르칠 수 있어야 학생을 만족시킬 수 있고, 단백질, 효소, 탄수화물, 지방 등을 가르칠 때, 이들이 실제 학습자의 삶의 경험과 관련시켜 소화 과정에서 어떻게 처리되는지에 대해 설명할 수 있어야 한다는 것이다. 따라서 정답은 ①이다. | 정답 | ①

| 어휘 |

protein 단백질
carbohydrate 탄수화물
thermometer 온도계
enzyme 효소

❶ A biology teacher cannot teach/ proteins, carbohydrates, fats, and vitamins,/without having understood the basics of organic chemistry.

생물학 교사는 가르칠 수 없다/ 단백질, 탄수화물, 지방 그리고 비타민을/ 유기 화학의 기초를 이해하지 못한 채로

❷ The teacher/ while teaching the use of a thermometer/ can discuss various scales of measuring temperature.

교사는/ 온도계 사용을 가르치면서/ 온도 측정의 다양한 척도에 대해 토론할 수 있다

❸ If he or she says/ that the body temperature of a healthy human being is 37°C/ and a student wants to know the temperature in Kelvin or Fahrenheit,/ then the teacher can satisfy the student/ only if he or she knows/ the process of converting one scale of temperature to another.

만약 그나 그녀가 말한다면/ 건강한 사람의 체온이 37℃라고/ 그리고 학생이 켈빈 또는 화씨로 그 온도를 알고 싶다면/ 그렇다면 교사는 학생을 만족시킬 수 있다/ 그나 그녀가 알고 있는 경우에만/ 하나의 온도 측정 척도에서 다른 온도 측정 척도로 전환하는 법을

❹ In the same way,/ a chemistry teacher/ when teaching proteins, enzymes, carbohydrates, and fats, etc./ should have some understanding of the human digestive system/ to be able to explain these concepts effectively/ by relating the topic to the life experiences of the learners.

마찬가지로/ 화학 선생님은/ 단백질, 효소, 탄수화물 그리고 지방 등을 가르칠 때/ 인간의 소화기 계통에 대해 어느 정도 이해해야 한다/ 이러한 개념을 효과적으로 설명하기 위해서/ 주제를 학습자의 삶의 경험과 관련시킴으로써

❺ Thus,/ all branches of science/ ① cannot be taught and learned/ in isolation.

따라서/ 과학의 모든 분야는/ ① 가르쳐지고 배워질 수 없다/ 별개로

05 다음 빈칸에 들어갈 말로 가장 적절한 것을 고르시오.

Policymaking is seen to be more objective when experts play a large role in the creation and implementation of the policy, and when utilitarian rationality is the dominant value that guides policy. Through the use of the scientific method to determine the facts of any given policy situation, the power of social constructions is supposedly diminished, and solutions to social problems are discovered in an objective way. This process creates an illusion of neutrality and implies a transcendence of the pitfalls and inequalities commonly associated with policymaking. From this perspective, scientists and professionals emerge as the appropriate experts to be consulted in policymaking, while local citizen input and knowledge is often viewed as unnecessary. Scientific and professional policy design does not necessarily escape the pitfalls of degenerative politics. Scientific and professional expertise often relies on a particular type of knowledge that is limited to utility and rationality considerations. This approach to policy typically does not consider values and cultural factors that cannot be measured empirically. Scientifically designed policies can serve interests that run counter to the public interest. _____.

* transcendence: 초월

① They may depend on a particular type of knowledge limited to rationality consideration

② They make the interaction of the public interest and policies designed scientifically

③ They take on the roles in creating and implementing the policy

④ They can reinforce unequal and unjust relationships

문제 해결하기

| 어휘 |

implementation 시행
utilitarian 실용적인
dominant 지배적인, 주요한
diminish 줄이다, 약화시키다
neutrality 중립
pitfall 함정, 위험
perspective 관점
degenerative 퇴행적인
empirically 경험적으로
run counter to ~에 역행하다
reinforce 강화하다

| 해석 |
정책을 만드는 것은 정책을 만들고 시행하는 데 있어서 전문가가 큰 역할을 할 때, 그리고 실용적인 합리성이 정책을 끌어가는 주요 가치일 때 더 객관적으로 보인다. 어떤 주어진 정책 상황의 사실들을 결정하기 위한 과학적인 방법의 사용을 통하여 사회 구조의 힘은 아마도 사라지게 된다. 그리고 사회 문제에 대한 해결책은 객관적인 방식으로 발견이 된다. 이 과정은 중립성에 대한 환상을 만들고 정책을 만드는 데 흔히 연관된 함정과 불평등을 초월하는 것을 함축하고 있다. 이런 관점에서 과학자와 전문가들은 정책 결정에서 자문을 받는 적절한 전문가로 나오며 반면에 지역 주민의 참여와 지식은 종종 불필요한 것으로 여겨진다. 과학적이고 전문적인 정책 설계가 반드시 퇴행하는 정책의 함정에서 벗어나는 것은 아니다. 과학적이고 전문적인 의견은 유용성과 합리성 고려에 제한된 특정 형태의 지식에 종종 의존한다. 정책에 대

한 이러한 접근은 경험상으로 평가될 수 없는 가치와 문화적 요인을 보통 고려하지 않는다. 과학적으로 만들어진 정책은 공익과는 반대의 이익을 꾀할 수 있다. ④ 그것들은 불공평하고 적합하지 않은 관계를 강화할 수 있다.

① 그것들은 합리적 고려사항에 대한 한정된 지식의 특정한 유형에 의존할 수 있다
② 그것들은 공익과 과학적으로 설계된 정책의 상호 작용을 만든다
③ 그것들은 정책을 수립하고 실행하는 역할을 맡는다
④ 그것들은 불공평하고 적합하지 않은 관계를 강화할 수 있다

| 정답해설 |
정책 결정에 있어서 전문가의 등장으로 전문성은 확보되지만 대중의 의견과 공익은 무시당할 수 있다는 언급이 있으므로 정답은 ④가 알맞다.

| 정답 | ④

❶ Policymaking is seen to be more objective/ when experts play a large role/ in the creation and implementation of the policy,/ and when utilitarian rationality/ is the dominant value that guides policy.

정책을 만드는 것은 더 객관적으로 보인다/ 전문가가 큰 역할을 할 때/ 정책을 만들고 시행하는 데 있어서/ 그리고 실용적인 합리성이 ~일 때/ 정책을 끌어가는 주요 가치

❷ Through the use of the scientific method/ to determine the facts of any given policy situation,/ the power of social constructions/ is supposedly diminished,/ and solutions to social problems/ are discovered in an objective way.

과학적인 방법의 사용을 통하여/ 어떤 주어진 정책 상황의 사실들을 결정하기 위한/ 사회 구조의 힘은/ 아마도 사라지게 된다/ 그리고 사회 문제에 대한 해결책은/ 객관적인 방식으로 발견이 된다

❸ This process creates an illusion of neutrality/ and implies a transcendence of the pitfalls/ and inequalities commonly associated with policymaking.

이 과정은 중립성에 대한 환상을 만든다/ 그리고 함정을 초월하는 것을 함축하고 있다/ 그리고 정책을 만드는 데 흔히 연관된 불평등을

❹ From this perspective,/ scientists and professionals emerge as the appropriate experts/ to be consulted in policymaking,/ while local citizen input and knowledge/ is often viewed as unnecessary.

이런 관점에서/ 과학자와 전문가들은 적절한 전문가로 나온다/ 정책 결정에서 자문을 받는/ 반면에 지역 주민의 참여와 지식은/ 종종 불필요한 것으로 여겨진다

❺ Scientific and professional policy design/ does not necessarily escape the pitfalls of degenerative politics.

과학적이고 전문적인 정책 설계가/ 반드시 퇴행하는 정책의 함정에서 벗어나는 것은 아니다

❻ Scientific and professional expertise/ often relies on a particular type of knowledge/ that is limited to utility and rationality considerations.

과학적이고 전문적인 의견은/ 종종 특정 형태의 지식에 의존한다/ 유용성과 합리성 고려에 제한된

❼ This approach to policy/ typically does not consider values and cultural factors/ that cannot be measured empirically.

정책에 대한 이러한 접근은/ 전형적으로 가치와 문화적 요인을 고려하지 않는다/ 경험상으로 평가될 수 없는

❽ Scientifically designed policies/ can serve interests/ that run counter to the public interest.

과학적으로 만들어진 정책은/ 이익을 꾀할 수 있다/ 공익에 역행하는

❾ ④ They can reinforce/ unequal and unjust relationships.

④ 그것들은 강화할 수 있다/ 불공평하고 적합하지 않은 관계를

03 요약

교수님 코멘트▶ 요약 유형은 글의 주제를 묻는 간접적인 방식이라고 볼 수 있다. 빈칸 구 완성 유형과 비슷하게 선택지 분석과 주어진 문장 사이의 관계를 파악하여 오답을 피하는 연습을 주력으로 해야 한다.

VOCABULARY CHECK

STEP 1   유형 접근하기

주어진 지문을 한 문장으로 요약할 수 있는 능력을 묻는 유형이다. 요약문 완성은 결국 빈칸 구 추론의 문장에 빈칸을 각각 (A)와 (B)로 표시해 놓고 그 안을 채워 넣는 방법으로 접근해 나가기 때문에 빈칸 유형 문제와 다르지 않다. 단, 빈칸 유형과 다르게 문장의 일부분이 선택 지로 표시되는 만큼, 논리적인 해석을 하고 선택지를 이용하면 더욱 빠르고 효과적인 접근이 가능하다.

▌유형접근 Q&A

Q1: 요약문 완성이 빈칸보다 더 어렵나요?

A1: 아니요. 오히려 빈칸보다 더 쉽습니다. 요약문 완성 문제를 풀 때 역시 빈칸 추론과 같은 방식으로 접근하는 것이 좋습니다. 하지만, 빈칸 추론 문제의 경우 빈칸의 내용이 구체화 나 일반화 또는 재진술까지 모든 경우의 수를 다 담고 있으나, 요약문의 경우 반드시 일 반화되어 있습니다. 이유는 간단합니다. 요약문의 경우 지문보다 요약, 즉 예시가 없는 구체화가 배제된 일반화 문장만이 요약문이라 할 수 있기 때문입니다.

주제문 빈칸

주제문을 보충해 주는 문장 주제 관련 예시

주제문 재진술

빈칸 문항의 경우 빈칸의 위치, 출제자의 의도 에 따라 주제 또는 주제를 보충해 주는 문장과 재진술의 범위까지 빈칸의 범주는 다양합니다.

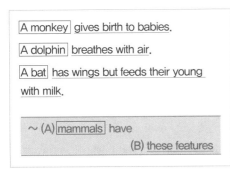

A monkey gives birth to babies.

A dolphin breathes with air.

A bat has wings but feeds their young with milk.

~ (A) mammals have
(B) these features

빈칸 (A)에는 A monkey와 A dolphin과 A bat이라는 구체화되어 있는 예시를 일반화한 mammals가 답입니다.

gives birth to babies(새끼를 낳고), breathes with air(공기로 호흡하며), feeds their young with milk(새끼에게 젖을 먹이는)와 같은 구체적인 포유류의 특징을 빈칸 (B)에 일반화시켜서 문장을 완성합니다.

Q2 : 요약문 완성은 처음부터 읽어 내려가면 되나요?

A2 : 아니요. 요약문을 먼저 읽고 나서 선택지 그리고 지문의 순서로 진행하는 것이 가장 효과적입니다. 요약문에 비록 빈칸이 포함되어 있지만, 요약문을 읽는 것만으로도 글 전체의 내용이 파악되는 셈입니다. 거기에 2단계로 선택지를 통해서 문맥을 파악한 후, 본문으로 들어가서 빠르고 정확하게 주제와 요약문의 내용을 유추할 수 있습니다.

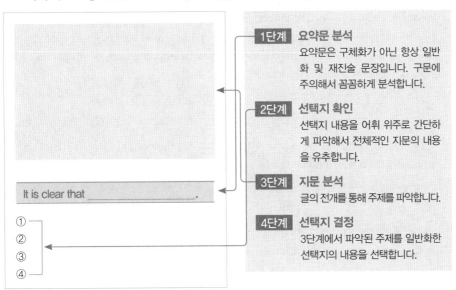

1단계 요약문 분석
요약문은 구체화가 아닌 항상 일반화 및 재진술 문장입니다. 구문에 주의해서 꼼꼼하게 분석합니다.

2단계 선택지 확인
선택지 내용을 어휘 위주로 간단하게 파악해서 전체적인 지문의 내용을 유추합니다.

3단계 지문 분석
글의 전개를 통해 주제를 파악합니다.

4단계 선택지 결정
3단계에서 파악된 주제를 일반화한 선택지의 내용을 선택합니다.

STEP 2 유형 적용하기

대표 기출문제

Q. 다음 글의 내용을 한 문장으로 요약하고자 한다. 빈칸 (A)와 (B)에 들어갈 말로 가장 적절한 것은?

2016 법원직 9급

Umpires and other sports officials are the decision-makers and rulebook enforcers whose word is law on the field of play. Such authority comes with heavy responsibility to match. Sports officials must be unbiased masters of the rules and have thick skins. They must keep control of the conduct of games at all times, be good communicators, and stay cool in situations that can quickly grow heated—both on the field and in the stands. For every winner in sports there is a loser, of course, and the outcome may ride on a few crucial calls. Was that three-and-two pitch a ball or a strike? Was that last-second basket a buzzer-beater or not? While instant replay provides a fallback in professional and big-time college sports, officials at other levels are on their own. The stakes can be higher than just one game. High school athletes may hope for college scholarships, and key calls against them could hurt their chances when scouts are on hand. As one veteran high school official put it, "You never know who's in the stands."

The roles of umpires are so _____(A)_____ that they can have _____(B)_____ influence on players' individual future plans as well as the play at the field.

	(A)	(B)
①	professional	slight
②	expansive	significant
③	ambiguous	valuable
④	comprehensive	positive

| 어휘 |

umpire 심판

official 관계자, 심판, 공무원

rulebook 규칙서

enforcer 집행자

thick skin (비판·모욕 등에) 둔감함, 무신경

buzzer-beater 버저비터(농구 경기에서 버저의 울림과 동시에 득점하는 것을 이르는 말)

replay 재생(다시 보기)

fallback 대비책

big-time 일류의, 최고 수준의

stake 이해관계, 내기에 건 돈

| 해석 |

심판들과 다른 스포츠의 관계자들은 그들의 말이 곧 경기장에서 규칙인 결정을 내리는 사람들이자 규칙 집행자들이다. 그러한 권위는 상응하는 무거운 책임이 따른다. 스포츠 관계자들은 편견이 없이 규칙에 숙달된 사람이어야 하고 (비판이나 모욕 등에) 쉽게 동요하지 않아야 한다. 그들은 항상 경기의 운영에 대한 통제를 유지해야 한다. 그리고 훌륭한 의사 전달자여야 하고 경기장과 관중석에서 모두 빠르게 달구어질 수 있는 상황들에서 침착을 유지해야만 한다. 물론, 스포츠에 있어서 승자가 있으면 패자가 있기 마련이며, 그 결과는 몇 번의 중요한 판정에 달려 있을 수 있다. 투 스트라이크 쓰리 볼에서 던진 공이 볼이었나 스트라이크였나? 마지막 슛이 버저비터였나 아니었나? 즉각적인 재생(비디오 판독)이 프로와 일류 대학 스포츠에서 대비책을 제공하는 반면에 다른 수준에 있는 심판들은 마음대로 결정한다. 이해관계가 단순히 하나의 경기 이상일 수 있다. 고등학교 운동선수들은 대학 장학금을 희망할지도 모른다. 그리고 그들에게 불리한 중대한 판정들이 스카우터(상대팀을 염탐하거나 신인을 발굴하는 사람)들이 그 자리에 있을 때 그들의 기회를 날려 버

릴 수 있다. 한 노련한 고등학교 심판이 말한 것처럼 "당신은 누가 관중석에 와 있는지 절대 알 수 없다."

> 심판의 역할은 너무 (A) 광범위해서 그들은 경기장에서의 경기뿐만 아니라 선수들의 개인의 미래 계획에 (B) 중요한 영향을 미칠 수 있다.

	(A)	(B)
①	프로의	하찮은, 취약한
②	광범위한, 상당한	중요한, 상당한
③	애매한	귀중한
④	광범위한	긍정적인

| 정답해설 |

스포츠에서 심판의 자격과 역할에 대해 서술한 글이다. 심판은 공정해야 하고 편견이 없어야 하는데 이는 선수들의 미래에 영향을 미칠 수 있기 때문이다. 특히 버저비터 등의 상황에서는 심판의 결정에 따라 경기 결과가 달라질 수 있기 때문에, 심판의 역할은 굉장히 광범위하고 그만큼 중대한 영향을 끼칠 수 있는 것이다. 따라서 정답은 ②이다. | 정답 | ②

지문 분석

❶ Umpires and other sports officials/ are the decision-makers and rulebook enforcers/
　주어　　　　　　　　　　　　　동사 보어1　　　　　　　보어2

whose word is law on the field of play.
소유격 관계대명사 주어 동사 보어 전명구

심판들과 다른 스포츠 관계자들은/ 결정을 내리는 사람들이자 규칙 집행자들이다/ 그들의 말이 곧 경기장에서 규칙인

❷ Such authority comes/ with heavy responsibility to match.
　주어　　　　동사　　전명구　　　　　　　　to부정사(형용사적 용법)

그러한 권위는 따른다/ 상응하는 무거운 책임이

❸ Sports officials must be unbiased masters of the rules/ and have thick skins.
　주어　　　　　조동사 동사1 형용사　보어　　　　접속사 동사2 목적어

스포츠 관계자들은 편견이 없이 규칙에 숙달된 사람이어야 한다/ 그리고 (비판이나 모욕 등에) 쉽게 동요하지 않아야 한다

❹ They must keep control/ of the conduct of games at all times,/ be good communicators,/
　주어　조동사 동사1 목적어　전명구　　　　　　　　　　　　동사2　　보어

and stay cool in situations/ that can quickly grow heated/ — both on the field and
접속사 동사3 보어 전명구　　　주·관·대 조동사　　동사　　보어　　부사　전명구　　접속사

in the stands.
전명구

그들은 통제를 유지해야 한다/ 항상 경기의 운영에 대한/ (그리고) 훌륭한 의사 전달자여야 한다/ 그리고 상황들에서 침착을 유지해야 한다/ 빠르게 달구어질 수 있는/ 경기장과 관중석 모두에서

⑤ For every winner in sports/ there is a loser,/ of course,/ and the outcome may ride/
　　전명구　　　　　　　　　　　유도부사 동사 주어　　　　　접속사 주어　　　조동사 동사

on a few crucial calls.
전명구

스포츠에 있어서 모든 승자에는/ 패자가 있다/ 물론/ 그리고 그 결과는 (~에) 달려 있을 수 있다/ 몇 번의 중요한 판정에

⑥ Was that three-and-two pitch/ a ball or a strike?
　　동사　주어　　　　　　　　　　보어1　접속사 보어2

투 스트라이크 쓰리 볼에서 던진 그 공이 ~였나/ 볼 혹은 스트라이크

⑦ Was that last-second basket/ a buzzer-beater or not?
　　동사　주어　　　　　　　　　　보어1　　접속사 보어2

마지막 순간의 득점이 ~였나/ 버저비터 혹은 아니었나

⑧ While instant replay provides a fallback/ in professional and big-time college sports,/
　　접속사　주어　　　동사　　목적어　　전명구

officials at other levels are on their own.
주어　　　전명구　　　동사　전명구

즉각적인 재생(비디오 판독)이 대비책을 제공하는 반면에/ 프로와 일류 대학 스포츠에서/ 다른 수준에 있는 심판들은 혼자 처리한다(마음대로 한다)

⑨ The stakes can be higher than just one game.
주어　　　조동사 동사 보어(비교급) 전명구(than 이하)

이해관계가 단순히 하나의 경기 이상일 수 있다

⑩ High school athletes may hope for college scholarships,/ and key calls against them/
주어　　　　　　　　조동사 동사　전명구　　　　　　접속사 주어　　　전명구

could hurt their chances/ when scouts are on hand.
조동사　동사　목적어　　접속사 주어　동사 보어(전명구)

고등학교 운동선수들은 대학 장학금을 희망할지도 모른다/ 그리고 그들에게 불리한 중대한 판정들이/ 그들의 기회를 날려 버릴 수 있다/ 스카우터(상대팀을 염탐하거나 신인을 발굴하는 사람)들이 그 자리에 있을 때

⑪ As one veteran high school official put it,/ "You never know who's in the stands."
접속사 주어　　　　　　　　　　　동사 목적어 주어　　　동사　주어 동사 전명구

한 노련한 고등학교 심판이 말한 것처럼/ "당신은 누가 관중석에 와 있는지 절대 알 수 없다"

↓

> The roles of umpires are so (A) <u>expansive</u>/ that they can have (B) <u>significant</u>
> 주어　　　　　　　　　　동사　　보어　　　접속사 주어 조동사 동사　　목적어
>
> influence/ on players' individual future plans/ as well as the play at the field.
> 전명구　　　전명구　　　　　　　　　　　接속사　　　주어　　전명구
>
> 심판의 역할은 너무 (A) 광범위해서/ 그들은 (B) 중요한 영향을 미칠 수 있다/ 선수들 개인의 미래 계획에/ 경기장에서의 경기뿐만 아니라

01 다음 글의 요지를 한 문장으로 요약하고자 한다. 빈칸 (A), (B)에 들어갈 말로 가장 적절한 것은?

2020 법원직 9급

"Most of bird identification is based on a sort of subjective impression—the way a bird moves and little instantaneous appearances at different angles and sequences of different appearances, and as it turns its head and as it flies and as it turns around, you see sequences of different shapes and angles," Sibley says, "All that combines to create a unique impression of a bird that can't really be taken apart and described in words. When it comes down to being in the fieldland looking at a bird, you don't take time to analyze it and say it shows this, this, and this; therefore it must be this species. It's more natural and instinctive. After a lot of practice, you look at the bird, and it triggers little switches in your brain. It looks right. You know what it is at a glance."

According to Sibley, bird identification is based on _____(A)_____ rather than _____(B)_____ .

	(A)	(B)
①	instinctive impression	discrete analysis
②	objective research	subjective judgements
③	physical appearances	behavioral traits
④	close observation	distant observation

문제 해결하기

| 해석 |

Sibley는 "대부분의 조류 식별은 일종의 주관적인 인상. 즉 새가 움직이는 방식과, 다른 방향과 다른 외관의 연속성의 작은 순간적인 외관들에 바탕을 두고, 새가 머리를 돌리고 날고 주위를 돌 때, 당신은 다른 형태와 각도의 연속성을 본다."고 말한다. Sibley는 "그 모든 것들이 결합하여 정말 분해해서 말로 표현할 수 없는 새의 독특한 인상을 만들어 낸다. 새를 보면서 들판 안에 있는 것에 대해 말하자면, 당신은 그것을 분석하고, 그것은 이것, 이것과 이것을 보여주므로 그것은 이 종류임에 틀림이 없다고 말하는 데 시간이 걸리지 않는다. 그것은 더 자연스럽고 본능적이다. 많은 연습 후에, 당신이 새를 보면 당신의 뇌에 작은 스위치가 켜진다. 그것은 맞는 것처럼 보인다. 당신은 한눈에 그것이 무엇인지 알고 있다."

Sibley에 따르면, 조류 식별은 (B) 별개의 분석보다 (A) 본능적인 인상에 기초를 둔다.

	(A)	(B)
①	본능적인 인상	별개의 분석
②	객관적인 조사	주관적인 판단
③	신체적 외형	행동적인 특징
④	자세한 관찰	거리를 둔 관찰

|정답해설|

조류를 분류할 때, 자세한 분석과 관찰보다는 한눈에 보는 새의 인상이 모아져서 새를 구별하는 것이라고 Sibley는 주장한다. 따라서 'rather than' 전후로 (B)에는 Sibley가 주장하는 반대의 내용이, (A)에는 Sibley가 주장하는 내용이 들어가는 것이 요약문으로 적절하다. 따라서 (A)에 Sibley의 주장과 일맥상통하는 'instinctive impression(본능적인 인상)'이, (B)에는 이와 반대되는 'discrete analysis(별개의 분석)'가 들어가야 알맞다. 따라서 정답은 ①이다. | 정답 | ①

지문 분석

❶ "Most of bird identification is based on a sort of subjective impression—the way a bird moves and little instantaneous appearances/ at different angles and sequences of different appearances,/ and as it turns its head and as it flies and as it turns around,/ you see sequences of different shapes and angles,"/ Sibley says,/ "All that combines to create a unique impression of a bird/ that can't really be taken apart and described in words.

"대부분의 조류 식별은 일종의 주관적인 인상, 즉 새가 움직이는 방식과 작은 순간적인 외관들에 바탕을 둔다/ 다른 방향과 다른 외관의 연속성의/ 그리고 그것이 머리를 돌리고 그것이 날고 그것이 주위를 돌 때/ 당신은 다른 형태와 각도의 연속성을 본다."/ Sibley는 말한다/ "그 모든 것들이 결합하여 새의 독특한 인상을 만들어 낸다/ 정말 분해되어 말로 표현될 수 없는

❷ When it comes down to being in the fieldland looking at a bird,/ you don't take time/ to analyze it and say it shows this, this, and this;/ therefore it must be this species.

새를 보면서 들판 안에 있는 것에 대해 말하자면/ 당신은 시간이 들지 않는다/ 그것을 분석하고 그것은 이것, 이것과 이것을 보여준다고 말하는데/ 그러므로 그것은 이 종류임에 틀림이 없다고

❸ It's more natural and instinctive.

그것은 더 자연스럽고 본능적이다

❹ After a lot of practice,/ you look at the bird,/ and it triggers little switches in your brain.

많은 연습 후에/ 당신이 새를 보면/ 그것은 당신의 뇌에 작은 스위치를 켠다

❺ It looks right.

그것은 맞는 것처럼 보인다

❻ You know/ what it is/ at a glance."

당신은 알고 있다/ 그것이 무엇인지/ 한눈에"

↓

According to Sibley,/ bird identification is based on (A) <u>instinctive impression</u>/ rather than (B) <u>discrete analysis</u>.

Sibley에 따르면/ 조류 식별은 (A) <u>본능적인 인상</u>에 기초를 둔다/ (B) <u>별개의 분석</u>보다

02 다음 글에서 주장하는 바를 한 문장으로 요약할 때, 빈칸 (A), (B)에 들어갈 말로 가장 적절한 것은?

2016 지방교육행정직 9급

The commons dilemma takes its name from this parable: You are a shepherd in a small village. There is a piece of land, called the commons, that everyone is free to share. Most of the time, your sheep graze on your own land, but when a few of them need a little extra grass, you are free to take them to the commons. There are 50 shepherds in the village, and the commons can support about 50 sheep a day. So if each shepherd takes an average of one sheep per day to the commons, everything works out. Suppose a few shepherds decide to take several sheep per day to the commons to save the grass on their own land. Not to be outdone, other shepherds do the same. Soon the commons is barren and useless to all.

♥

Pursuing _____(A)_____ interests only can lead to _____(B)_____ effects to the whole.

	(A)	(B)
①	collective	damaging
②	collective	beneficial
③	individual	positive
④	individual	harmful

문제 해결하기

| 해석 |

공유지의 딜레마는 다음 우화에서 이름 붙여졌다. 당신은 작은 마을의 목동이다. 모두가 자유롭게 공유할 수 있는 공유지(commons)라 불리는 땅이 하나 있다. 대부분의 시간 동안, 당신의 양은 당신의 땅에서 풀을 뜯어 먹지만, 몇몇 양들이 풀을 좀 더 먹어야 할 때, 당신은 공유지에 자유롭게 그 양들을 데려갈 수 있다. 그 마을에는 50명의 목동이 있는데, 공유지는 하루에 약 50마리의 양을 지원해 줄 수 있다. 그래서 각각의 목동이 공유지에 하루에 한 마리의 양을 데려가면, 모든 것이 해결된다. 일부 목동들이 자신의 땅의 풀을 아끼고자 하루에 몇몇의 양들을 공유지에 데려간다고 생각해보자. 지지 않으려고, 다른 목동들도 똑같이 한다. 곧 공유지는 척박해지고 모두에게 쓸모 없어진다.

♥

(A) 개인의 이익을 추구하는 것은 오직 전체에 (B) 해로운 결과로 이어질 뿐이다.

	(A)	(B)
①	집단의, 공동의	해로운
②	집단의, 공동의	이로운
③	개인의	긍정적인
④	개인의	해로운

| 정답해설 |

공유지는 모두가 자유롭게 이용할 수 있는 곳으로, 50명의 목동이 하루에 한 마리의 양을 데리고 가면 아무 문제가 없지만 여러 마리의 양을 데리고 가 이익을 누리고자 한다면, 모두가 그렇게 하려 할 것이고 이는 모두의 손해가 된다는 이야기이다. 따라서 정답은 ④이다. | 정답 | ④

| 어휘 |

commons 공유지, (공유하는) 목초지

parable 우화

graze 풀을 뜯다

not to be outdone 남에게 뒤지지 않으려고

barren (토양이) 척박한

지문 분석

❶ The commons dilemma takes its name from this parable:/ You are a shepherd in a small village.

공유지의 딜레마는 이 우화에서 이름 붙여졌다/ 당신은 작은 마을의 목동이다

❷ There is a piece of land,/ called the commons,/ that everyone is free to share.

땅이 하나 있다/ 공유지(commons)라 불리는/ 모두가 자유롭게 공유할 수 있는

❸ Most of the time,/ your sheep graze on your own land,/ but when a few of them need a little extra grass,/ you are free to take them to the commons.

대부분의 시간 동안/ 당신의 양은 당신의 땅에서 풀을 뜯어 먹지만/ 몇몇 양들이 풀을 좀 더 먹어야 할 때/ 당신은 공유지에 자유롭게 그 양들을 데려갈 수 있다

❹ There are 50 shepherds in the village,/ and the commons can support about 50 sheep a day.

그 마을에는 50명의 목동이 있다/ 그리고 공유지는 하루에 약 50마리의 양을 지원해 줄 수 있다

❺ So if each shepherd takes an average of one sheep per day to the commons,/ everything works out.

그래서 각각의 목동이 공유지에 하루에 한 마리의 양을 데려가면/ 모든 것이 해결된다

❻ Suppose/ a few shepherds decide/ to take several sheep per day to the commons/ to save the grass on their own land.

생각해보자/ 일부 목동들이 결정했다고/ 하루에 몇몇의 양들을 공유지에 데려가기로/ 자신의 땅의 풀을 아끼고자

❼ Not to be outdone,/ other shepherds do the same.

지지 않으려고/ 다른 목동들도 똑같이 한다

❽ Soon the commons is barren/ and useless to all.

곧 공유지는 척박해진다/ 그리고 모두에게 쓸모 없어진다

⬇

Pursing (A) <u>individual</u> interests/ only can lead / to (B) <u>harmful</u> effect to the whole.

(A) 개인의 이익을 추구하는 것은/ 오직 이어질 뿐이다/ 전체에 (B) 해로운 결과로

---

03 다음 글의 내용을 요약할 때 빈칸 (A), (B)에 들어갈 말로 가장 적절한 것은?

2017 법원직 9급

Injuries sometimes occur when people do not take adequate carefulness with everyday activities. Although some such injuries occur because of pure carelessness or misfortune, others happen because the person did not want others to perceive him or her as too careful. For example, many people seem to avoid wearing seat belts in automobiles, helmets on bicycles and motorcycles, and life preservers in boats because such devices convey an impression of excessive carefulness. In addition, many people seem reluctant to wear protective gear (e.g., safety goggles, gloves, and helmets) when operating power tools or dangerous machinery because they will be viewed as nervous or extremely careful. This concern emerges at a young age; anecdotally, children as young as 6 or 7 years old are sometimes unwilling to wear knee pads and helmets when rollerskating because of what other children will think of them.

⬇

Why do people get injured? 1. People lack _____(A)_____. 2. People tend to take a risk of danger rather than be viewed as _____(B)_____.

	(A)	(B)
①	vigilance	overcautious
②	inattention	intimidated
③	prudence	audacious
④	heedlessness	vulnerable

문제 해결하기

| 해석 |

사람들이 매일매일의 활동에 충분한 주의를 기울이지 않으면 때때로 부상을 입는다. 일부 그러한 부상은 순수한 부주의 또는 불운으로 인해 발생하지만, 다른 부상들은 다른 사람들이 그 또는 그녀를 너무 조심스럽다고 인식하는 것을 원하지 않았기 때문에 발생한다. 예를 들어, 과도하게 주의 깊은 인상을 준다는 이유로, 많은 사람들이 자동차에서 안전벨트를, 자전거 및 오토바이에서 헬멧을, 그리고 보트에서 구명조끼를 착용하는 것을 피하는 것 같다. 게다가, 많은 사람들은 전동 공구 또는 위험한 기계를 작동할 때 긴장하거나 매우 조심스럽게 보일 것이므로 보호 장비(예: 안전 고글, 장갑 및 헬멧)를 착용하는 것을 꺼리는 것 같다. 이러한 우려는 어린 나이에 나타난다. 일화로, 6∼7세의 어린 아이들은 다른 아이들이 그들에 대해 어떻게 생각할지 때문에, 롤러스케이트를 탈 때, 무릎 보호대와 헬멧을 착용하지 않으려 한다.

⬇

왜 사람들이 부상을 입을까? 1. 사람들은 (A) 조심성이 부족한다. 2. 사람들은 (B) 지나치게 조심스러워 보이기보다는 위험을 감수하는 경향이 있다.

	(A)	(B)
①	조심성	지나치게 조심하는
②	부주의	겁을 내는
③	신중, 사려	대담한
④	부주의함	취약한

|정답해설|

사람들이 부상을 입는 이유를 지문에서 찾으면 된다. 부상의 원인은 첫째는 순수하게 부주의하거나 운이 나빠서, 둘째는 다른 사람들에게 지나치게 조심스러운 인상을 주기 싫기 때문이므로 정답은 ①이 적절하다. |정답| ①

| 어휘 |

injury 부상
adequate 충분한, 적절한
carelessness 부주의
misfortune 불운
anecdotally 일화로

지문 분석

❶ Injuries sometimes occur/ when people do not take adequate carefulness/ with everyday activities.

부상은 때때로 일어난다/ 사람들이 충분한 주의를 기울이지 않을 때/ 매일매일의 활동에

❷ Although some such injuries occur/ because of pure carelessness or misfortune,/ others happen/ because the person did not want/ others to perceive him or her as too careful.

그러한 부상은 발생하지만/ 순수한 부주의 또는 불운으로 인해/ 다른 부상들은 일어난다/ 그 사람이 원치 않았기 때문에/ 다른 사람들이 그 또는 그녀를 너무 조심스럽다고 인식하는 것을

❸ For example,/ many people seem to avoid/ wearing seat belts in automobiles, helmets on bicycles and motorcycles, and life preservers in boats/ because such devices convey an impression of excessive carefulness.

예를 들어/ 많은 사람들이 피하는 것 같다/ 자동차에서 안전벨트를, 자전거 및 오토바이에서 헬멧을, 그리고 보트에서의 구명조끼를 착용하는 것을/ 그러한 장비들이 과도하게 주의 깊은 인상을 주기 때문에

❹ In addition,/ many people seem reluctant/ to wear protective gear (e.g., safety goggles, gloves, and helmets)/ when operating power tools or dangerous machinery/ because they will be viewed as nervous or extremely careful.

게다가/ 많은 사람들은 꺼리는 것 같다/ 보호 장비(예: 안전 고글, 장갑 및 헬멧)를 착용하는 것을/ 전동 공구 또는 위험한 기계를 작동할 때/ 그들이 긴장하거나 매우 조심스럽게 보일 수 있으므로

❺ This concern emerges at a young age;/ anecdotally,/ children as young as 6 or 7 years old/ are sometimes unwilling to wear knee pads and helmets/ when rollerskating/ because of what other children will think of them.

이러한 우려는 어린 나이에 나타난다/ 일화로/ 6~7세의 어린 아이들은/ 때때로 무릎 보호대와 헬멧을 착용하지 않으려 한다/ 롤러스케이트를 탈 때/ 다른 아이들이 그들에 대해 생각하는 것 때문에

> Why /do people/ get injured?/ 1. People/ lack (A) vigilance./ 2. People/ tend to take a risk of danger/ rather than be viewed as (B) overcautious.
>
> 왜/ 사람들이/ 부상을 입을까?/ 1. 사람들은/ (A) 조심성이 부족하다/ 2. 사람들은/ 위험을 감수하는 경향이 있다/ (B) 지나치게 조심스러워 보이기보다는

04 다음 글의 내용을 요약할 때 빈칸에 들어갈 말로 가장 적절한 것은?

2020 법원직 9급

Aesthetic value in fashion objects, like aesthetic value in fine art objects, is self-oriented. Consumers have the need to be attracted and to surround themselves with other people who are attractive. However, unlike aesthetic value in the fine arts, aesthetic value in fashion is also other-oriented. Attractiveness of appearance is a way of eliciting the reaction of others and facilitating social interaction.

⬇

Aesthetic value in fashion objects is _____.

① inherently only self-oriented
② just other-oriented unlike the other
③ both self-oriented and other-oriented
④ hard to define regardless of its nature

문제 해결하기

| 해석 |
미술 오브젝트의 미적 가치와 같이, 패션 오브젝트의 미적 가치는 자기 지향적이다. 소비자들은 매료되고 매력적인 다른 사람들에게 둘러싸이고자 하는 욕구가 있다. 그러나 미술의 미적 가치와 달리 패션의 미적 가치는 또한 타자 지향적이다. 외모의 매력은 다른 사람들의 반응을 이끌어내고 사회적 상호작용을 용이하게 하는 방법이다.

⬇

패션 오브젝트의 미적 가치는 ③ 자기 지향적이기도 하고 타자 지향적이기도 하다.

① 본질적으로 단지 자기 지향적인
② 다른 것과 달리 단지 타자 지향적인
③ 자기 지향적이기도 하고 타자 지향적이기도 한
④ 그것의 본성과 상관없이 정의 내리기 어려운

|정답해설|
본문 초반에 패션의 미적가치는 자기 지향적(self-oriented)이라고 하였고 그 다음에 패션의 미적 가치는 타자 지향적(other-oriented)이라고 했으므로 패션의 미적 가치는 두 가지 다 가능하다는 것을 알 수 있다. 따라서 요약문에 들어갈 정답은 ③ both self-oriented and other-oriented(자기 지향적이기도 하고 타자 지향적)이다. | 정답 | ③

| 어휘 |
aesthetic 미적인
fine art 미술
elicit 끌어내다
facilitate 용이하게 하다

지문 분석

❶ Aesthetic value in fashion objects,/ like aesthetic value in fine art objects,/ is self-oriented.
패션 오브젝트의 미적 가치는/ 미술 오브젝트의 미적 가치와 같이/ 자기 지향적이다

❷ Consumers have the need to be attracted/ and to surround themselves/ with other people who are attractive.
소비자들은 매료되고자 하는 욕구가 있다/ 그리고 자신을 둘러싸야 할 필요가/ 다른 매력적인 사람들에게

❸ However,/ unlike aesthetic value in the fine arts,/ aesthetic value in fashion is also other-oriented.
그러나/ 미술의 미적 가치와 달리/ 패션의 미적 가치는 또한 타자 지향적이다

❹ Attractiveness of appearance is a way of/ eliciting the reaction of others and facilitating social interaction.
외모의 매력은 한 방법이다/ 다른 사람들의 반응을 이끌어내고 사회적 상호작용을 용이하게 하는

↓

Aesthetic value in fashion objects/ is ③ both self-oriented and other-oriented.
패션 오브젝트의 미적 가치는/ ③ 자기 지향적이기도 하고 타자 지향적이기도 하다

05 다음 글을 한 문장으로 요약할 때 밑줄 친 (A), (B)에 들어갈 가장 적절한 것은?

2016 지방직 7급

Attributions of beauty and ugliness are often due not to aesthetic but to socio-political criteria. There is a passage by Marx in which he points out how the possession of money may compensate for ugliness: "As money has the property of being able to buy anything, to take possession of all objects, it is therefore the pre-eminent object worth having. The extent of my power is as great as the power of the money I possess. What I am and what I can do is therefore not determined by my individuality in the slightest. I am ugly, but I can buy myself the most beautiful women." Now if we extend these observations on money to power in general, we can understand certain portraits of monarchs of centuries past, devotedly immortalized by fawning painters who certainly did their utmost to cover up the monarchs' defects. There is no doubt that their omnipotence lent them such charisma and glamour that their subjects saw them through adoring eyes.

Wealth and power possess the ability to _____(A)_____ any _____(B)_____ people may have.

	(A)	(B)
①	annul	resilience
②	offset	shortcomings
③	anticipate	defects
④	impair	virtues

문제 해결하기

| 해석 |

아름다움과 추함의 속성은 종종 미적 기준에 의한 것이 아니라 사회-정치적 기준에 의한 것이다. 돈의 소유가 어떻게 추함을 보상할 수 있는지를 지적하는, Marx에 의한 구절이 있다. 즉, "돈은 무엇이든 살 수 있고 모든 물질을 소유할 수 있는 특성을 가졌기 때문에, 그것은 고려해볼 만한 탁월한 가치가 있는 물질이다. 나의 힘의 정도는 내가 소유한 돈의 힘만큼 위대하다. 따라서, 내가 무엇이고 내가 무엇을 할 수 있는지는, 나의 개성에 의해서 조금도 결정되지 않는다. 나는 못생겼지만, 나는 가장 아름다운 여자를 얻을 수 있다." 이제 우리가 이러한 돈에 대한 논지를 전반적인 권력으로 확장한다면, 우리는 수세기 전의 특정 군주의 초상화를 이해할 수 있다. 틀림없이 군주의 결점을 감추려고 최선을 다했던 아첨하는 화가들에 의해 헌신적으로 불멸화된 초상화를 말이다. 군주의 전능함이 그들에게 그러한 카리스마와 화려함을 주었기 때문에 그들의 신하들이 흠모하는 눈으로 그들을 바라봤음이 틀림없다.

부와 권력은 사람이 가질 수 있는 어떤 (B) 결점들도 (A) 상쇄할 수 있는 능력을 가진다.

	(A)	(B)
①	취소하다	복원력들
②	상쇄하다	결점들
③	예상하다	결점들, 결함들
④	손상시키다	선행들, 미덕들

| 정답해설 |

글 초반에 제시된 '아름다움과 못생김의 속성은 미학에 의한 것이 아니라 사회 정치적 기준에 의해 결정이 되는 것이다'라는 Marx의 주장에 의해 이미 요약문을 완성할 수 있다. 이는 어떻게 '못생김'을 돈으로 보상하는지를 가리킨 것이다. 그 예로 내가 못생겼지만 돈으로 아름다운 여자를 얻을 수 있고, 군주의 초상화를 그릴 때, 아첨하는 화가를 써서 그 결점을 감추었다는 것을 들었다. 즉, 돈과 권력은 못생김과 같은 '결점'을 '상쇄하는' 것이다. 따라서 정답은 ②가 된다.

| 정답 | ②

| 어휘 |

attribution 속성
aesthetic 심미적인, 미학적인
compensate 보상하다
property 특성, 재산
in the slightest 조금도 ~ 않다
immortalize 불멸하게 하다
omnipotence 전능

지문 분석

❶ Attributions of beauty and ugliness/ are often due not to aesthetic (criteria)/ but to socio-political criteria.

아름다움과 추함의 속성은/ 종종 미적 기준에 의한 것이 아니라/ 사회-정치적 기준에 의한 것이다

❷ There is a passage by Marx/ in which he points out/ how the possession of money may compensate for ugliness:/ "As money has the property of being able to buy anything, to take possession of all objects,/ it is therefore the pre-eminent object worth having.

Marx에 의한 구절이 있다/ 그가 지적하는/ 돈의 소유가 어떻게 추함을 보상할 수 있는지를/ 즉, "돈은 무엇이든 살 수 있고 모든 물질을 소유할 수 있는 특성을 가졌기 때문에/ 따라서 고려해볼 만한 탁월한 가치가 있는 물질이다

❸ The extent of my power is as great/ as the power of the money I possess.

나의 힘의 정도는 ∼만큼 위대하다/ 내가 소유한 돈의 힘만큼

❹ What I am and what I can do is/ therefore/ not determined by my individuality in the slightest.

내가 무엇이고 내가 무엇을 할 수 있는지는 ∼이다/ 따라서/ 나의 개성에 의해서 조금도 결정되지 않는

❺ I am ugly,/ but I can buy myself the most beautiful women."

나는 못생겼다/ 하지만 나는 가장 아름다운 여자를 얻을 수 있다"

❻ Now if we extend these observations on money to power in general,/ we can understand certain portraits of monarchs of centuries past,/ devotedly immortalized by fawning painters/ who certainly did their utmost to cover up the monarchs' defects.

이제 우리가 이러한 돈에 대한 논지를 전반적인 권력으로 확장한다면/ 우리는 수세기 전의 특정 군주의 초상화를 이해할 수 있다/ 아첨하는 화가들에 의해 헌신적으로 불멸화되었던/ 틀림없이 군주의 결점을 감추려고 최선을 다했던

❼ There is no doubt/ that their omnipotence lent them such charisma and glamour/ that their subjects saw them through adoring eyes.

틀림없다/ 군주의 전능함이 그들에게 그러한 카리스마와 화려함을 주었기 때문에/ 그들의 신하들이 흠모하는 눈으로 그들을 바라봤음이

Wealth and power/ possess/ the ability to (A) <u>offset</u> any (B) <u>shortcomings</u>/ people may have.

부와 권력은/ 가진다/ 어떤 (B) 결점들도 (A) 상쇄할 수 있는 능력을/ 사람이 가질 수 있는

---

01 필수 생활영어 표현

01 대화식 표현

아래는 생활영어의 일반적인 대화 패턴이며, 주어진 상황과 문맥에 따라서 다양한 A, B 대화가 가능한 점에 유의해야 한다.

(1) 안부 인사를 할 때

A	How are you (doing)?	잘 지내세요?/ 안녕하세요?
	How are you getting along?	
	How is it going?	
	How goes it with you?	
	How fares it with you?	
B	Not bad.	좋아./ 잘 지내.
	It couldn't be better.	최고야./ 더할 나위 없이 좋아.
	It couldn't be worse.	최악이야.
	So so.	그저 그래.

(2) 안부를 물을 때

A	What's new?	뭐 새로운 일 없어?
	What's up?	
	What's cooking?	
B	Not much.	별로 특별한 일 없어.
	Nothing much.	
	Nothing special.	

(3) 오랜만에 만났을 때

A	How have you been?	그동안 어떻게 지냈어?
	What have you been up to?	그동안 뭘 하면서 지냈어?
B	Long time no see.	오래간만이다.
	It's been a while.	
	It's been ages.	
	I haven't seen you for ages.	
	It's been ages since I last saw you.	

(4) 초면인지를 확인할 때

A	Do I know you?	혹시 저 모르세요?/ 누구시죠?/ 저 아세요?
B	No, I don't think we've met (before).	아니오, 우리 서로 초면이죠.

(5) 헤어질 때

A	I'm afraid that I have to be leaving now.	이제 가봐야 할 것 같아.
	I think I should be going.	
	I should be going now.	
	I'd better say goodbye.	
	I must be on my way now.	
B	I really enjoyed your company.	함께해서 정말 즐거웠어.

(6) 안부 전달을 부탁할 때

A	Please give my best regards[respects/wishes/love] to your mother.	어머니께 안부 좀 전해드려.
	Please remember me to your mother.	
	Please say hello to your mother (for me).	
B	Yes, I will tell my mother you said hello to her .	그래, 내가 어머니께 안부를 전해 줄게.

(7) 시간을 물어볼 때

A	What time is it (now)?	지금 몇 시죠?
	What's the time?	
	What time do you have?	
	May I ask you the time, please?	
	Could you tell me what time it is now?	
	Do you have the time?	
B	It's midnight.	지금 자정이야.

(8) 시간이 있는지 여부를 물어볼 때

A	Do you have time[a minute/a second]?	시간 좀 있나요?/ 잠시 시간 좀 내 주시겠어요?
	May I have a moment of your time?	
	Can I borrow some of your time?	
	Can you spare me a moment?	
	Do you get a minute[Have you got a minute]?	
B	No, I am busy now.	아니요, 지금 바빠요.
	Yes, of course.	예, 물론이지요.

(9) 전화상으로 누군가를 찾을 때

A	May I talk to Tom?	Tom 좀 바꿔 주시겠습니까?
	Can I speak to Tom?	
B	This is he[she] speaking.	전데요.
	It's me.	
	Speaking.	

(10) 전화상으로 상대방의 신분을 물어볼 때

A	May I ask who's calling, please?	실례지만 누구시죠?
	Who is calling[speaking], please?	
	Who's this, please?	
	Who is this speaking[calling]?	
B	Beckham speaking.	Beckham입니다.
	This is Beckham.	

(11) 전화상으로 전화의 목적을 물어볼 때

A	What's this about?	무슨 일로 전화하셨죠?
	What's this regarding[concerning]?	
	What's this in regard to?	
B	I'm returning Beckham's call.	Beckham이 전화했다고 하기에 전화했습니다.

(12) 전화상으로 전화를 다른 사람에게 바꿔줄 때 1

A	Who do you want to speak to?	누구를 바꿔 드릴까요?
	Who are you calling?	
B	May I speak to Jane?	제가 Jane과 통화할 수 있을까요?

(13) 전화상으로 전화를 다른 사람에게 바꿔줄 때 2

A	Please transfer this call to the office.	사무실로 전화를 돌려 주세요.
	Connect me with the office.	사무실로 연결해 주세요.
	Put him[her] through.	그 사람 좀 연결해 주세요.
B	Hold[Hang] on, please.	끊지 말고 기다리세요.
	Hold the line[wire], please.	
	Stay on the line, please.	
	I'll put you through.	연결해 드리겠습니다.
	I'll transfer your call.	

⑴4 전화상으로 전화를 다른 사람에게 바꿔줄 때 3

A	Can you put me through to Beckham?	Beckham 좀 바꿔 주시겠어요?
B	There is a call for you.	전화 왔어요.
	You have a call.	
	It's for you.	
	You are wanted on the phone[line].	
	He's on the phone.	그는 지금 통화 중이에요.
	Beckham is on another line.	Beckham은 다른 전화를 받고 있습니다.
	He's out.	그는 외출했습니다.
	He's stepped out.	나갔는데요./ 자리에 없는데요.

⑴5 전화상으로 전화를 다른 사람에게 바꿔줄 때 4

A	Can you put me through to Beckham?	Beckham 좀 바꿔 주시겠어요?
B	He's gone for the day.	그는 퇴근했습니다.
	He's on vacation[leave].	그는 휴가 중입니다.
	The line is busy./ The line is engaged.	통화 중입니다.
	The lines are crossed.	혼선되었어요.

⑴6 음식점에서 주문할 때

A	Have you been waited on?	주문하셨나요? (담당 웨이터가 주문을 받았나요?)
	Here or to go?/ For here or to go?	여기서 드실 건가요, 아니면 가지고 가실 건가요?
B	I'm not being helped here.	아무도 주문을 안 받네요.
	Same here./ The same for me.	저도 같은 걸로 주세요.
	Make it two, please.	
	Could you put this in a doggy bag?	남은 음식 좀 싸주실 수 있나요?
	Can you give me a doggy bag?	

⑴7 음식점에서 계산할 때

A	Can I have the check[bill/tab], please?	계산서 좀 갖다 주시겠어요?
	Would you make that separate checks?	각자 지불할 수 있는 계산서로 주시겠어요?
B	This is on me.	내가 낼게.
	I'll treat this time.	
	It's my treat.	
	I'll get this.	
	Let me take care of the bill.	
	I'll pick up the check[bill/tab].	
	I'll foot the bill.	
	Let's go Dutch./ Let's split the bill.	비용을 각자 부담하자./ 자기가 먹은 건 자기가 내기로 하자.
	Keep the change.	잔돈은 됐습니다.

⒅ 돈의 단위를 바꿀 때

A	How do you want the money?	돈을 어떻게 드릴까요?
	How do you want this?	
B	Can you break[change] this bill, please?	이 지폐를 잔돈으로 바꿔 주시겠어요?
	Can I have change for this bill?	

⒆ 쇼핑할 때

A	May[Can] I try this on?	이거 입어 봐도 돼요?
B	We are out of them.	그건 품절입니다.

⒇ 구매한 물건에 대해 물어볼 때

A	How did you buy it?	그거 어떻게 샀니?
B	I got ripped off./ That was a rip-off.	바가지 썼어.
	It was a bargain[a steal].	굉장히 싸게 샀어.
	These shoes cost me a fortune.	이 신발은 엄청 비싸.
	These shoes cost me an arm and a leg.	

⒇ 택시 탔을 때

A	Are we there yet?	아직 멀었어요?
B	We are almost there[close].	거의 다 왔습니다.
	We'll be there in no time.	

⒇ 교통체증에 대해서 이야기할 때

A	What kept[took/held] you so long?	왜 그렇게 오래 걸렸어요?/ 왜 이리 늦었어요?
	Why are you so late?	
B	The streets are jammed with cars.	교통이 매우 혼잡해요.
	The traffic is bumper to bumper.	
	The traffic is very heavy.	
	The traffic is congested.	

⒇ 이야기를 시작할 때

A	What are you up to now?	뭐해?/ 뭐 하는 중이니?/ 뭐 하고 지내?(안부 인사)/ 뭐 하려는 거야?/ 뭐 할 거야?(계획 묻기)
	What are you getting at?	너 지금 무슨 말을 하려는 거야?
B	I have something to say about Beckham.	나는 Beckham에 대해서 무언가 할 이야기가 있어요.

⒂ 요청할 때

A	Will you do me a favor?	부탁 하나 해도 될까요?
	Will you do a favor for me?	
	May I ask a favor of you?	
	May I ask you a favor?	
B	Sure, how can I help you?	물론이지요, 무엇을 도와 드릴까요?

⒃ 도움을 거절할 때

A	Can I help you?	도와 드릴까요?
B	No thanks.	괜찮습니다.
	No, it's OK.	
	No, it's alright.	

⒄ 이해 여부를 물을 때 1

A	Do I make myself clear?	내 말 이해하니?/ 내 말 알겠니?
	Are you with me?	
	Do you follow me?	
B	I get the picture./ (I) Got it./ Got you.	이해가 된다./ 무슨 말인지 알겠어.
	I don't follow you.	무슨 말인지 못 알아듣겠어.

⒅ 이해 여부를 물을 때 2

A	Do you know the name of the man coming here?	여기로 오고 있는 그 남자의 이름을 알고 있니?
B	It's on the tip of my tongue.	그게 생각날 듯 말 듯하다.
	It eludes me.	
	That's news to me.	금시초문인데./ 그건 전혀 모르겠는데.
	That's Greek to me.	

⒆ 의도를 물을 때

A	What's your point?	무슨 말을 하려는 거야?/ 무슨 의도야?/ 무슨 뜻으로 그런 말을 하는 거지?
	What are you up to?	
	What are you getting at?	
	What are you trying to say?	
	What do you mean by that?	
B	It is none of your business.	남의 일에 신경 끄고 네 일에나 신경 써라./ 참견하지 마라.
	Mind your own business.	
	It is no business of yours.	
	Keep your nose out of this.	
	Please get off my back.	제발 나 좀 귀찮게 하지 마라./ 나 좀 내버려 둬라.
	Please leave me alone.	

(29) 다시 한 번 물을 때

A	I beg your pardon?/ Pardon (me)?/ Excuse me?	뭐라 말씀하셨죠?
	Come again?/ Would you come again?	다시 한 번 말씀해 주시겠어요?
B	I said I would quit this job.	저는 이 일을 그만두겠다고 말했습니다.

(30) 지루함 여부를 물어볼 때

A	Are you bored?	지루한가요?
B	I've had it.	(그건 이제) 지긋지긋해요./ 진절머리가 나요.
	I've had enough.	
	I'm sick of it.	
	I'm tired of it.	
	I'm sick and tired of it.	

(31) 선호를 물어볼 때

A	Which do you like better?	어떤 것을 더 선호하니?
B	It doesn't make any difference to me. (= It makes no difference to me.)	아무거나 상관없어./ 그건 나한테 중요하지 않아.
	I have no preference.	
	It's all the same to me.	
	It doesn't matter to me.	

(32) 상대방을 저지할 때 1

A	Don't go!	가지 마!
B	Don't get in my[the] way.	날 방해하지 마.
	Don't disturb me.	
	You get[stay] out of my way.	

(33) 상대방을 저지할 때 2

A	Don't say anything!	아무 말도 하지 마!
B	Let me finish.	내 말 좀 끝까지 들어 봐.
	Please hear me out.	
	Don't interrupt me.	

(34) 어려움을 물어볼 때

A	Is it difficult?	그거 어렵니?
B	It's just nothing.	그것은 누워서 떡 먹기야.
	Nothing is easier.	
	It's a piece of cake.	
	That's as easy as pie.	
	It's a cinch.	

(35) 의견에 동의할 때

A	I think he is insane.	내 생각에 그는 제정신이 아닌 것 같아.
B	I totally agree with you. (= I couldn't agree with you more.)	네 말이 맞다.
	You said it. = Said it.	
	You are right (on that point).	
	You can say that again.	
	You've got[made] a point there.	
	You are telling me.	

(36) 시간의 촉박함을 나타낼 때

A	How much time do we have?	우리 시간이 얼마나 있지?
B	What are you waiting for?	뭘 기다리는 거지?(지금 당장 하라는 의미)/ 서둘러./ 빨리 해.
	We have no time to lose.	
	Hurry up.	
	Make haste.	
	Get a move on.	
	We haven't got all day.	

(37) 감사를 표현할 때

A	Thanks a lot.	감사합니다.
	Thanks a million.	
	Many thanks to you.	
	I'm much obliged to you.	
	I'm very grateful to you.	
	I don't know how to thank you (enough).	
	I can't thank you enough.	
	How can I ever thank you?	
B	You're welcome.	천만에요.
	Sure.	
	No sweat.	
	No problem.	
	My pleasure.	
	The pleasure is mine.	
	Don't mention it.	
	Not at all.	
	You bet.	
	Forget it.	
	Think nothing of it.	

(38) 상황의 성격에 대해서 물어볼 때

A	What's up with you?		무슨 일 있어?
B	Something's come up.		급한 일이 좀 생겼어.
	It's not a big deal.		
	It's no big deal.		전혀 중요한 일이 아니야[별 일 아니야].
	What's the big deal?		
	It's nothing serious.		

(39) 일을 마무리할 때

A	Let's call it a day[night].	
	So much for today.	오늘 일은 여기까지 하자.
	Let's call it quits.	
B	Yes, Sir.	예, 선생님.

(40) 제안이나 권유할 때

A	Do you want to join me?	나랑 같이 할래?
B	Count me in.	나도 끼워 줘.
	Count me out.	난 빼 줘.

(41) 운동 경기 점수를 물어볼 때

A	What's the score?	점수는 어땠니?/ 점수가 몇 대 몇이었니?
B	The game was a draw.	
	The game ended in a draw.	경기는 무승부였어.
	The game ended in a tie.	
	The game was tied.	

(42) 상영 정보를 물어볼 때

A	What's in the theater?	뭐가 상영 중이죠?
	What's playing[running]?	
	What's on TV tonight?	오늘 밤에 TV에서 뭐 하지?
B	I am not sure. Let me find out.	잘 모르겠어. 내가 찾아볼게.

(43) 화장실에 갈 때

A	Nature calls me!	화장실 가고 싶어!
B	OK, you hurry up.	그래, 서둘러라.

(44) 빈자리 여부를 물을 때

A	Is this seat taken[occupied]?	여기 자리 있습니까?
B	Yes, my friend is sitting here.	예, 제 친구 자리인데요.
	I'm saving it for my friend.	제 친구 자리 맡아 놓은 건데요.
	No, have a seat.	아뇨, 앉으세요.
	Nobody has taken it.	아뇨, 빈자리입니다.

(45) 배고픔을 이야기할 때

A	You don't look good. What's up?	안색이 안 좋아 보인다. 무슨 일이니?
B	I'm starved[starving].	
	I'm starved to death.	배고파 죽겠어.
	My stomach is growling.	
	I'm famished.	

(46) 직업을 물어볼 때

A	What line of work[business] are you in?	
	What business are you in?	
	What do you do for a living?	
	What do you do?	직업이 무엇입니까?
	What are you?	
	What is your job?	
B	I have a part-time job.	저는 시간제 일을 하고 있습니다.

(47) 증상을 물어볼 때

A	What are the symptoms?	증상은 무엇입니까?
B	I have a sore throat.	목이 아픕니다.
	I have a runny nose.	콧물이 납니다.
	I have a stuffy nose.	코가 막혔어요.
	I'm running a temperature[fever].	열이 나요.
	I feel dizzy.	현기증이 납니다.
	I'm aching all over.	몸살이 났어요.
	I have a hangover.	숙취가 있어요.

(48) 사과할 때

A	I am so sorry.	정말 죄송합니다.
B	That's OK[all right].	
	It's nothing at all.	
	It doesn't matter.	괜찮습니다. (사과에 대한 대답)
	Never mind.	
	Don't worry.	

⒁ 기억 여부를 확인할 때

A	Do you remember that?	그거 기억나니?/ 이제 기억이 나니?
	Does it remind you?	
	Does it ring a bell?	
B	It's on the tip of my tongue.	생각이 날 듯 말 듯하다.
	That reminds me./ That rings a bell.	생각난다.
	It will come to me.	곧 생각이 날 거야.

02 필수 관용 표현

• Would you like another helping?	좀 더 드시겠습니까?
• It's all set./ I'm all set.	준비가 다 되었다./ 준비 완료.
• Act your age.	나이 값 좀 해라.
• Can I pick your brain?	네 머리 좀 빌리자./ 조언을 좀 구해도 될까?/ 나 좀 도와줄래?
• Great!/ Cool!/ Terrific!/ Awesome!/ Neat!/ Super!	멋진데!
• It serves him right!	그놈은 그런 꼴을 당해 싸다!
• He is something of a poet./ He is something like a poet.	그는 꽤나 한다 하는 시인이다.
• That'll do.	그거면 충분하다.
• That's it.	바로 그거야./ 맞아./ 그게 전부야.
• (Will) That be all?	그게 전부인가요?
• Be my guest.	먼저 하세요./ (허락에 대해) 그러세요.
• What is he like? cf. What does he like?	그는 어떤 사람이야? cf. 그 사람은 무엇을 좋아하니?
• You just name it.	무엇이든 말씀만 하세요.
• It will come to me.	곧 생각이 날 거야./ 곧 떠오를 거야.
• That'll be the day.	그런 일은 있을 수 없을 걸./ 불가능해./ 안 돼.
• This picture doesn't do you justice.	이 사진은 네 실물보다 못 나왔네.
• Don't boss me around.	나한테 이래라 저래라 하지 마.
• The ball is in your court.	결정권은 당신에게 있다.
• I'm at your service[order].	무엇이든 말씀만 하십시오./ 무엇이든 시켜만 주십시오.
• This car is a lemon.	이 차는 완전히 똥차이다.
• She has what it takes to be a star.	그녀는 스타가 될 만한 자질을 가지고 있다.
• Let's take five.	잠깐 쉬자.
• It really hits the spot.	정말 만족스럽다.
• He slept like a dog[log].	그는 세상 모르고 잤다.
• He eats like a horse.	그는 대식가이다.
• I was tongue-tied.	나는 말문이 막혔다.

• Let me put it in another way.	다른 식으로 말해 보죠.
• My ears are burning.	누가 내 말하나./ 누가 내 욕하고 있나.
• My mouth is watering.	군침이 도네.
• Which team are you rooting for?	어느 팀을 응원하니?
• Who would bell the cat?	어려운 일을 누가 떠맡을 건데?
• He always cuts it close[fine].	그는 항상 쓸데없는 돈[시간]은 안 쓰지.
• Keep it to yourself.	너 혼자만 알아.
• It's between ourselves.	딴 사람한텐 말하지 마.
• Something's come up.	급한 일이 생겼습니다.
• I'm through with her.	난 그녀와 헤어졌다.
• Let's talk turkey.	단도직입적으로 이야기하자./ 까놓고 말하자.
• He's on the wagon now.	그는 현재 금주 중이다.
• I don't buy what he said.	난 그가 한 말 안 믿어.
• Can you give me a doggy bag?	남은 것 좀 싸 주실래요?
• Hang in there./ Hang tough.	참고 견뎌라./ 버텨라.
• You have asked for it.	네가 자초한 일이지.
• You deserve it.	넌 그럴 만한 자격이 있어.
• That figures.	그러면 그렇지./ 그래서 그랬구나.
• That makes sense.	그래서 그랬구나./ 그거 말 되네.
• Beats me./ Search me!/ You've got me there.	잘 모르겠다.(= I don't know.)
• Don't get me wrong.	날 오해하지 마.
• Give me a ball park figure.	대충 좀 알려 줄래?
• Give me a break.	한 번만 봐줘./ 한 번만 더 기회를 줘.
• Take it or leave it.	사든지 말든지 해.
• This is on the house.	이것은 서비스로 드리는 거예요.
• I'm stuffed.	잔뜩 먹었다.
• I owe you a dinner.	네게 저녁을 빚졌어.
• My car got a dent.	차가 조금 찌그러졌다.
• It's raining in buckets.	비가 억수로 온다.
• Show your colors.	입장을 분명히 밝혀라.
• This is strictly off the record.	발표해서는 안 된다.
• You made it.	네가 해냈구나./ 제때에 와줬구나.
• Mary lay on her stomach.	Mary는 엎드렸다.
• There is no one by that name.	그런 이름을 가진 사람은 없다.
• Now, you're talking.	바로 그거야./ 이제야 말이 통하네.
• I don't know what you're getting at now.	무슨 말을 하는지 모르겠다.

• I'm home.	다녀왔습니다.
• What for?	왜?(문장 속에 사용)
• Take my word for it.	내 말을 믿어 달라.
• I spoke out of turn.	내가 주제넘었다.
• Over my dead body.	절대 안 된다.
• I'll take a rain check./ Let's take a rain check!	다음 기회로 미룰게./ 다음으로 미루자!
• That's the way it goes.	인생은 그런 것이다.
• I hear you.	바로 그 말이다(당신 말이 옳다).
• So far so good.	지금까지는 무난해.
• One day at a time.	하루하루 산다.
• Couldn't be better.	최상이다.
• Just so-so./ Fair to middling.	그저 그렇다.
• How humble of you.	너는 참 겸손하다.
• happy-go-lucky	낙천적인, 태평스러운
• It's in the eye of the beholder.	제 눈에 안경이다.
• There are wheels within wheels.	복잡한 사정이 있다.
• That's a switch.	변덕도 심하군.
• I'm all for it./ I'll buy that.	찬성이다.
• I'm easy to please.	어느 쪽이든 상관없다.
• I bet!	왜 안 그랬겠어!/ 설마 그럴라고!
• If the shoe fits, wear it.	옳다고 생각되면 따라라.
• You said it.	그건 맞는 말이야./ 좋아[맞아].
• I will give her the cold shoulder.	나는 그녀에게 쌀쌀맞게 굴 거야.
• You've gone too far.	너무했어.
• I have no hard feelings.	섭섭한 감정 없어./ 아무 유감 없어.
• Customers are always right.	고객은 왕이다.
• That's cutting it close.	(상황이) 아슬아슬하다, 절약하다.
• I took my eye off the ball.	나는 방심했다.
• It's water under the bridge.	이미 다 지나갈 일이다(과거지사이다).
• I got my feet wet.	나는 (이제 막) 발을 담갔다[시작했다].
• I'm behind steering wheel.	나는 운전을 한다.
• It's not my cup of tea.	그건 나의 취향이 아니야.
• I don't want to get ripped off.	나는 바가지를 쓰고 싶지 않아.
• People just drift apart.	사람들은 멀어지기 마련이야.
• I rack my brains.	나는 머리를 쥐어짠다.
• I feel under the weather.	나는 몸이 찌뿌듯하다.

• I am open to suggestions at this points.	나는 이 점에서 제안에 열려 있어.(언제든 추천해줘.)
• The brands are neck and neck.	그 브랜드들은 막상막하이다.
• We should back to square one.	우리는 원점으로 되돌아가야 한다.
• We could do it by the skin of our teeth.	우리는 가까스로 그것을 해낼 수 있었다.
• He made a tongue-in-cheek remark.	그는 농담조의 말을 했다.
• He sold her down the river.	그는 그녀를 배신했다.
• She jumped down his throat.	그녀는 그를 찍소리 못하게 했다.
• I gave it my best shot.	나는 내 최선을 다해보았다.

03 숫자 관련 주의할 표현

수사에는 다음의 세 가지가 있다.
❶ 기수사(Cardinal number): one, two, three, four, five...
❷ 서수사(Ordinal number): the first, the second, the third...
❸ 배수사(Multiplicative number): half, double, three times...

(1) 기수사

① 21~99까지: hyphen(-)을 붙인다.

- 21: twenty-one
- 68: sixty-eight
- 99: ninety-nine

② 100 이상의 수: hundred 다음에 and를 넣고 읽으며, 생략도 가능하다.

- 135: one hundred (and) thirty-five
- 567: five hundred (and) sixty-seven
- 921: nine hundred (and) twenty-one

③ 1,000 이상의 수: 세 자리마다 comma(,)를 두고 읽는다.

- 3,027: three thousand, (and) twenty-seven
- 5,397: five thousand, three hundred (and) ninety-seven
- 100,000: one hundred thousand
- 1,000,000: one million
- 10,000,000: ten million
- 1,234,567: one million, two hundred (and) thirty-four thousand, five hundred (and) sixty-seven

④ 소수점 읽기

- 2.5: two point five
- 34.805: thirty-four point eight nought[zero] five
- 0.3417: (nought[zero]) point three four one seven

⑤ 연대 읽기: 보통은 두 자리씩 끊어서 읽는다.
- 1994: nineteen ninety-four/ nineteen hundred and ninety-four/ one thousand nine hundred and ninety-four
- 1800: eighteen hundred
- 1801: eighteen hundred and one/ eighteen one

⑥ 전화번호 읽기
- (0431) 123-4560: o[ou, zero] four three one one two three four five six o[ou]

⑦ 시간 읽기
- 9:32 a.m.: nine thirty-two a.m. [ei:em] (a.m. = ante meridiem)
- 3:29 p.m.: three twenty-nine p.m. [pi:em] (p.m. = post meridiem)
- 11:55: eleven fifty-five/ five to twelve
- 11:05: eleven five/ five past eleven
- 11:15: eleven fifteen/ a quarter past eleven
- 11:30: eleven thirty/ a half past eleven

⑧ 금액 읽기
- $10.50: ten dollars and fifty cents

⑨ hundred, thousand, million: 자체 복수로 구체적 숫자가 앞에 오면 복수형 어미를 생략한다. 막연한 수를 나타낼 때는 복수형 어미와 전치사 of를 사용한다.
- five million
- hundreds of ~/ thousands of ~

(2) 서수사

① first, second, third 이외에는 기수에 -th를 붙여 서수를 만들며, 앞에는 원칙적으로 the를 붙여서 읽는다.
- the first, the second, the third, the fourth, the fifth, the last, ...
- He was the first president of the university. 그는 그 대학의 첫 번째 총장이었다.

② 6월 15일: Jun. 15 〈June (the) fifteen(th)〉

③ World War Ⅱ: World War two(= the Second World War)
cf. a Third World War (3차 세계대전)

④ Napoleon Ⅲ: Napoleon the Third

⑤ 분수 읽기: 분자는 기수, 분모는 서수로 읽는다.

| 분자 ← 기수 |
| 분모 ← 서수(단, 분자가 1보다 크면, 서수+-s) |

- $\frac{1}{2}$: a half, one half, a second, one second
- $\frac{2}{3}$: two-thirds
- $\frac{1}{3}$: a[one] third
- $\frac{1}{4}$: a[one] fourth, a[one] quarter

- $4\dfrac{2}{7}$: four and two sevenths

- $2\dfrac{1}{2}$: two and a half

- $\dfrac{38}{57}$: thirty-eight over fifty-seven

  ※ 숫자가 두 단위 이상이면 over를 사용한다.

  ㉠ 분수의 수는 그 뒤의 명사에 따라 결정된다.

   - Two-thirds of the apples were bad. 사과의 2/3가 상했다.
   - Two-thirds of the land was uncultivated. 토지의 2/3가 경작되지 않았다.

  ㉡ one and a half는 단수로 받는다.

(3) 배수사

① half(반절), double(두 배의), triple(세 배의), twofold(이중의), threefold(삼중의), three times(세 배의), four times(네 배의)

② 배수사는 관사(a/ an/ the) 앞에 온다.

  - I had to pay double the usual price. 나는 보통 가격의 두 배를 지불해야 했다.
  - I walked for about half an hour last Sunday. 나는 지난 일요일에 30분쯤 걸었다.

③ 배수사 + as ～ as

  - China is about twenty times as large as Korea.

    = China is about twenty times the area of Korea. 중국은 한국의 약 20배나 더 크다.
  - This is half as large as that.

    = This is half the size of that. 이것은 저것의 크기의 반절이다.
  - Beckham has twice as much money as I have. Beckham은 내가 가진 돈의 두 배를 가지고 있다.
  - This is three times as large as that.

    = This is three times the size of that. 이것은 저것의 세 배만큼 크다.

01 필수 생활영어 표현

교수님 코멘트▶ 생활영어는 관용표현에 대한 이해와 대화에 대한 이해 두 가지 영역으로 나눌 수 있다. 다양한 기출문제를 통해 두 가지 영역 모두 숙지할 수 있도록 관련 문제들을 수록하였다.

01 밑줄 친 부분에 들어갈 말로 가장 적절한 것을 고르시오.

2025 출제 기조 전환 예시 문항

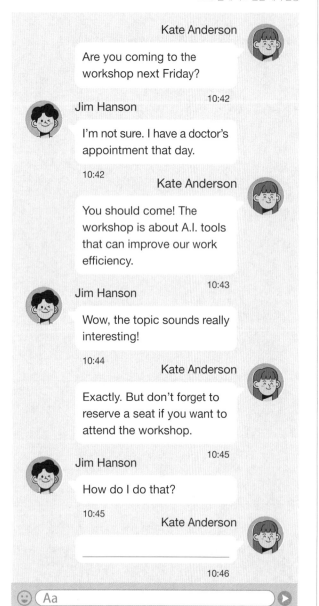

① You need to bring your own laptop.
② I already have a reservation.
③ Follow the instructions on the bulletin board.
④ You should call the doctor's office for an appointment.

---

01 적절한 표현 고르기

③ 다가올 워크숍 참석 여부 및 예약에 관한 메신저 대화 내용이다. 대화 마지막 부분에서 Kate Anderson이 워크숍 참석을 위해서는 예약이 필요하다고 언급하자, Jim Hanson이 어떻게 예약을 하는지 묻고 있다. 이에 대한 응답으로 적절한 것은 '게시판에 있는 설명[지시 사항]을 따르라'는 ③이다.

| 해석 | Kate Anderson: 다음 주 금요일에 워크숍에 오시나요?
Jim Hanson: 잘 모르겠어요. 그 날에 병원 예약이 있어요.
Kate Anderson: 오셔야 해요! 그 워크숍은 우리의 업무 효율을 향상시킬 수 있는 인공지능 도구에 대한 거예요.
Jim Hanson: 와, 주제가 정말 흥미롭네요!
Kate Anderson: 맞아요. 하지만 워크숍에 참석하고 싶다면 자리를 예약하는 걸 잊지 말아요.
Jim Hanson: 어떻게 하나요?
Kate Anderson: 게시판에 있는 설명을 따르세요.
① 당신은 자신의 노트북을 가져와야 해요.
② 저는 이미 예약을 했어요.
③ 게시판에 있는 설명을 따르세요.
④ 예약을 하려면 병원에 전화를 해야 해요.

| 어휘 | **workshop** 워크숍, 연수회
doctor's appointment 병원 예약, 의사와의 진료 약속
A.I. 인공지능(artificial intelligence)　　**tool** 도구, 수단
efficiency 효율, 능률　　**reserve** 예약하다
attend 참석하다, 참가하다　　**laptop** 노트북
reservation 예약　　**instruction** 설명, 지시
bulletin board 게시판

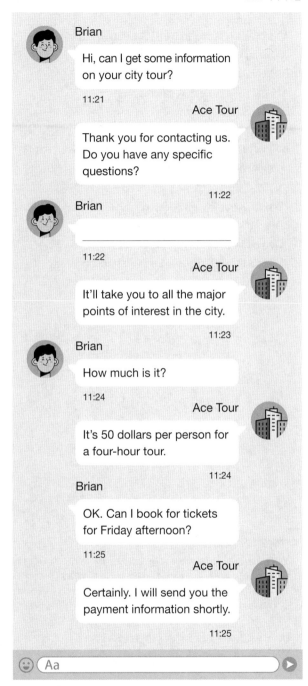

Brian
Hi, can I get some information on your city tour?
11:21

Ace Tour
Thank you for contacting us. Do you have any specific questions?
11:22

Brian
_____
11:22

Ace Tour
It'll take you to all the major points of interest in the city.
11:23

Brian
How much is it?
11:24

Ace Tour
It's 50 dollars per person for a four-hour tour.
11:24

Brian
OK. Can I book for tickets for Friday afternoon?
11:25

Ace Tour
Certainly. I will send you the payment information shortly.
11:25

① How long is the tour?
② What does the city tour include?
③ Do you have a list of tour packages?
④ Can you recommend a good tour guide book?

---

02 적절한 표현 고르기

② 빈칸 Brian의 질문에 대한 응답으로 Ace Tour가 "It'll take you to all the major points of interest in the city(그것은 당신을 도시의 모든 주요 명소로 데려가 줄 거예요)."라고 말하고 있으므로, Brian은 '그것(도시 투어)을 통해 무엇을 경험할 수 있는지 묻고 있음'을 유추할 수 있다. 따라서, 보기 중 질문으로 가장 적절한 것은 '② What does the city tour include?(그 도시 투어에는 무엇이 포함되어 있나요?)'이다.

| 해석 | Brian: 안녕하세요. 귀사의 도시 투어에 대한 정보를 좀 얻을 수 있을까요?
Ace Tour: 연락해주셔서 감사합니다. 구체적인 질문이 있으신가요?
Brian: 그 도시 투어에는 무엇이 포함되어 있나요?
Ace Tour: 그것은 당신을 도시의 모든 주요 명소로 데려가 줄 거예요.
Brian: 얼마예요?
Ace Tour: 4시간 투어에 1인당 50달러입니다.
Brian: 알겠습니다. 금요일 오후로 4인 예약할 수 있을까요?
Ace Tour: 물론이죠. 곧 결제 정보를 보내드리겠습니다.
① 투어는 얼마나 걸리나요?
② 그 도시 투어에는 무엇이 포함되어 있나요?
③ 투어 패키지들 목록이 있나요?
④ 좋은 여행 안내 책을 추천해 주실 수 있나요?

| 어휘 | **point** 지점, 장소   **book** 예약하다
shortly 곧, 이윽고

| 정답 | **01** ③   **02** ②

두 사람의 대화 중 가장 어색한 것은?

① A: I'm so nervous about this speech that I must give today.

   B: The most important thing is to stay cool.

② A: You know what? Minsu and Yujin are tying the knot!

   B: Good for them! When are they getting married?

③ A: A two-month vacation just passed like one week. A new semester is around the corner.

   B: That's the word. Vacation has dragged on for weeks.

④ A: How do you say 'water' in French?

   B: It is right on the tip of my tongue, but I can't remember it.

밑줄 친 부분에 들어갈 말로 가장 적절한 것을 고르시오.

> A: I heard that the university cafeteria changed their menu.
> B: Yeah, I just checked it out.
> A: And they got a new caterer.
> B: Yes. Sam's Catering.
> A: _____?
> B: There are more dessert choices. Also, some sandwich choices were removed.

① What is your favorite dessert

② Do you know where their office is

③ Do you need my help with the menu

④ What's the difference from the last menu

---

03 어색한 대화 고르기

③ A는 방학 동안 시간이 빨리 지나가서 방학이 끝남을 아쉬워하고 있다. 이에 B가 That's the word(맞아).라고 맞장구를 치며 방학이 dragged on(너무 오랫동안 계속되었음)이라고 불평하는 취지로 답하는 것은 대화의 흐름상 어색하다.

| 해석 | ① A: 나는 오늘 해야 하는 연설이 너무 긴장돼.
B: 가장 중요한 것은 침착함을 유지하는 거야.
② A: 그거 아니? 민수와 유진이가 결혼을 한대!
  B: 잘됐다! 언제 결혼한대?
③ A: 2개월의 방학이 마치 일주일처럼 지나갔어. 새 학기가 코앞이야.
  B: 맞아. 방학이 몇 주 동안 질질 끌었어.
④ A: 프랑스어로 '물'을 어떻게 말하니?
  B: 혀끝에서 맴도는데, 기억을 못하겠어.

---

04 적절한 표현 고르기

④ 대화 초반에서 구내식당의 업체가 변경되었다고 설명하고 있고, 마지막 B의 대답을 통해 메뉴에서 추가된 것과 빠진 것이 무엇인지 알 수 있으므로, 빈칸에서 A는 이전의 메뉴와의 차이점에 관해 질문했을 것이라고 추측할 수 있다. 따라서 정답은 ④ What's the difference from the last menu?(예전 메뉴와 차이점은 무엇인가요?)이다.

| 해석 | A: 대학교 구내식당이 메뉴를 바꾸었다고 들었어요.
B: 맞아요, 저도 방금 확인했어요.
A: 그리고 새로운 업체를 고용했대요.
B: 그래요, Sam's Catering이에요.
A: 예전 메뉴와 차이점은 무엇인가요?
B: 디저트 메뉴 선택지가 더 많아졌어요. 그리고, 일부 샌드위치 메뉴는 없어졌어요.
① 당신이 가장 좋아하는 디저트는 무엇인가요
② 그들의 사무실이 어딘지 아시나요
③ 메뉴에 관해 제 도움이 필요하신가요
④ 예전 메뉴와 차이점이 무엇인가요

| 어휘 | **cafeteria** 구내식당, 카페테리아
caterer 음식 공급자

05

다음 대화 중 <u>어색한</u> 것은?

① A: Why doesn't this device function properly?
   B: You ought to plug in first.
② A: How long does it take from my house to his office?
   B: Hopefully, by the end of the week.
③ A: Do you know where I can rent a wheelchair?
   B: Try around at the back gate.
④ A: You're going to be present at the staff training session this weekend, aren't you?
   B: It's mandatory, isn't it?

06

밑줄 친 부분에 들어갈 말로 가장 적절한 것을 고르시오.

> A: Can I ask you for a favor?
> B: Yes, what is it?
> A: I need to get to the airport for my business trip, but my car won't start. Can you give me a lift?
> B: Sure. When do you need to be there by?
> A: I have to be there no later than 6:00.
> B: It's 4:30 now. _____. We'll have to leave right away.

① That's cutting it close
② I took my eye off the ball
③ All that glitters is not gold
④ It's water under the bridge

---

05 어색한 대화 고르기

② A는 집에서 사무실까지 이동하는 데 걸리는 시간을 묻고 있지만, B는 이에 대한 응답으로 '이번 주말까지'라는 기한을 제시하고 있으므로 이 대화는 어색하다. 따라서 정답은 ②이다.

| 해석 | ① A: 왜 이 장치가 제대로 작동하지 않지?
B: 먼저 플러그를 꽂아야 해.
② A: 우리 집에서 그의 사무실까지 얼마나 걸려?
  B: 바라건대, 이번 주말까지면 좋겠어.
③ A: 휠체어를 어디에서 빌릴 수 있는지 아십니까?
  B: 후문 주변에서 알아보세요.
④ A: 이번 주말에 직원 교육에 참석하시는 거죠, 그렇지 않나요?
  B: 꼭 가야 하는 거죠, 그렇지 않나요?

| 어휘 | **plug in** 전원을 연결하다, 플러그를 꽂다
mandatory 의무적인, 강요의

---

06 관용표현

① A는 공항에 6시까지 도착해야 하는 상황이다. B는 현재 4시 30분이라고 하며 당장 출발해야 한다고 말한 것으로 보아, 빈칸에 들어갈 가장 적절한 말은 ① That's cutting it close((상황 등이) 아슬아슬하다)이다. 참고로 cut it close는 '절약하다'의 의미로 사용되기도 한다.

| 해석 | A: 부탁 하나만 해도 될까요?
B: 네, 뭔데요?
A: 출장 때문에 공항에 가야 하는데, 차 시동이 걸리지 않아요. 저 좀 태워줄 수 있으세요?
B: 물론이죠, 언제까지 그곳에 도착해야 하나요?
A: 늦어도 6시까지는 도착해야 해요.
B: 지금이 4시 30분이에요. ① 아슬아슬하네요. 지금 당장 출발해야겠어요.
① 아슬아슬하네요
② 제가 방심했어요
③ 반짝인다고 다 금은 아니에요
④ 이미 다 지나간 일이에요

| 정답 | 03 ③   04 ④   05 ②   06 ①

밑줄 친 부분에 들어갈 말로 가장 적절한 것은?

A: Do you know how to drive?
B: Of course. I'm a great driver.
A: Could you teach me how to drive?
B: Do you have a learner's permit?
A: Yes, I got it just last week.
B: Have you been behind the steering wheel yet?
A: No, but I can't wait to _____.

① take a rain check
② get my feet wet
③ get an oil change
④ change a flat tire

밑줄 친 부분에 들어갈 말로 가장 적절한 것을 고르시오.

A: Were you here last night?
B: Yes. I worked the closing shift. Why?
A: The kitchen was a mess this morning. There was food spattered on the stove, and the ice trays were not in the freezer.
B: I guess I forgot to go over the cleaning checklist.
A: You know how important a clean kitchen is.
B: I'm sorry. _____

① I won't let it happen again.
② Would you like your bill now?
③ That's why I forgot it yesterday.
④ I'll make sure you get the right order.

---

07 관용표현

② A는 B에게 운전을 가르쳐 달라고 요청하고 있는 상황이다. 문맥을 통해서 A는 운전을 하고 싶은 의지가 있음을 짐작할 수 있으므로, 빈칸에 가장 적절한 것은 ② get my feet wet(발을 들이다)이다.

| 해석 | A: 운전하는 법을 아세요?
B: 물론이죠. 저는 운전을 잘해요.
A: 제게 운전을 가르쳐 줄 수 있으세요?
B: 임시 운전면허증을 가지고 있으세요?
A: 네, 지난주에 취득했어요.
B: 운전을 해 본 적이 있으세요?
A: 아뇨, 그렇지만 ② 발을 들이고(얼른 해 보고) 싶어서 참을 수가 없어요.
① 다음을 기약하다
② 발을 들이다, 해 보다
③ 오일을 교체하다
④ 펑크난 타이어를 교체하다

08 적절한 표현 고르기

① A가 지난밤 주방 청소를 잊은 B에게 청결한 주방의 중요성에 대해 말하고 있고, 이에 대해 B가 사과하고 있으므로, 이어서 빈칸에는 그 일이 다시 발생하지 않게 하겠다고 답하는 것이 가장 자연스럽다.

| 해석 | A: 어젯밤 여기에 있었나요?
B: 네, 저는 마감조로 일했어요. 왜 그러시죠?
A: 오늘 아침 주방이 엉망이었어요. 화로 위에 널려진 음식이 있었고 제빙 그릇은 냉동실에 없었어요.
B: 제가 청소 체크리스트 검토를 깜박한 것 같아요.
A: 청결한 주방이 얼마나 중요한지는 당신도 아시죠.
B: 죄송해요. ① 다시는 그러지 않을게요.
① 다시는 그러지 않을게요[그 일이 다시 발생하지 않게 할게요].
② 지금 계산서를 원하시나요?
③ 그게 제가 어제 그것을 깜박한 이유예요.
④ 주문한 음식이 제대로 나오도록 할게요.

밑줄 친 부분에 들어갈 말로 가장 적절한 것을 고르시오.

> A: What are you getting Ted for his birthday? I'm getting him a couple of baseball caps.
> B: I've been _____ trying to think of just the right gift. I don't have an inkling of what he needs.
> A: Why don't you get him an album? He has a lot of photos.
> B: That sounds perfect! Why didn't I think of that? Thanks for the suggestion!

① contacted by him
② sleeping all day
③ racking my brain
④ collecting photo albums

밑줄 친 부분에 들어갈 말로 가장 적절한 것을 고르시오.

> A: Did you have a nice weekend?
> B: Yes, it was pretty good. We went to the movies.
> A: Oh! What did you see?
> B: *Interstellar*. It was really good.
> A: Really? _____
> B: The special effects. They were fantastic. I wouldn't mind seeing it again.

① What did you like the most about it?
② What's your favorite movie genre?
③ Was the flm promoted internationally?
④ Was the movie very costly?

---

09 관용표현

③ 주어진 빈칸 이후의 I don't ~ needs.에서 Ted가 무엇이 필요한지 모른다고 언급하고 있다. 이는 어떤 아이디어를 생각해내기 위해서 노력하는 상황을 유추할 수 있으므로, 빈칸에는 선물을 생각해내기 위해 고민하며 머리를 짜낸다고 말하는 것이 가장 적절하다.

|오답해설| ① 연락을 받았다면 Ted에게 무엇이 필요한지 직접 물어 볼 수 있을 것이다. 그러나 다음 문장에서 전혀 모르겠다고 했으므로 적절하지 않다.
② 고민하고 있다고 했기 때문에 '하루 종일 자고 있다'는 적절하지 않다.
④ A가 앨범을 언급하고 나서야 B는 생일 선물로 앨범을 고려하기 시작했으므로 '사진 앨범을 수집하고 있다'는 적절하지 않다.

| 해석 | A: Ted에게 생일 선물로 뭘 줄 거야? 나는 그에게 야구 모자를 몇 개 줄 거야.
B: 나는 적당한 선물이 무엇이 있을까 고민하느라 ③ 머리를 짜내고 있어. 그가 무엇이 필요한지 짐작이 안 돼.
A: 그에게 앨범을 선물하는 건 어때? 그는 사진을 많이 가지고 있어.
B: 그거 정말 완벽하다! 내가 왜 그 생각을 못했을까? 제안해줘서 고마워!
① 그에게 연락을 받은
② 하루 종일 자고 있는
③ 머리를 짜내고 있는
④ 사진 앨범을 수집하고 있는

| 어휘 | inkling 눈치 챔, 느낌

---

10 적절한 표현 고르기

① B는 영화가 재미있었다고 말한 후, A의 질문에 '특수 효과'라고 답하고 있으므로, A는 해당 영화에 대한 구체적인 B의 의견을 묻고 있음을 알 수 있다. 따라서 빈칸에는 What did you like the most about it?(거기서 어떤 점이 가장 좋았니?)이 가장 적절하다.

| 해석 | A: 주말 잘 보냈니?
B: 응, 아주 좋았어. 우리는 영화 보러 갔어.
A: 오! 무엇을 봤니?
B: *Interstellar*. 정말 재미있었어.
A: 그래? ① 거기서 어떤 점이 가장 좋았니?
B: 특수 효과. 그것들은 아주 멋졌어. 난 그것을 또 봐도 괜찮을 것 같아.
① 거기서 어떤 점이 가장 좋았니?
② 네가 가장 좋아하는 영화 장르가 뭐니?
③ 그 영화는 전 세계적으로 홍보가 되었니?
④ 그 영화는 매우 비쌌니?

| 정답 | 07 ② 08 ① 09 ③ 10 ①

두 사람의 대화 중 가장 <u>어색한</u> 것은?

① A: Would you like to go to dinner with me this week?
   B: OK. But what's the occasion?
② A: Why don't we go to a basketball game sometime?
   B: Sure. Just tell me when.
③ A: What do you do in your spare time?
   B: I just relax at home. Sometimes I watch TV.
④ A: Could I help you with anything?
   B: Yes, I would like to. That would be nice.

---

11 어색한 대화 고르기

④ '도와 드릴까요?'라고 묻는 사람에게 자신이 그렇게 하고 싶다는 대답은 어울리지 않는다. Yes, please. 정도가 응답으로 적절하다. That would be nice.로 말하는 것도 나쁘지 않다.

| **오답해설** | ① 저녁을 먹으러 가자고 했을 때, '무슨 일로 먹자고 하는 것인가요?', '오늘 무슨 특별한 날인가요?'라는 말은 가능성 있는 대답이기 때문에 적절하다.
② 농구하자는 말에 동의하고 있으므로 적절하다.
③ 여가 시간에 무엇을 하는가 하는 말에 집에서 쉬면서 TV를 본다고 이야기하고 있으므로 적절하다.

| 해석 | ① A: 이번 주에 저랑 저녁 먹으러 가실래요?
B: 네. 그런데 무슨 일로요?
② A: 우리 언제 농구하러 가는 건 어때?
   B: 그러자. 언제 갈 건지만 말해.
③ A: 여가 시간에 뭐 하세요?
   B: 그냥 집에서 쉬어요. 종종 TV도 보고요.
④ A: 도와 드릴까요?
   B: 네, 제가 그러고 싶어요. 그게 좋겠네요.

| 어휘 | **occasion** (특별한) 행사, 의식 **spare** 여분의

밑줄 친 부분에 들어갈 말로 가장 적절한 것을 고르시오.

> A: May I help you?
> B: I bought this dress two days ago, but it's a bit big for me.
> A: _____
> B: Then I'd like to get a refund.
> A: May I see your receipt, please?
> B: Here you are.

① I'm sorry, but there's no smaller size.
② I feel like it fits you perfectly, though.
③ That dress sells really well in our store.
④ I'm sorry, but this purchase can't be refunded.

---

12 적절한 표현 고르기

① B가 이틀 전 드레스를 샀는데, 너무 크다고 A에게 말하고 있다. 곧 A의 대답을 들은 B가 환불을 요구하고 있으므로, A는 '사이즈 교환'이 어려운 상황을 설명했을 것임을 유추할 수 있다. 선택지 중 ①에서 더 작은 사이즈가 없다고 말한 것은, '사이즈 교환'이 안 된다는 설명을 한 것이므로 정답은 ①이다.

| 해석 | A: 도와 드릴까요?
B: 이틀 전에 이 드레스를 샀는데요, 저에겐 조금 크네요.
A: ① <u>죄송하지만, 더 작은 사이즈는 없어요.</u>
B: 그렇다면, 환불을 하고 싶어요.
A: 영수증 좀 볼 수 있을까요?
B: 여기요.
① 죄송하지만, 더 작은 사이즈는 없어요.
② 그런데 제 생각에 이게 당신에게 딱 맞는 것 같아요.
③ 그 드레스는 우리 가게에서 정말 잘 팔려요.
④ 죄송하지만, 이건 환불해드릴 수 없어요.

| 어휘 | **get a refund** 환불받다   **feel like** ~을 하고 싶다
fit (모양·크기가 어떤 사람·사물에) 맞다
sell 팔다, 팔리다   **purchase** 구입한 것; 구입하다

13

밑줄 친 부분에 들어갈 말로 가장 적절한 것은?

> A: My computer just shut down for no reason. I can't even turn it back on again.
> B: Did you try charging it? It might just be out of battery.
> A: Of course, I tried charging it.
> B: _____
> A: I should do that, but I'm so lazy.

① I don't know how to fix your computer.
② Try visiting the nearest service center then.
③ Well, stop thinking about your problems and go to sleep.
④ My brother will try to fix your computer because he's a technician.

---

13 적절한 표현 고르기

② 컴퓨터가 이유 없이 꺼지고 충전을 해도 동작이 안 되는 상황이다. 빈칸 뒤의 A가 그것을 해야 하지만 귀찮다고 하는 것으로 보아 빈칸에는 가까운 서비스 센터를 방문해 보라는 ②가 가장 적절하다.

| 해석 | A: 내 컴퓨터가 이유 없이 그냥 꺼졌어. 심지어 다시 켤 수도 없어.
B: 충전은 해 봤어? 배터리가 나간 것일지도 몰라.
A: 물론이지, 충전해 봤어.
B: ② 그럼 가까운 서비스 센터를 방문해 봐.
A: 그래야겠지만 내가 너무 게을러.
① 너의 컴퓨터를 어떻게 고쳐야 하는지 모르겠어.
② 그럼 가까운 서비스 센터를 방문해 봐.
③ 글쎄, 네 문제에 대해 그만 생각하고 자러 가.
④ 나의 오빠가 너의 컴퓨터를 고쳐 주려고 할 거야. 그는 기술자이거든.

| 어휘 | **charge** 충전하다   **be out of battery** 배터리가 나가다
technician 기술자

14

밑줄 친 부분에 들어갈 말로 가장 적절한 것을 고르시오.

> A: So, Mr. Wong, how long have you been living in New York City?
> B: I've been living here for about seven years.
> A: Can you tell me about your work experience?
> B: I've been working at a pizzeria for the last three years.
> A: What do you do there?
> B: I seat the customers and wait on them.
> A: How do you like your job?
> B: It's fine. Everyone's really nice.
> A: _____
> B: It's just that I want to work in a more formal environment.
> A: Okay. Is there anything else you would like to add?
> B: I am really good with people. And I can also speak Italian and Chinese.
> A: I see. Thank you very much. I'll be in touch shortly.
> B: I hope to hear from you soon.

① So, what is the environment like there?
② Then, why are you applying for this job?
③ But are there any foreign languages you are good at?
④ And what qualities do you think are needed to work here?

---

14 적절한 표현 고르기

② 빈칸 이전에서 B는 현재 직장에 만족하고 있다고 답변하고 있으나, 빈칸 이후에서는 공식적인 환경에서 일하고 싶다는 의지를 표명하고 있다. 따라서 빈칸에는 B가 왜 이 직무에 지원하는지를 묻는 ②가 들어가는 것이 가장 적절하다.

| 해석 | A: 그래서 Wong 씨, 뉴욕 시에서는 얼마나 오래 거주하셨습니까?
B: 이곳에서 약 7년 동안 살고 있습니다.
A: 업무 경력에 대해 설명해 주시겠어요?
B: 지난 3년간 피자 가게에서 일하고 있습니다.
A: 그곳에서 어떤 일을 하시죠?
B: 손님들에게 자리를 안내하고 서빙을 합니다.
A: 그 일에 대해 어떻게 생각하세요?
B: 좋습니다. 모두들 좋은 사람들입니다.
A: ② 그렇다면, 왜 이 직무에 지원하십니까?
B: 저는 단지 조금 더 공식적인 환경에서 일을 하고 싶기 때문입니다.
A: 알겠습니다. 다른 덧붙일 말씀이 있나요?
B: 저는 사람들과 잘 지냅니다. 또한 이탈리아어와 중국어를 할 수 있습니다.
A: 알겠습니다. 감사합니다. 곧 연락드리겠습니다.
B: 얼른 소식을 듣고 싶습니다.
① 그래서 그곳 환경은 어떻습니까?
② 그렇다면, 왜 이 직무에 지원하십니까?
③ 그런데 능숙하신 다른 외국어가 있습니까?
④ 이곳에서 일하기 위해 어떤 자질이 필요하다고 생각하십니까?

| 정답 | 11 ④   12 ①   13 ②   14 ②

15

밑줄 친 부분에 들어갈 말로 가장 적절한 것은?

Jane Fox: Hello, this is Jane Fox from Prime Company calling. May I speak to Mr. Kim?

Ted Kim: Good morning, Ms. Fox. This is Ted Kim.

Jane Fox: Hi, Mr. Kim. I'd like to place an order for a number of your Comfort desk units.

Ted Kim: Sure. How many are you interested in ordering?

Jane Fox: I'd like 75 units by the end of the month. Could I get an estimate before placing an order?

Ted Kim: Of course. I'll have it for you by the end of the day.

Jane Fox: Sounds good. _____

Ted Kim: Certainly. Our delivery dates depend on your location, but we can usually deliver within 14 business days.

① Are the estimates accurate?

② Can you give me an approximate cost?

③ Do you ship door-to-door?

④ Is it the major cause of delayed delivery?

---

15 적절한 표현 고르기

③ 빈칸 다음 대화에서 Ted Kim은 배송 소요 시간에 대해 설명하고 있다. 따라서 Jane Fox가 빈칸에서 배송과 관련하여 질문을 던졌음을 추측할 수 있다. 배송과 관련된 선택지는 ③④인데, 본문은 배송을 하기 전의 상황이므로 ③이 빈칸에 적절하다.

| 해석 | Jane Fox: 안녕하세요, Prime Company의 Jane Fox입니다. Mr. Kim과 통화할 수 있을까요?

Ted Kim: 좋은 아침이에요, Fox 씨. 제가 Ted Kim입니다.

Jane Fox: 안녕하세요, Mr. Kim. 제가 귀사의 컴포트 책상을 여러 개 주문하고 싶습니다.

Ted Kim: 그렇군요. 몇 개 정도 주문하고 싶으세요?

Jane Fox: 이번 달 말까지 75개를 주문하고 싶어요. 주문하기 전에 견적서를 받아볼 수 있을까요?

Ted Kim: 물론입니다. 오늘까지 보내드리겠습니다.

Jane Fox: 좋아요. ③ 택배로 보내주시나요?

Ted Kim: 그렇습니다. 저희 배송 날짜는 손님 거주지에 따라 다르지만, 보통 평일은 14일 이내로 배송해드릴 수 있습니다.

① 견적서들이 정확한가요?

② 대략적인 비용을 알려주실 수 있으세요?

③ 택배로 보내주시나요?

④ 그것이 배송이 지연된 주요 원인인가요?

| 어휘 | **place an order** 주문하다　　**door-to-door** 집집마다, 택배로

16

빈칸에 들어갈 가장 적절한 것은?

A: What are you doing?

B: I'm going to change the light bulb. It burnt out.

A: _____?

B: A couple of dictionaries and some textbooks.

A: Are you crazy?

B: What's the matter?

A: Those books will slip and you'll fall.

B: It's only a couple of feet.

① How many dictionaries and textbooks are you studying

② What are you standing on

③ What kinds of books do you want to buy

④ What is the best way to change the light bulb

---

16 적절한 표현 고르기

② 대화 후반부에서 A가 '저 책들이 미끄러지면 넌 떨어질 거야'라고 말하고 있으므로 B가 전구를 갈기 위해 책 위에 올라서 있는 것을 알 수 있다. 따라서 빈칸에 적절한 질문은 ②이다.

|오답해설| 나머지 선택지들은 빈칸 다음에 나온 사전과 책(dictionaries and books)이나 전구를 가는 것(to change the light bulb)과 같이 B가 지금 하는 것을 연관시켜 만든 질문일 뿐 빈칸 다음에 나오는 답에 대한 적절한 질문들이 아니다.

| 해석 | A: 너 뭐하는 중이야?

B: 나는 전구를 갈아 끼우려고 해. 전구가 다 됐어.

A: ② 너는 뭐 위에 서 있는 거야?

B: 두서너 권의 사전과 교과서 몇 권이야.

A: 너 제정신이야?

B: 무슨 문제 있어?

A: 저 책들이 미끄러지면 넌 떨어질 거야.

B: 겨우 몇 피트 올라온 것 뿐이야.

① 너는 몇 권의 사전과 교과서를 공부하는 중이야

② 너는 뭐 위에 서 있는 거야

③ 너는 어떤 종류의 책을 사고 싶어

④ 무엇이 전구를 교체하는 최고의 방법이야

| 어휘 | **light bulb** 전구　　　　**burn out** 타버리다, 연소하다

textbook 교과서　　　　　　**slip** 미끄러지다

a couple of 두서너 개의, 몇 개의

feet 피트(길이의 단위로 약 12인치에 해당)

17

다음 대화 중 어색한 것은?

① A: Why don't you join us for camping tonight?
   B: Sorry, I'm grounded for the time being.
② A: I heard you're making another movie! Can I be in it?
   B: Sure thing. Cast and crew meeting Saturday at Kimberly's.
③ A: What would you say if you are asked to be a leader of the team?
   B: Not my place to judge.
④ A: What are you doing up so early on Saturday?
   B: It's a pity that you cannot work this out.

18

빈칸에 들어갈 가장 적절한 것은?

> A: Why were you teasing Mary about her new hairstyle? She looks really upset at what you said.
> B: I didn't mean to offend her. I was simply making a joke about too elaborate decoration for a girl of her young, tender age.
> A: Well, she thought you were serious. She had no idea that you were _____.
> B: I'm really sorry. I guess I owe her an apology.

① making a tongue-in-cheek remark
② selling her down the river
③ jumping down her throat
④ giving it your best shot

---

17 어색한 대화 고르기

④ A는 토요일에 무엇을 하는지 물어보고 있는데 B는 어떤 문제에 대해 유감을 표시하고 있는 대화이다. 즉 서로 어울리지 않으므로 정답은 ④이다.

| 해석 | ① A: 오늘 우리랑 캠핑하는 거 어때?
B: 미안. 난 당분간은 외출 금지야.
② A: 당신이 새로운 영화를 제작한다고 들었어요! 제가 거기에 들어갈 수 있을까요?
   B: 물론이죠. Kimberly네에서 토요일에 출연진 및 제작진 회의가 있어요.
③ A: 당신이 팀 리더가 되도록 요청을 받는다면 어떻게 하실 거예요?
   B: 제가 판단할 상황은 아닌 거 같네요.
④ A: 토요일에 이렇게 일찍 깨서 뭐하고 있어?
   B: 네가 이걸 해결 못 한다는 게 유감이야.

| 어휘 | **Why don't you** ~하는 게 어때?
be grounded 외출금지 되다   **for the time being** 당분간, 우선은
sure thing 물론이지(= sure)   **cast** 출연진
not one's place to judge ~가 판단할 사항은 아니다
pity 유감, 연민   **work out** 해결하다; 운동하다

---

18 관용표현

① 본문의 대화를 통해서 B가 Mary를 놀리려는 의도를 가지고 있지 않고 농담을 하였음을 알 수 있다. 이에 A는 Mary가 그것이 단지 농담이었음을 모르고 있다는 내용을 B에게 전달하는 내용이 빈칸에 들어가는 것이 가장 적절하다. 빈칸 이후의 B의 반응을 통해서 놀리려는 의도가 전혀 없었음을 다시 한 번 알 수 있다.

| 해석 | A: 너 왜 Mary의 새로운 헤어스타일에 대해 놀렸니? 그녀는 너의 말에 정말로 화난 것처럼 보여.
B: 나는 그녀의 기분을 상하게 할 의도는 없었어. 나는 그냥 어리고 여린 나이의 여자치고는 너무나 공들인 머리장식에 대해 농담을 했을 뿐이야.
A: 그녀는 네가 진지하다고 생각했어. 그녀는 네가 ① 놀린다는 걸 몰랐어.
B: 정말로 미안해. 내가 그녀에게 사과해야 되겠어.
① 놀린다는
② 그녀를 홀대하는
③ 그녀를 끽소리 못하게 하는
④ 너의 최선을 다하는

| 어휘 | **tease** 놀리다
tongue-in-cheek remark 놀림조의 말, 조롱

| 정답 | 15 ③   16 ②   17 ④   18 ①

19

빈칸에 들어갈 표현으로 가장 적절한 것은?

A: What have you done for this project so far? Because it seems to me like you haven't done anything at all.
B: That's so rude! I do lots of work. It's you who is slacking off.
A: I don't see why you always have to fight with me.
B: _____. We wouldn't fight if you didn't initiate it!

① It takes two to tango
② More haste less speed
③ He who laughs last laughs longest
④ Keep your chin up

---

19 관용표현

① 빈칸 전에 A가 '왜 너는 항상 나랑 싸워야만 하는지 모르겠다'라고 하자 B가 빈칸 다음에 '만약 네가 그것을 시작하지 않았다면 우리는 싸우지 않았을 거야.'라고 하고 있으므로 서로 상대방 때문에 싸움을 한다고 이야기하고 있음을 알 수 있다. 따라서 빈칸에 가장 적절한 표현은 ①이다.

| 해석 | A: 너는 지금까지 이 프로젝트를 위해 무엇을 해왔어? 왜냐면 나한테는 네가 아무것도 안 해왔던 것처럼 보여.
B: 정말 무례하네! 나는 많은 것을 하고 있어. 게으름을 부린 건 너야.
A: 왜 너는 항상 나랑 싸워야만 하는지 모르겠다.
B: ① 손바닥도 마주쳐야 소리가 나지. 만약 네가 시작하지 않았다면 우리는 싸우지 않을 거야!
① 손바닥도 마주쳐야 소리가 난다
② 더 서두르면 더 느려진다
③ 마지막에 웃는 사람이 가장 오래 웃는다
④ 용기를 잃지 마

| 어휘 | so far 지금까지　　　at all 조금도, 전혀
rude 무례한　　　slack off 빈둥대다
initiate 시작하다　　　haste 서두름, 급함
keep one's chin up 용기를 잃지 않다

20

밑줄 친 부분에 들어갈 말로 가장 적절한 것은?

A: Every time I use this home blood pressure monitor, I get a different reading. I think I'm doing it wrong. Can you show me how to use it correctly?
B: Yes, of course. First, you have to put the strap around your arm.
A: Like this? Am I doing this correctly?
B: That looks a little too tight.
A: Oh, how about now?
B: Now it looks a bit too loose. If it's too tight or too loose, you'll get an incorrect reading.
A: _____
B: Press the button now. You shouldn't move or speak.
A: I get it.
B: You should see your blood pressure on the screen in a few moments.

① Should I check out their website?
② Right, I need to read the book.
③ Oh, okay. What do I do next?
④ I didn't see anything today.

---

20 적절한 표현 고르기

③ A는 가정용 혈압기 사용 방법을 B에게 묻고 있다. B는 줄을 너무 꽉 매거나 느슨하게 매면 잘못된 정보를 얻게 될 것이라 말하고 있다. 빈칸 다음에 B가 다음 단계에 대해서 설명하고 있으므로, A는 선택지 ③과 같이 그다음엔 무엇을 해야 하는지 묻는 것이 가장 적절하다.

| 해석 | A: 가정용 혈압 모니터기를 사용할 때마다, 다른 측정값이 나와요. 제가 잘못 사용하고 있는 것 같아요. 올바르게 사용하는 법을 보여줄 수 있나요?
B: 네, 물론이죠. 먼저, 끈(줄)을 팔에 둘러주셔야 해요.
A: 이렇게요? 저 맞게 하는 것인가요?
B: 좀 너무 꽉 매셨네요.
A: 아, 지금은 어떤가요?
B: 지금은 너무 느슨하게 보이네요. 너무 꽉 매거나 느슨할 경우에, 부정확한 값을 얻을 수 있어요.
A: ③ 아, 알겠어요. 그다음엔 무엇을 해야 하죠?
B: 지금 버튼을 누르세요. 움직이거나 말하시지 않는 게 좋아요.
A: 알았어요.
B: 곧 화면에서 혈압을 보실 수 있어요.
① 제가 그들의 웹사이트를 확인해야 하나요?
② 맞아요, 저는 책을 읽어야 해요.
③ 아, 알겠어요. 그다음엔 무엇을 해야 하죠?
④ 저는 오늘 아무것도 못 봤어요.

21

밑줄 친 부분에 들어갈 말로 가장 적절한 것을 고르시오.

> A: Hi there. May I help you?
> B: Yes, I'm looking for a sweater.
> A: Well, this one is the latest style from the fall collection. What do you think?
> B: It's gorgeous. How much is it?
> A: Let me check the price for you. It's $120.
> B: _____.
> A: Then how about this sweater? It's from the last season, but it's on sale for $50.
> B: Perfect! Let me try it on.

① I also need a pair of pants to go with it
② That jacket is the perfect gift for me
③ It's a little out of my price range
④ We are open until 7 p.m. on Saturdays

22

대화의 흐름으로 보아 빈칸에 들어갈 가장 적절한 표현은?

> A: David, I am having a problem with reading this chart.
> B: What's wrong?
> A: I think I understand latitude and longitude, but I do not fully understand minutes and seconds.
> B: Well, "minutes" and "seconds" mean something different in nautical terms. _____.
> A: What do you mean?
> B: Well, a nautical minute measures distance.

① They are not the same as ordinary ones
② They use the various navigational techniques
③ They are different depending on how to use GPS
④ People have trained students to draw their own charts
⑤ People have used the different technology since early human history

---

21 적절한 표현 고르기

③ A가 제품의 가격을 이야기해주자 B가 빈칸의 답변을 하고, 이어서 A가 더 저렴한 제품을 추천해 주고 있으므로 B는 처음 제안받은 제품의 가격이 높다고 이야기했을 가능성이 있다. 따라서 선지 중 가장 적절한 것은 ③ It's a little out of my price range(제가 생각한 가격대에 좀 맞지 않아요)이다.

| 해석 | A: 안녕하세요. 도와드릴까요?
B: 네, 저는 스웨터를 찾고 있어요.
A: 음, 이게 가을 컬렉션에서 나온 최신 스타일이에요. 어때요?
B: 멋지네요. 얼마죠?
A: 가격을 확인해 볼게요. 120달러예요.
B: ③ 제가 생각한 가격대에 좀 맞지 않아요.
A: 그러면 이 스웨터는 어떠세요? 지난 시즌에 나온 것이지만 50달러에 할인 중이에요.
B: 완벽해요! 한번 입어볼게요.
① 이것과 어울리는 바지도 필요해요
② 이 재킷은 저를 위한 완벽한 선물이에요
③ 제가 생각한 가격대에 좀 맞지 않아요
④ 토요일에 저희는 7시까지 열어요

| 어휘 | **gorgeous** (아주) 멋진
try on 입어보다
go with 어울리다
price range 가격대, 가격 폭

22 적절한 표현 고르기

① 빈칸 전에 B가 "분"과 "초"는 항해 용어에서 의미가 다르다고 하였으므로 우리가 흔히 알고 있는 의미가 항해에서는 다르다는 것을 알 수 있다. 따라서 빈칸에 적절한 표현은 ① They are not the same as ordinary ones(그것들은 일반적인 뜻과 같지 않아요)이다.

| 해석 | A: David, 저는 이 차트를 읽는 데 문제가 있어요.
B: 문제가 뭐예요?
A: 저는 제가 위도와 경도를 이해한다고 생각했는데, 저는 분과 초를 완벽하게 이해하지는 못하네요.
B: 글쎄요, "분"과 "초"는 항해 용어에서 다른 것을 의미해요. ① 그것들은 일반적인 뜻과 같지 않아요.
A: 무슨 뜻이에요?
B: 음, 항해의 분은 거리를 측정해요.
① 그것들은 일반적인 뜻과 같지 않아요
② 그들은 다양한 항해적 기술을 사용해요
③ 그것들은 GPS를 어떻게 사용하는지에 따라 달라요
④ 사람들은 자기 자신의 차트를 그리도록 학생들을 훈련시켰어요
⑤ 사람들은 초기 인간 역사 이래로 다른 기술들을 사용해 왔어요

| 어휘 | **latitude** 위도　　　　　　**longitude** 경도
nautical 항해의　　　　　　**term** 용어
navigational 항해의

| 정답 | 19 ①　　20 ③　　21 ③　　22 ①

내가 꿈을 이루면
나는 다시 누군가의 꿈이 된다.

– 이도준

여러분의 작은 소리
에듀윌은 크게 듣겠습니다.

본 교재에 대한 여러분의 목소리를 들려주세요.
공부하시면서 어려웠던 점, 궁금한 점,
칭찬하고 싶은 점, 개선할 점, 어떤 것이라도 좋습니다.

에듀윌은 여러분께서 나누어 주신 의견을
통해 끊임없이 발전하고 있습니다.

에듀윌 도서몰 book.eduwill.net
· 부가학습자료 및 정오표: 에듀윌 도서몰 → 도서자료실
· 교재 문의: 에듀윌 도서몰 → 문의하기 → 교재(내용, 출간) / 주문 및 배송

2025 에듀윌 9급공무원 기본서 영어 독해

발 행 일	2024년 6월 20일 초판
편 저 자	성정혜
펴 낸 이	양형남
펴 낸 곳	(주)에듀윌
등록번호	제25100-2002-000052호
주 소	08378 서울특별시 구로구 디지털로34길 55
	코오롱싸이언스밸리 2차 3층

www.eduwill.net
대표전화 1600-6700

에듀윌에서 꿈을 이룬
합격생들의 진짜 합격스토리

에듀윌 강의·교재·학습시스템의 우수성을
합격으로 입증하였습니다!

에듀윌만의 탄탄한 커리큘럼 덕분에 공시 3관왕 달성

김○은 국가직 9급 일반행정직 최종 합격

혼자서 공부하다 보면 지금쯤 뭘 해야 하는지, 내가 잘하고 있는지 걱정이 될 때가 있는데 에듀윌 커리큘럼은 정말 잘 짜여 있어 고민할 필요 없이 그대로 따라가면 되는 시스템이었습니다. 커리큘럼이 기본이론-심화이론-단원별 문제풀이-기출 문제풀이-파이널로 풍부하게 구성되어 인강만으로도 국가직, 지방직, 군무원 3개 직렬에 충분히 합격할 수 있었습니다. 혼자 공부하다 보면 내 위치를 스스로 가늠하기 어려운데, 매달 제공되는 에듀윌 모의고사를 통해서 제 수준이 어느 정도인지 파악할 수 있어서 좋았습니다.

에듀윌 교수님들의 열정적인 강의는 업계 최고 수준!

신○은 국가직 9급 일반행정직 최종 합격

에듀윌 교수님들의 강의가 열정적이어서 좋았습니다. 타사의 유명 행정법 강사분의 강의를 잠깐 들은 적이 있었는데, 그분이 기대만큼 좋지 못해서 열정적인 강의의 에듀윌로 돌아온 적이 있습니다. 그리고 수험생들은 금전적으로 좀 어려움이 있을 수밖에 없는데 에듀윌이 타사보다는 가격 대비 강의가 매우 뛰어나다고 생각합니다. 에듀윌 모의고사도 좋았습니다. 내가 맞혔는데 남들이 틀린 문제나, 남들은 맞혔는데 내가 틀린 문제를 분석해줘서 저의 취약점을 알게 되고, 공부 방법에 변화를 줄 수 있는 계기를 마련해 줍니다. 에듀윌의 꼼꼼한 모의고사 시스템 덕분에 효율적인 공부를 할 수 있었습니다.

초시생도 빠르게 합격할 수 있는 에듀윌 공무원 커리큘럼

김○경 지방직 9급 사회복지직 최종 합격

에듀윌 공무원 커리큘럼은 기본 강의, 심화 강의, 문제풀이 강의가 참 적절하게 배분이 잘 되어 있었어요. 그리고 제가 공무원 시험에 대해서 하나도 몰랐는데 커리큘럼을 따라만 갔는데 바로 시험을 치를 수 있는 실력이 만들어진다는 것이 너무 신기한 경험이었습니다. 에듀윌 공무원 교재도 너무 좋았습니다. 기본서가 충실하게 만들어져 있어서 기본서만 봐도 기초를 쌓을 수 있었습니다. 그리고 기출문제집이나 동형 문제집도 문제 분량이 굉장히 많았어요. 가령, 기출문제집의 경우 작년에 7개년 기출문제집이라서 올해도 7개년 기출문제집인줄 알았는데 올해는 8개년 기출문제로 확장되었더라고요. 이러한 꼼꼼한 교재 구성 덕분에 40대에 공부를 다시 시작했음에도 빠르게 합격할 수 있었어요.

더 많은
합격스토리

다음 합격의 주인공은 당신입니다!

합격자 수 2,100% 수직 상승!
매년 놀라운 성장

에듀윌 공무원은 '합격자 수'라는 확실한 결과로 증명하며
지금도 기록을 만들어 가고 있습니다.

합격자 수
2,100%
수직 상승

2017 2018 2019 2020 2021 2022

합격자 수를 폭발적으로 증가시킨 합격패스

| 합격 시 수강료
100% 환급 | + | 합격할 때까지
평생 수강 | + | 교재비 부담 DOWN
에듀캐시 지원 |

※ 환급내용은 상품페이지 참고. 상품은 변경될 수 있음.

상품
페이지

* 2017/2022 에듀윌 공무원 과정 최종 환급자 수 기준

에듀윌 직영학원에서
합격을 수강하세요

언제나 철문 학습 매니저와 상담이 가능한 안내데스크

고품질 영상 및 음향 장비를 갖춘 최고의 강의실

재충전을 위한 카페 분위기의 아늑한 휴게실

에듀윌의 상징 노란색의 환한 학원 입구

에듀윌 직영학원 대표전화

공인중개사 학원 02)815-0600	공무원 학원 02)6328-0600	편입 학원 02)6419-0600
주택관리사 학원 02)815-3388	소방 학원 02)6337-0600	세무사·회계사 학원 02)6010-0600
전기기사 학원 02)6268-1400	부동산아카데미 02)6736-0600	

공무원 학원
바로가기

꿈을 현실로 만드는
에듀윌

DREAM

공무원 교육
- 선호도 1위, 신뢰도 1위! 브랜드만족도 1위!
- 합격자 수 2,100% 폭등시킨 독한 커리큘럼

자격증 교육
- 8년간 아무도 깨지 못한 기록 합격자 수 1위
- 가장 많은 합격자를 배출한 최고의 합격 시스템

직영학원
- 직영학원 수 1위
- 표준화된 커리큘럼과 호텔급 시설 자랑하는 전국 21개 학원

종합출판
- 온라인서점 베스트셀러 1위!
- 출제위원급 전문 교수진이 직접 집필한 합격 교재

어학 교육
- 토익 베스트셀러 1위
- 토익 동영상 강의 무료 제공

콘텐츠 제휴 · B2B 교육
- 고객 맞춤형 위탁 교육 서비스 제공
- 기업, 기관, 대학 등 각 단체에 최적화된 고객 맞춤형 교육 및 제휴 서비스

부동산 아카데미
- 부동산 실무 교육 1위!
- 상위 1% 고소득 창업/취업 비법
- 부동산 실전 재테크 성공 비법

학점은행제
- 99%의 과목이수율
- 16년 연속 교육부 평가 인정 기관 선정

대학 편입
- 편입 교육 1위!
- 최대 200% 환급 상품 서비스

국비무료 교육
- '5년우수훈련기관' 선정
- K-디지털, 산대특 등 특화 훈련과정
- 원격국비교육원 오픈

교육
문의 **1600-6700**　www.eduwill.net